Moritz Menzel

Das Betriebsrentenstärkungsgesetz und
seine Auswirkungen auf Geringverdiener

Studien zu Rechnungslegung, Steuerlehre und Controlling
Studies in financial, managerial and tax accounting

Herausgeber
Michael Ebert, Dirk Kiesewetter, Urska Kosi, Hansrudi Lenz,
Caren Sureth-Sloane und Andrea Szczesny

Band 4

Die Schriftenreihe Studien zu Rechnungslegung, Steuerlehre und Controlling bietet eine Plattform für herausragende Arbeiten aus diesen Themengebieten. Sie wird von den Professorinnen und Professoren der Lehrstühle für Rechnungslegung, Steuerlehre und Controlling der Julius-Maximilians-Universität Würzburg und der Universität Paderborn herausgegeben.

Moritz Menzel

# Das Betriebsrentenstärkungsgesetz und seine Auswirkungen auf Geringverdiener

## Eine modelltheoretische Analyse

Dissertation, Julius-Maximilians-Universität Würzburg
Wirtschaftswissenschaftliche Fakultät, 2019
Gutachter: Prof. Dr. Dirk Kiesewetter, Prof. Dr. Hans Fehr

Eingereicht unter dem Titel: Die steuer- und sozialversicherungsrechtliche Geringverdienerförderung vor
und nach Inkrafttreten des Betriebsrentenstärkungsgesetzes. Eine modelltheoretische Analyse.



Impressum


Julius-Maximilians-Universität Würzburg
Würzburg University Press
Universitätsbibliothek Würzburg
Am Hubland
D-97074 Würzburg
www.wup.uni-wuerzburg.de

© 2020 Würzburg University Press
Print on Demand

ISSN 2627-1281 (print)
ISSN 2627-129X (online)
ISBN: 978-3-95826-126-6 (print)
ISBN: 978-3-95826-127-3 (online)
DOI: 10.25972/WUP-978-3-95826-127-3
URN: urn:nbn:de:bvb:20-opus-191753

# Vorwort

Die Frage der steuer- und sozialversicherungsrechtlichen Geringverdienerförderung ist von großer gesellschaftlicher Relevanz, da der genannte Personenkreis angesichts der demographischen Entwicklung nicht damit rechnen kann, alleine aus seinen Ansprüchen an die gesetzliche Rentenversicherung den Lebensunterhalt im Rentenalter bestreiten zu können. Zusätzliche Renteneinkommen aus individueller Vorsorge oder betrieblicher Versorgung wären gerade hier wünschenswert. Andererseits erwirbt dieser Personenkreis weit seltener derartige Ansprüche als Arbeitnehmer mit höheren Einkommen. Die Gründe hierfür wurden und werden in der Fachöffentlichkeit intensiv diskutiert. An einer exakten modelltheoretischen Betrachtung, die mögliche finanzielle Nachteile aufdeckt und präzise beziffert, mangelte es jedoch bislang. Die vorliegende Arbeit schließt diese Lücke.

Der Verfasser analysiert die Rechtslage vor und nach dem Inkrafttreten des Betriebsrententenstärkungsgesetzes 2018 und untersucht weiterhin Reformmöglichkeiten im Hinblick auf ihre zu erwartende Anreiz- und Belastungswirkung für Geringverdiener und deren Arbeitgeber. Die Arbeit zeichnet sich dadurch aus, dass eine komplexe Rechtslage, die durch nicht harmonisierte steuer- und sozialversicherungsrechtliche Regelungen geprägt ist, anschaulich dargestellt und in ihren finanziellen Auswirkungen auf typische Erwerbsverläufe von Arbeitnehmern präzise analysiert wird, wobei im Kalkül immer sichergestellt wird, dass die finanziellen Auswirkungen beim Arbeitgeber konsistent mit abgebildet werden. Die modelltheoretischen Analysen sind formal präzise, aber dank ihrer verbalen und grafischen Aufbereitung auch einem fachfremden Leser zugänglich.

Herrn Menzels Überlegungen haben Eingang in das im Auftrag des Bundesfinanzministeriums erstellte Gutachten „Optimierungsmöglichkeiten bei den Förderregelungen der betrieblichen Altersversorgung" gefunden. Der Nutzen der Arbeit geht aber über diese Momentaufnahme hinaus. Insbesondere der Modellrahmen, der die finanziellen Auswirkungen auf Arbeitgeber und Arbeitnehmer in einem Lebenszyklusmodell abbildet, empfiehlt sich als Instrument zur Beurteilung künftiger Reformmaßnahmen im Bereich der betrieblichen Altersversorgung. Ich wünsche der Arbeit die verdiente Beachtung.

Würzburg, den 30. Juni 2020

Prof. Dr. Dirk Kiesewetter

# Danksagung

Zuvorderst und ganz besonders möchte ich meinem Doktorvater Prof. Dr. Dirk Kiesewetter danken, der mir die Gelegenheit gab, mich der Herausforderung dieses Promotionsvorhabens zu stellen. Durch meine Aufnahme in sein Gutachterteam für das Forschungsprojekt im Auftrag des Bundesministeriums der Finanzen war es mir möglich, frühzeitig die inhaltliche Struktur meiner Arbeit zu entwickeln. Dies hat maßgeblich zum Erfolg der Promotion beigetragen. Insbesondere möchte mich für das entgegengebrachte Vertrauen, die fachlichen Diskussionen und die fortlaufende Unterstützung bedanken. Die mir gewährten wissenschaftlichen und persönlichen Freiheiten habe ich sehr geschätzt. Vielen Dank für eine durchweg angenehme Zeit am Lehrstuhl sowie für die vielen spannenden Projekte und Einblicke, auch abseits der Promotion.

Des Weiteren gilt mein Dank Prof. Dr. Hans Fehr, der sich bereit erklärte, meine Arbeit als Zweitgutachter zu betreuen.

Vielen herzlichen Dank auch meinen Kollegen an der Universität Würzburg, mit denen mich in den vergangenen Jahren nicht nur ein fachliches und kollegiales Verhältnis verbunden hat. Vielmehr haben sich hieraus enge und anhaltende Freundschaften entwickelt, die mich gerne an die Zeit am Lehrstuhl zurückblicken lassen. Ausdrücklich möchte ich mich bei Dominik Tschinkl, Michael Grom, Johannes Manthey, Nathalie Weikert, Kristina Hemmerich, Johannes Günther und Ulf Völker für die gemeinsame Zeit in Würzburg bedanken. Ein herzliches Dankeschön richte ich auch an Frau Kunz, die als „gute Seele" stets allen Mitarbeitern des Lehrstuhls helfend zur Seite steht.

Ohne meine Familie und insbesondere meine Eltern wäre diese Dissertation jedoch niemals möglich gewesen. Es ist schön, euch bereits mein ganzes Leben hinter mir zu wissen. Herzlichen Dank für eure fortwährende und bedingungslose Unterstützung in allen Lebenslagen.

Von ganzem Herzen danke ich meiner Frau Alexandra und unserer Tochter Leni, die den Mittelpunkt meines Lebens bilden und mir stets die größte Freude schenken. Euch widme ich diese Dissertation.

Würzburg, Mai 2020

Moritz Menzel

# Inhaltsverzeichnis

# Abkürzungsverzeichnis

| | |
|---|---|
| € | Euro |
| § | Paragraf |
| % | Prozent |
| a.F. | alte Fassung |
| Abs. | Absatz |
| Abschn. | Abschnitt |
| AG | Aktiengesellschaft |
| AltEinkG | Gesetz zur Neuordnung der einkommensteuerrechtlichen Behandlung von Altersvorsorgeaufwendungen und Altersbezügen (Alterseinkünftegesetz) |
| AltZertG | Altersvorsorgeverträge-Zertifizierungsgesetz |
| APV | Adjusted Present Value |
| ArbG | Arbeitgeber |
| ArbN | Arbeitnehmer |
| Art. | Artikel |
| ASID | Alterssicherung in Deutschland |
| Aufl. | Auflage |
| AV | Altersvorsorge |
| AVmEG | Gesetz zur Ergänzung des Gesetzes zur Reform der gesetzlichen Rentenversicherung und zur Förderung eines kapitalgedeckten Altersvorsorgevermögens (Altersvermögensergänzungsgesetz) |
| AVmG | Altersvermögensgesetz |
| Az. | Aktenzeichen |
| BaFin | Bundesanstalt für Finanzdienstleistungsaufsicht |
| BAG | Bundesarbeitsgericht |
| bAV/BAV | betriebliche Altersversorgung |
| BAV-Förderbetrag | Förderbetrag zur betrieblichen Altersversorgung |
| BBG | Beitragsbemessungsgrenze |
| Bd. | Band |
| BetrAVG | Gesetz zur Verbesserung der betrieblichen Altersversorgung (Betriebsrentengesetz) |
| BFH | Bundesfinanzhof |

| | |
|---|---|
| BGBl. | Bundesgesetzblatt |
| BMAS | Bundesministerium für Arbeit und Soziales |
| BMF | Bundesministerium der Finanzen |
| BMGS | Bundesministerium für Gesundheit und Soziales |
| BR | Bundesrat |
| BRSG | Gesetz zur Stärkung der betrieblichen Altersversorgung und zur Änderung anderer Gesetze (Betriebsrentenstärkungsgesetz) |
| BSG | Bundessozialgericht |
| BSGE | Bundessozialgericht-Entscheidung |
| BT | Bundestag |
| Buchst. | Buchstabe |
| BVerfG | Bundesverfassungsgericht |
| bzw. | Beziehungsweise |
| ca. | circa |
| CDU | Christlich Demokratische Union |
| CSU | Christlich-Soziale Union |
| CTA | Contractual Trust Arrangements |
| d.h. | das heißt |
| DB | Der Betrieb |
| DeckRV | Deckungsrückstellungsverordnung |
| DGB | Deutscher Gewerkschaftsbund |
| Doppelbuchst. | Doppelbuchstabe |
| DV | Direktversicherung |
| DZ | Direktzusage |
| e.V. | eingetragener Verein |
| EGHGB | Einführungsgesetz zum Handelsgesetzbuch |
| Erg.-Lfg. | Ergänzungslieferung |
| EStG | Einkommensteuergesetz |
| et al. | et alii, und andere |
| f. | folgende |
| ff. | fortfolgende |
| FG | Finanzgericht |
| Fn. | Fußnote |
| GDV | Gesamtverband der Deutschen Versicherungswirtschaft e.V. |

| | |
|---|---|
| gem. | gemäß |
| GewStG | Gewerbesteuergesetz |
| GG | Grundgesetz |
| HGB | Handelsgesetzbuch |
| Hrsg. | Herausgeber |
| HZvNG | Hüttenknappschaftliches Zusatzversicherungs-Neuregelungs-Gesetz |
| i.d.R. | in der Regel |
| i.H.v. | in Höhe von |
| i.H.d. | in Höhe des/der |
| i.R.d. | im Rahmen des |
| i.S.d. | im Sinne des/der |
| i.V.m. | in Verbindung mit |
| ifst | Institut Finanzen und Steuern |
| IRAs | Individual Retirement Accounts |
| KMU | kleine und mittlere Unternehmen |
| KStG | Körperschaftsteuergesetz |
| KVdR | Krankenversicherung der Rentner |
| LStDV | Lohnsteuer-Durchführungsverordnung |
| n.F. | neue Fassung |
| Nr. | Nummer |
| PF | Pensionsfonds |
| PK | Pensionskasse |
| PSVaG | Pensions-Sicherungs-Verein auf Gegenseitigkeit |
| PVdR | Pflegeversicherung der Rentner |
| RRG | Gesetz zur Reform der gesetzlichen Rentenversicherung (Rentenreformgesetz) |
| RV | Rentenversicherung |
| Rz. | Randziffer |
| S. | Seite |
| SGB | Sozialgesetzbuch |
| sog. | sogenannte |
| SPD | Sozialdemokratische Partei Deutschlands |
| SVBezGrV 2018 | Verordnung über maßgebende Rechengrößen der Sozialversicherung für 2018 (Sozialversicherungs-Rechengrößenverordnung 2018) |

| | |
|---|---|
| SvEV | Sozialversicherungsentgeltverordnung |
| u.a. | und andere |
| U.S. | United States |
| UK | Unterstützungskasse |
| VAG | Versicherungsaufsichtsgesetz |
| vgl. | vergleiche |
| vs. | versus |

# Symbolverzeichnis

| | |
|---|---|
| $B_t^{vor}$ | Voraussichtliche Beiträge im Jahr $t$ |
| $B^{vor}$ | Konstante voraussichtliche Beiträge |
| $B_t^{tat}$ | Tatsächlich geleistete Beiträge im Jahr $t$ |
| $B^{tat}$ | Konstante tatsächlich geleistete Beiträge |
| $BAV$ | Konstanter BAV-Förderbetrag |
| $BAV_t$ | BAV-Förderbetrag im Jahr $t$ |
| $BGR^{(\cdot)}$ | Konstante gesetzliche Zusatzbruttorente |
| $BGR_t^{(\cdot)}$ | Gesetzliche Zusatzbruttorente im Jahr $t$ |
| $BGR^{\omega}$ | Konstante gesetzliche Gesamtbruttorente |
| $BGR_t^{\omega}$ | Gesetzliche Gesamtbruttorente im Jahr $t$ |
| $BL$ | Konstanter Bruttolohn |
| $BL_t$ | Bruttolohn im Jahr $t$ |
| $BL^{(\cdot)}$ | Konstanter Bruttolohnverzicht |
| $BL_t^{(\cdot)}$ | Bruttolohnverzicht im Jahr $t$ |
| $BR^{(\cdot)}$ | Konstante Bruttorente aus der Vorsorgealternative |
| $BR_t^{(\cdot)}$ | Bruttorente aus der Vorsorgealternative im Jahr $t$ |
| $BRnach$ | Betriebliche Riester-Förderung rein nachgelagert verbeitragt |
| $BRnBRSG$ | Betriebliche Riester-Förderung nach Inkrafttreten des BRSG |
| $BRMisch$ | Betriebliche Riester-Förderung mit Mischverbeitragung |
| $BRvor$ | Betriebliche Riester-Förderung rein vorgelagert verbeitragt |
| $BRvBRSG$ | Betriebliche Riester-Förderung vor Inkrafttreten des BRSG |
| $bw[\cdot]$ | Barwert |
| $CfS$ | Cash-flow-Steuer |
| $CfSnach$ | Cash-flow-Steuer nachgelagert verbeitragt |
| $CfSvor$ | Cash-flow-Steuer vorgelagert verbeitragt |
| $D^{(\cdot)}$ | Deckungsstock am Ende der Ansparphase |
| $\Delta D_t^{(\cdot)}$ | Deckungsstockzuwachs im Jahr $t$ |
| $\Delta D^{(\cdot)}$ | Konstanter Deckungsstockzuwachs |
| $EP^{\omega}$ | Am Ende des Erwerbslebens erworbene Summe der Entgeltpunkte |
| $EP^{(\cdot)}$ | Am Ende der Ansparphase erworbene Summe der Entgeltpunkte aufgrund des Bruttolohnverzichts |
| $ewf[\cdot]$ | Nachschüssiger Endwertfaktor |

| | |
|---|---|
| $FG^{bAV}$ | Konstante sozialversicherungsrechtliche Bagatellfreigrenze |
| $FG_t^{bAV}$ | Sozialversicherungsrechtliche Bagatellfreigrenze im Jahr $t$ |
| $ge$ | Gerechtfertigte Gebühren |
| $K^{(\cdot)}$ | Konstante Kosten des Arbeitgebers |
| $K_t^{(\cdot)}$ | Kosten des Arbeitgebers im Jahr $t$ |
| $m$ | Dauer der Ansparphase in Jahren |
| $Mind$ | Konstanter Mindesteigenbeitrag |
| $Mind_t$ | Mindesteigenbeitrag im Jahr $t$ |
| $n$ | Dauer der Rentenphase in Jahren |
| $NGR^{(\cdot)}$ | Konstante gesetzliche Zusatznettorente |
| $NGR_t^{(\cdot)}$ | Gesetzliche Zusatznettorente im Jahr $t$ |
| $NL^{(\cdot)}$ | Konstanter Nettolohn |
| $NL_t^{(\cdot)}$ | Nettolohn im Jahr $t$ |
| $NR^{(\cdot)}$ | Konstante Nettorente aus der Vorsorgealternative |
| $NR_t^{(\cdot)}$ | Nettorente aus der Vorsorgealternative im Jahr $t$ |
| $\Delta N^{(\cdot)}$ | Konstante Nettozusatzrente |
| $\Delta N_t^{(\cdot)}$ | Nettozusatzrente im Jahr $t$ |
| $P^{(\cdot)}$ | Gesamthöhe der Provision |
| $P_t^{(\cdot)}$ | Höhe der Provision im Jahr $t$ |
| $PR$ | Private Riester-Förderung |
| $r$ | Jährliche Rendite vor Steuern |
| $r^{A,UKB}$ | Jährliche Nachsteuerrendite in der Anwartschaftsphase bei ungeförderter Kapitalbildung |
| $r^{R,UKB}$ | Jährliche Nachsteuerrendite in der Rentenphase bei ungeförderter Kapitalbildung |
| $rbf[\cdot]$ | Rentenbarwertfaktor |
| $RF$ | Rentenartfaktor |
| $RW$ | Konstanter aktueller Rentenwert |
| $RW_t$ | Aktueller Rentenwert im Jahr $t$ |
| $s^A$ | Konstanter Grenzsteuersatz in der Anwartschaftsphase |
| $s_t^A$ | Grenzsteuersatz im Jahr t der Anwartschaftsphase |
| $s^R$ | Konstanter Grenzsteuersatz in der Rentenphase |

| | |
|---|---|
| $s_t^R$ | Grenzsteuersatz im Jahr $t$ der Rentenphase |
| $S^{(\cdot)}$ | Konstante Steuererstattung |
| $S_t^{(\cdot)}$ | Steuererstattung im Jahr $t$ |
| $SA^{PB}$ | Konstanter Sonderausgabenpauschbetrag |
| $SA_t^{PB}$ | Sonderausgabenpauschbetrag im Jahr $t$ |
| $t$ | Zeitindex |
| $UKW$ | Ungeförderte Kapitalbildung |
| $V_t^{(\cdot)}$ | Verwaltungskosten im Jahr $t$ |
| $V^{(\cdot)}$ | Konstante Verwaltungskosten |
| $V_m^{(\cdot)}$ | Deckungsstock am Ende der Ansparphase |
| $\Delta V^{(\cdot)}$ | Konstanter Ansparbetrag |
| $\Delta V_t^{(\cdot)}$ | Ansparbetrag im Jahr $t$ |
| $wgf[\cdot]$ | Nachschüssiger Wiedergewinnungsfaktor |
| $WK^{PBA}$ | Konstanter Werbungskostenpauschbetrag in der Anwartschafts-phase |
| $WK_t^{PBA}$ | Werbungskostenpauschbetrag im Jahr $t$ der Anwartschafts-phase |
| $WK^{PBR}$ | Konstanter Werbungskostenpauschbetrag in der Rentenphase |
| $WK_t^{PBR}$ | Werbungskostenpauschbetrag im Jahr $t$ der Rentenphase |
| $X$ | Konstantes zur Verfügung gestelltes Gesamtkostenpaket |
| $X_t$ | Zur Verfügung gestelltes Gesamtkostenpaket im Jahr $t$ |
| $X^{BAV}$ | Konstantes kritisches Gesamtkostenpaket zur Berechtigung zum BAV-Förderbetrag |
| $X_t^{BAV}$ | Kritisches Gesamtkostenpaket zur Berechtigung zum BAV-Förderbetrag im Jahr $t$ |
| $Y$ | Summe der Einnahmen der Versicherung |
| $ZF$ | Zugangsfaktor |
| $Zu^{max}$ | Konstanter Riester-Zulagenanspruch |
| $Zu_t^{max}$ | Riester-Zulagenanspruch im Jahr $t$ |
| $Zu^{(\cdot)}$ | Konstante ausgezahlte Riester-Zulage |
| $Zu_t^{(\cdot)}$ | Ausgezahlte Riester-Zulage im Jahr $t$ |
| $\omega$ | Dauer des Erwerbslebens in Jahren |
| $\mu^{(\cdot)}$ | Zeitraum, über den Provision gezillmert wird |

| | |
|---|---|
| $\gamma^{(\cdot)}$ | Verwaltungskostensatz |
| $\upsilon^{(\cdot)}$ | Abschlusskostensatz |
| $\emptyset$ | Konstantes sozialversicherungsrechtliches Durchschnittsentgelt |
| $\emptyset_t$ | Sozialversicherungsrechtliches Durchschnittsentgelt im Jahr $t$ |
| ' | Ohne Zillmerung, Vorteil wird Versichertem zugesprochen (Nominalbetrachtung), voraussichtliche entsprechen tatsächlich geleisteten Beiträgen |
| '' | Ohne Zillmerung, Vorteil wird Versichertem zugesprochen (barwertige Betrachtung), voraussichtliche entsprechen tatsächlich geleisteten Beiträgen |
| ''' | Ohne Zillmerung, Vorteil wird Versichertem zugesprochen (barwertige Betrachtung), voraussichtliche entsprechen nicht tatsächlich geleisteten Beiträgen |
| * | Ohne Zillmerung, Vorteil wird Versicherung zugesprochen (Nominalbetrachtung), voraussichtliche entsprechen tatsächlich geleisteten Beiträgen |
| *** | Ohne Zillmerung, Vorteil wird Versicherung zugesprochen (barwertige Betrachtung), voraussichtliche entsprechen nicht tatsächlich geleisteten Beiträgen |
| $(\cdot)$ | Platzhalter |

# Abbildungsverzeichnis

# Tabellenverzeichnis

# 1 Einleitung

## 1.1 Problemstellung

### 1.1.1 Die betriebliche Altersversorgung im System der Alterssicherung in Deutschland

Es gibt wohl kaum ein Thema, das sowohl in der politischen, gesellschaftlichen als auch wissenschaftlichen Literatur ähnlich leidenschaftlich diskutiert wird wie das Thema „Rente". Zentral in dieser Diskussion ist hierbei i.d.R. noch immer die gesetzliche Rentenversicherung als wichtigstes Element der Alterssicherung in Deutschland. Korrespondierend wird die gesetzliche Rentenversicherung auch als erste Säule im sogenannten Drei-Säulen-Modell der Alterssicherung angesehen.[1] Daneben wird die Alterssicherung durch die Säulen der betrieblichen Altersversorgung[2] (bAV) sowie der privaten Altersvorsorge getragen. Aufgrund des demografischen Wandels[3] kommt den beiden Letzteren eine zunehmend stärker werdende Bedeutung zu. Das Sicherungsniveau[4] der umlagefinanzierten gesetzlichen Rentenversicherung[5] wird zukünftig weiter abfallen,[6] weshalb zur Kompensation

---

[1] Zum Drei-Säulen-Modell allgemein und zu dessen Entstehung siehe Kaltenbach (1990), S. 429 f. und Kaempfe (2005), S. 77 f.

[2] Die Begriffe „betriebliche Altersversorgung" und „betriebliche Altersvorsorge" werden gemeinhin synonym verwendet. Schierenbeck (1994) S. 710 f. versteht unter Vorsorge „sämtliche Maßnahmen zur Absicherung der Versorgung im Alter". Gleichwohl herrscht in der Literatur keine Einigkeit über die Abgrenzung respektive Definition der einzelnen Begriffe. Vgl. hierzu beispielsweise Hör (2000), S. 21 f. Da gesetzlich aber konkret von betrieblicher Altersversorgung gesprochen wird, wird diesbezüglich nur dieser Begriff (Altersversorgung) verwendet. Ansonsten werden die Begriffe Versorgung und Vorsorge in dieser Arbeit synonym verstanden und verwendet.

[3] Unter demografischem Wandel wird verstanden, dass die Gruppe von Beziehern von Versorgungseinkommen zunimmt, während dieser immer weniger Erwerbstätige und Beitragszahler gegenüberstehen. Dies lässt sich mit zurückgehenden Geburtenraten sowie einem steigenden Durchschnittsalter erklären. Vgl. Birk/Wernsmann (2008), S. 230.

[4] § 154 Abs. 3 Satz 1 Nr. 2 SGB VI definiert das Sicherungsniveau vor Steuern als den Verhältniswert aus einer jahresdurchschnittlichen verfügbaren Standardrente und dem verfügbaren Durchschnittsentgelt. Dabei gilt als Standardrente die Regelaltersrente aus der allgemeinen Rentenversicherung bei unterstellten 45 Entgeltpunkten ohne Berücksichtigung der auf sie entfallenden Steuern, gemindert um den allgemeinen Beitragsanteil sowie den durchschnittlichen Zusatzbeitrag zur Krankenversicherung und den Beitrag zur Pflegeversicherung. Das verfügbare Durchschnittseinkommen ist das Durchschnittsentgelt ohne Berücksichtigung der darauf entfallenden Steuern, gemindert um den durchschnittlich zu entrichtenden Arbeitnehmersozialbeitrag einschließlich des durchschnittlichen Aufwands zur zusätzlichen Altersvorsorge.

[5] Zum Umlageverfahren siehe Ruland (2008a), S. 22 f. und Ruland (2008b), S. 65 ff.

[6] Laut Prognose wird das Sicherungsniveau vor Steuern auf bis zu 44,6 Prozent im Jahr 2031 abfallen; vgl. BMAS (2017a). Gem. § 154 Abs. 3 Satz 1 Nr. 2 SBG VI hat die Bundesregierung geeignete Maßnahmen vorzuschlagen, wenn das Sicherungsniveau bis zum Jahr 2020 46 Prozent oder bis zum Jahr 2030 43 Prozent unterschreitet. Der Koalitionsvertrag der aktuellen Bundesregierung sieht ferner vor, dass bis ins Jahr 2025 das Sicherungsniveau nicht unter 48 Prozent fallen soll; vgl. Deutsche Bundesregierung (2018), Rz. 483 f.

eine zusätzliche, kapitalgedeckte Alterssicherung unerlässlich erscheint.[7] Der Gesetzgeber hat diese Entwicklung bereits vor einigen Jahren erkannt und mit dem Altersvermögensgesetz (AVmG)[8] im Jahr 2001 die zusätzliche, freiwillige Altersvorsorge erstmals „mit massiver staatlicher Förderung"[9] unterstützt. Im Jahr 2004 folgte das Alterseinkünftegesetz (AltEinkG)[10], welches insbesondere die steuerrechtlichen Rahmenbedingungen der gesetzlichen Rentenversicherung neu ordnete. Im Zuge dessen wurde das Drei-Säulen-Modell durch das Drei-Schichten-Modell[11] abgelöst, das sich in erster Linie an der steuerrechtlichen Behandlung orientiert. Abbildung 1 illustriert diesen Übergang vom Drei-Säulen- zum Drei-Schichten-Modell und zeigt dabei auf, welche Vorsorgeformen den einzelnen Säulen bzw. Schichten zuzuordnen sind.

Die erste Schicht bildet die Basisversorgung und deckt Altersvorsorgeformen ab, deren erworbene Anwartschaften nicht vererblich, nicht veräußerlich, nicht übertragbar und nicht kapitalisierbar sind. Die Leistungen kommen damit unmittelbar der Altersvorsorge zugute und gewährleisten zumindest eine Grundsicherung im Alter. Hierin einzuordnen sind die gesetzliche Rentenversicherung, die berufsständische Versorgung sowie die sogenannte Rürup- oder Basis-Rente. Die zweite Schicht repräsentiert die zusätzliche Versorgung und damit die bAV sowie die private Riester-Rente. Es handelt sich um steuerlich geförderte Altersvorsorgeformen, wobei die Voraussetzungen, insbesondere im Hinblick auf eine (Teil-)Kapitalisierungsmöglichkeit, im Vergleich zu Produkten der ersten Schicht etwas weniger restriktiv sind. Zur dritten Schicht gehören Anlageprodukte, welche die Kriterien der ersten beiden Schichten nicht erfüllen. Sie haben zwar grundsätzlich den Charakter einer frei verfügbaren Kapitalanlage und dienen damit nicht primär der Altersvorsorge, können für diese jedoch ebenfalls nützlich sein. Hierunter fallen beispielsweise Kapitallebensversicherungen, Sparpläne oder Immobilienbesitz.[12]

Mit dem Übergang zum Drei-Schichten-Modell kommt es auch zu einem geänderten Verständnis der Gewichtung der einzelnen Komponenten der Altersvorsorge für die Gesamtabsicherung im Alter. Im Drei-Säulen-Modell wurde die gesetzliche Rentenversicherung noch als umfassende Vorsorge angesehen. Dahingegen soll die Altersvorsorge im Verständnis des Drei-Schichten-Modells aus einem Produktmix der einzelnen Schichten gewährleistet werden. Der Umfang der einzelnen Schicht zur Erlangung einer Absicherung

---

[7]   Zum Zusammenhang zwischen demografischem Wandel und Erfordernis einer Stärkung der bAV siehe auch Uckermann (2012), S. 1269.

[8]   Gesetz zur Reform der gesetzlichen Rentenversicherung und zur Förderung eines kapitalgedeckten Altersvermögens, BGBl. I 2001, S. 1310. Ergänzt durch Gesetz zur Ergänzung des Gesetzes zur Reform der gesetzlichen Rentenversicherung und zur Förderung eines kapitalgedeckten Altersvorsorgevermögens (Altersvermögensergänzungsgesetz – AVmEG), BGBl. I 2001, S. 403.

[9]   BT-Drucksache 14/4595 vom 14.11.2000, S. 40.

[10]  Gesetz zur Neuordnung der einkommensteuerrechtlichen Behandlung von Altersvorsorgeaufwendungen und Altersbezügen, BGBl. I 2004, S. 1427.

[11]  Das Drei-Schichten-Modell geht auf einen Vorschlag der sogenannten Rürup-Kommission zurück; vgl. Rürup-Kommission (2003), S. 16 ff. Zum Drei-Schichten-Modell allgemein siehe auch Myßen/Killat (2014), S. 365 ff., Rürup/Myßen (2008), S. 190 ff. oder Heubeck/Seybold (2007), S. 592 ff.

[12]  Daneben können hierunter sämtliche Vermögensgegenstände, wie beispielsweise Oldtimer, subsumiert werden, die zumindest subjektiv dazu angeschafft wurden, um aus einem Verkaufserlös die Altersvorsorge zu unterstützen; vgl. Rürup/Myßen (2008), S. 192.

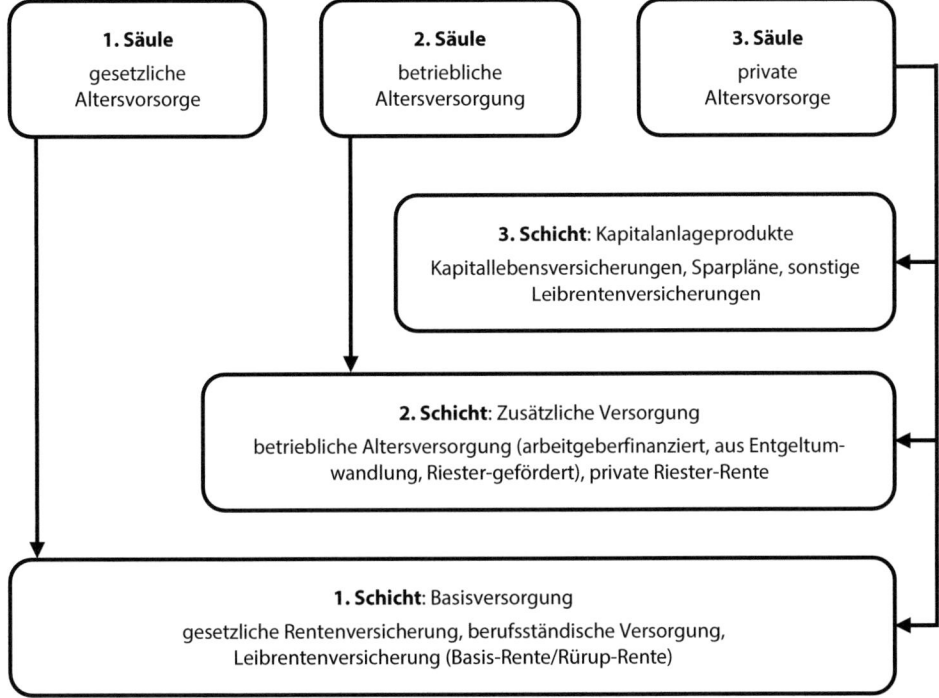

Abbildung 1: Vom „Drei-Säulen-Modell" zum „Drei-Schichten-Modell"[13]

im Alter ist dabei ohne Bedeutung.[14] Dieses neue Verständnis der Zusammensetzung der Altersvorsorge trägt der demografischen Entwicklung Rechnung.

## 1.1.2 Abgrenzung der Zielgruppen und Untersuchungsgegenstand

Nachdem es seither zu keinen nennenswerten Neuerungen im Rentenrecht kam, trat zum 01.01.2018 schließlich das Betriebsrentenstärkungsgesetz (BRSG)[15] in Kraft, welches zum Ziel hat, „eine möglichst weite Verbreitung der betrieblichen Altersversorgung und damit verbunden ein höheres Versorgungsniveau der Beschäftigten durch kapitalgedeckte Zusatzrenten zu erreichen".[16] Das BRSG hat dabei zwei klar benannte Zielgruppen, bei denen der Verbreitungsgrad der bAV ausgedehnt werden soll: zum einen kleine (und mittlere) Unternehmen[17] und zum anderen Geringverdiener.[18]

---

[13]    Quelle: Entnommen aus Heubeck/Seybold (2007), S. 592.

[14]    Vgl. Rürup/Myßen (2008), S. 191 und Birk/Wernsmann (2008), S. 230.

[15]    Gesetz zur Stärkung der betrieblichen Altersversorgung und zur Änderung anderer Gesetze, BGBl. I 2017, S. 3214.

[16]    BT-Drucksache 18/11286 vom 22.02.2017, S. 1.

[17]    Sogenannte KMU.

[18]    Vgl. BT-Drucksache 18/11286 vom 22.02.2017, S. 1. Aus Gründen der besseren Lesbarkeit wird in dieser Arbeit auf eine geschlechterspezifische Differenzierung verzichtet. Entsprechende Begriffe gelten i.S.d. Gleichbehandlung für beide Geschlechter.

Um sich der Zielsetzung des BRSG hinsichtlich der Förderung der Arbeitnehmer[19] zu nähern, ist zunächst der Begriff des Geringverdieners zu konkretisieren und insbesondere vom Begriff des Niedrigverdieners abzugrenzen. Für eine Präzisierung kann das BRSG herangezogen werden, das mit dem neu eingeführten § 100 EStG explizit „ein spezifisches Fördermodell für Geringverdiener eingeführt"[20] hat. Als Förderberechtigte versteht das BRSG gem. § 100 Abs. 3 Nr. 3 Buchst. c) EStG Bezieher eines jährlichen Arbeitslohns[21] von nicht mehr als 26.400 Euro.[22] Diese Einkommensgrenze wird auch für Zwecke dieser Arbeit als Definition des Geringverdieners herangezogen. Übersteigt der jährliche Arbeitslohn eines Arbeitnehmers 26.400 Euro, handelt es sich nicht mehr um einen Gering-, sondern um einen Niedrigverdiener. Obwohl diese Einkommensgruppe beispielsweise nicht vom Fördermodell des § 100 EStG erfasst wird, werden Bezieher solcher Einkommen in der folgenden Untersuchung ebenfalls betrachtet. Ebenso werden Durchschnittsverdiener erfasst, ohne eine konkrete Trennlinie zwischen beiden Gruppen zu ziehen.[23] Eine Gegenüberstellung der Ergebnisse für Geringverdiener mit denjenigen für Niedrig- und Durchschnittsverdiener ermöglicht Aussagen über das Ausmaß einer Begünstigung. Außerdem lässt sich schließlich auch die Frage beantworten, ob eine spezifische Geringverdienerförderung gelingt oder nicht. Überdurchschnittlich- bzw. Gutverdiener werden fortan grundsätzlich nicht betrachtet. Für diese bieten sich spezifische Altersvorsorgeprodukte an, die für niedrigere Einkommensgruppen entweder nicht offenstehen oder nicht gleichermaßen rentabel sind.[24] Eine Vergleichbarkeit beider Gruppen ist damit nicht durchgängig gegeben. Als Grenzarbeitseinkommen, ab dessen Überschreiten man als Gutverdiener gilt, kann beispielsweise die Beitragsbemessungsgrenze in der gesetzlichen Krankenversicherung herangezogen werden. Diese beträgt für das Jahr 2018 53.100 Euro.[25] Gleichwohl ist für die weitere Untersuchung keine klare Abgrenzung dieser Gruppe zu besserverdienenden Einkommensgruppen erforderlich.

Ferner lohnt sich auch ein Blick auf den empirisch nachgewiesenen Verbreitungsgrad der bAV unter den Geringverdienern. Eine Studie mit Daten für das Jahr 2015 zeigt, dass in der Gruppe der sozialversicherungspflichtig Beschäftigten mit einem Bruttomonatsgehalt

---

[19]   Hierunter werden sozialversicherungspflichtig Beschäftigte verstanden. Dementsprechend fallen hierunter auch Angestellte in Teilzeit und Auszubildende. Außerdem werden auch (ausschließlich) geringfügig Beschäftigte miteinbezogen, da auch diese am System der bAV teilnehmen können. Explizit ausgeschlossen werden Beschäftigte im öffentlichen Dienst. Eine Einschränkung sowohl in Bezug auf bestimmte Altersgruppen als auch bezüglich bestimmter Branchen unterbleibt dagegen.

[20]   BT-Drucksache 18/11286 vom 22.02.2017, S. 1.

[21]   Die Begriffe Lohn und Gehalt sowie Arbeitsentgelt werden im Folgenden synonym verstanden und verwendet.

[22]   Korrespondierend werden in § 100 Abs. 3 Nr. 3 Buchst. a), b) und c) EStG n.F. äquivalente Werte für tägliche, wöchentliche oder monatliche Lohnauszahlungszeiträume festgeschrieben.

[23]   Eine scharfe Trennlinie ist nicht erforderlich, da keine gesetzlichen Regelungen an diesen Begriffen anknüpfen und es folglich zu keiner unterschiedlichen Behandlung kommt. Zur Orientierung, welche Arbeitnehmer als Durchschnittsverdiener angesehen werden können, wird auf das sozialversicherungsrechtliche Durchschnittsentgelt verwiesen. Dieses beträgt gem. § 1 Abs. 2 SVBezGrV 2018 für das Jahr 2018 37.873 Euro. Hierbei handelt es sich um einen vorläufigen Wert.

[24]   Gutverdiener werden beispielsweise tendenziell häufiger in Immobilien investieren. Solche (Direkt-)Investitionen sind für Gering- und Niedrigverdiener mangels ausreichenden Kapitals für gewöhnlich nicht realisierbar.

[25]   Gem. § 223 Abs. 3 i.V.m. § 6 Abs. 7 SGB V i.V.m. § 4 Abs. 2 SVBezGrV 2018.

bis unter 1.500 Euro in 2015 lediglich 18 Prozent an der bAV teilnahmen. Mit steigendem Verdienst nimmt auch der Verbreitungsgrad der bAV zu. In der Gruppe der sozialversicherungspflichtig Beschäftigten mit einem Bruttomonatsgehalt zwischen 1.500 Euro und bis unter 2.500 Euro lag der Verbreitungsgrad bei 28 Prozent und ist damit weiterhin als gering zu bezeichnen.[26] Insgesamt verfügten in 2015 57 Prozent aller sozialversicherungspflichtig Beschäftigten im Alter von 25 bis unter 65 Jahren über eine Anwartschaft in der bAV.[27] Die Gruppen der Gering- und Niedrigverdiener fallen damit durch eine deutlich unterdurchschnittliche Teilnahme am bAV-System auf. Ferner gilt es zu beachten, welchen Anteil diese Gruppen an der gesamten Anzahl der sozialversicherungspflichtig Beschäftigten ausmachen. Laut Beschäftigungsstatistik der Bundesagentur für Arbeit erzielten zum Stichtag 31.12.2016 insgesamt 40,6 Prozent der sozialversicherungspflichtig Beschäftigten ein monatliches Bruttoarbeitsentgelt von bis zu 2.200 Euro.[28] Dieser Anteil wäre demnach grundsätzlich förderberechtigt i.S.d. neu eingeführten § 100 EStG.[29] Gleichzeitig liegt die Vermutung nahe, dass diese Arbeitnehmergruppe zukünftig auch stärker von Altersarmut bedroht sein wird als Arbeitnehmer mit höheren Bruttoarbeitsentgelten.[30] Es kann also festgehalten werden, dass ein nennenswerter Anteil der Erwerbsbevölkerung der Gruppe der Geringverdiener zuzuordnen ist. Diese ist zugleich tendenziell am meisten durch Altersarmut gefährdet.

Das BRSG als „umfassendste Reform der betrieblichen Altersversorgung seit weit über 10 Jahren"[31] wird daher zum Anlass für diese Arbeit genommen. Es wird analysiert, ob der Maßnahmenkatalog des BRSG imstande ist, das gesteckte Ziel einer Ausweitung der Verbreitung der bAV unter den Gering- und Niedrigverdienern tatsächlich zu erreichen. Es wird erläutert, wie die Förderung von Gering- und Niedrigverdienern vor Inkrafttreten des BRSG aussah und wie sie sich nach Inkrafttreten darstellt. Außerdem werden im Rahmen des BRSG nicht verwirklichte alternative Reformüberlegungen diskutiert und analysiert. Dabei wird stets ein rein modelltheoretischer Ansatz verfolgt. Die Untersuchung beschränkt sich auf die sogenannten externen Durchführungswege[32], da diese für Geringver-

---

[26]  Vgl. BMAS (2017b), S. 27.
[27]  Vgl. BMAS (2017b), S. 31.
[28]  Vgl. Bundesagentur für Arbeit (2018), Tabelle 1.1.
[29]  Sofern nur auf die Höhe des Arbeitsentgelts abgestellt würde.
[30]  Laut einer Studie der Bertelsmann Stiftung ist das Altersarmutsrisiko für Personen mit geringer Bildung, für alleinstehende Frauen sowie für Personen, die von Langzeitarbeitslosigkeit betroffen waren oder einen Migrationshintergrund haben, besonders hoch; vgl. Haan et al. (2017), S. 103. Aus anderen Studien ist wiederum bekannt, dass insbesondere Personen mit geringer Bildung geringe Einkommen erzielen; vgl. Anger/Geis (2017), S. 45. Selbst bei 35-jähriger Vollzeitbeschäftigung und 2.500 Euro Bruttomonatsverdienst drohte laut der ehemaligen Arbeitsministerin Ursula von der Leyen Altersarmut; vgl. Zeit online (2012). Zu ähnlichen Ergebnissen kommt auch eine Studie des DGB. Laut dieser ist die Sorge um die Alterssicherung bei Arbeitnehmern mit geringen Einkommen besonders stark ausgeprägt; vgl. Institut DGB-Index Gute Arbeit (2018), S. 1 und 3.
[31]  Droßel (2018), S. 17.
[32]  Vgl. hierzu Abschnitt 2.1.1.3.

diener von größerer Bedeutung sind.[33] Außerdem haben nur diese Durchführungswege im Rahmen des BRSG eine gesetzliche Änderung erfahren.

Als zweite Zielgruppe des BRSG sind die KMU zu nennen. Eine Fokussierung auf diese Unternehmen unterbleibt in dieser Arbeit jedoch. Eine solche ist nicht notwendig, um die für diese Arbeit maßgebliche Zielgruppe der Niedrig- und Geringverdiener zu untersuchen. Insbesondere besteht kein allgemeingültiger Zusammenhang zwischen der Größe des Arbeitgeberunternehmens und dem Verdienst seiner Mitarbeiter.[34]

## 1.1.3 Entwicklung und Verbreitung der betrieblichen Altersversorgung[35]

Die ersten betrieblichen Sicherungssysteme wurden von Unternehmen in Deutschland Mitte des 19. Jahrhunderts eingeführt. Beispielsweise ermöglichte die Krupp AG bereits 1858 ihren Arbeitnehmern eine betriebliche Absicherung gegen Invalidität.[36] Die Fürsorgepflicht des patriarchalischen Arbeitgebers gegenüber seinen abhängigen Mitarbeitern stand dabei noch im Vordergrund.[37] Die bAV blickt damit auf eine längere Geschichte als die gesetzliche Rentenversicherung zurück.[38] Während die steuerliche Behandlung der bAV bereits zur Zeit des Nationalsozialismus gesetzlich geregelt war, hatte zu zivil- und arbeitsrechtlichen Fragestellungen lediglich die Rechtsprechung, insbesondere das Bundesarbeitsgericht (BAG), die Rahmenbedingungen der bAV bestimmt. Erst mit dem Betriebsrentengesetz (BetrAVG) im Jahr 1974 wurde die bAV umfassend reglementiert.[39]

In der jüngeren Vergangenheit wurde der gesetzliche Rahmen der bAV stetig weiterentwickelt, sodass heute ein umfassender Regelungskomplex besteht. Vor allem die arbeits-, steuer- und sozialversicherungsrechtlichen Normen erfuhren zahlreiche Änderungen. Dies ist nicht zuletzt darauf zurückzuführen, dass der bAV mittlerweile eine zentrale Rolle im Alterssicherungssystem in Deutschland zukommt. Ein hoher Verbreitungsgrad der bAV ist dabei offenkundig wünschenswert. Um dies zu erreichen, zielten die Maßnahmen des Gesetzgebers in der Vergangenheit oftmals auf die Förderung der bAV ab.

Ziel dieses Abschnitts ist es, die Maßnahmen der letzten Jahre knapp darzustellen und deren Auswirkungen auf die Verbreitung der bAV in der Privatwirtschaft darzulegen. Als Grundlage dienen hierzu vor allem die vom Bundesministerium für Arbeit und Soziales

---

[33]   Datenempirische Belege sind diesbezüglich nicht vorhanden. Es besteht lediglich anekdotische Evidenz. Geringverdiener weisen jedoch oftmals gebrochene Erwerbsbiografien und hohe Fluktuationsraten auf. Außerdem werden für diese tendenziell geringe Betriebsrenten zugesagt. Insofern erscheint es aus Sicht des Arbeitgeberunternehmens nicht sinnvoll, für deren bAV einen verhältnismäßig verwaltungsintensiven internen Durchführungsweg zu wählen. Verwaltungsarme, einfacher übertragbare versicherungsförmige Durchführungswege erscheinen für Geringverdiener daher sinnvoller. Zu den einzelnen Durchführungswegen siehe Abschnitt 2.1.1.3.

[34]   Gering- und Niedrigverdiener sind sowohl in KMU als auch größeren Unternehmen beschäftigt.

[35]   Dieser Abschnitt ist Kiesewetter et al. (2016c), S. 29-35 modifiziert und gekürzt entnommen.

[36]   Vgl. Rathje (2007), S. 160.

[37]   Vgl. Cisch/Karst (2014), Rz. 1 und Esser/Sieben (1997), S. 3 ff.

[38]   Vgl. Schmitter (2001), S. 18, Schwarz (2004), S. 7.

[39]   Vgl. Ahrend et al. (2017a), Einführung, Rz. 20 ff.

(BMAS) in regelmäßigen Abständen in Auftrag gegebenen Studien zur Situation und Entwicklung der bAV in Deutschland. Diese ermöglichen eine gezielte Analyse der Verbreitung der bAV im Zeitablauf. Außerdem weisen sie im Vergleich zu anderen Studien den größten Stichprobenumfang auf, weshalb die Belastbarkeit der Ergebnisse gewährleistet ist.[40]

Die erste Studie dieser Reihe betrachtet die Verbreitung der bAV in den Jahren 2001 bis 2004.[41] Im Jahr 2001 gab es laut dieser Studie in 31 Prozent aller Betriebsstätten[42] die Möglichkeit für Arbeitnehmer, eine bAV bei ihrem Arbeitgeber abzuschließen. Insgesamt hatten 38 Prozent aller sozialversicherungspflichtig Beschäftigten in diesem Jahr eine bAV.[43]

Diese geringe Verbreitung der bAV in Zusammenhang mit den bekannten Problemen der gesetzlichen Rentenversicherung, wie beispielsweise der demografischen Entwicklung, war ausschlaggebend, dass der Gesetzgeber im Zuge der Rentenreform 2001 Maßnahmen zur Stärkung der bAV ergriffen hat.[44] Im Speziellen wurde das AVmG verabschiedet, welches zahlreiche Änderungen in Bezug auf die Regelungen zur bAV beinhaltete. Von besonderer Relevanz ist hierbei der durch dieses Gesetz neu eingeführte Rechtsanspruch auf bAV durch Entgeltumwandlung. Weiterhin wurde durch das AVmG auch für die beiden Durchführungswege Pensionskasse und Pensionsfonds der Übergang zur nachgelagerten Besteuerung beschlossen, steuersystematisch jedoch auf einem anderen Weg als bei den Durchführungswegen Direktzusage und Unterstützungskasse.[45] Bei der steuerlichen Behandlung der bAV über Direktversicherungen wurden keine Änderungen vorgenommen und das vorgelagerte System beibehalten.[46] Außerdem wurde der Pensionsfonds als fünfter Durchführungsweg der bAV eingeführt und in die genannten Fördermaßnahmen integriert. In Verbindung mit den weniger strikten Anlagerestriktionen erhoffte sich der Gesetzgeber dadurch weitere positive Impulse für die Verbreitung der bAV. Darüber hinaus wurde die bAV in die ebenfalls mit dem AVmG eingeführte Zulagenförderung (sogenannte Riester-Förderung) einbezogen.[47]

Zusammenfassend lässt sich für den Zeitraum bis Juni 2004 ein positiver Trend bei der Verbreitung der bAV in Deutschland erkennen. Insbesondere in kleinen Unternehmen konnten die Fördermaßnahmen aber nur beschränkt Wirkung erzielen. Somit kann für

---

[40]   Für eine allgemeine Übersicht über bestehende Studien zur Verbreitung der bAV in Deutschland siehe BMAS (2014), S. 43-49.

[41]   BMGS (2005).

[42]   Betriebsstätten sind definiert als wirtschaftliche und lokale Einheiten, die jedoch nicht rechtlich selbständig sein müssen; vgl. BMGS (2005), S. 11.

[43]   Vgl. BMGS (2005), S. 14. Es wird sich hier und im Folgenden, soweit nicht anderweitig gekennzeichnet stets auf die Verbreitung in der Privatwirtschaft beschränkt.

[44]   Vgl. BR-Drucksache 764/00 vom 23.11.2000, S. 1 f.

[45]   In den Durchführungswegen Direktzusage und Unterstützungskasse galt bereits die nachgelagerte Besteuerung. Zur steuerrechtlichen Behandlung der jeweiligen Durchführungswege siehe ausführlich Abschnitt 2.1.1.4.

[46]   Allerdings konnten Beiträge an Direktversicherungen in der Anwartschaftsphase gem. § 40b EStG a.F. mit einem Pauschalsteuersatz von 20 Prozent besteuert werden. In der Auszahlungsphase waren die Leistungen nur mit dem Ertragsanteil zu versteuern. Diese Systematik galt vor dem AVmG auch für Pensionskassen. Für eine zusammenfassende Darstellung der Besteuerung der bAV vor dem AVmG und eine knappe Gegenüberstellung von vor- und nachgelagerter Besteuerung siehe Birk/Wernsmann (1999).

[47]   Vgl. BT-Drucksache 16/906 vom 09.03.2006, S. 117.

diese Zeit noch nicht von einer flächendeckenden Verbreitung der bAV in Deutschland gesprochen werden. Gleicher Auffassung war auch der Gesetzgeber[48], weshalb das am
01.01.2005 in Kraft getretene AltEinkG verabschiedet wurde. Dieses enthält unter anderem
Änderungen der gesetzlichen Rahmenbedingungen der bAV, insbesondere in Bezug auf deren arbeits- und einkommensteuerliche Behandlung.

Im Speziellen wurde die steuerliche Förderung von Pensionskasse, Pensionsfonds und
Direktversicherung vereinheitlicht. Dies geschah durch Einbezug der Beiträge an eine Direktversicherung in § 3 Nr. 63 EStG, sodass auch diese Beiträge innerhalb der bekannten
Grenzen steuerfrei gestellt wurden.[49] Weitere Maßnahmen sowohl im Arbeitsrecht[50] als
auch im Steuerrecht[51] sollten zu einer Verbesserung der Portabilität von Anwartschaften
beitragen.[52] Außerdem wurde die Fortführung einer bAV mit eigenen Beiträgen des Arbeitnehmers auch während eines ruhenden Arbeitsverhältnisses[53] ermöglicht.[54]

Es folgten schließlich Studien für die Untersuchungszeiträume 2001 bis 2006 bzw. 2007,
welche die bisherigen Ergebnisse fortschrieben.[55] Während im Juni 2004 noch in 41 Prozent
aller Betriebsstätten ein bAV-Angebot vorhanden war, stieg dieser Anteil auf 51 Prozent im
Dezember 2007. Es ist festzuhalten, dass der Großteil dieses Anstiegs auf den Zeitraum zwischen Juni 2004 und Dezember 2005 entfällt. Danach wurde nur noch eine geringe Zu-
nahme beobachtet. Ein ähnliches Bild zeigt die Entwicklung der Arbeitnehmer, die eine
bAV abgeschlossen haben: Waren es Mitte 2004 noch 46 Prozent, erhöhte sich dieser Anteil
bis Ende 2007 auf 52 Prozent. Der Anstieg entfällt hier jedoch komplett auf die Zeit zwischen Juni 2004 und Dezember 2005. Danach stagniert dieser Wert.[56]

Trotz der in der Vergangenheit gestiegenen Verbreitung der bAV kann nach wie vor
nicht von einer flächendeckenden Verbreitung ausgegangen werden. Insbesondere in kleinen Betrieben ist die bAV unterentwickelt. Mit dem Gesetz zur Förderung der zusätzlichen
Altersvorsorge und zur Änderung des Dritten Buches Sozialgesetzbuch vom 10.12.2007 hat
der Gesetzgeber daher weitere Änderungen beschlossen. Zu nennen ist hier insbesondere
die Fortsetzung der Sozialversicherungsfreiheit der Entgeltumwandlung über das Jahr 2008

---

[48]   Im Gesetzentwurf der Bundesregierung zum AltEinkG (BR-Drucksache 2/04 vom 02.01.2004) ist als Ziel un-
       ter anderem genannt, dass das Besteuerungssystem der bAV transparenter gestaltet werden soll. Dadurch und
       durch Verbesserungen der Portabilität sollte sich die Stärkung der bAV weiter beschleunigen (vgl. BR-Druck-
       sache 2/04 vom 02.01.2004, S. 2).

[49]   Daneben wurde in § 3 Nr. 63 EStG der Höchstbetrag für die Steuerfreiheit um einen Festbetrag von 1.800 Euro
       pro Jahr erhöht. Vgl. Abschnitt 2.1.2.2.1.

[50]   Änderung des § 4 BetrAVG derart, dass eine Übertragung von Anwartschaften bei Arbeitgeberwechsel für
       Arbeitnehmer leichter möglich ist.

[51]   Einführung des § 3 Nr. 55 EStG, der eine Übertragung von Anwartschaften auf einen neuen Arbeitgeber unter
       bestimmten Voraussetzungen steuerfrei stellt.

[52]   Vgl. Förster (2005), S. 10.

[53]   Beispielsweise während der Elternzeit.

[54]   Vgl. BT-Drucksache 16/906 vom 09.03.2006, S. 117.

[55]   Vgl. BMAS (2007) und BMAS (2008).

[56]   Vgl. BMAS (2007), S. 11.

hinaus.[57] Außerdem wurde das erforderliche Lebensalter für die Unverfallbarkeit einer arbeitgeberfinanzierten bAV-Anwartschaft auf 25 Jahre gesenkt.[58] Weiteren gesetzgeberischen Handlungsbedarf sah die Bundesregierung, wie sie im Alterssicherungsbericht 2008 festhielt, zu jener Zeit jedoch nicht.[59]

Die Verbreitung der bAV bis Dezember 2011 wurde in einer weiteren Studie aus dem Jahr 2012 untersucht.[60] Die bereits für die Jahre ab 2006 festgestellte rückläufige Dynamik in der Entwicklung der bAV setzte sich bis 2011 fort. So bewegte sich der Anteil der Betriebsstätten mit bAV seit 2007 dauerhaft um 50 Prozent. Werden die Arbeitnehmer betrachtet, die Anwartschaften über die bAV aufbauen, lässt sich eine ähnliche Stagnation feststellen. So betrug der Anteil an Arbeitnehmern mit bAV Ende 2011 knapp über 50 Prozent.[61]

Für die Jahre 2012 und 2013 wurden, ebenso wie bereits für das Jahr 2008, keine Daten zur Verbreitung der bAV nach Betriebsstätten oder nach Arbeitnehmern erhoben. Die jüngste Studie der Reihe stammt aus dem Jahr 2016 und betrachtet die Verbreitung zum 31.12.2014 bzw. 31.12.2015.[62] Die Werte haben sich jedoch gegenüber denjenigen aus dem Jahr 2011 kaum verändert. Während die Verbreitung nach Betriebsstätten um einen Prozentpunkt auf 49 Prozent zurückgeht, sinkt die Verbreitung nach Arbeitnehmern sogar von 50 Prozent Ende 2011 auf 48 Prozent Ende 2014 bzw. 47 Prozent Ende 2015. Hieran wird ersichtlich, dass zur weiteren Verbreitung der bAV neue gesetzgeberische Impulse nötig erscheinen.

Die folgende Abbildung 2 veranschaulicht anhand der Daten aus den oben genannten Studien, wie sich die Verbreitung der bAV in Deutschland zwischen 2001 und Ende 2015 entwickelt hat. Einerseits wird die Verbreitung nach Betriebsstätten mit bAV und andererseits nach Arbeitnehmern mit bAV dargestellt.

Die Abbildung zeigt nochmals, dass die zunehmende Verbreitung der bAV zu einem Großteil auf den Zeitraum zwischen 2001 und 2005 entfällt. Diese Entwicklung könnte durch die Gesetzesänderungen im Rahmen des AVmG und AltEinkG erklärt werden. Dies belegt, dass solch gezielte staatliche Eingriffe wirksam sein können. In der Zeit ab 2006 stagniert die Entwicklung jedoch. Man kann sogar seit 2011 einen leichten Rückgang der Verbreitung auf nunmehr knapp unter 50 Prozent feststellen.

Neben der Verbreitung der bAV nach sozialversicherungspflichtig Beschäftigten insgesamt, erscheint es außerdem sinnvoll, die Verbreitung in Abhängigkeit des Monatslohns zu betrachten. Auch hierzu liegen Studien im Auftrag des BMAS vor, jedoch nur für die Jahre 2011 und 2015.[63] Die Ergebnisse dieser Untersuchungen sind in Abbildung 3 dargestellt. Es werden nur sozialversicherungspflichtig Beschäftigte von 25 bis unter 65 Jahren betrachtet.

---

[57]  Die mit dem AVmG eingeführte Sozialversicherungsfreiheit der Entgeltumwandlung war ursprünglich nur bis einschließlich 2008 vorgesehen. Im Entwurf eines Gesetzes zur Förderung der bAV (BR-Drucksache 540/07 vom 10.08.2007, S. 1) wird das für das Jahr 2006 festgestellte Ende des Wachstums bei der Verbreitung der bAV unmittelbar mit diesem Wegfall der Beitragsfreiheit in Verbindung gebracht.

[58]  Vgl. BT-Drucksache 16/11061 vom 21.11.2008, S. 71.

[59]  Vgl. BT-Drucksache 16/11061 vom 21.11.2008, S. 82.

[60]  Vgl. BMAS (2012b).

[61]  Vgl. BMAS (2012b), S. 20, 22.

[62]  Vgl. BMAS (2016).

[63]  Vgl. BMAS (2012a) und BMAS (2017b).

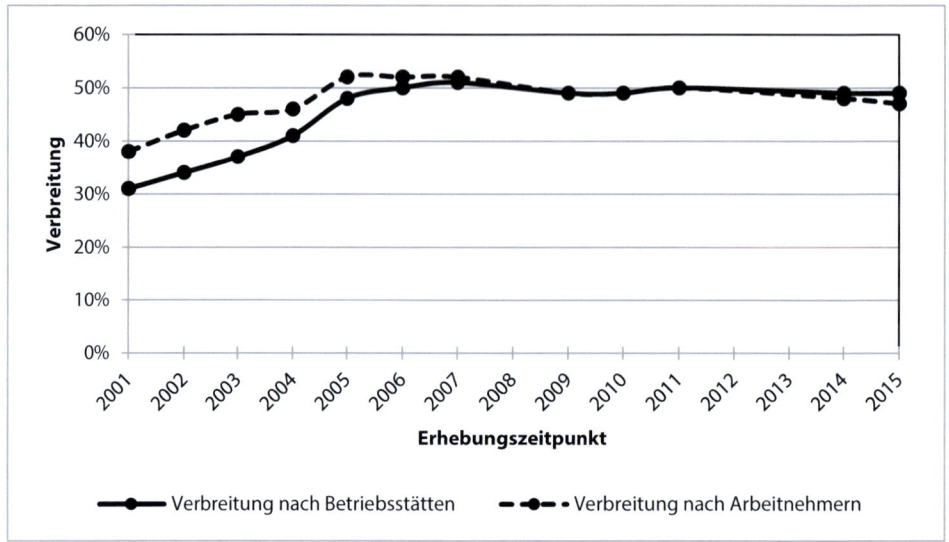

Abbildung 2: Verbreitung der bAV in der Privatwirtschaft zwischen 2001 und 2015 nach Betriebsstätten und Arbeitnehmern[64]

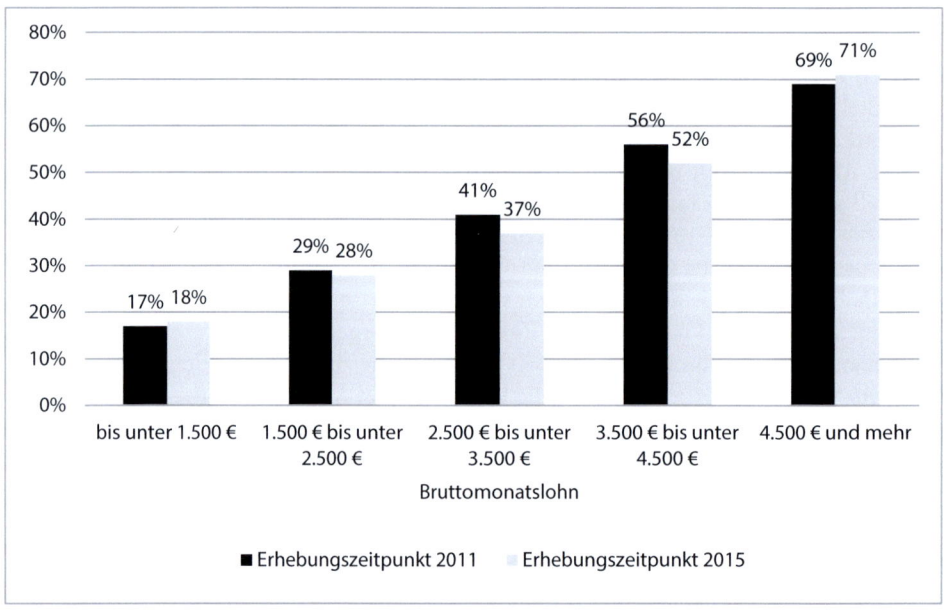

Abbildung 3: Verbreitung der bAV nach Bruttomonatslohn[65]

---

[64]  Quelle: Modifiziert entnommen aus Kiesewetter et al. (2016c), S. 35 (Abbildung 5) und fortgeschrieben. Daten entnommen aus BMGS (2005), BMAS (2007), BMAS (2008), BMAS (2012b) und BMAS (2016). Bewertungsstichtag ist jeweils der 31.12. des jeweiligen Jahres. Für die Jahre 2008, 2012 und 2013 liegen keine Daten vor.
[65]  Quelle: Eigene Darstellung. Daten entnommen aus BMAS (2012a) und BMAS (2017b).

Es wird ersichtlich, dass die Verbreitung der bAV mit steigendem Bruttomonatslohn zunimmt. Dies gilt unabhängig vom Erhebungszeitpunkt. Im Vergleich zum allgemeinen Verbreitungsgrad der bAV von ca. 50 Prozent fällt die Verbreitung bei Arbeitnehmern mit einem Bruttomonatslohn von bis zu 1.500 Euro mit unter 20 Prozent deutlich ab. Bei Arbeitnehmern mit einem Bruttomonatslohn zwischen 1.500 Euro und unter 2.500 Euro beträgt die Verbreitung der bAV immerhin ca. 30 Prozent, ist damit jedoch immer noch unterdurchschnittlich. In den nächst höheren Gehaltsklassen steigt der Verbreitungsgrad merklich an. Unter Arbeitnehmern mit mehr als 3.500 Euro Bruttomonatslohn ist die bAV schließlich leicht überdurchschnittlich verbreitet.

Eine genauere Untergliederung der Bruttobezüge ist den Studien nicht zu entnehmen, weshalb keine exakten Aussagen über die Verbreitung der bAV unter Geringverdienern, wie sie für Zwecke dieser Arbeit definiert sind[66], getroffen werden können. Gleichwohl kann festgehalten werden, dass die Verbreitung unter diesen deutlich unter dem Durchschnitt liegt. Ferner ist ersichtlich, dass die Verbreitung in den niedrigeren Gehaltsklassen in 2015 geringer ausfällt als noch in 2011.[67] Diese Erkenntnisse lassen den Schluss zu, dass im Hinblick auf Geringverdiener dringender Reformbedarf besteht. In den letzten Jahrzehnten konnte die Gesetzgebung mit neuen Reformen stets für – wenn auch geringe – Verbreitungsschübe sorgen. Es bleibt abzuwarten, ob die Maßnahmen des BRSG letztlich auch geeignet sind, den Verbreitungsgrad der bAV in der Zielgruppe der Geringverdiener zu erhöhen. Empirische Daten hierzu liegen aktuell noch nicht vor.

## 1.2 Gang der Untersuchung

Die Arbeit setzt sich zum Ziel, die steuer- und sozialversicherungsrechtliche Förderung der Geringverdiener vor und nach Inkrafttreten des BRSG zu untersuchen und zu quantifizieren. Um diese Forschungsfrage beantworten zu können, wird eine dreistufige Untersuchung durchgeführt. Zunächst wird in Kapitel 2 betrachtet, wie die bAV vor Inkrafttreten des BRSG, d.h. bis vor dem 01.01.2018, ausgestaltet war. In Kapitel 3 werden anschließend Überlegungen angestellt, wie ex ante eine Reform der bAV hätte ausgestaltet werden können. Schließlich analysiert Kapitel 4, wie sich die bAV tatsächlich ex post seit Inkrafttreten des BRSG, d.h. seit dem 01.01.2018, darstellt.[68] Als Forschungsmethodik und Beurteilungsmaßstab wird ein modelltheoretischer Ansatz herangezogen.

Die Kapitel 2 und 4 sind grundsätzlich identisch aufgebaut. Es erscheint zunächst unerlässlich, die rechtlichen Rahmenbedingungen der bAV zu umreißen. Dabei werden insbesondere die arbeits-, steuer- und sozialversicherungsrechtlichen Regelungen erörtert. Um Redundanzen zu vermeiden werden in Kapitel 4 lediglich die sich im Rahmen des BRSG ergebenden Änderungen aufgezeigt.

---

[66] Geringverdiener sind Arbeitnehmer mit einem Bruttomonatslohn von bis zu 2.200 Euro.
[67] Dies gilt für alle Gehaltsklassen mit Ausnahme derjenigen Arbeitnehmer, die über 4.500 Euro Bruttomonatslohn beziehen.
[68] Weitere Gesetzesänderungen, die seit dem BRSG (d.h. zwischen dem 01.01.2018 und der Veröffentlichung dieser Arbeit) erfolgten, werden nicht berücksichtigt.

In Kapitel 3 wird auf Ausführungen zu den rechtlichen Rahmenbedingungen verzichtet, da es sich lediglich um fiktive Überlegungen zu Reformmöglichkeiten handelt, die dementsprechend keine gesetzliche Manifestierung vorweisen.[69] Es werden die maßgeblichen Hemmnisse herausgestellt, die einer weiteren Verbreitung der bAV unter Geringverdienern entgegenstehen. Sodann werden denkbare Reformmaßnahmen erörtert und modelltheoretisch untersucht.

Kapitel 5 bildet das Fazit der Arbeit. Neben einer Zusammenfassung der maßgeblichen Ergebnisse erfolgen Ausblick und Anknüpfungspunkte für weitere Forschungsvorhaben.

Aufgrund der Aktualität der Fragestellung wurden große Teile der vorliegenden Arbeit vorab bereits als Aufsatz oder Monografie veröffentlicht. Wesentliche Grundlage ist zum einen das im Vorfeld des BRSG vom Bundesministerium der Finanzen (BMF) in Auftrag gegebene Gutachten „Optimierungsmöglichkeiten bei den bestehenden steuer- und sozialversicherungsrechtlichen Förderregelungen der betrieblichen Altersversorgung" (sogenanntes BMF-Gutachten).[70] Insbesondere erfolgen die Darstellung der rechtlichen Grundlagen, die Identifikation von Verbreitungshemmnissen sowie die Entwicklung von Reformmaßnahmen in Anlehnung hieran. Die modelltheoretischen Grundlagen dieser Arbeit entstammen insbesondere Menzel (2017) und Kiesewetter/Menzel (2019). Deren Überlegungen werden in dieser Arbeit ergänzt und zu einem umfassenden Bild zusammengefügt. Teile des Literaturüberblicks sind Kiesewetter et al. (2020) entnommen. Die Erläuterungen zur Riester-Förderung vor Inkrafttreten des BRSG beruhen auf Menzel (2016). Ferner wird auf Kiesewetter et al. (2016b), Kiesewetter et al. (2016a), Menzel/Tschinkl (2017) sowie Menzel/Tschinkl (2018) zurückgegriffen. Zur besseren Lesbarkeit wird auf eine stetige Zitierung der einzelnen Grundwerke verzichtet. Abschnittsweise wird jedoch angegeben, wenn eine Entnahme aus den oben genannten Arbeiten erfolgt.

---

[69]   Gleichwohl werden in Kapitel 3 bereits Reformüberlegungen diskutiert, die schließlich tatsächlich in den Maßnahmenkatalog des BRSG aufgenommen wurden. Die damit verbundenen Änderungen der gesetzlichen Rahmenbedingungen werden in Kapitel 4 erläutert.
[70]   Kiesewetter et al. (2016c).

# 2 Die betriebliche Altersversorgung vor Inkrafttreten des Betriebsrentenstärkungsgesetzes

Zunächst wird betrachtet, wie die bAV vor Inkrafttreten des BRSG, d.h. vor dem 01.01.2018 ausgestaltet war. Nach einer Darstellung der rechtlichen Rahmenbedingungen in Abschnitt 2.1 folgt in Abschnitt 2.2 ein Überblick über den aktuellen Stand der betriebswirtschaftlichen Forschung. Das Kernstück dieses Kapitels bilden die modelltheoretischen Überlegungen in Abschnitt 2.3, aufgrund derer schließlich ein Zwischenfazit (Abschnitt 2.4) gezogen werden kann.

Sofern im Folgenden nicht explizit anderweitig angegeben, handelt es sich bei Paragrafenangaben um einen Rechtsstand, der sich durch das BRSG nicht geändert hat. Sofern die erläuterten Regelungen durch das BRSG geändert wurden, wird entweder von alter Fassung (a.F.; d.h. vor Inkrafttreten des BRSG) oder neuer Fassung (n.F.; d.h. nach Inkrafttreten des BRSG) gesprochen.

## 2.1 Rechtliche Rahmenbedingungen[71]

### 2.1.1 Arbeitsrechtliche Grundlagen

#### 2.1.1.1 Zusagearten

Die konkrete Ausgestaltung der Zusage auf eine bAV obliegt grundsätzlich dem Arbeitgeber und kann entweder einzelvertraglich als Bestandteil des Arbeitsvertrages oder auch kollektivrechtlich wie beispielsweise durch Tarifverträge festgehalten werden. Als Rechtsgrundlage muss eine Zusage von Versorgungsleistungen gegeben sein und es sich somit um einen originären Versorgungszweck handeln. Ob die Erfüllung der zugesagten Leistungen direkt über den Arbeitgeber erfolgt oder von anderen Versorgungsträgern vorgenommen wird, ist dabei unerheblich.[72] In einer solchen Versorgungszusage[73] sind sämtliche inhaltlichen Ausgestaltungen und Vereinbarungen zu normieren.[74] Als Folge daraus wird eine Anwartschaft des Arbeitnehmers begründet. Als Versorgungsleistungen werden zumeist re-

---

[71]  Dieser Abschnitt ist Kiesewetter et al. (2016c), S. 9-29 modifiziert und gekürzt entnommen.

[72]  Gem. § 1 Abs. 1 Satz 2 i.V.m. § 1b Abs. 2 bis 4 BetrAVG.

[73]  Der Begriff „Versorgungszusage" soll im Folgenden als Oberbegriff sowohl für die unmittelbare als auch für die mittelbare Versorgungszusage verstanden werden. Demgegenüber verwendet der Gesetzgeber den Begriff „Versorgungszusage", wenn er von unmittelbaren Direktzusagen ausgeht; vgl. Ahrend et al. (2017a), 1. Teil, Rz. 117.

[74]  Vgl. auch die Definition in Rolfs (2018e), Rz. 37 f., sowie die dortige Abgrenzung zu verwandten Begrifflichkeiten.

gelmäßig wiederkehrende Geldzahlungen vereinbart, wobei auch einmalige Kapitalzahlungen denkbar sind.[75]

Bei der Ausgestaltung der Zusageform kann zunächst grob in Leistungs- und Beitragszusage untergliedert werden. Die Leistungszusage stellt dabei die ursprüngliche Form der Zusage dar und liegt auch der Ausgangsbetrachtung des § 1 Abs. 1 BetrAVG zugrunde. Der Arbeitgeber sagt hier eine nach geeigneten Kriterien ermittelte Leistung bei Eintritt des Versorgungsfalles zu. Diese kann sich beispielsweise am letzten Bruttogehalt orientieren und einen bestimmten Prozentsatz davon pro Jahr der Betriebszugehörigkeit garantieren.[76] Das Risiko dieser Zusageart trägt damit der Arbeitgeber, der für ausreichend Versorgungskapital sorgen muss. Für das Unternehmen ist dies mit großen Kalkulationsproblemen verbunden, weshalb zunehmend eine Abkehr von der Leistungszusage erkennbar ist. Die „reine" Beitragszusage als Gegenstück dazu ist im deutschen Betriebsrentengesetz erst seit Inkrafttreten des BRSG rentenrechtlich zulässig.[77] Die Änderungen werden in Abschnitt 4.1.1 erörtert. § 1 Abs. 2 BetrAVG erkennt dahingegen bereits vor BRSG zwei Mischformen an.

Zum einen existiert gem. § 1 Abs. 2 Nr. 1 BetrAVG eine beitragsorientierte Leistungszusage.[78] Dabei werden vereinbarte Beiträge durch den Arbeitgeber in eine Anwartschaft umgewandelt. Der Arbeitgeber gibt somit lediglich den jeweiligen periodisch oder einmalig aufgewendeten Beitrag an.[79] Letztendlich wird jedoch nicht auf den eigentlich geleisteten Beitrag abgestellt, sondern es muss wieder eine tatsächliche Leistung versprochen respektive zugesagt werden, weshalb es sich somit nicht um eine reine Beitragszusage handelt. Daher ist ferner ein „Umrechnungskurs" von Beitrag in Leistung zu benennen und vertraglich festzulegen. Dieser richtet sich vornehmlich nach versicherungsmathematischen Prinzipien.[80]

Das Betriebsrentengesetz sieht seit 2002 außerdem gem. § 1 Abs. 2 Nr. 2 BetrAVG[81] eine Beitragszusage mit Mindestleistung vor. Dabei handelt es sich jedoch ebenfalls nicht um eine reine Beitragszusage, sondern abermals um eine Mischform aus Leistungs- und Beitragszusage. Sie kann sogar als Unterform der beitragsorientierten Leistungszusage angesehen werden.[82] Der Arbeitgeber verpflichtet sich, zugesagte und vertraglich festgelegte Bei-

---

[75]   Ferner erfüllen auch Sach- bzw. Nutzungsleistungen die Voraussetzungen, sind jedoch weit weniger gebräuchlich; vgl. Ahrend et al. (2017a), 1. Teil, Rz. 10.

[76]   Vgl. Deutsche Rentenversicherung Bund (2018), S. 15.

[77]   Gleichwohl war sie bereits zuvor grundsätzlich rechtlich zulässig. Da sich das BetrAVG jedoch nicht auf sie erstreckte, sprach man vor dem BRSG insoweit nicht von bAV.

[78]   Eingeführt durch das Gesetz zur Reform der gesetzlichen Rentenversicherung (Rentenreformgesetz 1999 – RRG 1999), BGBl. I 1997, S. 2998.

[79]   Vgl. Rolfs (2018e), Rz. 83.

[80]   Vgl. Rolfs (2018e), Rz. 83 und Förster/Rechtenwald (2008), Rz. 35. Sofern die Leistung über externe Durchführungswege (eine detaillierte Behandlung der Durchführungswege erfolgt in Abschnitt 2.1.1.3) erbracht wird, erfolgt die Umrechnung anhand der Tarifkalkulation des externen Versorgungsträgers. Ansonsten sind erwartete Verzinsung sowie biometrische Wahrscheinlichkeiten versicherungsmathematisch zu modellieren. Eine ausführliche Erklärung hierzu, insbesondere zu Transformationstabellen und Renten- bzw. Kapitalbausteinen, ist Hagemann et al. (2015), S. 37 ff. zu entnehmen.

[81]   Eingeführt durch das AVmG.

[82]   Vgl. Rolfs (2018e), Rz. 88. Förster/Rechtenwald (2008), Rz. 37 verweisen darauf, dass die „Abgrenzung zur beitragsorientierten Leistungszusage umstritten" ist.

träge an einen externen Versorgungsträger zu entrichten. Jener erbringt später die Versorgungsleistungen. Damit hängt die Höhe der späteren Rente von der erwirtschafteten Rendite des externen Kapitalanlegers ab.[83] Da der Arbeitgeber aber zusätzlich mindestens für die Summe der geleisteten Beiträge[84] aufkommen muss, handelt es sich folglich in dieser Höhe erneut um eine Leistungszusage.[85] Dies ist dann der Fall, wenn das zur Verfügung stehende Versorgungskapital, beispielsweise infolge schlechten Wirtschaftens, geringer ausfällt als sämtliche geleisteten Beiträge.

## 2.1.1.2 Entgeltumwandlung

Eine sogenannte Entgeltumwandlung ist gem. § 1 Abs. 2 Nr. 3 BetrAVG gegeben, wenn künftige[86] Entgeltansprüche in eine wertgleiche Anwartschaft auf Versorgungsleistungen umgewandelt werden.[87] Der Arbeitnehmer verzichtet dabei auf künftige, bereits vertraglich vereinbarte Entgeltansprüche, wofür er vom Arbeitgeber eine Versorgungszusage erhält.[88] Im Allgemeinen wird unter dem Begriff Entgeltumwandlung eine Umwandlung des Bruttoentgelts verstanden.[89] Es ist jedoch auch eine Umwandlung des Nettoentgelts möglich.[90]

Seit 2002 ist ein Anspruch auf Entgeltumwandlung gesetzlich fixiert.[91] Anspruchsberechtigt sind gem. § 17 Abs. 1 Satz 3 i.V.m. § 1a Abs. 1 BetrAVG alle in der gesetzlichen Rentenversicherung Pflichtversicherten. Der anspruchsberechtigte Arbeitnehmer kann verlangen, dass ein Teil seines künftigen Entgelts mittels Umwandlung für seine bAV verwendet wird. Zwar hat der Arbeitnehmer grundsätzlich einen Anspruch auf Entgeltumwandlung, der Durchführungsweg ist von ihm jedoch nicht unmittelbar bestimmbar. Der Arbeitgeber kann die Durchführung der Versorgung auf die Durchführungswege Pensionsfonds und Pensionskasse beschränken. Lediglich falls kein derartiges Angebot existiert, kann der Arbeitnehmer den Abschluss einer Direktversicherung verlangen.

Daneben besteht für den Arbeitnehmer gem. § 1 Abs. 2 Nr. 4 BetrAVG[92] die Möglichkeit, „Beiträge aus seinem Arbeitsentgelt [Eigenbeiträge] zur Finanzierung von Leistungen der betrieblichen Altersversorgung" im Rahmen eines externen Durchführungsweges zu

---

[83]   Sofern keine weiteren Verpflichtungen bestünden, handelte es sich tatsächlich um eine reine Beitragszusage.
[84]   Soweit sie nicht rechnungsmäßig für ein biometrisches Risiko verbraucht wurden, d.h. abzüglich eines biometrischen Risikoausgleichs; vgl. § 1 Abs. 2 Nr. 2 BetrAVG.
[85]   Vgl. Brassat (2011), S. 8.
[86]   Förster/Rechtenwald (2008), Rz. 40 verstehen hierunter „noch nicht fällige" Ansprüche. Demgegenüber spricht Rolfs (2018e), Rz. 151 von „noch nicht erdienten" Ansprüchen. Auf eine genaue Erläuterung und Unterscheidung wird an dieser Stelle verzichtet.
[87]   Die Entgeltumwandlung wurde durch das RRG 1999 im BetrAVG erstmals explizit als bAV definiert.
[88]   Die aus der Umwandlung resultierenden Beträge stellen gleichwohl Beträge des Arbeitgebers dar; vgl. Ahrend et al. (2017b), 5a. Teil, Rz. 185.
[89]   Förster/Rechtenwald (2008), Rz. 39 sprechen beispielsweise einleitend im Kapitel zur Entgeltumwandlung davon, dass „künftige (Brutto-)Entgeltansprüche des Arbeitnehmers (…) umgewandelt werden."
[90]   Vgl. Rolfs (2018e), Rz. 141.
[91]   Gem. § 1a BetrAVG. Seit Inkrafttreten des AVmG.
[92]   Eingeführt durch Gesetz zur Einführung einer kapitalgedeckten Hüttenknappschaftlichen Zusatzversicherung und zur Änderung anderer Gesetze (Hüttenknappschaftliches Zusatzversicherungs-Neuregelungs-Gesetz – HZvNG), BGBl. I 2002, S. 2167.

leisten. Diese Form ist der Entgeltumwandlung sehr ähnlich, weshalb auch die arbeitsrechtlichen Regelungen bezüglich der Entgeltumwandlung anzuwenden sind.[93]

### 2.1.1.3 Durchführungswege

Wird in einem Unternehmen eine bAV eingeführt, muss sich der Arbeitgeber zunächst entscheiden, welchen Durchführungsweg er hierzu wählen möchte.[94] Das Betriebsrentengesetz stellt hierfür seit dem Jahr 2002 fünf Durchführungswege zur Auswahl, die verschiedenen Kapitalanlagebeschränkungen unterliegen, unterschiedliche steuerliche Konsequenzen für Arbeitgeber und Arbeitnehmer hervorrufen und einen maßgeblichen Einfluss darauf haben, wie groß der Verwaltungsaufwand für das Unternehmen ausfällt.[95] Will der Arbeitgeber die Durchführung der bAV selbst verwalten, steht ihm dazu die sogenannte Direktzusage als unmittelbare Zusageform zur Verfügung. Bevorzugt er die mittelbare Durchführung der bAV, hat er die Wahl zwischen den Durchführungswegen Unterstützungskasse, Pensionskasse, Direktversicherung sowie Pensionsfonds. Dabei werden die Durchführungswege Pensionskasse, Direktversicherung und Pensionsfonds als externe Durchführungswege bezeichnet, die der Aufsicht der Bundesanstalt für Finanzdienstleistungsaufsicht (BaFin) unterliegen.[96] Diese Unterscheidung ist von Bedeutung, da alle fünf Durchführungswege sowohl mit der Leistungszusage als auch mit der beitragsorientierten Leistungszusage wählbar sind, die Beitragszusage mit Mindestleistung jedoch nur in Verbindung mit den externen Durchführungswegen kombinierbar ist. Abbildung 4 veranschaulicht die Unterteilung der Durchführungswege, bevor diese hinsichtlich ihrer Funktionsweise näher betrachtet werden.

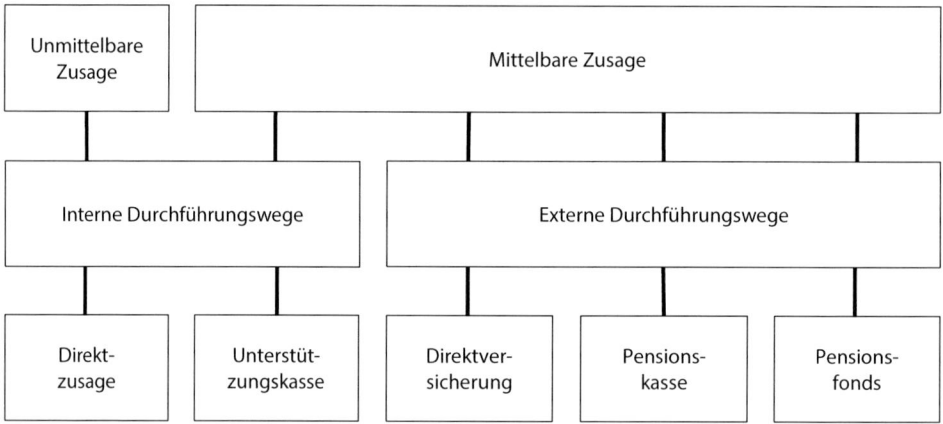

Abbildung 4: Durchführungswege der bAV[97]

---

[93]    Sofern die Beiträge im Wege der Kapitaldeckung finanziert werden. Eine Unterscheidung zwischen Entgeltumwandlung und Finanzierung mit Eigenbeiträgen nimmt Cisch (2014), § 1, Rz. 25 vor.

[94]    Es sind auch mehrere Durchführungswege nebeneinander möglich.

[95]    Vgl. zu den steuerlichen Konsequenzen Abschnitt 2.1.1.4.

[96]    Vgl. Marx (2012), Rz. 968 f.

[97]    Quelle: Menzel/Tschinkl (2018), S. 776.

Die Direktzusage ist die einzige Form der unmittelbaren Durchführung. Das Betriebsrentengesetz definiert sie zwar nicht wortwörtlich, gem. § 1 Abs. 1 Satz 2 BetrAVG ist sie
jedoch als Urform und Ausgangspunkt der bAV anzusehen. Sie verfügt über einen unmittelbaren Charakter, da der Arbeitgeber seinem Arbeitnehmer eine Leistung unmittelbar zu-
sagt, d.h. ohne dies durch Zwischenschaltung einer externen Versorgungseinrichtung ab-
zuwickeln und zu organisieren. In der Anwartschaftsphase fließen somit keine Finanzmittel
aus dem Unternehmen ab, jedoch muss der Arbeitgeber die Zahlungsverpflichtungen gegenüber dem Arbeitnehmer in der Leistungsphase anschließend direkt aus den laufenden
Erträgen erbringen, die das Unternehmen zu diesem Zeitpunkt erwirtschaftet.[98] Auch wenn
der Arbeitgeber eine Rückdeckungsversicherung abschließt, handelt es sich trotzdem weiterhin um eine unmittelbare Verpflichtung gegenüber dem Arbeitnehmer, da ausschließlich der Arbeitgeber Versicherungsnehmer und Bezugsberechtigter der Rückdeckungsversicherung ist.[99] Aufgrund der im Unternehmen verbleibenden Liquidität bei Wahl dieses
Durchführungsweges erfreute sich diese Form der bAV in der Vergangenheit großer
Beliebtheit, insbesondere bei großen Unternehmen, denen die Bewältigung des damit zu-
sammenhängenden Organisationsaufwands möglich ist. Ein Problemfeld, das in den letzten
Jahren zunehmend an Bedeutung gewonnen hat, besteht für den Arbeitgeber jedoch in der
gesetzlichen Verpflichtung zur Bildung und zum Ausweis von Pensionsrückstellungen im
handelsrechtlichen Jahresabschluss, durch die den zukünftigen finanziellen Belastungen
aus den Pensionszusagen Rechnung getragen werden soll.

Neben der Direktzusage stellt die Durchführung über eine Unterstützungskasse den
zweiten internen Durchführungsweg der bAV dar, der jedoch anders als die Direktzusage
als mittelbar zu bezeichnen ist. In § 1b Abs. 4 BetrAVG wird die Unterstützungskasse als
selbständige, rechtsfähige Versorgungseinrichtung definiert, die auf ihre Leistungen keinen
Rechtsanspruch gewährt.[100] Der Arbeitnehmer hat somit keine Ansprüche gegenüber der
Unterstützungskasse, sondern lediglich gegenüber seinem Arbeitgeber. Das Arbeitgeberunternehmen errichtet die Unterstützungskasse und finanziert sie über Zuwendungen.[101] Üb-
lich ist auch die Gründung einer Kasse für einen ganzen Konzern oder eine Unternehmens-
gruppe. Bei der Investition des vom Arbeitgeber getrennten Sondervermögens ist die Unterstützungskasse frei, beabsichtigt aber natürlich eine gewinnbringende Anlage und damit
einhergehende Erträge. Falls das aufgebaute Kapital der Unterstützungskasse jedoch nicht
zur Zahlung der Pension ausreicht, muss der Arbeitgeber gem. § 1 Abs. 1 Satz 3 BetrAVG
für die zugesagten Leistungen einstehen. Diese Subsidiärhaftung ist allen mittelbaren
Durchführungswegen gemein.

Im Folgenden werden die externen Durchführungswege behandelt. Die Direktversicherung stellt eine solche Form dar und ist gem. § 1b Abs. 2 BetrAVG gegeben, wenn eine Le-
bensversicherung auf das Leben des Arbeitnehmers durch den Arbeitgeber abgeschlossen
wird. Des Weiteren müssen der Arbeitnehmer oder seine Hinterbliebenen hinsichtlich der

---

[98]  Dies gilt so insbesondere für kleine Unternehmen, da diese i.d.R. keine Auslagerung ihrer Pensionsverpflich-
      tungen beispielsweise auf Contractual Trust Arrangements (CTA) vornehmen.
[99]  Vgl. Förster/Rechtenwald (2008), Rz. 26.
[100] Daher unterliegt sie auch nicht der Aufsicht durch die BaFin; gem. § 3 Abs. 1 Nr. 1 VAG.
[101] Im steuerrechtlichen Sprachgebrauch wird hier explizit von „Zuwendungen" und beispielsweise nicht von
      „Beiträgen" gesprochen; vgl. Ahrend et al. (2017a), 3. Teil, Rz. 100.

Leistungen des Versicherers ganz oder teilweise bezugsberechtigt sein. Der Arbeitgeber leistet Beiträge an den Versicherer, welcher später die Versorgung des Arbeitnehmers übernimmt. Diese Form der Durchführung ist aufgrund des geringen Verwaltungsaufwands für den Arbeitgeber einfach zu handhaben.[102] Durch die bloße Abführung der Beiträge hat der Arbeitgeber seine Pflichten jedoch nicht abschließend erfüllt, er muss vielmehr erneut für seine zugesagten Leistungen einstehen.[103]

§ 1b Abs. 3 BetrAVG definiert die Pensionskasse als rechtsfähige Versorgungseinrichtung, die dem Arbeitnehmer oder seinen Hinterbliebenen auf ihre Leistungen einen Rechtsanspruch gewährt. Damit wird auch der Unterschied zur Unterstützungskasse deutlich, gegen die ein solcher Rechtsanspruch gerade nicht besteht. Die Pensionskasse ist gem. § 232 VAG ein rechtlich selbständiges Lebensversicherungsunternehmen. Damit ist die Durchführung der bAV über eine Pensionskasse derjenigen via Direktversicherung prinzipiell ähnlich. Es ist ebenfalls ein rechtliches Dreiecksverhältnis zwischen Pensionskasse, Arbeitnehmer und Arbeitgeber mit analogen Rechtsbeziehungen gegeben.[104] Der Unterschied liegt jedoch im Erscheinungsbild. Während Pensionskassen ausschließlich bAV betreiben, werden Direktversicherungen von allgemeintätigen Lebensversicherungsgesellschaften abgewickelt.[105]

Die eben aufgeführte Definition der Pensionskasse gilt auch für den Pensionsfonds.[106] Eine versicherungsaufsichtsrechtliche Definition ist § 236 VAG zu entnehmen und präzisiert die arbeitsrechtlichen Vorschriften. Der Unterschied zur Pensionskasse besteht in einer liberaleren Gesetzgebung bezüglich der Vermögensanlage. Hier hat der Pensionsfonds größere Freiheiten.

### 2.1.1.4 Unverfallbarkeit

Bis zu einer Grundsatzentscheidung des Bundesarbeitsgerichts im Jahr 1972[107] war es rechtlich umstritten, wie die Anwartschaft eines aus dem zusagenden Unternehmen ausscheidenden Arbeitnehmers zu behandeln ist. So war es vorher auf Seiten der Arbeitgeber durchaus vertragliche Gestaltungspraxis, dass Anwartschaften beim vorzeitigen Ausscheiden des Arbeitnehmers verfielen.[108] Seit Inkrafttreten des Betriebsrentengesetzes ist eine gesetzliche Unverfallbarkeit der Anwartschaft dem Grunde nach festgeschrieben. Gem. § 1b Abs. 1 Satz 1 BetrAVG ist eine Anwartschaft nunmehr unverfallbar, wenn das Arbeitsverhältnis vor Eintritt des Versorgungsfalls, jedoch nach Vollendung des 21. Lebensjahres des Arbeit-

---

[102]  Vgl. Deutsche Rentenversicherung Bund (2018), S. 9. Damit eignet sich dieser Durchführungsweg insbesondere für kleine Unternehmen.
[103]  Ansonsten wäre eine nach Betriebsrentengesetz, vor BRSG nicht zulässige (reine) Beitragszusage gegeben; vgl. Rolfs (2015), Rz. 737.
[104]  Vgl. Förster/Rechtenwald (2008), Rz. 29.
[105]  Vgl. Ahrend et al. (2017b), 5. Teil, Rz. 43. Sie folgern: „In Pensionskassen ist quasi der Bereich betriebliche Altersversorgung verselbständigt."
[106]  Gem. § 1b Abs. 3 BetrAVG. Seit Inkrafttreten des AVmG.
[107]  Vgl. BAG-Urteil vom 10.03.1972.
[108]  Vgl. Rolfs (2018f), Rz. 1 f.

nehmers endet und die Versorgungszusage zu diesem Zeitpunkt mindestens drei Jahre bestanden hat.[109] Im Rahmen einer Entgeltumwandlung erworbene Anwartschaften sind gem.
§ 1b Abs. 5 BetrAVG sofort unverfallbar. Das Gleiche gilt gem. § 1 Abs. 2 Nr. 4 Halbsatz 2
BetrAVG für eigenfinanzierte Beiträge.

Sofern eine Anwartschaft dem Grunde nach unverfallbar ist, stellt sich die Frage nach
der Höhe der unverfallbaren Anwartschaft. § 2 BetrAVG nennt für die Ermittlung der Höhe
der bereits erdienten Anwartschaft bestimmte Berechnungsvorschriften, unterscheidet jedoch hinsichtlicher Durchführungswege und der Zusagearten. Eine Abfindung unverfall-
barer Anwartschaften ist gem. § 3 Abs. 1 BetrAVG grundsätzlich ausgeschlossen. Damit
wird gewährleistet, dass die Ansprüche aus der bAV tatsächlich auch der Versorgung des
Arbeitnehmers dienen. Unter engen Voraussetzungen gelten jedoch sowohl für Arbeitgeber
als auch für Arbeitnehmer Ausnahmen.[110]

## 2.1.2 Steuerrechtliche Grundlagen

### 2.1.2.1 Die Behandlung beim Arbeitgeber

Um die steuerrechtliche Behandlung einer bAV-Maßnahme auf Seiten des Arbeitgebers
darzustellen, ist zwischen mittelbaren und unmittelbaren sowie internen und externen
Durchführungswegen zu differenzieren. Bei unmittelbarer Durchführung via Direktzusage
erbringt der Arbeitgeber die Rentenleistungen in der Leistungsphase selbst, womit er auch
selbst Versorgungsträger ist. Für diese ungewisse Verbindlichkeit hat das Unternehmen in
seiner Handelsbilanz gem. § 249 Abs. 1 Satz 1 HGB aufwandswirksam eine Rückstellung zu
bilden, womit bereits in der Anwartschaftsphase eine Gewinnminderung eintritt.[111] Die
handelsrechtliche Bewertung erfolgt gem. § 253 Abs. 1 Satz 2 HGB „in Höhe des nach ver-
nünftiger kaufmännischer Beurteilung notwendigen Erfüllungsbetrages".[112] Auch für die
steuerliche Gewinnermittlung gilt ein Passivierungsgebot.[113] Die bilanzsteuerlichen Ansatz-
und Bewertungsvorschriften ergeben sich dabei aus § 6a EStG, welcher zusätzliche Voraussetzungen zur steuerlichen Rückstellungsbildung beinhaltet.[114] Demnach ist gem. § 6a
Abs. 2 EStG vor Eintritt des Versorgungsfalls erstmals eine Pensionsrückstellung zu bilden,
wenn der Pensionsberechtigte das 27. Lebensjahr vollendet hat oder sobald die Anwartschaft arbeitsrechtlich unverfallbar geworden ist.[115] Im Zeitpunkt des Versorgungsfalls ist
eine Rückstellung in jedem Fall zu bilden.

---

[109] Für vor dem 01.01.2018, 01.01.2009 bzw. 01.01.2001 zugesagte Leistungen gilt § 1b Abs. 1 i.V.m. § 30f BetrAVG mit anderen Werten für Mindestalter und Mindestbetriebszugehörigkeit.
[110] Vgl. hierzu beispielsweise Ahrend et al. (2017a), 1. Teil, Rz. 1660 ff.
[111] Für Altzusagen (Rechtsanspruch wurde vor dem 01.01.1987 erworben) gilt gem. Art. 28 EGHGB ein Passivie-
rungswahlrecht.
[112] § 253 Abs. 2 HGB ergänzt hierzu, welche Zinssätze der Bewertung zugrunde zu legen sind.
[113] Vgl. BMF-Schreiben vom 12.03.2010, Rz. 9.
[114] Gem. Herzig/Briesemeister (2010), S. 918 (Fn. 10) ist § 6a EStG nicht als steuerliches Wahlrecht i.S.d. § 5
Abs. 1 EStG, sondern als rückstellungsbegrenzende Vorschrift einzuordnen.
[115] Zur arbeitsrechtlichen Unverfallbarkeit siehe § 1b BetrAVG. Für nach dem 31.12.2017 abgeschlossene Zusagen tritt die rein steuerrechtliche Unverfallbarkeit mit Vollendung des 23. Lebensjahres ein.

Die mit der Rückstellungsbildung einhergehenden Aufwendungen mindern den steuer-rechtlichen Gewinn. Somit wird die Steuerlast reduziert, was eine Direktzusage aus steuer-lichen Aspekten attraktiv werden lässt. Die anschließende Bewertung der Höhe nach ist ex-plizit in § 6a EStG geregelt und weicht von den handelsrechtlichen Bewertungsvorschriften ab. Steuerrechtlich muss zwingend ein Rechnungszinssatz von sechs Prozent zugrunde ge-legt werden. Außerdem sind wie im Handelsrecht die anerkannten Regeln der Versiche-rungsmathematik anzuwenden.[116]

Betragsmäßig darf die Rückstellung gem. § 6a Abs. 3 Satz 1 EStG höchstens mit dem Teilwert bewertet werden. Dieser ist gem. § 6a Abs. 3 Satz 2 Nr. 1 EStG vor Beendigung des Dienstverhältnisses definiert als „der Barwert der künftigen Pensionsleistungen (…) abzüg-lich des (…) Barwerts betragsmäßig gleich bleibender Jahresbeiträge".[117] Nach Beendigung des Dienstverhältnisses entspricht der Teilwert gem. § 6a Abs. 3 Satz 2 Nr. 2 EStG dem Bar-wert der künftigen Pensionsleistungen. Die periodischen aufwandswirksamen Rückstel-lungszuführungen entsprechen gem. § 6a Abs. 4 Satz 1 EStG dem Unterschiedsbetrag der Teilwerte der Pensionsverpflichtungen zwischen zwei Perioden.[118] In der Leistungsphase entrichtet das Arbeitgeberunternehmen die vorher zugesagten Pensionsleistungen auf-wandswirksam an den Arbeitnehmer. Da der Barwert der künftigen Pensionsleistungen sinkt, ist die Rückstellung periodisch ertragswirksam aufzulösen.

Im Gegensatz zur eben dargestellten unmittelbaren Durchführung ist bei mittelbarer Durchführung der bAV stets ein Mittelabfluss aus der Sphäre des Arbeitgeberunterneh-mens gegeben. In Abhängigkeit des konkreten Durchführungsweges leistet der Arbeitgeber (Versicherungs-)Beiträge bzw. Zuwendungen an eine Unterstützungskasse oder einen ex-ternen Träger. Diese Ausgaben stellen grundsätzlich auch Aufwendungen dar. So sind die Beiträge an eine Unterstützungskasse im Rahmen des § 4d EStG als Betriebsausgaben ab-zugsfähig.[119] Ebenso verhält es sich mit den Versicherungsbeiträgen an eine Direktversiche-rung. Gem. § 4b EStG ist der Versicherungsanspruch nicht beim Arbeitgeber zu bilanzieren, obwohl dieser der Versicherungsnehmer ist. Im Rahmen des § 4c EStG sind Zuwendungen an Pensionskassen ebenso wie die Beiträge an Pensionsfonds im Rahmen des § 4e EStG als Betriebsausgaben abzugsfähig. Abbildung 5 fasst die steuerrechtliche Behandlung auf Seiten des Arbeitgebers in Abhängigkeit des Durchführungswegs zusammen.

---

[116]   Gem. § 6a Abs. 3 Satz 3 EStG.

[117]   Die hier genannte Definition des § 6a Abs. 3 Satz 2 EStG geht der allgemeinen Definition des Teilwerts gem. § 6 Abs. 1 Nr. 1 Satz 3 EStG vor; vgl. Ahrend et al. (2017a), 2. Teil, Rz. 668.

[118]   Eine versäumte Zuführung darf in den Folgejahren nicht nachgeholt werden; vgl. auch Ahrend et al. (2017a), Rz. 936 ff.

[119]   Eine genauere Darstellung der Abzugsfähigkeit nach § 4d EStG unterbleibt an dieser Stelle.

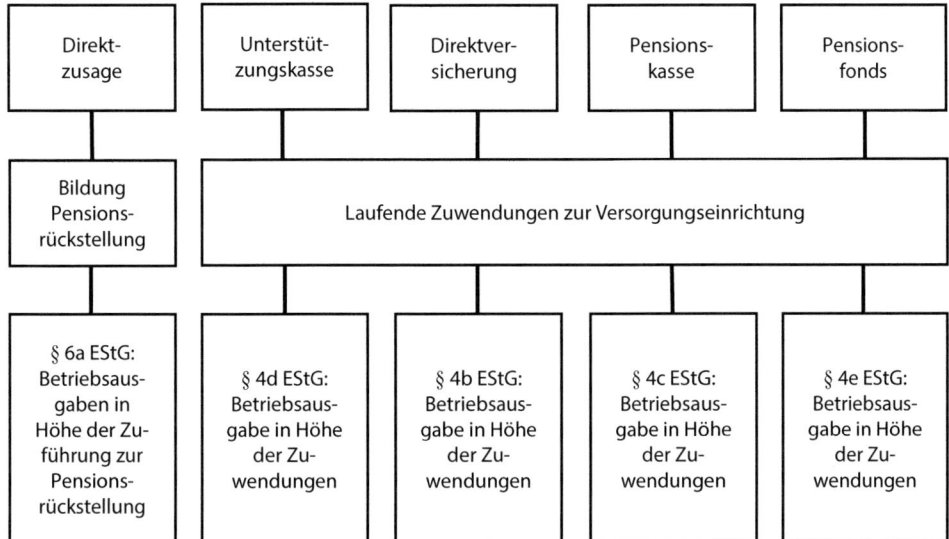

Abbildung 5: Steuerrechtliche Behandlung auf Seiten des Arbeitgebers in Abhängigkeit des Durchführungs-wegs[120]

## 2.1.2.2 Die Behandlung beim Arbeitnehmer

Zentral für diesen Abschnitt ist stets die Fragestellung, ob dem Arbeitnehmer steuerbare und gegebenenfalls steuerpflichtige Einkünfte zuzurechnen sind. Das Steuerrecht kennt mit § 11 Abs. 1 EStG das sogenannte Zuflussprinzip als Ausgangspunkt für eine mögliche Steuerpflicht. Dieses besagt, dass Einnahmen erst bei Zufluss zu berücksichtigen sind. Fortan ist somit zu hinterfragen, wann der steuerrechtliche Zufluss gegeben ist. Daher ist es sinnvoll, zunächst zwischen Anwartschaftsphase[121] und Rentenphase[122] als möglichen Bezugszeit-punkten zu unterscheiden. Des Weiteren sind je nach Durchführungsweg andere steuer-rechtliche Vorschriften einschlägig. Es wird insbesondere zwischen externen und internen Durchführungswegen unterschieden. Dieser Abschnitt gliedert sich daher in einem ersten Schritt in eine Betrachtung der Besteuerung in der Anwartschaftsphase sowie der Renten-phase auf. Innerhalb dieser Abschnitte wird im zweiten Schritt jeweils auf die durchfüh-rungswegspezifischen Besonderheiten eingegangen.

Seit 2005 das AltEinkG in Kraft getreten ist, gilt für sämtliche Durchführungswege der bAV grundsätzlich die sogenannte nachgelagerte Besteuerung.[123] In der Anwartschafts-phase erfolgt demnach eine Freistellung der Einnahmen, wohingegen in der Rentenphase die Besteuerung vorgenommen wird. Da in der Rentenphase die gesamten Einkünfte für gewöhnlich niedriger sind, resultiert hieraus aufgrund des progressiven Steuertarifs der Einkommensteuer regelmäßig eine geringere Steuerlast für den Arbeitnehmer als im Fall

---

[120]  Quelle: Menzel/Tschinkl (2018), S. 777.

[121]  Auch aktive Phase oder Ansparphase genannt.

[122]  Auch Leistungsphase, Versorgungsphase oder passive Phase genannt.

[123]  Die nachgelagerte Besteuerung gilt nach einer Übergangsphase ab 2040 auch für die gesetzliche Rentenversi-cherung.

der vorgelagerten Besteuerung. Nachfolgend wird die steuerliche Behandlung in Anwartschafts- und Rentenphase ausführlich dargestellt.

### 2.1.2.2.1 Besteuerung in der Anwartschaftsphase

Im Rahmen der internen Durchführungswege entsteht zunächst mangels Zuflusses beim Arbeitnehmer kein Arbeitslohn und damit bei diesem keine Steuerbarkeit. Bei der Direktzusage werden keinerlei Zahlungen an den Arbeitnehmer geleistet, weshalb hier lediglich die Sphäre des Arbeitgebers angesprochen wird. Im Rahmen der Unterstützungskasse fließen zwar Zuwendungen für den Arbeitnehmer an die Versorgungseinrichtung, wegen des mangelnden Rechtsanspruchs wird jedoch keine Steuerbarkeit ausgelöst.[124]

Im Rahmen der externen Durchführungswege leistet der Arbeitgeber Beiträge bzw. Zuwendungen an Direktversicherungen, Pensionskassen oder Pensionsfonds. Gemäß § 19 Abs. 1 Satz 1 Nr. 3 Satz 1 EStG stellen diese Beiträge beim Arbeitnehmer Einkünfte aus nichtselbständiger Arbeit dar.[125]

Im nächsten Schritt ist die Steuerbefreiung nach § 3 Nr. 63 Satz 1 EStG a.F.[126] zu nennen. Demnach sind „Beiträge des Arbeitgebers aus dem ersten Dienstverhältnis an einen Pensionsfonds, eine Pensionskasse oder für eine Direktversicherung zum Aufbau einer kapitalgedeckten bAV, bei der eine Auszahlung (...) in Form einer Rente oder eines Auszahlungsplans (...) vorgesehen ist" steuerfrei, „soweit die Beiträge im Kalenderjahr 4 Prozent der Beitragsbemessungsgrenze in der allgemeinen Rentenversicherung nicht übersteigen." Für sogenannte Neuverträge (nach dem 31.12.2004 erteilte Versorgungszusagen) erhöht sich der Höchstbetrag gem. § 3 Nr. 63 Satz 3 EStG a.F. um 1.800 Euro.

Grundvoraussetzung für diese Steuerbefreiung ist demnach, dass es sich um „Beiträge des Arbeitgebers" handelt. Dazu zählen neben den arbeitgeberfinanzierten auch die Beiträge aus Entgeltumwandlung. Eigenbeiträge des Arbeitnehmers fallen jedoch nicht darunter.[127] Berücksichtigt werden nur Beträge im Rahmen des ersten Dienstverhältnisses, welches jedoch nicht zwingend einer Rentenversicherungspflicht unterliegen muss. So kann beispielsweise auch eine geringfügige Beschäftigung eine Steuerbefreiung begründen, sofern kein Lohnsteuerabzug nach der Steuerklasse VI vorgenommen wird.[128] Eine weitere

---

[124]  Vgl. Ahrend et al. (2017a), 2. Teil, Rz. 1636 f. und Ahrend et al. (2017a), 3. Teil, Rz. 525 f.

[125]  § 19 Abs. 1 Satz 1 Nr. 3 EStG wurde mit Inkrafttreten des Jahressteuergesetzes 2007 (BGBl. I 2006, S. 2878) eingeführt. Doch auch schon zuvor galten diese Beiträge und Zuwendungen des Arbeitgebers nach Auffassung der Finanzverwaltung und Rechtsprechung sowie herrschender Kommentarmeinung gem. § 19 Abs. 1 Satz 1 Nr. 1 EStG i.V.m. § 2 Abs. 2 Nr. 3 LStDV als steuerbarer Arbeitslohn. Inwieweit § 19 Abs. 1 Satz 1 Nr. 3 Satz 1 EStG daher nur deklaratorischen Charakter hat, wird an dieser Stelle nicht weiter diskutiert. Zu ausgewählten und teilweise gegensätzlichen Kommentaransichten siehe Geserich (2018), Rz. 295; Krüger (2018), Rz. 60, 91; Otto (2018), Kapitel C, Rz. 13 ff.

[126]  In der Fassung ab Inkrafttreten des AltEinkG und vor BRSG. Vorher waren lediglich die Durchführungswege Pensionskasse und Pensionsfonds betroffen. Ferner wurde die zusätzliche Bedingung der Kapitaldeckung eingeführt.

[127]  Vgl. BMF-Schreiben vom 24.07.2013, Rz. 304 f. Siehe auch BFH-Urteil vom 09.12.2010.

[128]  Vgl. BMF-Schreiben vom 24.07.2013, Rz. 302.

Voraussetzung ist der Aufbau einer kapitalgedeckten bAV.[129] Die spätere Leistung muss gemäß § 3 Nr. 63 Satz 1 EStG a.F. in Form einer Rente oder eines zertifizierten Auszahlungsplans erfolgen.[130] Es besteht demnach zum einen die Möglichkeit, eine lebenslange Leibrente zu beziehen. Zum anderen können zu Beginn der Leistungsphase bis zu 30 Prozent des in diesem Zeitpunkt zur Verfügung stehenden Kapitals unschädlich ausgezahlt werden.[131]

Bei kumulativer Erfüllung sämtlicher Bedingungen tritt pro Kalenderjahr eine Steuerfreiheit der Beiträge bis zu einer Höhe von vier Prozent der Beitragsbemessungsgrenze in der gesetzlichen Rentenversicherung ein.[132] Bei Neuverträgen erhöht sich die Grenze um weitere 1.800 Euro. Die Steuerfreiheit ist dabei keine Wahlmöglichkeit, sondern erfolgt von Gesetzes wegen. Es besteht vielmehr gem. § 3 Nr. 63 Satz 2 EStG a.F. ein gewissermaßen umgekehrtes Wahlrecht zum Verzicht auf die Steuerbefreiung zugunsten der Riester-Förderung.[133] Diese besteht zum einen aus einer sogenannten Altersvorsorgezulage i.S.d. Abschnitts XI des EStG.[134] Zum anderen kann gem. § 10a EStG unter Anrechnung des Zulageanspruchs ein Sonderausgabenabzug vorgenommen werden, wobei nach § 10a Abs. 2 Satz 3 EStG eine Günstigerprüfung von Amts wegen vorgenommen wird. Grundvoraussetzung zur Riester-Förderung ist, dass gem. § 82 Abs. 2 Satz 1 Buchst. a) EStG „aus dem individuell versteuerten Arbeitslohn des Arbeitnehmers geleistete Beiträge" vorliegen. Somit ist die Konsequenz aus dem Verzicht auf die Steuerbefreiung nach § 3 Nr. 63 Satz 1 und 3 EStG a.F., dass die Beiträge der individuellen Besteuerung nach Maßgabe des § 32a EStG unterworfen werden.[135]

Mit Wirkung ab dem 01.01.2002 wurde durch das AVmG der Pensionsfonds eingeführt. Ziel war es, die Attraktivität der bAV durch einen weiteren externen, aber in der Anlageentscheidung liberaleren Durchführungsweg zu steigern. Der neue Durchführungsweg sollte auch zur Auslagerung bestehender Versorgungsverpflichtungen oder -anwartschaften in Form von Direktzusagen oder Unterstützungskassenzusagen geeignet sein.[136] Bei ei-

---

[129]  Bei Beträgen, die sowohl im Umlage- als auch im Kapitaldeckungsverfahren erhoben werden, muss eine getrennte Verwaltung und Abrechnung der beiden Vermögensmassen vorliegen (sogenanntes Trennungsprinzip), um für die kapitalgedeckten Bestandteile die Steuerfreiheit zu gewähren; vgl. BMF-Schreiben vom 24.07.2013, Rz. 303.

[130]  Gem. § 1 Abs. 1 Satz 1 Nr. 4 AltZertG.

[131]  Die bloße Möglichkeit, eine Einmalkapitalauszahlung zu wählen, ist unschädlich für die Steuerfreiheit. Erst ab dem Zeitpunkt der Entscheidung für eine solche Einmalkapitalauszahlung sind die Voraussetzungen für die Steuerfreiheit der Beitragsleistungen gem. § 3 Nr. 63 EStG a.F. nicht mehr gegeben. Erfolgt die Entscheidung zur Einmalkapitalauszahlung hingegen erst innerhalb des letzten Jahres vor dem Ausscheiden aus dem Erwerbsleben, wird die Steuerfreiheit weiterhin gewährt; vgl. BMF-Schreiben vom 24.07.2013, Rz. 312.

[132]  Auch für Beschäftigte in den neuen Bundesländern sowie Berlin (Ost) ist die Beitragsbemessungsgrenze (West) maßgeblich; vgl. BMF-Schreiben vom 24.07.2013, Rz. 307.

[133]  Die Riester-geförderte bAV ist damit nur in den externen Durchführungswegen möglich.

[134]  Hierunter fallen die §§ 79 bis 99 EStG.

[135]  Insofern besteht nicht die Möglichkeit, auf die Steuerfreiheit zu verzichten und eine Pauschalbesteuerung (welche in diesem Abschnitt an späterer Stelle erörtert wird) vorzunehmen; vgl. Otto (2018), Kapitel C, Rz. 99.

[136]  Vgl. BT-Drucksache 14/5068 vom 12.01.2001. Eine Einführung aus diesem Grund wurde bereits 1997 gefordert, vgl. BR-Drucksache 605/97 vom 15.08.1997, Beschluss Nr. 30. Vgl. auch Ahrend et al. (2017b), 5a. Teil, Rz. 11.

ner derartigen Übertragung auf einen Pensionsfonds kommt es zu einem Wechsel der fundamentalen Besteuerungssystematik von stets nachgelagerter (bei Direktzusage und Unterstützungskasse) zu grundsätzlich vorgelagerter Besteuerung (bei den übrigen Durchführungswegen).[137] Die damit einhergehende Versteuerung des bisher angesammelten Versorgungsvermögens würde zu einer enormen Steuerbelastung führen.[138] Aus diesem Grund wurde mit § 3 Nr. 66 EStG[139] eine Steuerbefreiung geschaffen, die die „Leistungen eines Arbeitgebers oder einer Unterstützungskasse an einen Pensionsfonds zur Übernahme bestehender Versorgungsverpflichtungen oder Versorgungsanwartschaften" von der Besteuerung beim Arbeitnehmer freistellt. Voraussetzung ist ein Antrag nach § 4d Abs. 3 oder § 4e Abs. 3 EStG.[140] Die Steuerbefreiung kommt jedoch ausschließlich für bereits erdiente Versorgungsanwartschaften (den sogenannten Past-Service) in Betracht. Zukünftige Zahlungen für noch nicht erdiente Anwartschaften (der sogenannte Future-Service) sind lediglich etwaig im Rahmen des § 3 Nr. 63 EStG a.F. steuerbefreit.[141]

Der 01.01.2005 stellt wegen des Inkrafttretens des AltEinkG einen entscheidenden Einschnitt für die Besteuerung der bAV dar. Vor diesem Datum erteilte Zusagen werden als sogenannte Altverträge, ab diesem Datum erteilte Zusagen als sogenannte Neuverträge bezeichnet.[142] Die maßgeblichen und umfangreichen Gesetzesänderungen gelten grundsätzlich sowohl für Alt- als auch für Neuverträge, wobei für Altzusagen Vertrauens- bzw. Bestandsschutzbestimmungen gelten. So ist gem. § 52 Abs. 40 EStG[143] für Altverträge weiterhin eine Pauschalbesteuerung nach Maßgabe des § 40b EStG a.F.[144] möglich, soweit es sich um die Durchführungswege Direktversicherung oder Pensionskasse handelt. Sofern für Beiträge an eine Direktversicherung jedoch die Steuerbefreiung nach § 3 Nr. 63 EStG a.F. greift, muss auf diese gem. § 52 Abs. 4 Satz 10 bis 12 EStG[145] verzichtet worden sein, um die Pauschalierung vornehmen zu dürfen. Der Verzicht musste bis zum 30.06.2005 erklärt werden. Zuwendungen an Pensionskassen werden von dieser Vorschrift nicht mit eingeschlossen, womit für diese sowohl die Steuerbefreiung nach § 3 Nr. 63 EStG als auch für übersteigende Beträge die Pauschalierung nach § 40b EStG a.F. in Anspruch genommen werden darf.[146] Zuwendungen an Pensionsfonds waren und sind sowohl nach alter als auch nach

---

[137]   Im Falle der Relevanz einer oben aufgezeigten Steuerbefreiung kommt es für laufende Beiträge und Zuwendungen im Ergebnis trotzdem zu einer nachgelagerten Besteuerung.

[138]   Vgl. Ahrend et al. (2017b), 5a. Teil, Rz. 327.

[139]   Demnach in der Fassung ab Inkrafttreten des AVmG.

[140]   Dieser Antrag bedeutet auf Seiten des Arbeitgebers, dass die zur Übertragung notwendigen Leistungen an den Pensionsfonds lediglich über einen Zeitraum von zehn Jahren gleichmäßig verteilt als Betriebsausgabe angesetzt werden dürfen. Ahrend et al. (2017b), 5a. Teil, Rz. 327 folgern, dass „die Lohnsteuerfreiheit (…) also mit einer Beschränkung der Gewinnauswirkung ‚erkauft' wird".

[141]   Vgl. BMF-Schreiben vom 26.10.2006, Rz. 2 bzw. BMF-Schreiben vom 10.07.2015, Rz. 2 f. und BMF-Schreiben vom 24.07.2013, Rz. 322.

[142]   Der Zeitpunkt der Erteilung einer Zusage richtet sich nach den arbeitsrechtlichen bzw. betriebsrentenrechtlichen Bestimmungen und ist unabhängig von einem etwaigen Mittelabfluss an externe Versorgungsträger; vgl. BMF-Schreiben vom 24.07.2013, Rz. 349 f.

[143]   In der Fassung des AltEinkG findet sich jener Passus in § 52 Abs. 52a EStG a.F.

[144]   In der am 31.12.2004 geltenden Fassung, d.h. vor Inkrafttreten des AltEinkG.

[145]   In der Fassung des AltEinkG findet sich jener Passus in § 52 Abs. 6 EStG a.F.

[146]   Vgl. auch BMF-Schreiben vom 24.07.2013, Rz. 359 ff.

neuer Fassung nicht pauschalierungsfähig. Von der Fassung unabhängig beträgt der pauschale Steuersatz bei möglicher Pauschalierung 20 Prozent der Beiträge respektive Zuwendungen. § 40b Abs. 2 Satz 1 EStG a.F. und n.F. sieht einen Höchstbetrag in Höhe von 1.752 Euro jährlich vor. Eine weitere Voraussetzung zur Anwendung ist das Vorliegen eines ersten Dienstverhältnisses.

Sofern keine besondere Steuerfreistellung oder Pauschalierung greift, ist als Folge eine gewöhnliche individuelle Lohnversteuerung der Beitragsteile als Einkünfte aus nichtselbständiger Arbeit vorzunehmen. Die Gründe dafür können in einem Überschreiten der steuerfreien Höchstgrenzen nach § 3 Nr. 63 Satz 1 und 3 EStG a.F. und/oder § 3 Nr. 56 EStG sowie der Pauschalierungshöchstgrenze gem. § 40b Abs. 2 Satz 1 EStG liegen. Das Gleiche gilt für die Fälle, in denen aus Gründen der Nichteinhaltung vorausgesetzter Bedingungen überhaupt keine Steuerbefreiungen und Pauschalierungen greifen. Die Besteuerung erfolgt sodann gem. § 32a EStG. Unter den sonstigen, allgemeinen Voraussetzungen des Abschnitts XI des EStG ist insofern erneut die Möglichkeit der oben skizzierten Riester-Förderung gegeben.

### 2.1.2.2.2 Besteuerung in der Rentenphase

In der Rentenphase bezieht der Arbeitnehmer schließlich nach Eintritt des Versorgungsfalles die vorher zugesagte Versorgungsleistung. Auch hier kommt es für die steuerrechtliche Beurteilung auf den jeweiligen Durchführungsweg sowie zusätzlich auf die steuerrechtliche Behandlung in der Anwartschaftsphase an. Um die Übersichtlichkeit zu wahren, erscheint es auch an dieser Stelle sinnvoll, eine weitere Aufgliederung in interne und externe Durchführungswege vorzunehmen.

Im Rahmen der internen Durchführungswege sind die zufließenden Leistungen gem. § 19 Abs. 1 Satz 1 Nr. 2 EStG als Einkünfte aus nichtselbständiger Arbeit steuerbar und mangels Steuerbefreiung mit dem Bruttobetrag steuerpflichtig. Die Tatsache, dass das Arbeitsverhältnis im Versorgungsfall für gewöhnlich bereits beendet ist, ist für die Kategorisierung unerheblich, da auch der Arbeitslohn aus früheren Dienstverhältnissen unter dieser Vorschrift erfasst wird.[147] Im nächsten Schritt sind gem. § 19 Abs. 2 EStG der sogenannte Versorgungsfreibetrag sowie ein zusätzlicher Zuschlag zum Versorgungsfreibetrag zu berücksichtigen, sofern Versorgungsbezüge i.S.d. § 19 Abs. 2 Satz 2 EStG vorliegen. Im Zusammenhang mit Leistungen aus der bAV kommen Versorgungsbezüge i.S.d. § 19 Abs. 2 Satz 2 Nr. 2 EStG in Betracht. Solche liegen vor, wenn der Steuerpflichtige die Leistungen aus einem früheren Dienstverhältnis wegen Erreichens einer Altersgrenze bezieht und bereits das 63. Lebensjahr (bzw. bei Schwerbehinderung das 60. Lebensjahr) vollendet hat. Der maßgebende Versorgungsfreibetrag sowie der Zuschlag zu diesem ergeben sich sodann gem. § 19 Abs. 2 Satz 3 ff. EStG. Der auf diese Weise ermittelte Betrag für das erste Jahr[148] der Versorgung wird nominal festgeschrieben und ist für alle Folgejahre für diesen Steuer-

---

[147]  Gem. § 24 Nr. 2 i.V.m. § 2 Abs. 1 Satz 1 Nr. 4 EStG. Vgl. auch die Definition des Arbeitnehmers in § 1 Abs. 1 LStDV.

[148]  Zu Einzelheiten in Bezug auf die Ermittlung des Jahres des Versorgungsbeginns und des Jahres, in dem der Anspruch auf Versorgungsbezüge entstanden ist, siehe BMF-Schreiben vom 10.04.2015.

pflichtigen der Höhe nach konstant. Ebenso ist mit dem Zuschlag zum Versorgungsfreibetrag zu verfahren.[149] Der Prozentsatz sowie Höchstgrenze und Zuschlag zum Freibetrag schmelzen im Zeitablauf aufgrund des schrittweisen Übergangs zur nachgelagerten Besteuerung ab. Im Jahr 2040 werden für ab dann erstmals bezogene Versorgungsleistungen schließlich keine Freibeträge mehr gewährt.

Neben den Freibeträgen können gem. § 9 Abs. 1 EStG Werbungskosten berücksichtigt werden. § 9a Satz 1 Nr. 1 Buchst. b) und Satz 2 EStG sehen hierfür einen Werbungskosten-Pauschbetrag in Höhe von 102 Euro – höchstens jedoch in Höhe der um die Freibeträge verminderten Versorgungsbezüge – vor, sofern Versorgungsbezüge i.S.d. § 19 Abs. 2 EStG vorliegen. Wenn dahingegen keine Versorgungsbezüge gegeben sind, gilt der Pauschbetrag in Höhe von 1.000 Euro gem. § 9a Nr. 1 Buchst. a) EStG.[150] Es ist auch möglich, dass bei einem Steuerpflichtigen beide Pauschbeträge nebeneinander zum Ansatz kommen.

Bei der Besteuerung der sich so ergebenden zu versteuernden Einkünfte ist zwischen laufenden Pensionsleistungen und einmaligen Kapitalleistungen zu unterscheiden. Im ersten Fall erfolgt die Anwendung der Tarifbesteuerung des § 32a EStG. Wird hingegen die Versorgungsleistung in einer Summe (als sogenannte Kapitalleistung) getätigt, handelt es sich diesbezüglich um eine Vergütung für mehrjährige Tätigkeiten i.S.d. § 34 Abs. 2 Nr. 4 EStG.[151] Es erfolgt eine begünstigte Besteuerung nach Maßgabe der sogenannten Fünftelregelung des § 34 Abs. 1 EStG. Der ermäßigte Steuersatz nach § 34 Abs. 3 EStG kann hingegen nicht zur Anwendung kommen, da es sich nicht um außerordentliche Einkünfte i.S.d. § 34 Abs. 2 Nr. 1 EStG handelt. Damit außerordentliche Einkünfte vorliegen, bedarf es einer Zusammenballung von Einkünften. Dies ist bei einer Einmalkapitalzahlung i.d.R. gegeben. Im Fall von Teilkapitalzahlungen in mehreren Kalenderjahren ist der Tatbestand der Zusammenballung hingegen nicht erfüllt.[152]

Die dem Arbeitnehmer im Rahmen der externen Durchführungswege zufließenden Leistungen werden grundsätzlich gem. § 22 Nr. 5 EStG[153] als sonstige Einkünfte besteuert. Abhängig von der steuerlichen Förderung in der Anwartschaftsphase wird der Umfang der Besteuerung gemäß dem Prinzip der nachgelagerten Besteuerung geregelt. So muss unterschieden werden, ob Leistungen vorliegen, die ausschließlich auf nicht geförderten, ausschließlich auf geförderten oder sowohl auf nicht geförderten als auch auf geförderten Beiträgen bzw. Zuwendungen beruhen.[154] Des Weiteren ist zwischen Kapital-[155] und Renten-

---

[149] Gem. § 19 Abs. 2 Satz 8 bis 10 EStG. Regelmäßige Anpassungen des Versorgungsbezugs führen nicht zu einer Neuberechnung. Lediglich wenn sich der Bezug wegen Anwendung von Anrechnungs-, Ruhens-, Erhöhungs- oder Kürzungsregelungen ändert, erfolgt eine Neuberechnung.

[150] Dies ist beispielsweise dann der Fall, wenn der Steuerpflichtige bereits vor Vollendung des 63. Lebensjahres Bezüge wegen Erreichens einer Altersgrenze aus einer bAV erhält.

[151] Laut BFH-Urteil vom 12.04.2007. Vgl. auch BMF-Schreiben vom 31.03.2010, Rz. 328. Dies gilt jedoch nicht für Teilkapitalauszahlungen. Die Gründe für eine Kapitalisierung sind unerheblich.

[152] Vgl. BMF-Schreiben vom 24.07.2013, Rz. 371.

[153] In der Fassung ab Inkrafttreten des Jahressteuergesetzes 2007.

[154] Vgl. BMF-Schreiben vom 24.07.2013, Rz. 372.

[155] In § 3 Nr. 63 Satz 1 EStG wird zwar eine Verrentung bzw. ein Auszahlungsplan als Voraussetzung der Steuerfreiheit gefordert. Wie in Fn. 131 erläutert, kann es dennoch zu Einmalkapitalauszahlungen kommen, die vollständig auf steuerlich geförderten Beiträgen beruhen, wenn beispielsweise das Wahlrecht zur Kapitalisierung erst innerhalb des letzten Jahres vor dem altersbedingten Ausscheiden aus dem Erwerbsleben ausgeübt wird; vgl. BMF-Schreiben vom 24.07.2013, Rz. 312.

leistungen zu differenzieren. Davon unabhängig wird im Rahmen der Werbungskosten ein Pauschbetrag gem. § 9a Satz 1 Nr. 3 EStG in Höhe von 102 Euro gewährt.

Soweit in der Anwartschaftsphase weder Steuerfreiheit noch Riester-Förderung in Anspruch genommen werden, handelt es sich in der Rentenphase um Leistungen, die auf steuerlich nicht geförderten Beiträgen beruhen. Diese Konstellation kann auch dadurch vorliegen, dass der Arbeitnehmer Eigenbeiträge aus seinem bereits individuell versteuerten Arbeitsentgelt leistet. Im Fall der lebenslangen Rentenzahlung richtet sich die Besteuerung der bezogenen Rentenzahlungen sodann nach § 22 Nr. 5 Satz 2 Buchst. a) i.V.m. § 22 Nr. 1 Satz 3 Buchst. a) EStG. An dieser Stelle ist eine Differenzierung zwischen Alt- und Neuzusagen vorzunehmen. Bei Altzusagen erfolgt die Besteuerung nach Maßgabe des Ertragsanteils gem. § 22 Nr. 1 Satz 3 Buchst. a) Doppelbuchst. bb) EStG. Bei Neuzusagen findet i.d.R. auch eine Besteuerung mit dem Ertragsanteil nach § 22 Nr. 1 Satz 3 Buchst. a) Doppelbuchst. bb) EStG statt.[156] Wenn hingegen Kapitalleistungen aus Altverträgen vorliegen, sind diese regelmäßig steuerfrei.[157] Bei Neuverträgen ist § 22 Nr. 5 Satz 2 Buchst. b) i.V.m. § 20 Abs. 1 Nr. 6 EStG maßgeblich. Es unterliegt sodann „der Unterschiedsbetrag zwischen der Versicherungsleistung und der Summe der auf sie entrichteten Beiträge" der Besteuerung. Sofern die Versicherungsleistung nach Vollendung des 60. Lebensjahres und nach Ablauf von zwölf Jahren seit Vertragsabschluss ausgezahlt wird, ist lediglich die Hälfte des Unterschiedsbetrages anzusetzen.[158]

Der Idee der nachgelagerten Besteuerung folgend, werden Leistungen, die auf in der Ansparphase steuerlich geförderten Beiträgen beruhen, in der Rentenphase der vollen individuellen Besteuerung nach § 22 Nr. 5 Satz 1 EStG unterworfen. Die steuerliche Förderung kann zum Beispiel durch eine Steuerfreistellung gem. § 3 Nr. 63 EStG oder durch die Riester-Förderung begründet sein. Die Voraussetzungen des § 22 Nr. 5 Satz 2 EStG greifen in diesem Fall gerade nicht.

Werden sowohl geförderte als auch nicht geförderte Beiträge geleistet, ist in der Versorgungsphase eine Aufteilung der Leistungen vorzunehmen. Sodann ergeben sich für die einzelnen Teile die oben aufgezeigten Folgen. Der Aufteilungsmaßstab ist dabei versicherungsmathematisch zu ermitteln. Ferner ist auch eine beitragsproportionale Aufteilung erlaubt, sofern sich keine offensichtlich unzutreffenden Ergebnisse einstellen.[159]

Selbst wenn der Insolvenzfall des Arbeitgeberunternehmens, der Unterstützungskasse oder des externen Versorgungsträgers eintreten sollte und der Träger der Insolvenzsicherung, ergo der Pensions-Sicherungs-Verein auf Gegenseitigkeit (PSVaG), sodann die Leistungen erbringt, „wird der Charakter der ursprünglich zugesagten Versorgungsleistung

---

[156] Vgl. BMF-Schreiben vom 24.07.2013, Rz. 374 ff. Handelt es sich hingegen um Neuzusagen, welche die Voraussetzungen des § 10 Abs. 1 Nr. 2 Buchst. b) EStG erfüllen, sind diese als sonstige Einkünfte gem. § 22 Nr. 5 Satz 2 Buchst. a) i.V.m. § 22 Nr. 1 Satz 3 Buchst. a) Doppelbuchst. aa) EStG zu besteuern.

[157] Voraussetzung ist gem. § 22 Nr. 5 Satz 2 Buchst. b) EStG i.V.m. § 20 Abs. 1 Nr. 6 und § 10 Abs. 1 Nr. 2 Buchst. b) EStG jeweils in der am 31.12.2004 geltenden Fassung, dass der Vertrag mindestens zwölf Jahre bestanden hat; vgl. BMF-Schreiben vom 24.07.2013, Rz. 376 und 140. Vgl. auch § 52 Abs. 28 Satz 5 EStG.

[158] Gem. BMF-Schreiben vom 24.07.2013, Rz. 376 und 140 ist für Verträge, die nach dem 31.12.2011 abgeschlossen wurden, auf die Vollendung des 62. Lebensjahres abzustellen.

[159] Vgl. BMF-Schreiben vom 11.11.2004, geändert durch BMF-Schreiben vom 14.03.2012. Vgl. auch Blomeyer et al. (2015), Kapitel B, Rz. 79.

nicht geändert".[160] Insofern sind gem. § 3 Nr. 65 Satz 2 bis 4 EStG die durchführungsweg-spezifischen Regelungen entsprechend anzuwenden, die sich ohne Eintritt des PSVaG er-geben hätten.[161]

Abbildung 6 fasst die erörterten steuerrechtlichen Vorschriften abschließend zusam-men. Dabei werden lediglich die idealtypischen Regelungen hinsichtlich der nachgelagerten Besteuerung beim Arbeitnehmer betrachtet. Diese wird vom Gesetzgeber seit 2001 fokus-siert und durch sukzessive gesetzliche Manifestierung stetig ausgebaut.[162] In der Abbildung wird die nachgelagerte Besteuerung in der Grundform behandelt, welche quasi für den „Standardfall der bAV" eintritt. Dieser Standardfall zeichnet sich durch folgende Charakte-ristika aus: die arbeitsrechtlichen Vorschriften und Kombinationsmöglichkeiten werden eingehalten, womit die Zusageart grundsätzlich unerheblich ist.[163] Die Bedingungen für re-levante Steuerbefreiungen sind erfüllt und ein etwaiges Wahlrecht zum Verzicht auf die Steuerbefreiung wird nicht ausgeübt. Die maßgeblichen Höchstgrenzen der Steuerfreiheit werden nicht überschritten. Es tritt somit tatsächlich entweder bereits keine Steuerbarkeit oder aber eine komplette Steuerfreiheit in der Anwartschaftsphase ein. Auf eine fallabhän-gig mögliche Pauschalierung nach § 40b EStG wird unabhängig davon, ob es sich um die alte oder neue Fassung handelt, verzichtet. In der Versorgungsphase werden ausschließlich lebenslange Leibrenten bezogen. Der Werbungskostenpauschbetrag ist höher als die tat-sächlichen Werbungskosten.

---

[160]   Ahrend et al. (2017b), 4. Teil, Rz. 225.

[161]   Vgl. auch BMF-Schreiben vom 24.07.2013, Rz. 321.

[162]   Durch das AVmG wurde mit Wirkung zum 01.01.2002 für den neu eingeführten Pensionsfonds die nachge-lagerte Besteuerung verankert. Des Weiteren wurde die Riester-Rente begründet. Auch für diese war von An-fang an die nachgelagerte Besteuerung vorgesehen. Durch das AltEinkG wurde die nachgelagerte Besteuerung auf weitere Durchführungswege ausgeweitet. Insofern kann unterstellt werden, dass der Gesetzgeber auch zu-künftig diese Form der Besteuerung präferieren und ausbauen wird.

[163]   Eine Finanzierung über Eigenbeiträge ist jedoch nicht mit dieser Darstellung vereinbar, da diese ja gerade aus versteuertem Arbeitsentgelt geleistet werden.

| | | Direkt-zusage | Unter-stützungs-kasse | Direkt-versiche-rung | Pensions-fonds | Pensions-kasse |
|---|---|---|---|---|---|---|
| Besteuerung in der Anwartschaftsphase | Steuerbarkeit | | | Steuerbar als Einnahmen aus nichtselbständiger Arbeit gem. § 19 Abs. 1 Satz 1 Nr. 3 EStG | | |
| | Steuerpflicht | Mangels Zuflusses keine Steuerbarkeit | | Regelfall: Steuerfrei gem. § 3 Nr. 63 Satz 1 und 3 EStG a.F.<br><br>Ausnahme: Voll steuerpflichtig gem. § 3 Nr. 63 Satz 2 EStG a.F. bei Inanspruchnahme der Riester-Förderung i.S.d. § 10a bzw. Abschn. XI EStG | | |
| Besteuerung in der Versorgungsphase | Steuerpflicht | Voll steuerpflichtig als Einkünfte aus nichtselb-ständiger Arbeit gem. § 19 Abs. 1 Satz 1 Nr. 2 EStG | | Soweit Einkünfte auf steuerfreien bzw. Riester-geförderten Beiträgen beruhen: Voll steuerpflichtig als sonstige Einkünfte gem. § 22 Nr. 5 Satz 1 EStG<br><br>Soweit Einkünfte auf steuerpflichtigen Beiträgen beruhen: Besteuerung als sonstige Einkünfte mit dem Ertrags-anteil gem. § 22 Nr. 5 Satz 2 EStG | | |
| | Versorgungs-freibetrag | Versorgungsfreibetrag und Zuschlag zum Versor-gungsfreibetrag gem. § 19 Abs. 2 EStG, wenn Versor-gungsbezüge vorliegen | | - | | |
| | Werbungs-kosten | Pauschbetrag gem. § 9a Nr. 1 Buchst. b) bzw. Nr. 3 EStG i.H.v. 102 €, sofern keine höheren Werbungskosten nachgewiesen werden | | | | |

Abbildung 6: Grundfall der nachgelagerten Besteuerung der bAV für Zusagen nach dem 01.01.2005[164]

---

[164]  Quelle: Modifiziert entnommen aus Kiesewetter et al. (2016c), S. 24.

## 2.1.3 Sozialversicherungsrechtliche Grundlagen

Das Prinzip der Solidarität ist elementare und konstitutive Grundlage der Sozialversicherung in Deutschland. Die gesetzliche Manifestierung erfolgt in den Sozialgesetzbüchern, welche im zeitlichen Verlauf sukzessive an Umfang gewonnen haben. Im allgemeinen Teil des Sozialgesetzbuches ist in § 4 SGB I ein generelles Recht auf Zugang zur Sozialversicherung vorgesehen. Das Sozialversicherungsrecht ist als besonderes Teilgebiet des Sozialrechts anzusehen. Während das SGB I als Grundlage für die komplette Sozialgesetzgebung zu interpretieren ist, wurde mit dem SGB IV ein Werk geschaffen, das ausschließlich für die Sozialversicherung gilt.[165] Diese besteht aus den Säulen Kranken- (SGB V), Renten- (SGB VI), Unfall- (SGB VII)[166], Pflege- (SGB XI) und Arbeitslosenversicherung (SGB III), welche in den besonderen Teilen des Sozialgesetzbuches behandelt werden. Die im SGB IV festgeschriebenen Begrifflichkeiten gelten dementsprechend ebenfalls für die besonderen Teile.

Die Sozialversicherung finanziert sich gem. § 20 Abs. 1 SGB IV nach Maßgabe der besonderen Vorschriften insbesondere durch die Beiträge der Versicherten und der Arbeitgeber. Zu leistende Beiträge werden dabei nur für beitragspflichtige Einnahmen der versicherungspflichtig Beschäftigten erhoben. Ausgangspunkt der Betrachtung muss somit § 14 Abs. 1 SGB IV sein, welcher für die Kranken-, Unfall-, Pflege-, Renten- und Arbeitslosenversicherung eine einheitliche Definition des Arbeitsentgelts enthält.[167] Dieses kann als Bemessungsgrundlage für die Sozialversicherungsbeiträge angesehen werden. Demnach sind alle laufenden oder einmaligen Einnahmen aus einer Beschäftigung, gleichgültig ob ein Rechtsanspruch auf die Einnahmen besteht, unter welcher Bezeichnung oder in welcher Form sie geleistet werden und ob sie unmittelbar aus der Beschäftigung oder im Zusammenhang mit ihr erzielt werden, Arbeitsentgelt. Des Weiteren werden auch Entgeltteile, die durch Entgeltumwandlung in den Durchführungswegen Direktzusage oder Unterstützungskasse verwendet werden, unter dem Begriff des Arbeitsentgelts subsumiert, soweit sie vier Prozent der jährlichen Beitragsbemessungsgrenze der allgemeinen Rentenversicherung übersteigen.[168]

Um eine möglichst enge Verzahnung des sozialversicherungsrechtlichen Arbeitsentgeltbegriffs mit dem des steuerrechtlichen zu gewährleisten, wurde durch Ermächtigung des § 17 Abs. 1 SGB IV die Sozialversicherungsentgeltverordnung (SvEV) erlassen. Dort werden vorwiegend als steuerfrei zu behandelnde Bestandteile aufgelistet, die nicht dem Arbeitsentgelt im sozialversicherungsrechtlichen Sinne zuzurechnen sind.[169] Diese Verordnung fungiert somit als Präzisierung des Entgeltbegriffs für sozialversicherungsrechtliche Belange. Auf diese für das gesamte Sozialversicherungsrecht geltenden Definitionen wird fortan immer wieder zurückgegriffen. Sie werden nun zunächst auf die Behandlung in der

---

[165]  Vgl. Kreikebohm (2014).

[166]  Die Regelungen zur gesetzlichen Unfallversicherung werden fortan jedoch nicht genauer behandelt. Die Beiträge variieren branchenabhängig. Da die unterschiedlichen Gestaltungen der bAV zudem keinen Einfluss auf die Beitragshöhe haben, erscheint eine Vernachlässigung gerechtfertigt.

[167]  Gem. § 1 Abs. 1 SGB IV.

[168]  Der Begriff der Beitragsbemessungsgrenze der allgemeinen Rentenversicherung wird in § 159 SGB VI normiert. Fortan wird diese Schwelle auch vereinfachend als „Vier-Prozent-Grenze" bezeichnet. Mit Wirkung bis zum 31.12.2008 wurde diese Grenze in § 115 SGB IV a.F. angesprochen.

[169]  Vgl. Marschner (2014), Rz. 13 ff.

Anwartschaftsphase und anschließend in der Rentenphase angewandt. Innerhalb dieses Abschnittes wird wiederum zwischen den internen und den externen Durchführungswegen der bAV unterschieden. Abschließend wird die Sonderproblematik der Riester-Förderung erörtert.

In der Anwartschaftsphase zählen die Zuführungen zu Pensionsrückstellungen, die mit einer Direktzusage einhergehen, sowie die Zuwendungen an eine Unterstützungskasse nicht zum Arbeitsentgelt, soweit sie arbeitgeberfinanziert sind.[170] Ebenso verhält es sich bei Entgeltumwandlung in den internen Durchführungswegen, soweit die Beiträge unterhalb der maßgeblichen Vier-Prozent-Grenze liegen. In § 115 SGB IV a.F.[171] war diesbezüglich ursprünglich eine Übergangsregelung bis zum 31.12.2008 vorgesehen. Mit Ablauf dieses Datums sollten auch die Entgeltbestandteile, die unterhalb der Vier-Prozent-Grenze liegen, als Arbeitsentgelt gelten. Gemäß aktueller Gesetzgebung[172] wird die Beitragsfreiheit fortan jedoch unbefristet gewährt.

Es kann also bereits festgehalten werden, dass in der Anwartschaftsphase bei Finanzierung durch den Arbeitgeber in den Durchführungswegen Direktzusage und Unterstützungskasse stets kein sozialversicherungsrechtliches Arbeitsentgelt vorliegt. Insofern stimmen steuer- und sozialversicherungsrechtliche Behandlung überein. Im Wege der Entgeltumwandlung ist ferner auch kein sozialversicherungsrechtliches Arbeitsentgelt gegeben, wenn die Vier-Prozent-Grenze nicht überschritten wird. Lediglich wenn bei Entgeltumwandlung diese Grenze übertroffen wird, entsteht insoweit bei den internen Durchführungswegen Arbeitsentgelt.[173] Hier wird somit ein Unterschied zur steuerrechtlichen Methodik ersichtlich, da bei letzterer stets und betragsunabhängig keine Steuerbarkeit entsteht.

Bei den externen Durchführungswegen kommt der SvEV eine entscheidende Rolle zu, welche zur sozialversicherungsrechtlichen Beurteilung zunächst auf die steuerrechtliche Behandlung abstellt. Eine erneute Differenzierung zwischen Arbeitgeber- und Arbeitnehmerfinanzierung ist jedoch nicht nötig, da die nun folgenden Ausführungen auch für die Entgeltumwandlung gelten. Grundsätzlich gilt, dass bei Steuerfreiheit kein sozialversicherungsrechtliches Arbeitsentgelt entsteht. Gem. § 1 Abs. 1 Satz 1 Nr. 9 SvEV a.F. werden dementsprechend nach § 3 Nr. 63 Satz 1 und 2 EStG a.F. steuerfreie Zuwendungen an Pensionskassen, Pensionsfonds oder Direktversicherungen – bis zu einer Höhe von vier Prozent der Beitragsbemessungsgrenze in der gesetzlichen Rentenversicherung – auch nicht als Arbeitsentgelt gewertet. Steuer- und sozialversicherungsrechtliche Behandlung sind somit grundsätzlich gleichlaufend. Es ist anzumerken, dass der zusätzliche Steuerfreibetrag in Höhe von 1.800 Euro in Bezug auf die Beurteilung als Arbeitsentgelt nicht zu berücksichtigen ist.

Ebenfalls nicht dem Arbeitsentgelt zuzurechnen sind gem. § 1 Abs. 1 Satz 1 Nr. 4 und Nr. 4a SvEV zusätzlich zu Löhnen und Gehältern gewährte Beiträge und Zuwendungen, die

---

[170] Gleiches gilt selbst dann, wenn der Arbeitgeber eine Rückdeckungsversicherung abgeschlossen und an den Arbeitnehmer verpfändet hat. Lediglich wenn die Ansprüche abgetreten wurden, liegt keine Direktzusage, sondern eine Direktversicherung vor; vgl. Rolfs (2018b), Rz. 16.

[171] In der bis zum 31.12.2008 geltenden Fassung.

[172] Seit Inkrafttreten des Gesetzes zur Förderung der zusätzlichen Altersvorsorge und zur Änderung des Dritten Buches Sozialgesetzbuch, BGBl. I 2007, S. 2838. Infolgedessen wurde auch § 14 Abs. 1 SGB IV geändert und dort die vorher in § 115 SGB IV a.F. verortete Vier-Prozent-Grenze aufgenommen.

[173] Vgl. Fraedrich (2012), S. 130 und Uckermann et al. (2014), S. 1010.

im Rahmen des § 40b EStG a.F. oder n.F. pauschal besteuert werden.[174] Bei steuerrechtlicher Pauschalierung entsteht somit kein sozialversicherungsrechtliches Arbeitsentgelt. Ebenso sind gem. § 3 Nr. 66 EStG steuerfreie Leistungen zur Übernahme von Zusagen durch einen Pensionsfonds gem. § 1 Abs. 1 Satz 1 Nr. 10 SvEV kongruent zum Steuerrecht auch nicht sozialversicherungsrechtlich relevant.

Riester-geförderte Entgeltbestandteile gelten sozialversicherungsrechtlich als Arbeitsentgelt, da keine Ausnahmeregelung des § 1 Abs. 1 SvEV a.F. greift. Das Gleiche gilt für Eigenbeiträge des Arbeitnehmers i.S.d. § 1 Abs. 2 Nr. 4 BetrAVG. In beiden Fällen handelt es sich um Beiträge aus bereits in der Anwartschaftsphase versteuertem Nettolohn. Insofern stimmt auch hier die sozialversicherungsrechtliche Handhabung mit der steuerrechtlichen überein.

In der Rentenphase liegt kein Arbeitsentgelt i.S.d. § 14 Abs. 1 SGB IV vor. Eine für Rentenleistungen zutreffende, für das gesamte Sozialversicherungsrecht allgemeingültige Definition ist daher nicht gegeben. Für die später behandelten Sozialversicherungsbeiträge muss somit auf eine sozialversicherungszweigabhängige Bemessungsgrundlage verwiesen werden. Diesbezüglich ist für die gesetzliche Krankenversicherung die Regelung des § 226 Abs. 1 Nr. 3 i.V.m. § 229 Abs. 1 Satz 1 Nr. 5, bzw. § 229 Abs. 1 Satz 3 SGB V einschlägig. Demnach sind auch Versorgungsbezüge aus einer bAV als mit der (gesetzlichen) Rente vergleichbare Versorgungsbezüge beitragspflichtige Einnahmen. Sofern keine regelmäßig wiederkehrenden Leistungen vereinnahmt werden, gilt längstens für 120 Monate ein monatlicher Bruchteil von 1/120 der Kapitalleistung als Bemessungsgrundlage für die Verbeitragung. Eine Besonderheit ergibt sich bei der betrieblichen Riester-Rente. Die Leistungen daraus werden nämlich ebenfalls als Versorgungsbezüge gewertet, womit sie erneut (und damit doppelt) verbeitragt werden.[175]

Für Kleinbetragsrenten gilt gem. § 226 Abs. 2 SGB V eine Bagatellgrenze. Übersteigen die monatlichen Versorgungsbezüge nicht ein Zwanzigstel der monatlichen Bezugsgröße nach § 18 SBG IV, sind die Sozialversicherungsbeiträge nicht zu entrichten.[176] Es handelt sich somit um eine Freigrenze.

Grundsätzlich beitragspflichtige Einnahmen, welche die Beitragsbemessungsgrenze gem. § 223 Abs. 3 i.V.m. § 6 Abs. 7 SGB V übersteigen, bleiben jedoch außer Ansatz. Der Beitragssatz ist gem. § 249 Abs. 1 SGB V hälftig auf Arbeitgeber und Arbeitnehmer aufzuteilen.[177] Des Weiteren ist es gem. § 242 Abs. 1 SGB V möglich, dass eine Krankenkasse,

---

[174]   Zu den Voraussetzungen einer Pauschalierung siehe oben. Es muss sich ferner zwingend um „zusätzliche" Beiträge bzw. Zuwendungen handeln. Dies ist bei einer Arbeitgeberfinanzierung stets der Fall. Bei der Entgeltumwandlung muss es sich hierfür um Sonderzahlungen gem. § 23a SGB IV handeln. Insofern entsteht bei Nichtvorliegen von Sonderzahlungen sozialversicherungsrechtlich Arbeitsentgelt, obwohl steuerrechtlich eine Pauschalierung möglich ist. Vgl. hierzu BSG-Urteil vom 21.08.1997 und BSG-Urteil vom 14.07.2004.

[175]   Bei privaten Riester-Verträgen war dies i.d.R. nicht der Fall; vgl. Deutsche Rentenversicherung Bund (2014), S. 24. Siehe hierzu auch die Ausführungen in Abschnitt 3.2.1.1.

[176]   Bezüglich der Berechnung der Bezugsgrenze i.S.d. § 18 Abs. 1 SGB IV wird auf das Durchschnittsentgelt der gesetzlichen Rentenversicherung im vorvergangenen Kalenderjahr, aufgerundet auf den nächsthöheren, durch 420 teilbaren Betrag abgestellt. Für das Jahr 2018 beträgt die Freigrenze dementsprechend 152,25 Euro monatlich.

[177]   In der Fassung bis zum 31.12.2014 trug der Arbeitgeber die Hälfte des um 0,9 Beitragssatzpunkte verminderten Beitragssatzes.

„soweit der Finanzbedarf (…) nicht gedeckt ist", einen kassenindividuellen einkommens-abhängigen Zusatzbeitragssatz erhebt.[178] In der Leistungsphase trägt der versicherungs-pflichtige Rentner hingegen den vollen Beitrag gem. § 248 Satz 1 i.V.m. § 250 Abs. 1 Nr. 1 SGB V alleine.[179]

Für die Beitragsbemessung in der gesetzlichen Pflegeversicherung gelten gem. § 57 Abs. 1 Satz 1 bzw. § 59 Abs. 1 Satz 1 SGB XI die Regelungen in der gesetzlichen Kranken-versicherung analog.[180] Insofern ist in der Anwartschaftsphase erneut das Arbeitsentgelt maßgeblich, während in der Versorgungsphase die oben beschriebenen Versorgungsbezüge zugrunde gelegt werden.[181] Der Beitragssatz ist nach § 58 Abs. 1 Satz 1 SGB XI ebenfalls hälftig von Arbeitgeber und Arbeitnehmer zu tragen. In der Leistungsphase trägt der Ar-beitnehmer die Beiträge gem. § 59 Abs. 1 Satz 1 SGB XI erneut alleine. Der Beitragssatz er-höht sich für Kinderlose nach Vollendung des 23. Lebensjahres um einen sogenannten Bei-tragszuschlag für Kinderlose gem. § 55 Abs. 3 Satz 1 SGB XI. Diesen Zusatzbeitrag trägt der Arbeitnehmer gem. § 58 Abs. 1 Satz 3 bzw. § 59 Abs. 5 SGB XI in beiden relevanten Zeit-räumen alleine. Für die bundeseinheitliche Beitragsbemessungsgrenze ist gem. § 55 Abs. 2 SGB XI abermals der entsprechende Wert in der gesetzlichen Krankenversicherung maß-geblich.

Da in der Rentenphase i.d.R. kein Beschäftigungsverhältnis mehr vorliegt, besteht auch keine Versicherungspflicht in der gesetzlichen Rentenversicherung[182] und Arbeitslosenver-sicherung[183].

Die nachfolgende Abbildung 7 fasst die oben erarbeiteten Grundlagen hinsichtlich der sozialversicherungsrechtlichen Behandlung zusammen. Diese ist mit dem bereits zuvor konstruierten Grundfall aus Abbildung 6 kompatibel und stellt erneut auf eine idealtypische Behandlung ab. Damit die dargestellte Systematik Anwendung findet, darf es sich erneut nicht um eine Eigenbeitragsfinanzierung handeln. Auf die Darstellung der einzelnen Sozi-alversicherungsbeiträge wurde in der Anwartschaftsphase verzichtet. Dies hängt damit zu-sammen, dass im idealtypischen Fall gerade kein Arbeitsentgelt als grundsätzliche Voraus-setzung für eine Verbeitragung gegeben ist.[184] In der Versorgungsphase sind nicht mehr die

---

[178]  Dieser Zusatzbeitrag ist als Prozentsatz der beitragspflichtigen Einnahmen zu erheben.

[179]  Bis zum 31.12.2003 musste nur der halbe Beitragssatz entrichtet werden. Geändert durch Gesetz zur Moder-nisierung der gesetzlichen Krankenversicherung.

[180]  Dies gilt gem. § 57 Abs. 4 SGB XI auch für freiwillig gesetzlich Pflegeversicherte.

[181]  Dementsprechend ist auch die Bewertung von Kapitalleistungen analog vorzunehmen. Leistungen aus be-trieblichen Riester-Verträgen sind ebenfalls erneut zu verbeitragen.

[182]  Sofern doch noch ein Beschäftigungsverhältnis besteht, kann die Versicherungsfreiheit nach § 5 Abs. 4 Nr. 1 SGB VI relevant sein. Demnach sind Personen, die zusätzlich bereits eine Vollrente wegen Alters beziehen, versicherungsfrei. Anzumerken ist jedoch, dass insoweit trotzdem der Arbeitgeberanteil nach § 172 Abs. 1 SGB VI fällig wird. Vgl. auch Rolfs (2018b), Rz. 60.

[183]  Sofern zwar die sogenannte Regelaltersgrenze i.S.d. § 35 SGB VI überschritten wurde und somit Versiche-rungsfreiheit gem. § 28 Abs. 1 Nr. 1 SGB III eintritt, ist jedoch abermals weiterhin gem. § 346 Abs. 3 SGB III der Arbeitgeberanteil zur Arbeitslosenversicherung zu entrichten. Dies ist verfassungsrechtlich aber bedenk-lich. Vgl. Rolfs (2018b), Rz. 65.

[184]  Es darf also entweder die Vier-Prozent-Grenze nicht überschritten werden, eine Steuerbefreiung muss ein-schlägig sein oder es muss sich im Falle der Pauschalbesteuerung um zusätzlich zu Löhnen und Gehältern bezahlte Beiträge oder Zuwendungen handeln. Andernfalls ist Arbeitsentgelt und damit eine Beitragspflicht gegeben.

Arbeitsentgelte, sondern die Versorgungsbezüge Bemessungsgrundlage. Daher sind lediglich Beiträge zur gesetzlichen Kranken- und Pflegeversicherung fällig.

| | | Direkt-zusage | Unter-stützungs-kasse | Di-rekt-versi-che-rung | Pensi-ons-fonds | Pensi-ons-kasse |
|---|---|---|---|---|---|---|
| **Behandlung in der Anwartschaftsphase** | Sozialversicherungsbeiträge bei Arbeitgeberfinanzierung | Keine Verbeitragung, da kein Arbeitsentgelt | | Regelfall: Sozialversiche-rungsfrei gem. § 1 Abs. 1 Satz 1 Nr. 9 SvEV a.F. bis max. 4 % der BBG in der RV (West) | | |
| | Sozialversicherungsbeiträge bei Arbeitnehmerfinanzierung (Entgeltumwandlung) | Sozialversicherungsfrei gem. § 14 Abs. 1 Satz 2 SGB IV bis max. 4 % der BBG in der RV (West) | | Ausnahme: Voll sozial-versicherungspflichtig bei Inanspruchnahme der Riester-Förderung | | |
| **Behandlung in der Versorgungsphase** | Gesetzliche Krankenversicherung | Beitragspflicht mit vollem Beitragssatz gem. § 248 Satz 1 i.V.m. § 250 Abs. 1 Nr. 1 SGB V (zuzüglich kassenindividuellem Zusatzbeitrag) Bei Kapitalauszahlung: Verbeitragung über 10 Jahre mit einer monatlichen Bezugsgröße von 1/120 der Kapitalzahlung gem. § 229 Abs. 1 Satz 3 SGB V | | | | |
| | Gesetzliche Pflegeversicherung | Beitragspflicht mit vollem Beitragssatz gem. § 57 Abs. 1 Satz 1 i.V.m. § 59 Abs. 1 Satz 1 SGB XI (gegebenenfalls zuzüglich Beitragszuschlag für Kinder-lose) Bei Kapitalauszahlung: Verbeitragung über 10 Jahre mit einer monatlichen Bezugsgröße von 1/120 der Kapitalzahlung | | | | |
| | Gesetzliche Renten- und Arbeitslosenversicherung | Keine Verbeitragung | | | | |

Abbildung 7: Grundfall der sozialversicherungsrechtlichen Behandlung der bAV[185]

---

[185]    Quelle: Kiesewetter et al. (2016c), S. 29.

# 2.2 Stand der betriebswirtschaftlichen Forschung[186]

Die bAV wurde in den letzten Jahrzehnten in der betriebswirtschaftlichen Literatur intensiv untersucht. Ein Großteil der Beiträge beschäftigte sich ausschließlich oder zumindest auch mit Direktzusagen. Die seit Jahrzehnten fast unveränderte Vorschrift des § 6a EStG schreibt bei Direktzusagen eine Rückstellungsbildung vor. Für Pensionszusagen, die vor dem 01.01.1987 erworben wurden, bestand (und besteht) ein steuerliches Wahlrecht, Rückstellungen zu bilden. Deren Höhe ist zwingend mit einem typisierten Zinssatz von sechs Prozent zu bewerten. Diese Rückstellungsbildung war häufig Ausgangspunkt lebhafter Diskussionen.

Bis in die 1990er Jahre wurden betriebliche Versorgungszusagen überwiegend als „Geschenk des Arbeitgebers" angesehen und ausschlaggebend von Haegert (1987), Schwab (1988) und Haegert/Schwab (1990) untersucht.[187] Sie kommen mithilfe von modellgestützten Simulationsrechnungen zu dem Schluss, dass die Direktzusage den mittelbaren Durchführungswegen deutlich überlegen ist und die zugesagten Renten überwiegend aus Steuereffekten finanziert werden können.[188] Gemessen an einem investitions- und konsumneutralen Einkommensteuersystem liegt somit eine klare Vergünstigung vor.[189]

Auch Drukarczyk (1990) befasst sich ausschließlich mit der Direktzusage an einen Arbeitnehmer und geht der Frage nach, welche Wirkungszusammenhänge zwischen der Pensionszusage an den Arbeitnehmer und den Entnahmen der Eigentümer bestehen. Hierfür werden zwei fiktive Unternehmen miteinander verglichen, die sich lediglich darin unterscheiden, ob sie eine bAV zusagen oder nicht. Ob eine Direktzusage aus Eigentümersicht nachteilig ist oder nicht, hängt letztlich insbesondere von den Fremdkapitalkosten vor Steuern ab. Drukarczyk (1990) kommt zum Ergebnis, dass in der Regel erst bei Fremdkapitalzinssätzen von ca. zehn Prozent eine Vorteilhaftigkeit für die Eigentümer gegeben ist, unterstellt dabei aber, dass die Zusage dem Arbeitnehmer zusätzlich gewährt, also gewissermaßen „geschenkt" wird.

Die Direktzusage kann als Urform der bAV angesehen werden. Im Zeitablauf haben sich jedoch vier weitere Durchführungswege etabliert, deren gemeinsames Merkmal ist, dass sich der Arbeitgeber eines Vehikels außerhalb seines Unternehmens bedient, um die Leistung zu erbringen.[190] Diese Durchführungswege wurden ebenfalls bereits ausführlich untersucht. Daneben reicht das Spektrum der Finanzierungsformen mittlerweile über die reine Arbeitgeberfinanzierung hinaus. Zunehmend wandeln Arbeitnehmer erdienten Arbeitslohn in Beiträge zu einer bAV um. Im Jahr 2002 wurde sogar ein Anspruch auf Entgeltumwandlung gesetzlich verankert. Der Arbeitgeber muss jedem Arbeitnehmer also ermöglichen, selbstfinanzierte Ansprüche auf eine Altersleistung aufzubauen.

---

[186]  Dieser Abschnitt ist Kiesewetter et al. (2020) modifiziert und gekürzt entnommen.
[187]  Eine frühere Untersuchung stammt beispielsweise von Sturm (1980).
[188]  Neben Haegert/Schwab (1990) vertreten auch Franke/Hax (1988), Franke/Hax (1989) und Franke/Hax (1990) diese These. Schneider (1989b), Schneider (1989a) und Schneider (1990) lehnen die Hypothese hingegen ab.
[189]  Siehe hierzu auch ausführlich Wagner (1989) und Wenger (1989).
[190]  Diese vier mittelbaren Durchführungswege werden ferner in versicherungsförmige (externe) und nicht versicherungsförmige (interne) Durchführungswege unterteilt; siehe hierzu Abschnitt 2.1.1.3.

Auch bei einer traditionellen, arbeitgeberfinanzierten bAV ist aber davon auszugehen, dass es sich hierbei nicht um Geschenke handelt, sondern dass zumindest implizit ein Lohnverzicht des Arbeitnehmers vorliegt. Bei individuellen ebenso wie bei kollektiven Gehaltsverhandlungen werden Barlohn und Zusagen der bAV in gewissen Grenzen als Substitute angesehen. Dieser Aspekt wird beispielsweise von Dirrigl (1997) sowie Ebinger/Knoll (1999) beleuchtet. Diese modelltheoretischen Beiträge analysieren die Vorteilhaftigkeit der „deferred compensation" aus Sicht von Arbeitnehmer und Arbeitgeber. Während Dirrigl (1997) Zusagen auf bAV „als Instrument der ‚Finanzierungssubstitution' eher skeptisch"[191] beurteilt, erkennen Ebinger/Knoll (1999) in den meisten Fällen eine Vorteilhaftigkeit sowohl für Arbeitnehmer als auch für Arbeitgeber.

Drukarczyk et al. (2005) untersuchen Einigungsspielräume bei „Direktzusagen gegen Entgeltverzicht [und] welche Parameter über die Vorteilhaftigkeit entscheiden"[192]. Der Blick wird dabei sowohl auf Arbeitnehmer als auch Eigentümer gelenkt. Neben der steuerrechtlichen- wird insbesondere auch die sozialversicherungsrechtliche Behandlung in die Untersuchung einbezogen. Aufgrund der Verschiebung des steuer- und sozialversicherungsrechtlichen Zuflusses in die Rentenphase ergeben sich Vorteile, die zwischen Arbeitgeber und Arbeitnehmer aufgeteilt werden können.

Dahingegen betrachten Schüler/Siklóssy (2007) die Direktversicherung als den im kleineren Mittelstand am häufigsten gewählten Durchführungsweg. Das Kalkül umfasst eine Betrachtung aus Sicht von Arbeitnehmer und Arbeitgeber respektive Eigentümer. Darauf aufbauend werden Austauschraten von Barlohn durch Versorgungszusagen berechnet. Auch Schüler/Siklóssy (2007) kommen schließlich zum Ergebnis, dass „es einen Verhandlungsspielraum mit für beide Parteien vorteilhaften Arrangements gibt"[193].

Das im Jahr 2001 erlassene AVmG sowie das 2005 in Kraft getretene AltEinkG hatten unter anderem zum Ziel, die bAV in den externen Durchführungswegen zu stärken und deren Verbreitung zu fördern. Hierzu wurden der neue, fünfte Durchführungsweg des Pensionsfonds eingeführt sowie ein Anspruch auf Entgeltumwandlung gesetzliche verankert. Diese beiden Neuerungen standen fortan im Mittelpunkt der betriebswirtschaftlichen Diskussion.

Einen umfangreichen Vergleich sämtlicher Durchführungswege führen Brassat/Kiesewetter (2003) durch. Sie ermitteln die für die unterschiedlichen Durchführungswege nötigen Lohnverzichte, welche bei vorgegebener Nettorente jeweils zu einer Kostenbarwertneutralität des Arbeitgebers führen. Die Höhe des äquivalenten Lohnverzichts ist hier das Vorteilhaftigkeitsmaß zum Vergleich der Durchführungswege. Es zeigt sich, „dass eine arbeitgeberfinanzierte Rentenzusage grundsätzlich vorteilhafter als individuelle Vorsorge ist"[194]. Als am profitabelsten erweist sich die Direktversicherung, wobei die bAV in sämtlichen Durchführungswegen deutlich besser als die individuelle Vorsorge abschneidet. Auf dieser Untersuchung aufbauend betrachtet Brassat (2011) nach gleicher Methodik eine Indifferenz des Arbeitnehmers, die Vorteile der Altersvorsorgezusage dem Arbeitgeber zugerechnet. Der Vergleich erstreckt sich ebenfalls auf sämtliche Durchführungswege, wobei

---

[191]   Dirrigl (1997), S. 79.
[192]   Drukarczyk et al. (2005), S. 238.
[193]   Schüler/Siklóssy (2007), S. 407.
[194]   Brassat/Kiesewetter (2003), S. 1071.

sich erneut die versicherungsförmigen Durchführungswege als durchweg besser erweisen als die Direktzusage.

Wellisch (2003) vergleicht die bAV-Durchführungswege aus Sicht von Arbeitnehmer und Arbeitgeber, jedoch ohne eine Lohnsubstitution explizit zu modellieren und kommt zum Ergebnis, dass die empirisch nachgewiesene Dominanz der Direktzusage auch nach Einführung des Pensionsfonds mit einer steuerlichen Bevorzugung erklärt werden kann.[195] Gelingt es der zusagenden Kapitalgesellschaft, die zur Erfüllung der Direktzusage benötigten Mittel der Anlagestrategie des Pensionsfonds entsprechend am Kapitalmarkt anzulegen, erfolge eine grundsätzlich identische steuerliche Behandlung. Bei Durchführung einer Direktzusage werden aufgrund der steuermindernden Rückstellungsbildung jedoch zusätzliche Mittel freigesetzt, die zur Erfüllung der Zusage angelegt werden können.

Eine ausführliche modelltheoretische Behandlung des Pensionsfonds nimmt Thaut (2007) vor und vergleicht diesen mit der klassischen Direktzusage. Das Vorgehen entspricht grundsätzlich demjenigen von Brassat/Kiesewetter (2003). Während dort jedoch der Gehaltsverzicht für eine vorgegebene Rentenhöhe modelliert wird, wird hier der umgekehrte Weg beschritten. Dieses Vorgehen erlaubt es, neben Leistungs- auch Beitragszusagen (mit Mindestleistung) zu modellieren, die bei Durchführung der bAV über einen Pensionsfonds möglich ist. In der vorherigen Literatur wurde dahingegen fast ausschließlich von einer Leistungszusage ausgegangen.

Beitragszusagen sind im Durchführungsweg der Direktzusage nicht zulässig. Die Praxis behilft sich hier mit der sogenannten beitragsorientierten Leistungszusage, die von Siklóssy (2008) modelliert wird.[196] Der vorgenommene Vergleich bezieht sämtliche Durchführungswege ein. Es wird dabei auf einen Wertbeitrag aus Sicht des Anteilseigners sowie Arbeitnehmers und einen sich ergebenen Verhandlungsspielraum abgestellt. Siklóssy (2008) kommt zum Ergebnis, dass die Zusage einer bAV für Arbeitgeber und Arbeitnehmer in allen Durchführungswegen vorteilhaft ist.

## 2.3 Modelltheoretische Betrachtung[197]

### 2.3.1 Annahmen und konstituierende Rahmenbedingungen

In Abschnitt 2.1.2 wurde aufgezeigt, dass das Steuerrecht die einzelnen Durchführungswege der bAV teilweise ungleich behandelt. Entsprechendes gilt, wenn man die Welt der bAV verlässt und weitere Altersvorsorgemöglichkeiten in die Betrachtung mit einbezieht. Dies wird bereits aus der unterschiedlichen Steuerbelastung der Bruttorenten ersichtlich. Damit gehen je nach Vorsorgeform auch unterschiedliche Steuerzahlungen einher. Diese Zahlungen stellen beim Steuerpflichtigen Steuerbelastungen dar, welche ihn wiederum zu prüfen

---

[195]  Er weist jedoch auch darauf hin, dass neben ökonomischen und insbesondere steuerrechtlichen Renditegesichtspunkten auch andere, weiche Faktoren, wie beispielhaft der administrative Aufwand, erheblichen Einfluss bei der Wahl der Altersvorsorgeform haben. Auch Wellisch (2004) kommt zu ähnlichen Ergebnissen.

[196]  Kiesewetter (2004) stellt Überlegungen an, welche Wirkungen eine Direktzusage als beitragsorientierte Leistungszusage entfaltet.

[197]  Das dieser Arbeit zugrundliegende Modell geht zu weiten Teilen auf Menzel (2017) und Kiesewetter/Menzel (2019) zurück. Dieser Abschnitt ist diesen beiden Beiträgen zum Teil gekürzt und modifiziert entnommen.

veranlassen, ob und inwieweit er diesen Belastungen ausweichen kann. Die hieraus folgenden Anpassungshandlungen erzeugen somit Steuerwirkungen.[198] Dieser Zusammenhang ist in der betriebswirtschaftlichen Literatur seit Langem bekannt.

Eine alleinige Betrachtung der Steuerwirkungen ist für die Fragestellung der vorliegenden Arbeit jedoch zu kurz gegriffen. Aus Abschnitt 2.1.3 wurde sichtbar, dass neben dem Steuer- auch das Sozialversicherungsrecht maßgeblichen Einfluss auf die Vorsorgeentscheidung haben kann. Die einzelnen bAV-Durchführungswege werden sozialversicherungsrechtlich, ebenso wie andere Altersvorsorgealternativen, unterschiedlich und teilweise auch abweichend vom Steuerrecht behandelt. Eine ausschließliche Betrachtung der Steuerwirkungen kann damit zu falschen Ergebnissen führen. Um die Geringverdienerförderung vor und nach Inkrafttreten des BRSG zu beleuchten, müssen daher auch die „Sozialversicherungswirkungen" untersucht werden, da analog zu Steuer- auch Sozialversicherungsbelastungen Anpassungshandlungen und Ausweichreaktionen hervorrufen können. Dabei kann der Steuerwirkungsansatz von Schneider (1992) ebenso auf die Wirkungen des Sozialversicherungsrechts übertragen werden. Auch das Sozialversicherungsrecht bedingt Sozialversicherungsbeiträge bzw. -zahlungen, aus denen Sozialversicherungsbelastungen erwachsen. Der Beitragszahler wird daher bestrebt sein, sein Verhalten derart zu ändern, dass die Belastung mit Sozialabgaben möglichst gering ausfällt, womit analog zu Steuer- auch Sozialversicherungswirkungen erzeugt werden.

Eine jeweils getrennte Betrachtung von Steuer- oder Sozialversicherungswirkungen erscheint ungeeignet. Da sich steuer- und sozialversicherungsrechtliche Behandlung nicht stets entsprechen, kann beispielsweise eine steueroptimale Vorsorgewahl unerwünschte Sozialversicherungswirkungen entfalten et vice versa. Es hat somit eine Gesamtbetrachtung von Steuer- und Sozialversicherungswirkungen zu erfolgen, da das Sozialversicherungsrecht außerdem Auswirkungen auf die Steuerhöhe hat.

Die Steuer- und Sozialversicherungswirkungen lassen sich schließlich in Entscheidungswirkungen und Verteilungsfolgen einteilen.[199] Verteilungsfolgen sind dabei das Ergebnis der Verteilung der Steuerlasten auf die einzelnen Personen oder Personengruppen. An dieser Stelle lässt sich nun darüber streiten, ob eintretende Verteilungsfolgen gerecht oder ungerecht sind. Derartige Fragen können nur anhand persönlicher bzw. politischer Werturteile beantwortet werden.[200] Die betriebswirtschaftliche Steuerlehre ist hierzu nicht in der Lage, weshalb Verteilungsfolgen fortan nicht weiter betrachtet werden.

Für die vorliegende Untersuchung sind dahingegen Entscheidungswirkungen von Bedeutung. Hierunter versteht man die Wirkungen des Steuer- und Sozialversicherungsrechts auf die Handlungen von Steuerpflichtigen.[201] Dass Steuern und Sozialabgaben grundsätz-

---

[198] Vgl. Schneider (1992), S. 176.
[199] Vgl. Schneider (1992), S. 177. Die Ausführungen zu Steuerwirkungen gelten für die Wirkungen des Sozialversicherungsrechts entsprechend.
[200] Vgl. Schneider (1992), S. 177.
[201] Vgl. Schneider (1992), S. 177. Die Ausführungen gelten für Sozialversicherungsrechtsänderungen entsprechend.

lich in das Entscheidungskalkül, nach welchem Handlungsalternativen gegeneinander ab-
gewogen werden, einzubeziehen sind, ist unstrittig.[202] Die steuer- und sozialversicherungsrechtliche Behandlung unterschiedlicher Altersvorsorgeformen kann Einfluss auf die Entscheidung von Individuen nehmen. Ohne Einbezug könnte eine in Gesamtbetrachtung unvorteilhafte Entscheidung getroffen werden. Gleichwohl kann es auch Entscheidungssituationen geben, bei denen von der Besteuerung keine Wirkung auf die Vorteilhaftigkeit der
Alternativen ausgeht.[203] In diesen Kalkülen könnte die steuerrechtliche Behandlung folglich
vernachlässigt werden. Man spricht in diesem Zusammenhang von einer entscheidungsneutralen Besteuerung.[204] Dieser Ansatz ist ebenfalls auf die sozialversicherungsrechtliche
Behandlung übertragbar. Wenn das Sozialversicherungsrecht keinen Einfluss auf die Vorteilhaftigkeit einer Alternative hat, kann analog von einer entscheidungsneutralen Verbeitragung gesprochen werden.

Entgegen einer entscheidungsneutralen Besteuerung oder Verbeitragung versucht der
Gesetzgeber, das Steuer- und Sozialversicherungsrecht als Lenkungsinstrument zu nutzen.
So wird von der Finanzpolitik ein steuer- und sozialversicherungsrechtlicher Einfluss auf
die Entscheidungen teilweise bewusst herbeigeführt, womit gerade keine Neutralität gegeben ist.[205] In der Vergangenheit wurde den Unternehmen beispielsweise, insbesondere bei
schlechter Konjunkturlage, häufig die Möglichkeit degressiver Abschreibungen in der steuerrechtlichen Gewinnermittlung gegeben, um so Investitionen zu fördern. Vor allem aus
empirischen US-amerikanischen Studien ist bekannt, dass entsprechende steuerliche Fördermaßnahmen auch in Bezug auf die Altersvorsorgeentscheidung von Steuerpflichtigen
geeignet sind, die Nachfrage nach bestimmten Alternativen zu erhöhen.[206] Derlei Untersuchungen, die eine Förderung bestimmter Altersvorsorgeformen nachweisen, gibt es auch
für Deutschland.[207]

Mit dem BRSG hat der Gesetzgeber jüngst in die Struktur der Altersvorsorge eingegrif-
fen. Er beabsichtigt damit, die Verbreitung der bAV unter Geringverdienern zu steigern.
Ob die vom Gesetzgeber beabsichtigten Entscheidungswirkungen tatsächlich zur Entfal-
tung kommen und damit die Verbreitung der bAV unter Geringverdienern zunimmt, hängt
wiederum von der Reaktion der Individuen ab. Konkret muss sich für diese in irgendeiner
Form ein persönlicher Vorteil im Vergleich zum vorigen Status quo einstellen. Für die Messung und Evaluierung dieses Vorteils wird ein Beurteilungsmaßstab benötigt. Hierfür bieten sich zum einen qualitative Kriterien an, die mangels Objektivierbarkeit jedoch nicht
weiter betrachtet werden. Zum anderen können quantitative und insbesondere monetäre
Kriterien herangezogen werden. Diese lassen sich problem- und insbesondere auch emoti-
onslos miteinander vergleichen.

---

[202]  Vgl. hierzu beispielsweise Wagner/Dirrigl (1980), S. 5 ff. oder Wagner (2005), S. 409, wenngleich sich deren
       Ausführungen nur auf den Einbezug von Steuern erstrecken.
[203]  Vgl. Wagner/Dirrigl (1980), S. 35.
[204]  Vgl. Schneider (1992), S. 193 und Schneider (2002), S. 97 ff.
[205]  Vgl. Wagner (2005), S. 409.
[206]  Vgl. beispielsweise Venti/Wise (1990) oder Poterba/Venti (1994).
[207]  Eine kurze Zusammenfassung weiterführender Literatur kann beispielsweise Börsch-Supan/Lührmann (2000)
       entnommen werden.

Die Modelltheorie kennt für die Messung monetärer Auswirkungen zahlreiche Ansatzpunkte. Im Endeffekt wird der Steuerpflichtige jedoch stets bestrebt sein, seine Vorsorgewahl innerhalb der legalen Grenzen so zu gestalten, dass er eine möglichst hohe (Netto-) Rente erzielt.[208] Es erscheint daher einerseits intuitiv und andererseits aber auch konsequent, ebendiese (Netto-)Rentenhöhen zu bestimmen und miteinander zu vergleichen. Für derartige Vergleichsrechnungen muss nun zunächst ein modelltheoretischer Rahmen abgesteckt werden.

Die nachfolgenden Überlegungen beruhen grundsätzlich auf dem neoklassischen Modell der Lebenszyklustheorie von Modigliani/Brumberg (1954) und der permanenten Einkommenshypothese von Friedman (1957). Demnach ist der Steuerpflichtige bestrebt, eine durchschnittliche Verteilung seines Einkommens auf die gesamte Lebenszeit zu realisieren. Die Lebenszeit wird dabei in zwei Abschnitte unterteilt. Zum Entscheidungszeitpunkt $t = 0$ beabsichtigt der Steuerpflichtige, eine Form der freiwilligen, zusätzlichen Altersvorsorge durchzuführen. Zu diesem Zeitpunkt ist unter Sicherheit bekannt, dass er noch $m$ Jahre arbeiten wird. Dieser Lebensabschnitt wird als Anwartschaftsphase bezeichnet. Im Anschluss daran beginnt in $t = m + 1$ die Rentenphase, die sodann nach $n$ Jahren mit dem Tod endet. Somit wird in der Anwartschaftsphase Einkommen angespart und ein Deckungsstock gebildet, der in der Rentenphase schließlich zur Verfügung steht. Damit werden die Konsummöglichkeiten in der Rente erhöht und gegebenenfalls ein konstantes Konsumniveau ermöglicht.[209] Außer für Zwecke der Altersvorsorge existieren keine weiteren Sparmotive.[210] Ohne Ersparnisbildung stünde jeweils nur das Einkommen des jeweiligen Lebensabschnitts für Konsumzwecke zur Verfügung, womit lediglich ein inkonstantes Konsumniveau erreicht werden könnte.[211] Die Lebenszyklen samt dazugehörigen Einkommens- und Konsumpfaden werden in Abbildung 8 in Abhängigkeit des Alters des Steuerpflichtigen grafisch dargestellt.[212]

Aus dieser Abbildung lassen sich die beiden Lebenszyklen Anwartschafts- und Rentenphase erkennen. Während der aktiven Phase wird ein Teil des Einkommens nicht für Konsumzwecke, sondern für den Aufbau eines Vermögensstocks verwendet. Dieser wird letztlich in der passiven Phase aufgelöst und steht dort für Konsumzwecke zur Verfügung. Am Ende der Rentenphase, ergo im Todeszeitpunkt, ist der gesamte Deckungsstock aufgezehrt. Vererbungsmotive sind annahmegemäß nicht gegeben. In der obigen Grafik wird ferner angenommen, dass neben der „Rente" bzw. Annuität aus dem gebildeten Vermögensstock auch weiteres „Einkommen" in der Rentenphase zur Verfügung steht. Dieses ergibt sich als

---

208  Unter der Annahme, dass in der Anwartschaftsphase bei allen Altersvorsorgealternativen das identische Konsumniveau realisiert werden kann.

209  In der vorliegenden Untersuchung wird jedoch nicht angestrebt, das Konsumniveau über die Lebenszeit exakt konstant zu halten. Gleichwohl ergibt sich durch die Ersparnisbildung ein ausgleichender Effekt. Intertemporale Nutzenfunktionen des Steuerpflichtigen werden deshalb nicht berücksichtigt.

210  Vgl. zu diesen konstituierenden Modellannahmen auch Schwarz (2004), S. 35.

211  Unter der Annahme, dass das (Renten-)Einkommen niedriger ist als das Einkommen in der Anwartschaftsphase.

212  Die horizontale Achsenbeschriftung der Abbildung beginnt im Zeitpunkt $t = 0$, in dem der Steuerpflichtige entweder in das Erwerbsleben eintritt oder bereits erwerbstätig ist. Die ersten (Ausbildungs-)Jahre werden in der Grafik mangels Einflusses auf Einkommens- und Konsumpfade vernachlässigt.

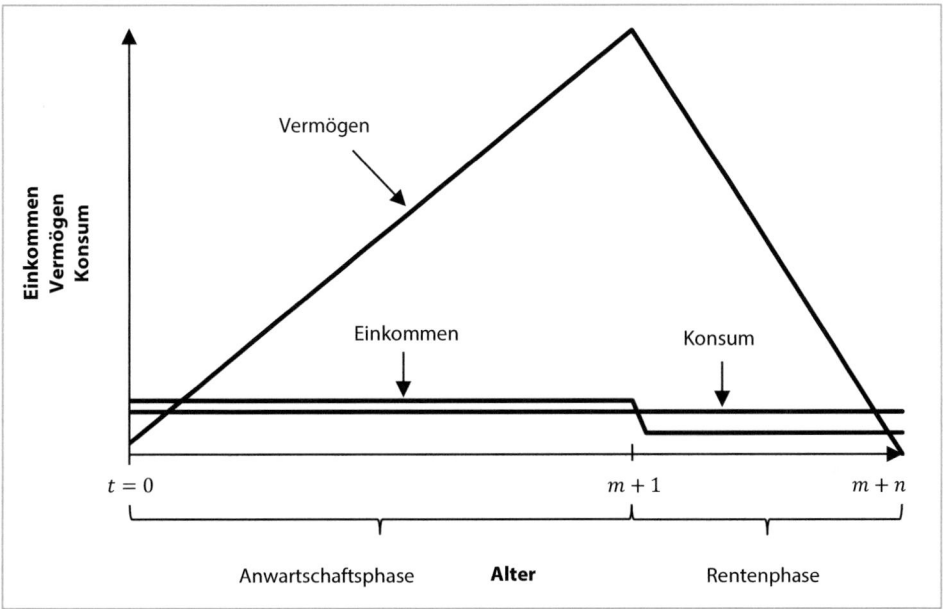

Abbildung 8: Konsum- und Vermögenspfad im neoklassischen Modell der Lebenszyklustheorie unter Sicherheit[213]

eine Art „Grundsicherung" aus den erworbenen Ansprüchen in der gesetzlichen Rentenversicherung, die sich allein aufgrund der Verbeitragung des während der Anwartschaftsphase erzielten Einkommens ergeben. Im Ergebnis wird durch die freiwillige Altersvorsorge zusätzliches Einkommen neben den Leistungen aus der gesetzlichen Rentenversicherung in der Rentenphase generiert. Damit wird Konsumpotenzial in die Zukunft verschoben. Durch geeignete Parameterwahl stellt sich schließlich ein Zustand ein, in dem, trotz unterschiedlich hoher Einkommen in den einzelnen Lebenszyklen, das Konsumniveau in der gesamten Lebenszeit konstant aufrechterhalten werden kann, wenngleich dies für die folgende Modellierung nicht im Vordergrund steht.

Des Weiteren werden die Renten anhand eines deterministischen Modells ermittelt, das von jeglichen Unsicherheiten und von nichtsteuerlichen bzw. nichtsozialversicherungsrechtlichen Unterscheidungskriterien abstrahiert. Beispielsweise werden unterschiedlich hohe Verwaltungskosten und abweichende Anlagevorschriften bewusst vernachlässigt.[214] Die jährliche, sichere Vorsteuerrendite beträgt unabhängig von der Vorsorgeform konstant $r$. Damit wird sichergestellt, dass die Auswirkungen des Steuer- und Sozialversicherungsrechts isoliert gemessen werden können. Es liegt auf der Hand, dass die betrachteten Alternativen in der Realität keine exakt identischen Renditen aufweisen dürften, da sie unterschiedlichen Restriktionen bezüglich der Mittelanlage unterliegen, womit letztlich auch un-

---

[213]  Quelle: Modifiziert entnommen aus Schwarz (2004), S. 35.
[214]  Vgl. auch Brassat/Kiesewetter (2003), S. 1052. Dahingegen werden in Abschnitt 3.2.3 die Abschluss- bzw. Vertriebskosten sowie die laufenden Verwaltungskosten in einem Exkurs betrachtet.

terschiedliche Risiken einhergehen. Hinzu kommen unterschiedliche Verwaltungs- und gegebenenfalls noch Vertriebskosten. Dadurch ist es auch denkbar, dass steuerliche Vorteile durch nichtsteuerliche Nachteile aufgezehrt werden et vice versa. Durch die gewählte Annahme wird jedoch eine Vergleichbarkeit geschaffen, die von Renditeunterschieden abstrahiert und ausschließlich die steuer- und sozialversicherungsrechtlichen Effekte separiert. Es wird schließlich eine aktuarisch faire und transaktionskostenlose Rente ausgezahlt, die am Ende der Rentenphase den Deckungsstock vollständig aufzehrt.[215] Die Vernachlässigung der Unsicherheit ist für die zu untersuchende Frage angemessen. Ihre Berücksichtigung verkomplizierte das Kalkül, ohne zusätzliche Erkenntnisse bezüglich der steuerlichen Vorteilhaftigkeit zu liefern.[216] Bei geeigneter Parameterwahl wird damit näherungsweise abgebildet, welche Rückflüsse der Arbeitnehmer erwarten kann, wenn er die bei Renteneintritt im Durchschnitt zu erwartende verbleibende Lebenszeit tatsächlich realisiert. Im Ergebnis wird also das Spektrum der Altersvorsorge ausschließlich unter dem Blickwinkel von Finanzierungskosten nach Steuern und Sozialabgaben untersucht, während arbeits- und versicherungsökonomische Gesichtspunkte vernachlässigt werden.[217]

Der folgende Vergleich betrachtet die gängigsten Möglichkeiten zusätzlicher Altersvorsorge, die Gering- und Niedrigverdienern typischerweise offenstehen und ein näherungsweise vergleichbares Rendite-Risiko-Profil aufweisen. Hierunter fallen insbesondere versicherungsförmige Anlagen. Betrachtet man die Welt der bAV, sind damit zunächst die nicht versicherungsmäßigen, internen Durchführungswege Direktzusage und Unterstützungskasse aus dem Vergleich auszuschließen. Wie Abschnitt 2.1.1.3 entnommen werden kann, haben Arbeitnehmer keinen Anspruch auf bAV in diesen Durchführungswegen. Eine Durchführung mittels Direktzusage oder Unterstützungskasse obliegt damit ausschließlich dem Wohlwollen des Arbeitgebers, der typischerweise eine Zweiteilung vornimmt. Es ist bekannt, dass insbesondere Gutverdiener Direkt- oder Unterstützungskassenzusagen erhalten, während aus Arbeitgebersicht für Gering- und Niedrigverdiener die versicherungsförmigen Durchführungswege geeigneter erscheinen.[218] Welcher der drei externen Durchführungswege schließlich gewählt wird, ist für die nachfolgende Betrachtung irrelevant, da die steuer- und sozialversicherungsrechtliche Behandlung für Neuzusagen seit 2005 identisch ist und von unterschiedlichen Kostenbelastungen sowie Beiträgen zum PSVaG abstrahiert wird. Außerhalb der bAV werden von Gering- und Niedrigverdienern typischerweise private Renten- oder Lebensversicherungsverträge abgeschlossen, sofern überhaupt eine zusätzliche Altersvorsorge erfolgt. In den nachfolgend betrachteten Alternativen werden sowohl Hinterbliebenenrenten als auch der Invaliditätsschutz vernachlässigt.[219] Insbesondere

---

[215]  Siehe hierzu grundlegend Friedman/Warshawsky (1990) und Mitchell et al. (1999) sowie Kiesewetter/Thaut (2004).

[216]  Vgl. Thaut (2007), insbesondere S. 249 f.

[217]  Vgl. auch Brassat/Kiesewetter (2003), S. 1052. Ein Überblick zu arbeits- und versicherungsökonomischen Gesichtspunkten kann Bodie (1990) und Wise (1985) entnommen werden.

[218]  Vgl. hierzu auch Fn. 33.

[219]  Das Kalkül würde sich dadurch nur verkomplizieren, ohne dass ein Einfluss auf die Ergebnisrangfolge zu erwarten wäre.

soll der Anlage- und nicht der Versicherungsaspekt der Vorsorgeformen untersucht werden.[220] Konkret werden im Folgenden die Vorsorgealternativen Entgeltumwandlung, Riester-Förderung, arbeitgeberfinanzierte bAV sowie ungeförderte Kapitalbildung betrachtet.[221] Neben diesen existieren grundsätzlich noch weitere Vorsorgealternativen, die für Ge-
ring- und Niedrigverdiener beispielsweise mangels Realisierbarkeit oder aufgrund unver-
hältnismäßig hoher Risiken nicht repräsentativ erscheinen.[222]

Die Entscheidung hinsichtlich der Vorteilhaftigkeit der einzelnen Vorsorgealternativen
wird ausschließlich anhand monetärer Gesichtspunkte, ergo anhand der Höhe der Nettorente getroffen. Nichtmonetäre Aspekte werden vollständig vernachlässigt. Schließlich
bleibt natürlich fraglich, ob ein sich gegebenenfalls einstellender monetärer Vorteil auch
tatsächlich als solcher vom Steuerpflichtigen wahrgenommen wird oder andere Effekte
überwiegen. In der Modelltheorie wird grundsätzlich ein Homo oeconomicus, also ein ra-
tionaler Akteur oder Nutzenmaximierer unterstellt, der in einer perfekten Umwelt ohne
Informations- und Transaktionskosten lebt.[223] Hierbei handelt es sich nicht um einen real
existierenden Menschen, sondern um eine heuristische Fiktion.[224] Als solche ist die Idee des
Homo oeconomicus jedoch ideal, um die einzelnen Steuerungs- und Lenkungsinstrumente
der Altersvorsorgeentscheidung isoliert zu untersuchen. Mithilfe eines modelltheoretischen
Ansatzes kann damit eine validierte Aussage über die Vorteilhaftigkeit von Altersvorsorgealternativen getroffen werden.

Die folgende modellhafte Untersuchung ist mehrstufig aufgebaut. Zunächst wird die
Sphäre des Arbeitnehmers betrachtet und für ihn ermittelt, wie hoch die (zusätzlichen) Nettorenten der jeweiligen Vorsorgealternativen sind. Dieser Wert dient fortan als Maßstab zur
Beurteilung der Vorteilhaftigkeit einer Vorsorgeform. Die Rangfolge der einzelnen Alternativen wird anhand dieses Maßstabs ermittelt. Auf dieser Grundlage entscheidet sich der
Arbeitnehmer schließlich für eine Vorsorgeform. Da nicht nur private Altersvorsorgealternativen, sondern auch die bAV untersucht werden, muss zusätzlich die Arbeitgebersphäre
abgebildet werden. Es wird dazu unterstellt, dass der Arbeitnehmer über die gesamte Anwartschaftsphase bei demselben Arbeitgeber angestellt bleibt und außer seinem Angestell-
tengehalt in der aktiven Phase keine weiteren Einkünfte erzielt.[225] Alle Gehalts- und Ren-

---

[220]  Vgl. auch Brassat/Kiesewetter (2003), S. 1053.

[221]  Je nach Rechtslage erfolgen weitere Variationen dieser Grundformen.

[222]  Einige Anlagemöglichkeiten stehen beispielsweise nur bei großen Kapitalanlagevolumina offen. Man denke
hier beispielsweise an die Zeichnung von Anleihen, die zumeist nur in 1.000 Euro oder sogar 50.000 Euro
gestückelt werden können. Ferner werden Gering- und Niedrigverdienern auch keine Immobilienanlagen
möglich sein. Risikobehaftete Aktien- oder Börsentransaktionen allgemein werden ebenso die Ausnahme bleiben.

[223]  Die Idee des „Homo oeconomicus" geht auf die Volkswirtschaftslehre und insbesondere die Nationalökono-
mie zurück. Eine ausführliche Darstellung ist Kirchgässner (1991), Franz (2004) oder Tietzel (1981) zu entnehmen.

[224]  Vgl. Franz (2004).

[225]  Bei einem Arbeitgeberwechsel können versicherungsförmige Zusagen aufgrund des „Abkommens zur Übertragung zwischen den Durchführungswegen Direktversicherungen, Pensionskassen oder Pensionsfonds bei
Arbeitgeberwechsel" von einem auf den nächsten Arbeitgeber übertragen werden, wenn alter als auch neuer
Versorgungsträger diesem Abkommen beigetreten sind. Sofern dieses Übertragungsabkommen einschlägig
ist, können mit dem Modell somit auch Arbeitgeberwechsel abgebildet werden.

tenzahlungen werden vereinfachend an den Periodenenden bezogen. Die Vorsorgewahl obliegt zwar dem Arbeitnehmer, hat jedoch auch Auswirkungen auf die Kosten des Arbeitgebers. Insofern können sich Situationen einstellen, in denen der Arbeitnehmer von einer
monetären Verschlechterung des Arbeitgebers profitiert et vice versa. Inwieweit die Ver-
tragsparteien Arbeitnehmer und Arbeitgeber an einem aufzuteilenden Steuer- und Sozial-
versicherungsvorteil partizipieren, ist bei privatrechtlichen Verträgen grundsätzlich unbe-
stimmt. Um eine Vergleichbarkeit zu schaffen, muss jedoch eine Annahme über die Aufteilung getroffen werden. In einem dritten Schritt erfolgt daher eine Zusammenführung beider
Sichtweisen zu einer gesamtheitlichen Betrachtung in der Form, dass angenommen wird,
dass entstehende Vorteile ausschließlich dem Arbeitnehmer zugesprochen werden. Dies erscheint zweckmäßig und realistisch, da unterstellt werden kann, dass der Arbeitgeber lediglich unterschiedliche Entlohnungsmodelle anbietet. Sofern die Kosten hierfür identisch
sind, liegt jedoch eine Indifferenz bezüglich der Vorsorgeformen bzw. Entlohnungsmodelle
vor. Der Arbeitgeber möchte damit nicht monetär von einer Vorsorgeentscheidung seines
Arbeitnehmers profitieren.[226]

Für die steuer- und sozialversicherungsrechtliche Behandlung sowie alle weiteren Rechengrößen wird grundsätzlich der Rechtsstand zum 01.01.2018 verwendet. Dies gilt sowohl für den Einkommensteuertarif als auch für den Riester-Förderrahmen und sozialversicherungsrechtliche Maßzahlen. Auch für die in Kapitel 2 behandelte alte Rechtslage vor
Inkrafttreten des BRSG, d.h. vor 2018, werden die zum 01.01.2018 verbindlichen Werte herangezogen. Damit wird eine Vergleichbarkeit der Ergebnisse über den Zeitablauf sichergestellt. Effekte, die sich allein aufgrund einer Anpassung von Einkommensteuertarif oder gesetzlicher Rentenhöhe ergeben, werden damit ausgeblendet. Dies erscheint sachgerecht, da
die jährlichen Anpassungen lediglich dem Inflationsausgleich dienen. Es können schließlich Aussagen über die „reine" steuer- und sozialversicherungsrechtliche Förderung der
bAV vor und nach Inkrafttreten des BRSG getätigt werden.

Die Modellberechnungen stellen auf einen ledigen Steuerpflichtigen ab. Damit wird insbesondere von reinen Splittingtarif-Effekten abstrahiert. Dahingegen wird die Höhe des
Anspruchs auf Riester-Zulagen variiert.

## 2.3.2 Betrachtung des Arbeitnehmers

Es wird zunächst die steuer- und sozialversicherungsrechtliche Behandlung der einzelnen
Vorsorgealternativen aus Sicht des Arbeitnehmers betrachtet.[227] Dabei erfolgt eine Unterscheidung zwischen Anwartschafts- und Rentenphase. Ausgangspunkt der Untersuchung
ist, dass der betrachtete Arbeitnehmer dazu bereit ist, zugunsten seiner späteren Alterssicherung auf heutiges Konsumpotenzial zu verzichten. Dies schlägt sich darin nieder, dass

---

[226]  Die Vorgehensweise bezüglich der Aufteilung der Vorteile auf Arbeitnehmer und Arbeitgeber sowie die
       grundsätzlichen Annahmen dieses Modells orientieren sich an Brassat/Kiesewetter (2003).

[227]  Es wird unterstellt, dass sich die einzelnen Vorsorgeformen gegenseitig ausschließen und stets nur eine Vor-
       sorge durchgeführt wird. Damit wird sichergestellt, dass etwaige Höchstbeträge oder Freigrenzen nicht (zu-
       sätzlich) durch andere abgeschlossene Vorsorgealternativen ausgeschöpft werden.

ein Teil $(BL_t^{(\cdot)})$ des (gesamten) jährlichen Bruttolohns $BL_t$ nicht für Konsumzwecke verwendet, sondern in eine Altersvorsorge investiert wird $(BL_t^{(\cdot)} \leq BL_t)$.[228] Man stelle sich
hilfsweise vor, dass die Überlegung vor einer erwarteten Gehaltserhöhung angestellt wird
und der Arbeitnehmer den zusätzlichen Bruttolohn für die Altersvorsorge aufwenden
möchte.[229] Hierzu stehen die unterschiedlichen Vorsorgealternativen $(\cdot)$ zur Verfügung.[230]

Die Modellierung der einzelnen Vorsorgealternativen erfolgt stets analog. Zunächst
wird die Anwartschaftsphase betrachtet und vorgegeben, dass der Arbeitnehmer auf Konsumpotenzial verzichtet. Aus diesem Verzicht folgen periodisch investierbare Ansparbe-
träge $\Delta V_t^{(\cdot)}$, aus welchen jeweils ein Deckungsstock $V_m^{(\cdot)}$ gebildet wird. Dieser wird anschließend bei Übergang in die Rentenphase verrentet. Aufgrund der Verbeitragung des in der
Anwartschaftsphase für Konsumzwecke verwendeten Arbeitslohns erzielt der Arbeitnehmer außerdem eine gesetzliche Rente. Die Höhe dieser gesetzlichen Nettorente ist unabhängig von der Wahl der Altersvorsorgealternative, sofern jeweils der identische Konsumverzicht unterstellt wird. Neben diesen Ansprüchen aus der gesetzlichen Rentenversicherung resultieren aus der Vorsorgealternative periodische Nettozusatzrenten $\Delta N_t^{(\cdot)}$, welche
schließlich miteinander verglichen werden.

Zur Verdeutlichung des Aufbaus des nachfolgenden Modells wird erneut auf Abbildung 8 und damit auf die Lebenszyklustheorie sowie die permanente Einkommenshypothese Bezug genommen. Es wurde diesbezüglich bereits ausgeführt, dass das Konsumniveau
in der Rentenphase durch Ersparnisbildung erhöht werden kann. Die Darstellung in Abbildung 8 wird nun leicht modifiziert bzw. um zusätzliche Beschriftungen erweitert. Dies erfolgt in der nachfolgenden Abbildung 9.

Die Darstellung entspricht derjenigen aus Abbildung 8, wobei nun ein kleinerer verti-
kaler Ausschnitt gewählt wurde und zusätzliche Beschriftungen eingefügt wurden. In der
Anwartschaftsphase spiegelt die Differenz zwischen maximalem Konsumpotenzial und tatsächlich realisiertem Konsum den (Netto-)Lohnverzicht des Arbeitnehmers wider. Dies
lässt sich damit erklären, dass der Steuerpflichtige darauf verzichtet, einen Teil seines be-
steuerten und verbeitragten (Netto-)Arbeitslohns zu verkonsumieren. Stattdessen wird dieser Teil in eine Form der Altersvorsorge investiert, womit ein Deckungsstock gebildet
wird.[231] Alternativ lässt sich die Abbildung auch im Sinne einer bevorstehenden Gehaltserhöhung interpretieren. Die Erhöhung wird in diesem Fall nicht in zusätzlichen Konsum,
sondern in eine Altersvorsorge investiert, womit vor und nach der Gehaltserhöhung das
gleiche Konsumniveau realisiert wird.

Der Konsum in der Rentenphase wird schließlich durch zwei Quellen gespeist. Zum einen steht dem Steuerpflichtigen die Nettorente aus der gesetzlichen Rentenversicherung
aufgrund der Verbeitragung des für Konsumzwecke genutzten Teils des Arbeitseinkom-
mens zur Verfügung.[232] Diese Rente ist bei vorgegebenem Lohnverzicht bzw. vorgegebener

---

[228]   Von der Möglichkeit einer Kreditfinanzierung wird abgesehen.
[229]   Von eventuell entgegenstehenden tarif- oder arbeitsvertraglichen Restriktionen wird abstrahiert.
[230]   „$(\cdot)$" ist als Platzhalter für die nachfolgend betrachteten Vorsorgealternativen zu verstehen.
[231]   In Abbildung 9 wird darauf verzichtet, den gesamten Verlauf des Deckungsstocks darzustellen. Dieser ent-
        spricht demjenigen des „Vermögens" in Abbildung 8.
[232]   Da nur der ausgezahlte Nettolohn für Konsumzwecke zur Verfügung steht, hat eine Verbeitragung zu erfol-
        gen.

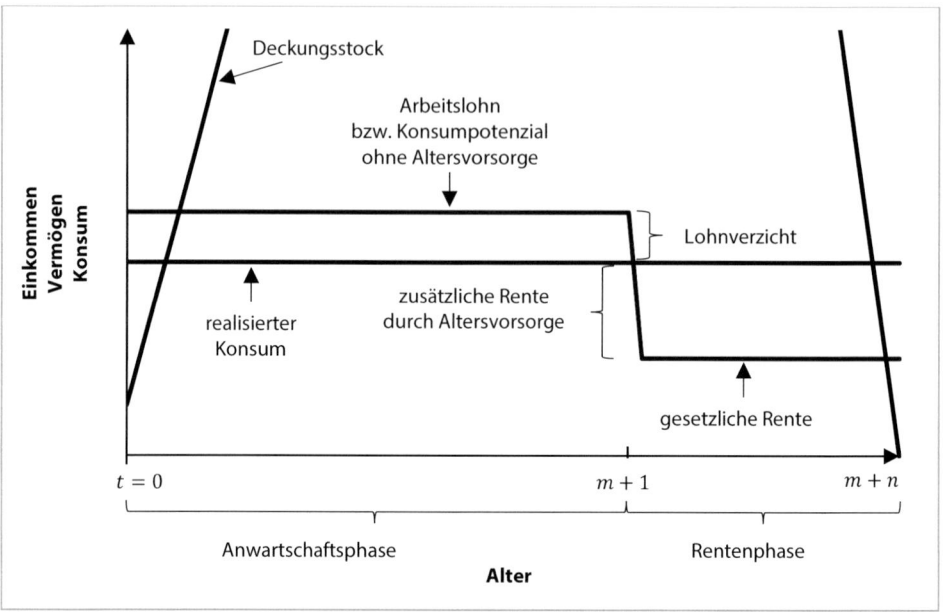

Abbildung 9: Konstituierende Modellrahmenbedingungen unter Zuhilfenahme der Lebenszyklustheorie unter Sicherheit[233]

Lohnerhöhung unabhängig von der Wahl der (zusätzlichen) Altersvorsorgeform. Daneben erzielt der Steuerpflichtige eine zusätzliche (Netto-)Rente aus der gewählten Vorsorgealternative. Diese Nettozusatzrente bildet fortan den Vergleichsmaßstab zur Beurteilung der Vorteilhaftigkeit einer Vorsorgeform, da hiermit ein zusätzlicher Konsum in der Rentenphase realisiert werden kann.

Auf Seiten des Arbeitnehmers werden an zahlreichen Stellen Steuersätze betrachtet. In vergleichbaren Literaturbeiträgen sind die Annahmen bezüglich der Steuersätze des Arbeitnehmers zumeist recht simpel gehalten. So wird der Steuersatz in der Anwartschaftsphase häufig modellexogen vorgegeben.[234] Auch für die Rentenphase werden vereinfachende Annahmen getroffen. Der diesbezügliche Steuersatz ermittelt sich zumeist als Prozentsatz des Steuersatzes in der Anwartschaftsphase.[235] Für die vorliegende Arbeit wird ein anderer, exakterer Ansatz gewählt. Ziel ist es, ein in der Literatur bisher fehlendes, in sich geschlossenes Modell von Anwartschafts- und Rentenphase zu schaffen. Hierzu ermitteln sich die Steu-

---

[233]   Quelle: Modifizierung von Abbildung 8 und damit modifiziert entnommen aus Schwarz (2004), S. 35.

[234]   Vgl. beispielsweise Brassat/Kiesewetter (2003).

[235]   Bei Brassat/Kiesewetter (2003), S. 1066 beträgt der Steuersatz in der Rentenphase konstant 80 Prozent des Steuersatzes in der Anwartschaftsphase. Reichert (2013b), S. 29 unterstellt, dass das „Einkommen des Anlegers in der Rentenphase […] 70 % des Einkommens der Ansparphase" beträgt. Kiesewetter et al. (2016c), S. 223 treffen die Annahme, dass der Steuersatz in der Rentenphase vereinfachend 85 Prozent des Steuersatzes in der Anwartschaftsphase beträgt. Diese Annahme beruht auf den Erkenntnissen von Weber/Beck (2015), S. 63, die herausfinden, dass der Grenzsteuersatz in der Rentenphase i.d.R. neun bis zwölf Prozent niedriger ist als in der Anwartschaftsphase.

ersätze modellendogen durch Anwendung des Steuertarifs gem. § 32a EStG. Es werden jeweils Grenzsteuersätze errechnet, welche die marginale Steuerbelastung auf einen zusätzlichen Euro zu versteuerndes Einkommen ausdrücken.[236] Für die Anwartschaftsphase wird angenommen, dass das steuerliche Einkommen ausschließlich aus den Einkünften aus nichtselbständiger Arbeit besteht. Das zu versteuernde Einkommen ergibt sich somit als Bruttoarbeitslohn abzüglich des Werbungskostenpauschbetrags des § 9a Satz 1 Nr. 1 Buchst. a) EStG ($WK_t^{PBA}$), des Sonderausgabenpauschbetrags des § 10c Satz 1 EStG ($SA_t^{PB}$) sowie der in voller Höhe als Sonderausgaben abzugsfähigen Sozialversicherungsbeiträge des Arbeitnehmers.[237] Die Annahme vollständiger Abzugsfähigkeit stellt dabei eine Vereinfachung dar. Die gesetzlichen Basiskranken- und Basispflegeversicherungsbeiträge gem. § 10 Abs. 1 Nr. 3 i.V.m. § 10 Abs. 4 EStG sind zwar stets in voller Höhe abzugsfähig. Dahingegen werden Arbeitslosenversicherungsbeiträge nur mit dem Betrag berücksichtigt, der nach Abzug der Kranken- und Pflegeversicherungsbeiträge vom Höchstbetrag des § 10 Abs. 4 Satz 1 EStG verbleibt. Außerdem sind die Krankenversicherungsbeiträge bei Anspruch auf Krankengeld gem. § 10 Abs. 1 Nr. 3 Buchst. a) Satz 4 EStG um einen Abschlag von vier Prozent zu reduzieren. Im Zuge des Übergangs der Rentenbesteuerung der gesetzlichen Rentenversicherung auf eine rein nachgelagerte Besteuerung sind in 2018 gem. § 10 Abs. 3 Satz 4 und 6 EStG nur 86 Prozent der gesetzlichen Rentenversicherungsbeiträge als Sonderausgabe abzugsfähig. Durch die getroffene Annahme der vollständigen Abziehbarkeit wird somit das Zielsystem der nachgelagerten Besteuerung der gesetzlichen Rente betrachtet. Damit ergeben sich geringfügige Abweichungen zur Realität, die der Aussagekraft des Modells jedoch nicht entgegenstehen. Auf das so ermittelte zu versteuernde Einkommen wird durch Anwendung des Einkommensteuertarifs gem. § 32a Abs. 1 EStG (in der Fassung für das Kalenderjahr 2018) der Grenzsteuersatz ($s_t^A$) ermittelt.

$$s_t^A = s'\left(BL_t \cdot \left(1 - b_t^A\right) - WK_t^{PBA} - SA_t^{PB}\right). \tag{1}$$

Der Gesamtsozialversicherungsbeitragssatz ($b_t^A$) setzt sich aus den hälftigen Beitragssätzen zu den einzelnen Sozialversicherungszweigen (Beitragssatz zur gesetzlichen Krankenversicherung $b_t^{KV}$, Pflegeversicherung $b_t^{PV}$, Rentenversicherung $b_t^{RV}$ und Arbeitslosenversicherung $b_t^{AV}$) zusammen. Vom Pflegeversicherungszusatzbeitrag für Kinderlose sowie von krankenkassenindividuellen Zusatzbeiträgen wird abstrahiert.

$$b_t^A = \frac{b_t^{KV} + b_t^{PV} + b_t^{RV} + b_t^{AV}}{2}. \tag{2}$$

Sozialversicherungsbeiträge werden jeweils nur bis zur Höhe der einschlägigen Beitragsbemessungsgrenze erhoben. Aus Vereinfachungsgründen werden diese Grenzen fortan hinsichtlich der Ermittlung der Sozialversicherungsbeiträge vernachlässigt. Insofern wird unterstellt, dass das Arbeitsentgelt die niedrigste Beitragsbemessungsgrenze nicht übersteigt.[238] Diese Einschränkung erscheint angemessen, da insbesondere die Förderung der

---

[236] Vgl. Schneider (1992), S. 182 ff.

[237] Der Werbungskostenpauschbetrag für Einkünfte aus nichtselbständiger Arbeit beträgt aktuell 1.000 Euro, der Sonderausgabenpauschbetrag 36 Euro. Beide Beträge werden fortan als über die Jahre konstant angenommen. Von tatsächlichen, die Pauschbeträge übersteigenden Werten wird damit abstrahiert.

[238] Das Arbeitsentgelt beträgt damit nicht mehr als 53.100 Euro im Jahr. Dieser Wert entspricht der Beitragsbemessungsgrenze (West) für gesetzliche Kranken- und Pflegeversicherung.

Altersvorsorge von Gering- und Niedrigverdienern untersucht wird, deren Bruttoarbeitslohn offensichtlich unter dieser Grenze liegt.

Um das Modell geschlossen zu halten, wird für die Rentenphase angenommen, dass der Arbeitnehmer ausschließlich Einkünfte aus den Rentenzahlungen der Vorsorgealternativen sowie der gesetzlichen Rentenversicherung erzielt.[239] Für die Ermittlung des Steuersatzes in der Rentenphase wird jedoch ausschließlich die gesetzliche Rente berücksichtigt, die sich bei regulärer Verbeitragung des gesamten Arbeitslohns ergibt. Ansonsten wären für die Altersvorsorgealternativen unterschiedliche Steuersätze anzuwenden.

Neben der Dauer der Anwartschaftsphase muss nun auch eine Annahme über die Dauer des gesamten Erwerbslebens ($\omega \geq m$) des Arbeitnehmers getroffen werden. Beide Zeiträume müssen nicht zwingend übereinstimmen, da der betrachtete Steuerpflichtige bereits vor dem Altersvorsorgeentscheidungszeitpunkt $t = 0$ einer Erwerbstätigkeit nachgegangen sein kann.[240] Ausgehend vom Entscheidungszeitpunkt beginnt das Erwerbsleben des Steuerpflichtigen damit zum Zeitpunkt $t = m - \omega$.

Die in der Rentenphase erzielte gesetzliche Rente ergibt sich auf Grundlage der über den gesamten Erwerbszeitraum erworbenen Ansprüche. Anhand der Rentenformel gem. §§ 63 ff. SGB VI lassen sich die Rentenansprüche berechnen. Die monatliche gesetzliche Bruttorentenhöhe der gesetzlichen Rentenversicherung errechnet sich als Produkt aus den erworbenen Entgeltpunkten ($EP^{\omega}$), dem Zugangsfaktor ($ZF$), dem Rentenartfaktor ($RF$) und dem aktuellen Rentenwert ($RW_t$). Durch Multiplikation mit dem Faktor zwölf erhält man die gesetzliche Jahresbruttorente

$$BGR_t^{\omega} = EP^{\omega} \cdot ZF \cdot RF \cdot RW_t \cdot 12 \, . \tag{3}$$

Für die weitere Betrachtung sind insbesondere die erreichten Entgeltpunkte von Bedeutung, da diese in direktem Zusammenhang mit dem über den Erwerbszeitraum bezogenen Bruttolohn stehen. Die drei verbleibenden Faktoren der Rentenformel sind wertmäßig gesetzlich konkret vorgegeben und damit unabhängig von der Höhe des Bruttolohns.[241] Die Entgeltpunkte ermitteln sich jährlich durch Division des Bruttolohns des Steuerpflichtigen durch das für das jeweilige Jahr geltende Durchschnittsentgelt ($\varnothing_t$). Die Entgeltpunkte werden sodann über den Erwerbszeitraum des Steuerpflichtigen aufsummiert. Am Ende seines Erwerbslebens hat der Arbeitnehmer insgesamt Entgeltpunkte i.H.v.

$$EP^{\omega} = \sum_{t=m-\omega}^{m} \frac{BL_t}{\varnothing_t} \tag{4}$$

erworben. Von den Renteneinnahmen können der Werbungskostenpauschbetrag des § 9a Satz 1 Nr. 1 Buchst. b) EStG ($WK_t^{PBR}$) sowie der Sonderausgabenpauschbetrag ($SA_t^{PB}$) ab-

---

[239]  Der Rentenfreibetrag der gesetzlichen Rentenversicherung wird vernachlässigt, da dieser im Zeitablauf abschmilzt und jeweils nur für konkrete Rentnerkohorten gilt sowie im betrachteten Zielsystem null beträgt.

[240]  Dahingegen wird angenommen, dass im Zeitpunkt des Endes der Anwartschaftsphase $t = m$ auch das Erwerbsleben endet. Die Altersvorsorge wird damit nicht vor Ablauf des Erwerbslebens unterbrochen.

[241]  Es gelte annahmegemäß ein Zugangsfaktor von 1,0 (d.h. Rentenbeginn bei Erreichen der Regelaltersgrenze), ein Rentenartfaktor von 1,0 (d.h. Rente wegen Alters) sowie der seit 01.07.2017 gültige aktuelle Rentenwert (West) von 31,03 Euro pro Monat. Dieser wird als über die Jahre konstant angesehen. Von Rentensteigerungen wird abstrahiert.

gezogen werden.[242] Außerdem sind erneut die Sozialversicherungsbeiträge des Arbeitnehmers (bzw. nun Rentners) in voller Höhe als Sonderausgaben abzugsfähig. Die gesetzliche
Rente wird gem. § 57 Abs. 1 Satz 1 i.V.m. § 59 Abs. 1 Satz 1 Halbsatz 2 SGB XI i.V.m. § 228
Abs. 1 SGB V mit dem vollen Beitragssatz zur gesetzlichen Pflegeversicherung und gem.
§ 228 Abs. 1 i.V.m. § 249a SGB V mit dem hälftigen Beitragssatz zur gesetzlichen Krankenversicherung verbeitragt. Man spricht diesbezüglich von der Krankenversicherung (KVdR)
und Pflegeversicherung der Rentner (PVdR).

$$b_t^{GRV} = \frac{b_t^{KV}}{2} + b_t^{PV}.$$  (5)

Der Grenzsteuersatz des Arbeitnehmers in der Rentenphase ($s_t^R$) ergibt sich somit zu

$$s_t^R = s' \left( BGR_t^\omega \cdot \left(1 - b_t^{GRV}\right) - WK_t^{PBR} - SA_t^{PB} \right).$$  (6)

Betrachtet man erneut Abbildung 9, heißt das, dass sich der Steuersatz in der Anwartschaftsphase als Grenzsteuersatz auf den gesamten Arbeitslohn errechnet. In der Rentenphase wird der Steuersatz dahingegen als Grenzsteuersatz auf die gesetzliche Rente ermittelt. Die Annahme von Grenzsteuersätzen stellt damit eine Vereinfachung dar. Korrekt wäre
das Heranziehen von Differenzsteuersätzen und somit der durchschnittlichen Belastung
der fraglichen Einkommensdifferenz, ergo der Differenz zwischen realisiertem Konsum
und Arbeitslohn bzw. gesetzlicher Rente. Im Ergebnis wird der Steuersatz in der Anwartschaftsphase leicht über-, der in der Rentenphase leicht unterschätzt. Würde man stattdessen Differenzsteuersätze berechnen, wären schließlich je nach Vorsorgealternative (leicht)
unterschiedliche Steuersätze anzuwenden.[243] Dies würde die Deutung der Ergebnisse unnö-
tig erschweren. Gleiches gilt, wenn man für die Berechnung des Steuersatzes in der Rentenphase zusätzlich auch die Renten aus der jeweiligen Vorsorgealternative berücksichtigen
würde. Die mit den getroffenen Annahmen einhergehenden geringfügigen Abweichungen
von den realen Effekten erscheinen in der Gesamtbetrachtung und insbesondere auch mit
Blick auf vergleichbare, einschlägige Literaturbeiträge vernachlässigbar.

## 2.3.2.1 Lohnauszahlung und private Riester-Förderung[244]

Als erste Vorsorgeform wird zunächst die Lohnauszahlung und anschließende Anlage in
einem privaten Riester-Vertrag betrachtet.[245] Hierbei handelt es sich um eine rein private
Vorsorgeform. Der Bruttolohn $BL_t^{PR}$ wird daher der gewöhnlichen Besteuerung (mit dem

---

[242] Der Werbungskostenpauschbetrag für Rentenbezüge beträgt aktuell 102 Euro. Er wird fortan ebenfalls als
über die Jahre konstant angenommen. Auch hier wird von höheren tatsächlichen Werbungskosten abstrahiert.

[243] Wie im Folgenden noch ersichtlich wird, variiert in der Anwartschaftsphase je nach Vorsorgealternative die
Höhe des Lohnverzichts. In der Rentenphase ergeben sich unterschiedlich hohe gesetzliche Renten sowie Renten aus der Vorsorgealternative.

[244] In den Formeln wird diese Vorsorgealternative mit dem hochgestellten Zusatz „PR" für „Privat-Riester"
kenntlich gemacht. Eine Unterscheidung bezüglich der Zeit vor und nach Inkrafttreten des BRSG kann unterbleiben, da sich diesbezüglich keine Änderungen ergeben haben. Die Symbolik orientiert sich weitestgehend an Kiesewetter (2002).

[245] Allgemeine modelltheoretische Überlegungen zur privaten Riester-Rente nehmen insbesondere Reichert
(2013b), Reichert (2013a), Kiesewetter (2002), Dietrich et al. (2008b) und Dietrich et al. (2008a) vor.

Steuersatz $s_A$) und der Verbeitragung in der Sozialversicherung unterworfen. Die Sozialversicherungsbeiträge sind in voller Höhe als Sonderausgaben abzugsfähig, daher verbleibt vom aufgewandten Bruttolohn sodann der Nettolohn

$$\text{NL}_t^{\text{PR}} = \text{BL}_t^{\text{PR}} \cdot \left(1 - s_t^A\right) \cdot \left(1 - b_t^A\right). \tag{7}$$

Der sich ergebende Nettolohn kann als Eigenbeitrag in einen privaten Riester-Vertrag eingezahlt werden. Die Riester-Förderung besteht zunächst aus einer Zulagengewährung. Jeder Zulagenberechtigte hat Anspruch auf die Grundzulage i.H.v. 175 Euro jährlich.[246] Zusätzlich besteht für jedes Kind, für das gegenüber dem Zulagenberechtigten Kindergeld festgesetzt wird, Anspruch auf 300 Euro Kinderzulage jährlich.[247] Die volle Höhe der Zulagen ($Zu_t^{max}$) wird jedoch nur gewährt, wenn der Mindesteigenbeitrag ($Mind_t$) erbracht wurde. Dieser beträgt vier Prozent der im vorangegangenen Kalenderjahr erzielten und um die Zulagen gekürzten beitragspflichtigen Einnahmen ($BL_{t-1}$). In jedem Fall muss der Sockelbetrag i.H.v. 60 Euro als Mindesteigenbeitrag geleistet werden. Der steuerlich geförderte Mindesteigenbeitrag ist auch nach oben hin beschränkt. Er übersteigt den Sonderausgabenhöchstbetrag i.S.d. § 10a Abs. 1 EStG i.H.v. 2.100 Euro abzüglich des Zulagenanspruchs nicht.[248]

$$\text{Mind}_t = \max\left[\min\left[0,04 \cdot \text{BL}_{t-1}; 2.100\right] - Zu_t^{max}; 60\right]. \tag{8}$$

Bei Unterschreitung des Mindesteigenbeitrags wird die Zulage anteilig gekürzt. Die tatsächlich ausgezahlte Zulage ergibt sich grundsätzlich zu

$$\text{Zu}_t^{\text{PR}} = Zu_t^{max} \cdot \left[1 - \max\left[\frac{\text{Mind}_t - \text{NL}_t^{\text{PR}}}{\text{Mind}_t}; 0\right]\right].^{[249]} \tag{9}$$

Die Riester-Förderung besteht außerdem alternativ aus dem Sonderausgabenabzug i.S.d. § 10a Abs. 1 EStG. Die vom Steuerpflichtigen aufgewendeten Eigenbeiträge sowie die erhaltenen Zulagen werden bis zu einem Höchstbetrag von 2.100 Euro als Sonderausgaben berücksichtigt. In einer Günstigerprüfung von Amts wegen wird geprüft, ob die aus dem Sonderausgabenabzug resultierende Steuerminderung die Höhe der Zulagen übersteigt. Ist dies der Fall, werden die erhaltenen Zulagen auf die Steuerminderung angerechnet, um eine Doppelbegünstigung zu verhindern. Dies geschieht, indem die tarifliche Einkommensteuer um den Anspruch auf Zulagen erhöht wird.[250]

Zusammengefasst kann festgestellt werden, dass die Riester-Förderung entweder aus der Gewährung der Zulagen (Zulagenfall) oder einer Steuererstattung aufgrund eines vorteilhaften Sonderausgabenabzugs (Sonderausgabenfall) besteht. Im Sonderausgabenfall muss nun eine Annahme darüber getroffen werden, wie die Steuererstattung ($S_t^{PR}$) modellendogen Berücksichtigung findet.[251] Hierzu wird unterstellt, dass die Steuererstattung vom

---

[246]  Der Berufseinsteigerbonus wird vernachlässigt. Bis zum 31.12.2017 betrug die Grundzulage 154 Euro.

[247]  Für vor dem 01.01.2008 geborene Kinder verringert sich dieser Betrag auf 185 Euro.

[248]  Der Vertrag kann auch überspart werden. In diesem Fall erhöht sich jedoch die Höhe der gewährten Zulage nicht.

[249]  Diese Formel gilt so nur für den Zulagenfall.

[250]  Dies erfolgt im Rahmen der Erstellung der Einkommensteuererklärung.

[251]  Zunächst ist die Annahme, dass aufgrund einer empirisch nachgewiesenen Präferenz zum Gegenwartskonsum eine Steuererstattung verkonsumiert wird, insbesondere für die betrachtete Zielgruppe der Geringverdie-

Arbeitnehmer antizipiert und vorweg in derselben Periode in den Altersvorsorgevertrag eingezahlt werden kann.[252] Damit erhöht sich der geleistete Eigenbeitrag, womit auch eine weitere Steuererstattung induziert wird, die wiederum vom Arbeitnehmer antizipiert und in den Vertrag eingezahlt wird. Es gilt jedoch zu bedenken, dass der nun höhere Eigenbeitrag auch eine höhere Zulage bedingt, sofern der Mindesteigenbeitrag noch nicht erreicht wurde. Die Steuererstattung wird dadurch ebenfalls beeinflusst. Die Steuererstattung verändert damit die Zulagenhöhe et vice versa. Dieser sich mehrfach wiederholende Zusammenhang pendelt sich schließlich ein. Die Steuererstattung errechnet sich somit zu

$$S_t^{PR} = \max\left[ s_t^A \cdot \min\left[ BL_t^{PR} \cdot \left(1 - b_t^A\right); 2.100 \right] - Zu_t^{PR}; 0 \right].$$ (10)

Als Folge hieraus muss Formel (9) für den Sonderausgabenfall angepasst werden, da, wie bereits ausgeführt, auch die Steuererstattung als Eigenbeitrag in den Riester-Vertrag eingezahlt werden kann:

$$Zu_t^{PR} = Zu_t^{max} \cdot \left[ 1 - \max\left[ \frac{Mind_t - NL_t^{PR} - S_t^{PR}}{Mind_t}; 0 \right] \right].^{253}$$ (11)

Durch Einsetzen der Formel (10) in Formel (11) und anschließendes Auflösen nach der tatsächlich erhaltenen Zulage ($Zu_t^{PR}$) lässt sich deren Höhe schließlich unabhängig von der Höhe der Steuererstattung ($S_t^{PR}$) ermitteln:

$$Zu_t^{PR} = \min\left[ Zu_t^{max} \cdot BL_t^{PR} \cdot \left(1 - b_t^A\right) \cdot \max\left[ \frac{1}{Zu_t^{max} + Mind_t}; \frac{1 - s_t^A}{Mind_t} \right]; Zu_t^{max} \right].$$ (12)

Die Wirkungsweise der Riester-Förderung wird anhand des Beispiels in Tabelle 1 verdeutlicht. Es werden sechs unterschiedliche Arbeitnehmer betrachtet. Zwei haben ausschließlich Anspruch auf Riester-Grundzulage, zwei auf jeweils eine zusätzliche Kinderzulage und zwei weitere auf jeweils zwei zusätzliche Kinderzulagen. Es handelt sich jeweils um Geringverdiener mit 26.400 Euro Bruttojahresgehalt bzw. um sozialversicherungsrechtliche Durchschnittsverdiener mit 37.873 Euro Bruttojahresgehalt.[254] Die Arbeitnehmer sind stets bereit, auf monatlich 75 Euro ihres Bruttolohns zugunsten eines privaten Riester-Vertrags zu verzichten (d.h. $BL^{PR} = 900$). Nach Lohnversteuerung und -verbeitragung[255] verbleibt der Nettolohn, der als Eigenbeitrag in den Riester-Vertrag eingezahlt wird.[256] Aufgrund unterschiedlicher Steuersätze weichen diese Eigenbeiträge geringfügig voneinander ab. Bei keinem Arbeitnehmer wird der Mindesteigenbeitrag erreicht, weshalb der Zulagenanspruch anteilig gekürzt wird. Die beiden Arbeitnehmer mit ausschließlichem Anspruch auf

---

ner intuitiv. Dies würde die Vergleichbarkeit des Modells jedoch einschränken. Der Sonderausgabenfall könnte damit keine Berücksichtigung finden.

[252]  Kiesewetter (2002) stellt dahingegen auf eine Nettosparleistung bzw. einen Zahlungssaldo ab, der im Sonderausgabenfall vom zuvor entrichteten Eigenbeitrag bzw. Nettolohnverzicht abweicht. Für Zwecke der hier beabsichtigten Berechnungen erscheint diese Betrachtungsweise jedoch ungeeignet, da bereits ein Schritt zuvor, am Bruttolohnverzicht, angeknüpft werden soll. Siehe hierzu die Verzahnung mit dem Arbeitgeberkalkül in Abschnitt 2.3.2.5.

[253]  Diese Formel gilt sowohl für den Zulagen- als auch den Sonderausgabenfall.

[254]  Dies entspricht dem sozialversicherungsrechtlichen Durchschnittsentgelt 2018.

[255]  Für sämtliche sozialversicherungsrechtlichen Werte werden die des Jahres 2018 unterstellt.

[256]  Zusätzlich wird eine etwaige Steuererstattung antizipiert und ebenfalls eingezahlt, womit sich der Eigenbeitrag um die Höhe der Steuererstattung erhöht.

Grundzulage bekommen zusätzlich eine Steuererstattung, da bei ihnen der Sonderausgabenfall einschlägig ist. Die Steuerpflichtigen mit zusätzlichem Anspruch auf Kinderzulagen befinden sich hingegen im Zulagenfall, womit keine weitere Steuererstattung gewährt wird. Mit steigendem investierten Bruttolohn erhöhen sich Eigenbeitrag und damit auch erhaltene Zulage, etwaige Steuererstattung sowie Ansparbetrag entsprechend.

| Zulagen-anspruch | Grundzulage (175 €) | | Grund- und eine Kinder-zulage (475 €) | | Grund- und zwei Kinder-zulagen (775 €) | |
|---|---|---|---|---|---|---|
| Bruttojahres-lohn | 26.400,00 € | 37.873,00 € | 26.400,00 € | 37.873,00 € | 26.400,00 € | 37.873,00 € |
| Eigenbeitrag ohne Zulage und Steuer-erstattung | 531,72 € | 502,17 € | 531,72 € | 502,17 € | 531,72 € | 502,17 € |
| Mindest-eigenbeitrag | 881,00 € | 1.339,92 € | 581,00 € | 1.039,92 € | 281,00 € | 739,92 € |
| Erhaltene Zulage | 120,25 € | 83,82 € | 434,71 € | 229,37 € | 775,00 € | 525,97 € |
| Zusätzliche Steuer-erstattung | 73,66 € | 139,64 € | - € | - € | - € | - € |
| Periodischer Ansparbetrag[257] | 725,63 € | 725,63 € | 966,42 € | 731,54 € | 1.306,72 € | 1.028,14 € |

Tabelle 1: Ermittlung des periodischen Ansparbetrags bei privater Riester-Förderung vor Inkrafttreten des BRSG bei 900 Euro jährlichem Bruttokonsumverzicht [258]

Formal ergibt sich der periodische Ansparbetrag zu

$$\Delta V_t^{PR} = NL_t^{PR} + Zu_t^{PR} + S_t^{PR}. \tag{13}$$

Unter den getroffenen Annahmen ergibt sich der Deckungsstock am Ende der Anwartschaftsphase schließlich als Summe der aufgezinsten periodischen Ansparbeträge:

$$V_m^{PR} = \sum_{t=1}^{m} \Delta V_t^{PR} \cdot (1+r)^{m-t}. \tag{14}$$

Um auf Summenformeln verzichten zu können, wird nun zusätzlich angenommen, dass die jeweiligen Werte über die gesamte Anwartschaftsphase in jeder Periode konstant sind. Dadurch lässt sich der Deckungsstock vereinfacht mithilfe des nachschüssigen Endwertfaktors $ewf[r,m]$ als Funktion der Anlagerendite und des Ansparzeitraums ermitteln.[259] Es

---

[257]   Alternativ ließen sich auch sogenannte Förderquoten ermitteln; vgl. hierzu ausführlich Jung/Thöne (2009). Hierbei handelt es sich um den relativen Anteil der staatlichen Förderung an der gesamten Sparleistung des Steuerpflichtigen. Diese variieren vorliegend zwischen 26,72 Prozent (bei Anspruch auf Grundzulage und Bruttojahreslohn i.H.v. 26.400 Euro) und 59,31 Prozent (bei Anspruch auf Grund- und zwei Kinderzulagen und Bruttojahreslohn i.H.v. 26.400 Euro). Da solche Förderquoten ausschließlich für die Anwartschaftsphase Aussagekraft besitzen, werden diese fortan nicht weiter betrachtet.

[258]   Quelle: Eigene Darstellung.

[259]   So auch Brassat/Kiesewetter (2003), S. 1055.

wird damit unterstellt, dass der betrachtete Arbeitnehmer über die gesamte Anwartschaftsphase den gleichen Bruttolohn erhält, ergo stets Gering- oder Niedrigverdiener bleibt.[260]
Der Fragestellung des Beitrags steht dies nicht entgegen, da Lebenszyklen explizit unberücksichtigt bleiben sollen, um die „reine" Geringverdiener-Förderung zu isolieren.[261]

$$V_m^{PR} = \Delta V^{PR} \cdot \underbrace{\frac{(1+r)^m - 1}{r}}_{ewf[r,m]} \cdot \qquad (15)$$

Durch die gewählte Darstellung der Anwartschaftsphase lässt sich diese auch in zwei
Abschnitte unterteilen ($m1 + m2 = m$). Beispielsweise in einen ersten Abschnitt über die
Dauer $m1$ mit hohem Zulagenanspruch $Zu_{m1}^{max}$, der neben der Grundzulage auch auf be-
grenzte Zeit Kinderzulagen beinhaltet. In einem zweiten Abschnitt über die Dauer $m2$ be-
steht dahingegen kein Anspruch auf Kinderzulagen mehr, womit in diesem nur noch die
Grundzulage $Zu_{m2}^{max}$ Berücksichtigung findet.

$$V_m^{PR} = \Delta V_{m1}^{PR} \cdot ewf[r,m1] \cdot (1+r)^{m2} + \Delta V_{m2}^{PR} \cdot ewf[r,m2]. \qquad (16)$$

Der Deckungsstock wird im Zeitpunkt $t = m$ verrentet, sodass dieser am Ende der Rentenphase vollständig aufgezehrt ist. Unter der Annahme, dass die Bruttorente periodisch
konstant bleiben soll, kann von einem nachschüssigen Wiedergewinnungsfaktor $wgf[r,n]$
als Funktion der Anlagerendite und der Dauer der Rentenphase Gebrauch gemacht werden.
Es resultiert die periodisch konstante Bruttorente i.H.v.

$$BR_t^{PR} = V_m^{PR} \cdot \underbrace{\frac{(1+r)^n \cdot r}{(1+r)^n - 1}}_{wgf[r,n]} \cdot \qquad (17)$$

Zusätzlich zu dieser Bruttorente aus der privaten Riester-Rente ist zu berücksichtigen,
dass die Verbeitragung der für die Altersvorsorge aufgewendeten Bruttolohnbestandteile
Ansprüche in der gesetzlichen Sozialversicherung begründet. Monetär lassen sich in diesem
Modell insbesondere die Ansprüche aus der gesetzlichen Rentenversicherung abbilden.[262]
Eine Vernachlässigung dieser Ansprüche würde das Ergebnis verzerren, da die zusätzliche
gesetzliche Rente einen nennenswerten Einfluss auf die resultierende Gesamtrente hat.[263] In
der unten aufgeführten Modellrechnung machen diese Ansprüche ca. fünf bis 14 Prozent
der in Tabelle 3 ausgewiesenen Nettozusatzrente aus. Gemäß der Rentenformel lassen sich
die Rentenansprüche berechnen. Die jährliche gesetzliche Bruttorentenhöhe der gesetzli-

---

[260] Es ließe sich ferner auch eine Wachstumsrate in den Endwertfaktor implementieren. Da der betrachtete Arbeitnehmer in diesem Fall jedoch im Zeitablauf die Grenze zwischen Gering- und Niedrigverdiener überschreiten könnte, wird hiervon abgesehen.

[261] In den nachfolgenden Formeln wird daher auf den Zeitpunktindex „t" verzichtet. Die Werte sind in jeder
Periode identisch.

[262] Daneben werden auch Ansprüche aus den anderen Zweigen der Sozialversicherung begründet. Diese werden
mangels Quantifizierbarkeit nicht weiter betrachtet.

[263] Ein häufiger Kritikpunkt an der Entgeltumwandlung ist insbesondere, dass Ansprüche in der gesetzlichen
Rentenversicherung verloren gehen.

chen Rentenversicherung errechnet sich zu

$$\mathrm{BGR}^{\mathrm{PR}} = \mathrm{EP}^{\mathrm{PR}} \cdot \mathrm{ZF} \cdot \mathrm{RF} \cdot \mathrm{RW} \cdot 12 \,. \tag{18}$$

Verzichtet der Steuerpflichtige nunmehr auf den Anteil $BL^{PR}$ seines Bruttolohns, bedingt dies in Summe Entgeltpunkte i.H.v.

$$\mathrm{EP}^{\mathrm{PR}} = \mathrm{m} \cdot \frac{\mathrm{BL}^{\mathrm{PR}}}{\varnothing} \,. \tag{19}$$

Die gesetzliche Bruttorente ist ebenso wie die Bruttorente aus dem Riester-Vertrag mit dem Steuersatz $s^R$ in der Rentenphase zu versteuern. Aus der Vorsorgealternative der privaten Riester-Rente resultiert isoliert betrachtet die Nettorente

$$\mathrm{NR}^{\mathrm{PR}} = \mathrm{BR}^{\mathrm{PR}} \cdot \left(1 - \mathrm{s}^{\mathrm{R}}\right). \tag{20}$$

Während die Riester-Rente als private Vorsorgeform nicht der Sozialversicherungsverbeitragung unterliegt, wird die gesetzliche Rente in der KVdR und PVdR verbeitragt. An gesetzlicher Nettorente verbleibt schließlich

$$\mathrm{NGR}^{\mathrm{PR}} = \mathrm{BGR}^{\mathrm{PR}} \cdot \left(1 - \mathrm{s}^{\mathrm{R}}\right) \cdot \left(1 - \mathrm{b}^{\mathrm{GRV}}\right). \tag{21}$$

Zusammengefasst ergibt sich aus dem Bruttolohnverzicht $BL^{PR}$ in der Anwartschaftsphase die Nettozusatzrente ($\Delta N^{PR}$) bei Wahl der Lohnauszahlung und anschließender Investition in einen privaten Riester-Vertrag aus den Bestandteilen der Netto-Riester-Rente und der gesetzlichen Nettorente:

$$\Delta \mathrm{N}^{\mathrm{PR}} = \mathrm{NR}^{\mathrm{PR}} + \mathrm{NGR}^{\mathrm{PR}} \,. \tag{22}$$

Die Annahme periodisch konstanter Durchschnittsentgelte sowie Bruttobeiträge, die für die Altersvorsorge aufgewendet werden, wird fortan für die gesamte Arbeit unterstellt. Dies ermöglicht eine vereinfachte Schreibweise, ohne die Ergebnisse zu verfälschen. Es wird daher auf eine periodische Indexierung verzichtet. Gleichwohl kann mittels oben dargestellter Summenschreibweise auch eine periodische Betrachtung vorgenommen werden.

## 2.3.2.2 Entgeltumwandlung[264]

Unter den Voraussetzungen des § 3 Nr. 63 EStG a.F. i.V.m. § 1 Abs. 1 Satz 1 Nr. 9 SvEV a.F. steht dem Arbeitnehmer die Möglichkeit zur Entgeltumwandung und damit bAV offen. Er kann von seinem Arbeitsentgelt jährlich bis zu vier Prozent der Beitragsbemessungsgrenze in der allgemeinen Rentenversicherung steuer- und sozialversicherungsfrei umwandeln.[265] Nachfolgend wird unterstellt, dass dieser Grenzwert nicht überschritten wird, da er für Geringverdiener i.d.R. nicht von Bedeutung ist. Die Dotierungen in den Modellrechnungen erfolgen somit aus dem steuer- und sozialversicherungsrechtlichen Bruttolohn. Wird nun der Bruttolohnbetrag $L^{3.63vBRSG}$ in die bAV investiert, beträgt der kumulierte Deckungsstock am Ende der Anwartschaftsphase somit

$$\mathrm{V}_{\mathrm{m}}^{3.63\mathrm{vBRSG}} = \mathrm{BL}^{3.63\mathrm{vBRSG}} \cdot \mathrm{ewf}\left[\mathrm{r}, \mathrm{m}\right]. \tag{23}$$

---

[264]  In den Formeln wird diese Vorsorgealternative mit dem hochgestellten Zusatz „3.63vBRSG" für „Entgeltumwandlung i.S.d. § 3 Nr. 63 EStG vor Inkrafttreten des BRSG" kenntlich gemacht.

[265]  Dies entspricht bei Zugrundelegung der Werte für 2018 jährlich 3.120 Euro.

Dieses Vermögen wird anschließend unter den bereits erörterten Annahmen verrentet. Durch Anwendung des nachschüssigen Wiedergewinnungsfaktors resultiert eine Bruttorente i.H.v.

$$BR^{3.63vBRSG} = V_m^{3.63vBRSG} \cdot wgf\left[r, n\right].$$ (24)

Diese Bruttorente wird versteuert und verbeitragt. Da es sich um Versorgungsleistungen handelt, trägt der Arbeitnehmer bzw. nun Rentner sowohl den Arbeitnehmer- als auch den Arbeitgeberanteil zur gesetzlichen Kranken- und Pflegeversicherung alleine. Der Beitragssatz, der so für alle originären bAV-Renten gilt, ergibt sich zu

$$b^{bAV} = b^{KV} + b^{PV}.$$ (25)

Sozialversicherungsbeiträge sind jedoch nur zu entrichten, wenn die Freigrenze des § 226 Abs. 2 SGB V ($FG^{bAV}$) überschritten wird.[266] Fallabhängig verbleibt die Nettorente

$$\Delta N^{3.63vBRSG} = NR^{3.63vBRSG} = \begin{cases} BR^{3.63vBRSG} \cdot \left(1 - s^R\right) & \text{für } BR^{3.63vBRSG} \leq FG^{bAV} \\ BR^{3.63vBRSG} \cdot \left(1 - s^R\right) \cdot \left(1 - b^{bAV}\right) & \text{für } BR^{3.63vBRSG} > FG^{bAV}. \end{cases}$$ (26)

Diese Nettorente ist zugleich die Nettozusatzrente bei Wahl der Entgeltumwandlung. Eine zusätzliche gesetzliche Rente ist hingegen nicht gegeben, da die Ansparung bei (Brutto-)Entgeltumwandlung aus beitragsfreiem Bruttogehalt erfolgt.

### 2.3.2.3 Arbeitgeberfinanzierte bAV

Da § 3 Nr. 63 EStG keine Unterscheidung zwischen Arbeitnehmer- und Arbeitgeberfinanzierung vornimmt, erfolgt die Ansparung im Fall der Finanzierung durch den Arbeitgeber innerhalb der erwähnten Grenzen analog zur Entgeltumwandlung und damit steuer- und sozialversicherungsfrei.[267] Der bei Entgeltumwandlung zur Verfügung stehende und umgewandelte Bruttolohn ist nun als zusätzlicher Arbeitgeberbeitrag zu interpretieren.[268] Das weitere Vorgehen zur Ermittlung der Nettorenten entspricht ansonsten demjenigen in Abschnitt 2.3.2.2, da die steuer- und sozialversicherungsrechtliche Behandlung sodann identisch ist. Zusammengefasst ergibt sich die Nettozusatzrente bei Wahl einer arbeitgeberfinanzierten bAV zu

$$\Delta N^{AFvBRSG} = NR^{AFvBRSG} = \begin{cases} BR^{AFvBRSG} \cdot \left(1 - s^R\right) & \text{für } BR^{AFvBRSG} \leq FG^{bAV} \\ BR^{AFvBRSG} \cdot \left(1 - s^R\right) \cdot \left(1 - b^{bAV}\right) & \text{für } BR^{AFvBRSG} > FG^{bAV}. \end{cases}$$ (27)

---

[266]  Für 2018 beträgt diese Freigrenze 152,25 Euro monatlich.

[267]  Vgl. hierzu die Ausführungen zur Steuer- und Sozialversicherungsfreiheit in Abschnitt 2.3.2.2.

[268]  In den Formeln wird diese Vorsorgealternative mit dem hochgestellten Zusatz „AFvBRSG" für „Arbeitgeberfinanzierte bAV vor Inkrafttreten des BRSG" kenntlich gemacht.

## 2.3.2.4 Riester-Förderung in der bAV[269]

Neben den beiden bereits erörterten Varianten der Altersvorsorge kann der Arbeitnehmer auch die Riester-Förderung in der bAV nutzen. Diese Alternative beinhaltet Komponenten aus (Brutto-)Entgeltumwandlung und privater Riester-Förderung, die jeweils bereits hergeleitet wurden. Im Fall der betrieblichen Riester-Förderung muss der investierte Bruttolohn erneut versteuert und verbeitragt werden. Diese Form der Altersvorsorge wird daher auch als Netto-Entgeltumwandlung bezeichnet.[270] Der Deckungsstock sowie die periodischen Bruttorenten bilden sich analog zur privaten Riester-Rente und damit entsprechend den Formeln (7) bis (17).[271] Im Gegensatz zu privaten Riester-Verträgen muss die resultierende betriebliche Brutto-Riester-Rente nun jedoch bei Überschreitung der sozialversicherungsrechtlichen Freigrenze sowohl verbeitragt als auch versteuert werden.

Es verbleibt die Betriebs-Netto-Riester-Rente

$$
NR^{BRvBRSG} = \begin{cases} BR^{BRvBRSG} \cdot \left(1 - s^R\right) & \text{für } BR^{3.63\,vBRSG} \leq FG^{bAV} \\ BR^{BRvBRSG} \cdot \left(1 - s^R\right) \cdot \left(1 - b^{bAV}\right) & \text{für } BR^{3.63\,vBRSG} > FG^{bAV}. \end{cases} \tag{28}
$$

Mit der Lohnverbeitragung in der Anwartschaftsphase gehen analog zur privaten Riester-Förderung erneut Ansprüche aus der gesetzlichen Rentenversicherung einher. Damit sind auch die Formeln (18) und (19) sowie (21) entsprechend anwendbar. Die Nettozusatzrente bei Wahl der Riester-Förderung in der bAV ergibt sich zu

$$
\Delta N^{BRvBRSG} = NR^{BRvBRSG} + NGR^{BRvBRSG}. \tag{29}
$$

## 2.3.2.5 Ungeförderte Kapitalbildung[272]

Bisher wurden ausschließlich steuerlich geförderte Anlageformen der zweiten Schicht des Drei-Schichten-Modells betrachtet. Daneben stehen dem Steuerpflichtigen auch Produkte der steuerlich nicht geförderten dritten Schicht offen. Für Zwecke dieser Untersuchung wird beispielhaft ein Bankstparplan betrachtet.[273] Dieser soll annahmegemäß die identische Vorsteuer-Rendite wie die bisher betrachteten Vorsorgeformen aufweisen. Er wird jährlich mit dem nach Besteuerung und Verbeitragung verbleibenden Nettolohn bespart. Damit gilt Formel (7) entsprechend.

---

[269]  In den Formeln wird diese Vorsorgealternative mit dem hochgestellten Zusatz „BRvBRSG" für „Betriebs-Riester vor Inkrafttreten des BRSG" kenntlich gemacht.

[270]  Nicht zu verwechseln mit der in Abschnitt 2.3.2.2 behandelten Brutto-Entgeltumwandlung. Obwohl auch bei privater Riester-Förderung eine Versteuerung und Verbeitragung des Bruttolohns erfolgt, wird nur letztere als Netto-Entgeltumwandlung bezeichnet. Dies liegt daran, dass tatsächlich betriebsintern Entgelt umgewandelt wird und nicht lediglich ausgezahlter Lohn in eine Altersvorsorge investiert wird.

[271]  Der Exponent „PRvBRSG" ist lediglich durch „BRvBRSG" zu ersetzen.

[272]  In den Formeln wird diese Vorsorgealternative mit dem hochgestellten Zusatz „UKB" für „Ungeförderte Kapitalbildung" kenntlich gemacht. Eine Unterscheidung bezüglich der Zeit vor und nach Inkrafttreten des BRSG kann unterbleiben, da sich diesbezüglich keine Änderungen ergaben.

[273]  Kapitalgedeckte Lebensversicherungen, deren Leistungen mit dem Ertragsanteil besteuert werden, werden in dieser Untersuchung nicht berücksichtigt. Um diese abbilden zu können, bedürfte es weiterer, von den bisherigen Alternativen abweichender Erläuterungen zur steuer- und sozialversicherungsrechtlichen Behandlung. Ein etwaig zu erwartender Mehrgewinn wird der Modellverkomplizierung nicht gerecht.

Im Gegensatz zu den bisherigen Anlageformen erfolgt die Thesaurierung des Deckungs-stocks nicht mit der Bruttorendite, sondern mit der Nettorendite nach Versteuerung der Kapitalerträge. Diese werden grundsätzlich mit dem gesonderten, die Einkommensteuerlast abgeltenden Steuersatz i.H.v. 25 Prozent gem. § 32d Abs. 1 Satz 1 i.V.m. § 43 Abs. 5 EStG besteuert. Auf Antrag erfolgt gem. § 32d Abs. 6 EStG eine Günstigerprüfung. Sofern der persönliche Einkommensteuersatz ($s^A$) niedriger ist, kommt dieser zum Ansatz. Ausge-hend vom Bruttozins ergibt sich der Nettozinssatz in der Anwartschaftsphase zu

$$r^{A,UKB} = r \cdot \left(1 - \min\left[s^A; 0,25\right]\right), \text{bzw. zu} \tag{30}$$

$$r^{R,UKB} = r \cdot \left(1 - \min\left[s^R; 0,25\right]\right) \tag{31}$$

in der Rentenphase. Am Ende des Ansparzeitraums beträgt der Deckungsstock unter Rück-griff auf den nachschüssigen Endwertfaktor

$$V_m^{UKB} = NL^{UKB} \cdot ewf\left[r^{A,UKB}, m\right]. \tag{32}$$

Dieser Deckungsstock wird nun durch einen individuellen Entnahmeplan verrentet. Aufgrund der Annahme vollständiger Sicherheit kann eine jährlich konstante Bruttorente ermittelt werden.[274] Mit dieser Vorgehensweise wird analog zu den Versicherungsverträgen eine ungeförderte „Rente" ($BR^{UKB}$) nachgebildet.

$$BR^{UKB} = V_m^{UKB} \cdot wgf\left[r^{R,UKB}, n\right] = NR^{UKB}. \tag{33}$$

Diese Entnahme aus dem Deckungsstock bzw. Annuität unterliegt weder der Besteue-rung noch der Verbeitragung.[275]

Aufgrund der Verbeitragung in der Anwartschaftsphase entstehen analog zu den Alter-nativen der Riester-Förderung ebenfalls Ansprüche aus der gesetzlichen Rentenversiche-rung, womit die Formeln (18) und (19) sowie (21) entsprechend Anwendung finden. Die Nettozusatzrente setzt sich schließlich aus der gesetzlichen Nettorente und der Annuität aus dem Banksparplan zusammen.

$$\Delta N^{UKB} = NR^{UKB} + NGR^{UKB}. \tag{34}$$

## 2.3.2.6 Zwischenfazit

Mit den bisherigen Überlegungen lassen sich bei vorgegebenem Bruttokonsum- bzw. Brut-tolohnverzicht $L^{(\cdot)}$ alternativenabhängig die resultierenden Nettozusatzrenten $\Delta N^{(\cdot)}$ aus Sicht des Arbeitnehmers ermitteln. In Tabelle 2 sind steuer- und sozialversicherungsrecht-liche Behandlung der betrachteten Alternativen noch einmal zusammengefasst. Es erfolgt eine Unterteilung in Anwartschafts- und Rentenphase. Bezüglich der Steuer- bzw. Sozial-versicherungsfreiheit in der Anwartschaftsphase wird unterstellt, dass die einschlägigen Freibeträge nicht überschritten werden.

---

[274] Das gebildete Kapital könnte auch verkonsumiert werden. Dies würde dem Vergleich mit den anderen ren-tenförmigen Vorsorgeformen jedoch entgegenstehen.

[275] Gleichwohl werden auch in der Rentenphase die auf den Deckungsstock erzielten Zinsen mit dem abgeltenden oder einem niedrigeren individuellen Steuersatz besteuert. Dies wird durch Integration der Nachsteuerrendite in den Wiedergewinnungsfaktor sichergestellt.

| | Anwartschaftsphase | | Rentenphase | |
|---|---|---|---|---|
| | Steuerrechtliche Behandlung | Sozialversiche-rungsrechtliche Behandlung | Steuerrechtliche Behandlung | Sozialversiche-rungsrechtliche Behandlung |
| Private Riester-Förderung | Ansparung aus durch Sonderaus-gabenabzug un-versteuertem oder zulagegeför-dertem Brutto-lohn | Ansparung aus verbeitragtem Nettoentgelt | Volle Besteuerung | Keine Verbeitragung |
| Betriebliche Riester-Förderung | Ansparung aus durch Sonderaus-gabenabzug unversteuertem oder zulagegeför-dertem Brutto-lohn | Ansparung aus verbeitragtem Nettoentgelt | Volle Besteuerung | Verbeitragung mit KVdR und PVdR, sofern Freigrenze überschritten |
| Entgeltumwand-lung oder arbeitge-berfinanzierte bAV | Ansparung aus unversteuertem Bruttolohn | Ansparung aus unverbeitragtem Bruttoentgelt | Volle Besteue-rung | Verbeitragung mit KVdR und PVdR, sofern Freigrenze überschritten |
| Ungeförderte Kapitalbildung | Ansparung aus versteuertem Nettolohn<br><br>Abgeltende Besteuerung der jährlichen Zinserträge | Ansparung aus verbeitragtem Nettoentgelt | Keine Besteue-rung der Annuitä-ten<br><br>Abgeltende Besteuerung der jährlichen Zinserträge | Keine Verbeitragung |

Tabelle 2: Übersicht über die steuer- und sozialversicherungsrechtliche Behandlung der betrachteten Alternativen vor Inkrafttreten des BRSG[276]

Anhand eines Modellfalls werden die Wirkungsweisen kurz betragsmäßig dargestellt. Für diese Betrachtung wird die arbeitgeberfinanzierte bAV jedoch ausgeklammert. Wie der Name schon sagt, muss der Arbeitgeber hierzu bereit sein, womit auch die Sphäre des Arbeitgebers betrachtet werden muss, was bislang nicht erfolgte. Bei den verbleibenden Vorsorgealternativen hat der Arbeitgeber dagegen keinen Einfluss auf die Entscheidung des Arbeitnehmers, weshalb eine ausschließliche Betrachtung der Arbeitnehmerseite genügt. Es wird ein für die Vorsorgeentscheidung repräsentativer Steuerpflichtiger betrachtet, der zu Beginn der Anwartschaftsphase 30 Jahre alt ist. Bei Jüngeren spielt Altersvorsorge erfahrungsgemäß keine große Rolle.[277] Zuvor hat der Steuerpflichtige bereits zehn Jahre gearbeitet. Unter perfekter Voraussicht sei bekannt, dass der betrachtete Arbeitnehmer über die 37

---

[276]  Quelle: Eigene Darstellung.

[277]  Laut GDV lag das durchschnittliche Eintrittsalter bei Lebensversicherungen in 2012 geschlechterübergreifend bei ca. 37 Jahren; vgl. hierzu Gesamtverband der Deutschen Versicherungswirtschaft e.V. (2014). Damit er-

Jahre andauernde Anwartschaftsphase und insgesamt über sein gesamtes Erwerbsleben jährlich einen identischen Bruttoarbeitslohn bezieht. Mit Erreichen des gesetzlichen Renteneintrittsalters von aktuell 67 Jahren beginnt die Rentenphase. Diese dauere 20 Jahre an. Damit wird näherungsweise die durchschnittliche Restlebenserwartung eines 67-Jährigen abgebildet.[278]

Die Vorsteuerrendite beträgt jährlich zwei Prozent.[279] Es wird erneut auf die bereits in Abschnitt 2.3.2.1 betrachteten Arbeitnehmer – einen Geringverdiener und einen Durchschnittsverdiener – Bezug genommen. Die Steuerpflichtigen haben jeweils Anspruch auf Grundzulage i.H.v. 175 Euro jährlich. Die Höhe der Nettozusatzrente hängt nun nur noch von der Höhe des von den Arbeitnehmern beabsichtigten Bruttokonsum- bzw. Bruttolohnverzichts sowie etwaiger zusätzlicher Kinderzulagen ab. Wäre der Arbeitnehmer beispielsweise erneut bereit, monatlich 75 Euro seines Bruttolohns nicht für Konsumzwecke zu nutzen (d.h. $BL^{(\cdot)} = 900$), kann er in der Rentenphase eine Nettozusatzrente erzielen. Diese jährliche Nettozusatzrentenhöhe ist in Abhängigkeit der Vorsorgeform, der Anzahl der Kinderzulagen sowie des Bruttojahreslohns Tabelle 3 zu entnehmen.

| Zulagenanspruch | Grundzulage (175 €) | | Grund- und eine Kinderzulage (475 €) | | Grund- und zwei Kinderzulagen (775 €) | |
|---|---|---|---|---|---|---|
| Bruttojahreslohn | 26.400 € | 37.873 € | 26.400 € | 37.873 € | 26.400 € | 37.873 € |
| Private Riester-Förderung | **2.216 €** | **2.028 €** | **2.871 €** | **2.043 €** | **3.796 €** | **2.781 €** |
| Betriebliche Riester-Förderung | 1.878 € | 1.718 € | 2.420 € | 1.731 € | 3.187 € | 2.342 € |
| Entgeltumwandlung | 2.028 € | 1.856 € | 2.028 € | 1.856 € | 2.028 € | 1.856 € |
| Ungeförderte Kapitalbildung | 1.782 € | 1.656 € | 1.782 € | 1.656 € | 1.782 € | 1.656 € |

Tabelle 3: Nettozusatzrente bei 900 Euro jährlichem Bruttokonsumverzicht in Abhängigkeit der Kinderzulagen vor Inkrafttreten des BRSG[280]

---

scheint ein hier angenommenes Eintrittsalter von 30 Jahren als für die betrachtete Einkommensgruppe realistisch. Es ist zu vermuten, dass Geringverdiener tendenziell keine langjährigen Ausbildungszeiten aufweisen und damit früher als der Durchschnitt vor einer Altersvorsorgeentscheidung stehen. Ob der Gering- oder Niedrigverdiener schließlich tatsächlich in eine Altersvorsorge investiert, ist für die zu beantwortende Fragestellung wiederum irrelevant. Die vorliegende Arbeit betrachtet einen Arbeitnehmer, der die grundsätzliche Entscheidung zur Vorsorge bereits getroffen hat.

[278] Die am 20.10.2016 vom Statistischen Bundesamt veröffentlichte Sterbetafel 2013/2015 sieht für heute 67-jährige Frauen eine durchschnittliche Restlebenserwartung von 19,2 Jahren und für Männer von 16,3 Jahren vor; vgl. BMF-Schreiben vom 04.11.2016. Es gilt jedoch zu bedenken, dass in den nächsten Jahrzehnten die Lebenserwartung weiterhin ansteigt. Laut Statistischem Bundesamt liegt die Restlebenserwartung einer heute 30-Jährigen (Geburtsjahrgang 1988) nach Vollendung des 67. Lebensjahrs bei 22,12 Jahren, die eines heute 30-Jährigen bei 18,66 Jahren; vgl. Statistisches Bundesamt (2011), S. 191 und 420. Die Annahme einer 20-jährigen Rentenphase erscheint damit im Durchschnitt plausibel.

[279] Soweit nicht explizit anderweitig angegeben, werden stets die eben dargestellten Annahmen bzgl. Dauer von Anwartschafts- und Rentenphase, Dauer des Erwerbslebens sowie Zinssatz unterstellt.

[280] Quelle: Eigene Darstellung. Die Euro-Beträge sind auf volle Euro gerundet.

Es zeigt sich, dass die private Riester-Förderung den anderen Vorsorgealternativen stets überlegen ist. Dies gilt für beide betrachteten Bruttolöhne. Da in den dargestellten Fällen die Bagatellgrenze des § 226 Abs. 2 SGB V überschritten wird, wird die betriebliche Riester-Rente zusätzlich verbeitragt, womit diese stets schlechter ist als bei privater Ausgestaltung. Bei ausschließlichem Anspruch auf Riester-Grundzulage ist die betriebliche Riester-Rente ferner schlechter als die Entgeltumwandlung. Dies ändert sich bei einem Geringverdiener bei zusätzlichem Anspruch auf eine Kinderzulage, während beim Durchschnittsverdiener in diesem Fall weiterhin die Entgeltumwandlung bAV-Riester dominiert. Ab Anspruch auf zwei Kinderzulagen ist die betriebliche Riester-Förderung trotz zusätzlicher Verbeitragung der Renten lukrativer als die Entgeltumwandlung.

Der Einfluss des Riester-Zulagenanspruchs auf die Höhe der Nettozusatzrente lässt sich auch grafisch darstellen. Dies erfolgt in der nachfolgenden Abbildung 10. Es wird ein Geringverdiener mit 26.400 Euro Bruttojahresentgelt betrachtet. Die §§ 84 und 85 EStG definieren die Höhe seines Zulagenanspruchs. Dieser kann nach zugrunde gelegter aktueller Rechtslage 175 Euro (nur Grundzulage), 475 Euro (zuzüglich einer Kinderzulage), 775 Euro (zuzüglich zweier Kinderzulagen) usw. betragen.[281] Abbildung 10 suggeriert dahingegen einen stetigen Verlauf des Anspruchs. Die gewählte Darstellungsform erlaubt es, Aussagen darüber zu treffen, wie die Höhe der Riester-Zulagen die Nettozusatzrenten determiniert. Der Zulagenanspruch kann auch, entgegen den aktuell gültigen §§ 84 f. EStG, als Variation der Höhe der Grund- bzw. der Kinderzulagen interpretiert werden. In der politischen Diskussion um die Weiterentwicklung der Riester-Rente mag dies von Interesse sein.[282]

Aus dieser Grafik ist zu erkennen, dass die Nettozusatzrentenhöhe und damit die Vorteilhaftigkeit der Riester-Alternativen mit steigendem Zulagenanspruch zunimmt. Die Rentenhöhen der Alternativen Entgeltumwandlung und ungeförderte Kapitalbildung sind hingegen offensichtlich unabhängig vom Zulagenanspruch. Der Verlauf der Nettorentenhöhen bei den Riester-Alternativen kann dabei in drei Abschnitte unterteilt werden. In einem ersten Bereich bis zu einer Zulagenhöhe von ca. 470 Euro ist der Sonderausgabenfall einschlägig.[283] Die Höhe der Nettogesamtrente ist damit unabhängig vom Zulagenanspruch. Der Vorteil durch den Sonderausgabenabzug nimmt in diesem Bereich jedoch stetig ab. Sobald schließlich der Zulagenfall eintritt, steigt die Rentenhöhe in einem zweiten Abschnitt mit steigendem Zulagenanspruch an. In diesem Bereich ist der periodische Zuwachs des Deckungsstocks nicht vom Steuersatz abhängig. Da der zur Verfügung gestellte Bruttokonsumverzicht jedoch nicht ausreicht, damit der Arbeitnehmer den Mindesteigenbeitrag leisten kann, erhält der Steuerpflichtige den Riester-Zulagenanspruch nur anteilig. Im weiteren Verlauf wird der Mindesteigenbeitrag ab einem Zulagenanspruch i.H.v. 700 Euro überschritten. Ab dann wird die Riester-Zulage in einem dritten Abschnitt in voller Höhe gewährt. In Abbildung 10 ist dies durch einen sodann eintretenden, flacher ansteigenden Kurvenverlauf zu erkennen. Dies lässt sich damit erklären, dass nun stets die maximal mögliche

---

[281]   Von vor dem 01.01.2008 geborenen Kindern wird an dieser Stelle abstrahiert.

[282]   Wie bereits erwähnt, wurde die Riester-Grundzulage zum 01.01.2018 jüngst von 154 Euro auf 175 Euro erhöht. Die Auswirkungen anderweitiger Änderungen lassen sich durch die Abbildung abschätzen.

[283]   Vgl. hierzu auch die Ausführungen zu Tabelle 1.

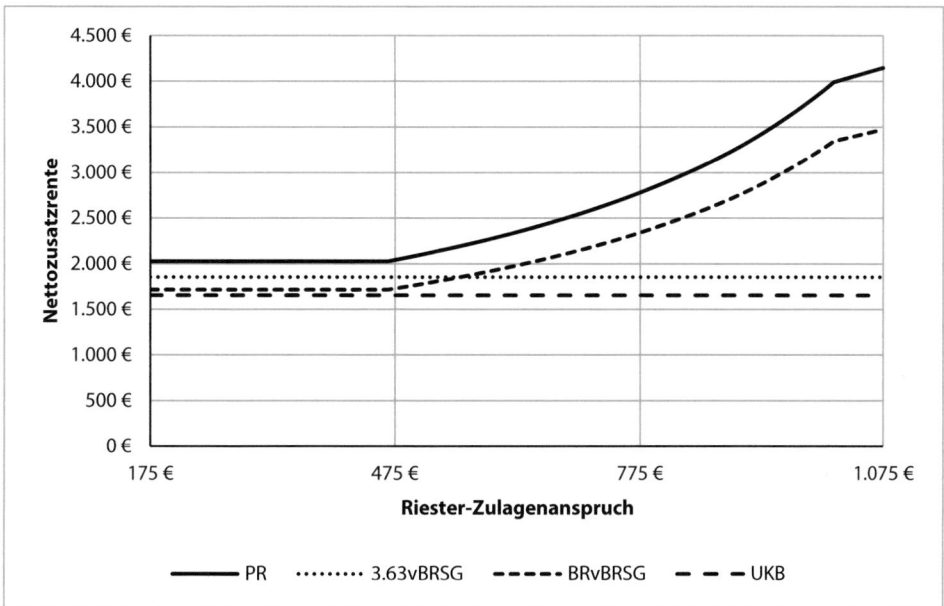

Abbildung 10: Nettozusatzrente eines Steuerpflichtigen mit Bruttojahresgehalt i.H.v. 26.400 Euro bei 900 Euro jährlichem Bruttokonsumverzicht in Abhängigkeit des Riester-Zulagenanspruchs vor BRSG[284]

Zulage gewährt wird, womit sich darüber hinausgehende, zusätzliche Eigenbeiträge nicht mehr überproportional auswirken.

Die alternative Investition in einen ungeförderten Banksparplan fällt gegenüber den anderen Vorsorgeformen stets ab. Hieran wird bereits beispielhaft die Vorteilhaftigkeit steuerlich geförderter gegenüber ungeförderten Vorsorgeformen deutlich.

Aus Tabelle 3 wurde außerdem ersichtlich, dass auch der Bruttoarbeitslohn Einfluss auf die Rangfolge der Alternativen hat. Insofern erscheint es sinnvoll, die zusätzliche Nettogesamtrentenhöhe in Abhängigkeit des Bruttoarbeitslohns genauer und insbesondere grafisch zu betrachten. Dies erfolgt in Abbildung 11, wobei ausschließlich ein Anspruch auf Riester-Grundzulage und keine Kinderzulagen unterstellt wird.

Es fällt zunächst auf, dass alternativenübergreifend bei steigendem Arbeitsentgelt entsprechend niedrigere Nettorenten resultieren. Dies ist nicht verwunderlich, da mit zunehmendem Arbeitslohn auch der Steuersatz steigt und von den Bruttorenten ein geringerer Nettobetrag verbleibt. Das heißt auch, dass der Eigenbeitrag des Steuerpflichtigen mit steigendem Einkommen erhöht werden müsste, um das (zusätzliche) Nettorentenniveau konstant zu halten. Es liegt der Gedanke nahe, dass es damit quasi zu einer doppelten Förderung von Geringverdienern kommt. Es gilt jedoch zu bedenken, dass hier eine Differenzbetrachtung gegeben ist. Die angegebene zusätzliche Nettogesamtrente entspricht nicht der gesamten Nettorente des Steuerpflichtigen. Es handelt sich lediglich um die zusätzliche Rente, die dadurch entsteht, dass der Arbeitnehmer bereit ist, jährlich auf 900 Euro Bruttokonsum zu

---

[284]   Quelle: Eigene Darstellung.

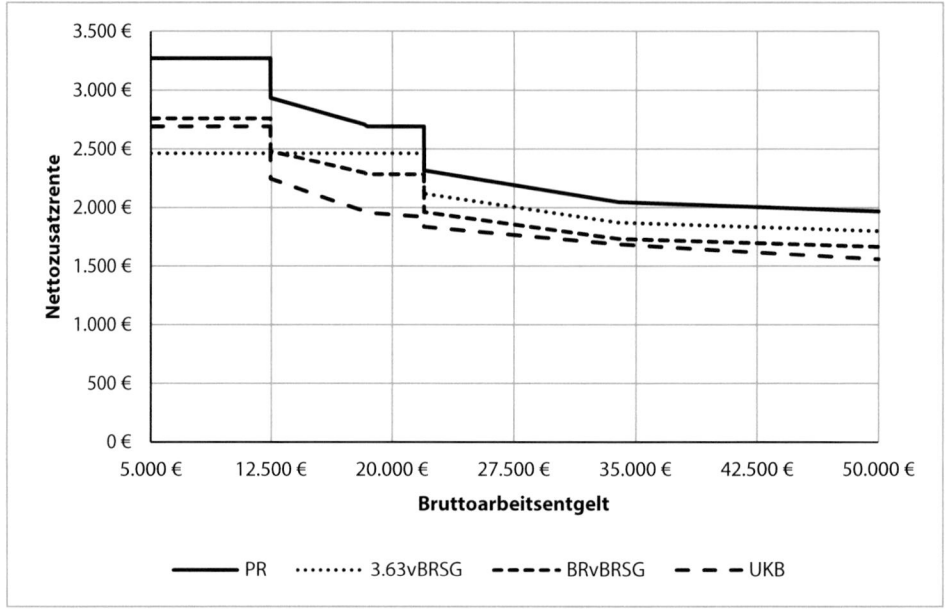

Abbildung 11: Nettozusatzrente eines Steuerpflichtigen mit ausschließlichem Anspruch auf Riester-Grundzulage bei 900 Euro jährlichem Bruttokonsumverzicht in Abhängigkeit des Bruttoarbeitsentgelts vor BRSG[285]

verzichten. Gleichzeitig steigt der Anspruch aus der gesetzlichen Rentenversicherung mit
zunehmendem (sozialversicherungspflichtigem) Arbeitsentgelt an. In Gesamtbetrachtung
kommt es daher nicht dazu, dass mit steigendem Arbeitslohn niedrigere Nettorenten unter
Berücksichtigung aller Rentenansprüche aus der gesamten gesetzlichen Rentenversicherung sowie der jeweiligen Vorsorgealternative einhergehen. Außerdem gilt es zu beachten,
dass der eintretende Effekt auf den progressiven Steuertarif zurückzuführen ist und sämtliche Renteneinkünfte als zu versteuerndes Einkommen erfasst werden.[286] Der Tarif soll dem
Leistungsfähigkeitsprinzip Rechnung tragen und kann ebenfalls nicht als Begünstigung von
Geringverdienern angesehen werden. Es ist daher nicht der Fall, dass Geringverdiener doppelt gefördert werden.

Daneben lassen sich aus Abbildung 11 zahlreiche weitere Schlüsse zur Wirkungsweise
der Fördermechanismen und zu Tarifeffekten ziehen. Betrachtet man zunächst die gänzlich
ungeförderte Alternative des Banksparplans, lassen sich die Einkommensteuertarifeffekte
aufgrund der steuerrechtlichen Behandlung in der Anwartschaftsphase isolieren. In dieser
Alternative werden die „Renten" bzw. Annuitäten nicht besteuert, jedoch kommt es in der
aktiven Phase zu einer Besteuerung des Arbeitslohns. Der Verlauf der Nettorente bei steigendem Bruttoarbeitslohn stellt daher gewissermaßen die an der Abszisse gespiegelte Ta-
rifkurve des § 32a EStG dar. Da aus Vereinfachungsgründen Grenzsteuersätze betrachtet

---

[285]  Quelle: Eigene Darstellung.
[286]  Neben den Nettozusatzrenten werden auch die gesetzlichen Renten aus der Verbeitragung der für Konsumzwecke verwendeten Arbeitsentgeltbestandteile dem zu versteuernden Einkommen und damit dem progressiven Steuertarif unterworfen.

werden, erfolgt der Abfall der Nettozusatzrente bei Überschreitung des Grundfreibetrags in diesem Modell und damit abweichend von den tatsächlichen Ergebnissen abrupt. [287] Im weiteren Verlauf sind erste (ab Überschreiten des Grundfreibetrags) und zweite Progressionszone (ab einem Bruttoarbeitslohn von ca. 18.650 Euro[288]) ersichtlich. Der zweite Einbruch der Nettorenten bei einem Arbeitsentgelt von ca. 22.000 Euro erfolgt durch den Eintritt der Besteuerung der Bruttorenten aus der gesetzlichen Rentenversicherung. Bei niedrigeren Entgelten überschreiten die Rentenansprüche nicht den Grundfreibetrag. [289] Diese rein tarifbedingten Effekte sind auch bei der Riester-Förderung zu erkennen. Der Einbruch der Nettozusatzrenten bei Eintritt der Besteuerung in der Rentenphase fällt jedoch wesentlich stärker aus. Dies liegt daran, dass nun sowohl die zusätzlichen gesetzlichen Rentenansprüche als auch die bAV-Renten aus der Vorsorgealternative besteuert werden. [290]

Am robustesten gegenüber den Wirkungen des progressiven Steuertarifs ist die Entgeltumwandlung, da hier der Lohnverzicht nicht besteuert wird. Hingegen kommt es hier, wie auch in den Riester-Alternativen, bei einem Bruttolohn i.H.v. ca. 33.900 Euro zu einem weiteren leichten Abknicken der Nettozusatzrenten. Dies lässt sich damit erklären, dass nun auch in der Rentenphase die zweite Progressionszone erreicht wird. Bezüglich der Rangfolge der Alternativen lässt sich erkennen, dass die private Riester-Förderung stets die höchsten Nettorenten generiert. Die ungeförderte Kapitalbildung stellt bei allen Bruttoarbeitsentgelten das Schlusslicht in der Rangfolge dar. Bei einem Bruttolohn i.H.v. ca. 33.900 Euro ist die Differenz der Nettozusatzrenten zwischen bAV-Riester und ungeförderter Kapitalbildung jedoch minimal. [291] Als letzte Variation des Ausgangsbeispiels wird nun in Abbildung 12 betrachtet, wie sich die Nettozusatzrente entwickelt, wenn die Vorsteuerrendite steigt.

Es ist nicht verwunderlich, dass die Nettozusatzrenten bei sämtlichen Alternativen mit steigender Vorsteuerrendite zunehmen. Ebenso überrascht es nicht, dass eine höhere Rendite die ungeförderte Kapitalbildung nicht so stark beeinflusst wie die anderen Vorsorgeformen. Dies lässt sich mit der jährlichen Besteuerung der Zinsen auf den Deckungsstock

---

[287]  Der tatsächliche Abfall der Nettorenten ist dahingegen weniger abrupt, da eine geringfügige Überschreitung des Grundfreibetrags nur zu einer Besteuerung des übersteigenden Teils führt. Die Annahme von Grenzsteuersätzen stimmt insoweit nicht mit den realen Effekten überein, stellt aber dennoch eine geeignete Vereinfachung dar.

[288]  Nach Abzug von Werbungskosten und Sonderausgaben verbleibt sodann ein zu versteuerndes Einkommen von 13.997 Euro, dessen Überschreitung gem. § 32a Abs. 1 Satz 2 Nr. 3 EStG die zweite Progressionszone begründet.

[289]  Für die Beantwortung der Frage nach der optimalen Vorsorgealternative kann auf eine Betrachtung der Besteuerung in der Rentenphase verzichtet werden. Es ergeben sich insoweit keine Änderungen der Rangfolge. Da jedoch auch die konkrete Höhe der Nettorente von Interesse ist, wird die steuerrechtliche Behandlung in der Rentenphase fortan weiterhin betrachtet.

[290]  Im Fall der ungeförderten Kapitalbildung erfolgt keine Besteuerung der Annuitäten aus der Vorsorgealternative. Hingegen werden, wie in den Riester-Alternativen auch, die zusätzlichen gesetzlichen Rentenansprüche besteuert. Diese fallen jedoch verhältnismäßig gering aus.

[291]  Die Differenz der jährlichen Nettozusatzrente beträgt lediglich ca. 45 Euro. Die Nettozusatzrente bei ungeförderter Kapitalbildung ist weitestgehend unabhängig vom Steuersatz in der Rentenphase, da die Annuitäten nicht der Besteuerung unterliegen. Damit hat auch der Übergang in die zweite Progressionszone keinen maßgeblichen Einfluss auf die Höhe der Nettozusatzrente.

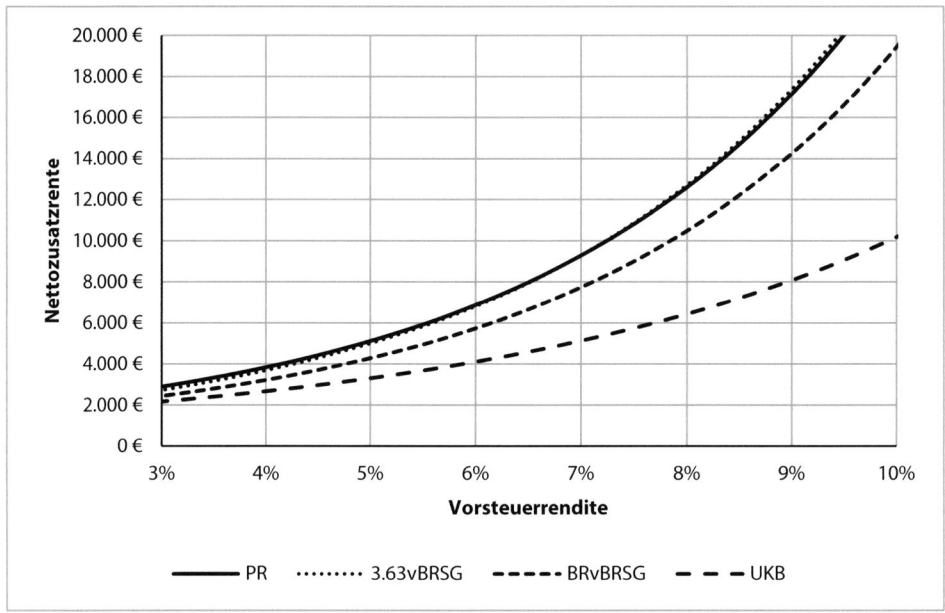

Abbildung 12: Nettozusatzrente eines Steuerpflichtigen mit Bruttojahresgehalt i.H.v. 26.400 Euro bei 900 Euro jährlichem Bruttokonsumverzicht und ausschließlichem Anspruch auf Riester-Grundzulage in Abhängigkeit der Vorsteuerrendite vor BRSG[292]

erklären, die andernfalls wegfällt. Auffällig ist außerdem, dass sich die Rangfolge zwischen privater Riester-Rente und Entgeltumwandlung ab einer Vorsteuerrendite von ca. sieben Prozent umkehrt. Bei niedrigeren Renditen dominiert noch die Riester-Förderung, da hier die Steuererstattung aufgrund des Sonderausgabenfalls sowie die zusätzliche gesetzliche Rente den Effekt der Ansparung aus dem Bruttogehalt übersteigen. Dies kehrt sich schließlich um, da sich die gesetzliche Rente ausschließlich (implizit) anhand der Rentenformel „verzinst". Die Höhe der gesetzlichen Rente ist damit unabhängig von der betrachteten Vorsteuerrendite, womit bei steigender Rendite der Bruttospareffekt überwiegt. Dieses Ergebnis relativiert sich jedoch bereits, wenn man statt ausschließlichem Anspruch auf Riester-Grundzulage noch eine weitere Kinderzulage addiert. In diesem Fall führt die private Riester-Rente die Rangfolge unabhängig von der Höhe der Vorsteuerrendite an. Es lässt sich allerdings festhalten, dass die Rangordnung der Vorsorgealternativen im derzeitigen (Rendite-)Marktumfeld quasi unabhängig von der Höhe der Vorsteuerrendite ist. Lediglich bei aktuell unrealistisch erscheinenden Renditehöhen kann eine Änderung der Alternativenrangfolge auftreten.

Abschließend für die Betrachtung des Arbeitnehmers vor Inkrafttreten des BRSG wird nun in Anlehnung an Abbildung 9 dargestellt, wie sich Konsumpotenzial, tatsächlich realisierter Konsum sowie Deckungsstock im Lebenszyklus bei Wahl der privaten Riester-Förderung ergeben. In Abbildung 13 wird ein Arbeitnehmer mit jährlichem Bruttoarbeitsent-

---

[292]  Quelle: Eigene Darstellung.

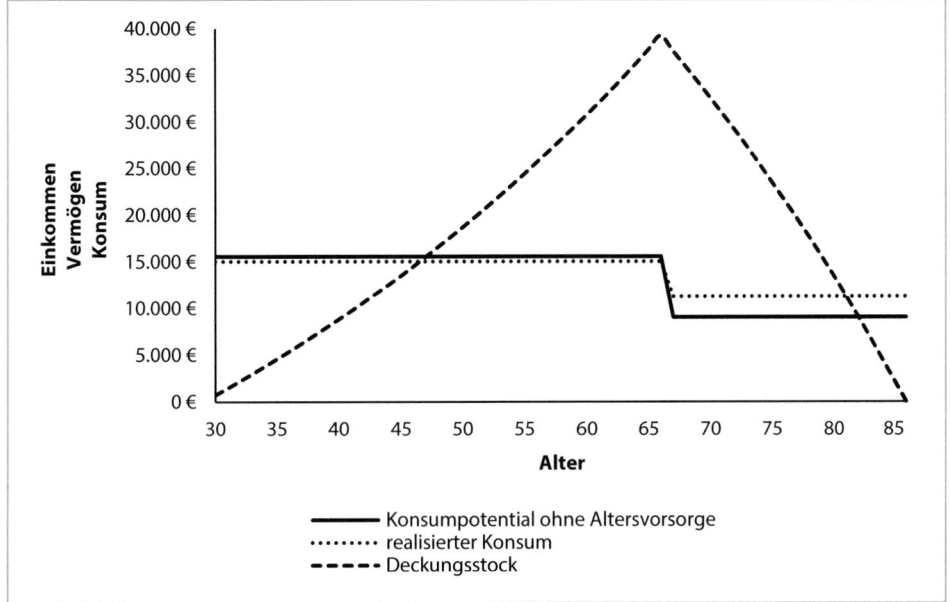

Abbildung 13: Konsum- und Vermögensplan eines Arbeitnehmers mit Bruttojahresgehalt i.H.v. 26.400 Euro bei 900 Euro jährlichem Bruttokonsumverzicht und ausschließlichem Anspruch auf Riester-Grundzulage bei Wahl der privaten Riester-Förderung vor BRSG[293]

gelt i.H.v. 26.400 Euro sowie ausschließlichem Anspruch auf Riester-Grundzulage betrachtet, der in der Anwartschaftsphase auf jährlich 900 Euro Bruttokonsum verzichtet.

Ohne Konsumverzicht könnte sich der betrachtete Arbeitnehmer in der aktiven Phase seinen gesamten Lohn nach Versteuerung und Verbeitragung auszahlen lassen und somit 15.597 Euro netto verkonsumieren. Aufgrund der Ersparnisbildung wird jedoch tatsächlich nur ein Konsum i.H.v. 15.065 Euro netto realisiert.[294] Aus der Differenz wird ein Deckungsstock gebildet, der schließlich eine Nettozusatzrente i.H.v. 1.477 Euro ermöglicht.[295] Ohne diese Zusatzrente hätte der Steuerpflichtige lediglich seine gesetzliche Rente nach Versteuerung und Verbeitragung i.H.v. 9.050 Euro (anstatt nun insgesamt 10.527 Euro) verkonsumieren können. Die Ersparnisbildung ermöglicht damit eine Angleichung der Konsumniveaus in aktiver und passiver Phase. Aufgrund des zu geringen Verzichts in der Anwartschaftsphase kommt es zu keinem konstanten Konsumniveau, was aber auch nicht Ziel der Modellierung ist.[296]

---

[293] Quelle: Eigene Darstellung.
[294] Die Differenz i.H.v. 532 Euro ergibt sich durch Anwendung von Formel (7). Siehe auch Tabelle 1.
[295] Vgl. auch Tabelle 3. In diesem Betrag ist die zusätzliche gesetzliche Rente aufgrund der Verbeitragung des Lohnverzichts in der Anwartschaftsphase enthalten.
[296] Damit über die gesamte Lebenszeit ein stets konstantes Konsumniveau (in diesem Beispiel i.H.v. ca. 14.330 Euro) realisiert werden könnte, müsste der betrachtete Steuerpflichtige in der Anwartschaftsphase auf ca. 2.145 Euro Bruttokonsum verzichten.

### 2.3.3 Betrachtung des Arbeitgebers

Im vorherigen Abschnitt 2.3.2.6 wurde bisher ein Konsumverzicht des Arbeitnehmers unterstellt. Der Arbeitnehmer entschied selbst, wie er den ihm insgesamt zustehenden Bruttolohn auf Konsum und Altersvorsorge aufteilen möchte. Der Arbeitgeber spielte in diesen Überlegungen bislang zurecht keine Rolle, da er die Vorsorgewahl des Arbeitnehmers nicht beeinflussen kann. Für diese Überlegungen musste die arbeitgeberfinanzierte bAV bisher aus dem Alternativenvergleich ausgeschlossen werden, da hierfür ein Zutun des Arbeitgebers nötig gewesen wäre. Möchte man diese Vorsorgeform nun jedoch in den Vergleich miteinbeziehen, ist es unumgänglich, das Rechenmodell um die Perspektive des Arbeitgebers zu erweitern. Dazu soll zunächst erneut die Überlegung aufgegriffen werden, dass es sich nicht um einen Konsumverzicht des Arbeitnehmers handelte, sondern eine Gehaltserhöhung durch den Arbeitgeber bevorstehe. Es ist allgemein bekannt, dass der Arbeitgeber neben dem Bruttolohn an sich auch den Arbeitgeberanteil zur Sozialversicherung zu tragen hat. Mit diesem Wissen kalkuliert der Arbeitgeber die Lohnerhöhung nicht anhand des Bruttolohns, sondern anhand der Gesamtkosten, die mit der Erhöhung einhergehen, da er mit diesen schließlich tatsächlich belastet wird.

Auf Seiten des Arbeitnehmers geht die Lohnerhöhung grundsätzlich auch mit einer Erhöhung der Konsummöglichkeiten einher, sofern es zu einer Auszahlung des Gehalts kommt. Unterstellt man dahingegen, dass der Arbeitnehmer mit seinem Konsumniveau vor Lohnerhöhung bereits zufrieden ist, könnte das zusätzliche Gehalt in die Altersvorsorge investiert werden. Je nach Wahl der Vorsorgeform wird der Arbeitgeber wiederum mit unterschiedlich hohen Kosten ($K^{(\cdot)}$) konfrontiert.

Die Rechtsform des Arbeitgeberunternehmens ist für die weitere Betrachtung nicht von Bedeutung, da lediglich die Kosten vor Steuern betrachtet werden. Mit welcher Steuerbelastung bzw. Besteuerungssystematik das Arbeitgeberunternehmen konfrontiert wird, ist damit unerheblich.

### 2.3.3.1 Lohnauszahlung und Riester-Förderung oder Anlage in einer ungeförderten Kapitalbildung

Bei gewöhnlicher Lohnauszahlung hat der Arbeitgeber seinen Anteil zur Sozialversicherung auf den Bruttolohn zu entrichten. Diese Sozialversicherungsbeiträge sowie das Gehalt an sich sind als Betriebsausgaben abzugsfähig und wirken sich gewinnmindernd aus. Aus Sicht des Arbeitgebers macht es keinen Unterschied, ob der Arbeitnehmer seinen versteuerten und verbeitragten Nettolohn verkonsumiert oder in eine private Form der Altersvorsorge investiert. Im Hinblick auf die Fragestellung dieser Arbeit wird aber angenommen, dass der Arbeitnehmer den Lohn entweder in einen (privaten) Riester-Vertrag oder in eine ungeförderte private Altersvorsorge investiert. Da die Riester-Förderung in der bAV während der Anwartschaftsphase analog zur privaten Riester-Rente behandelt wird, gelten die Ausführungen auch für diese Form der Altersvorsorge. Die Kosten des Arbeitgebers ergeben sich in allen drei Fällen zu

$$K^{PR} = BL^{PR} \cdot \left(1 + b^A\right). \tag{35}$$

## 2.3.3.2 Entgeltumwandlung oder arbeitgeberfinanzierte bAV

Der Förderrahmen des § 3 Nr. 63 EStG differenziert auch aus Sicht des Arbeitgebers nicht zwischen Arbeitgeber- und Arbeitnehmerfinanzierung. Daher spart der Arbeitgeber bei Entgeltumwandlung des Arbeitnehmers im Vergleich zur Lohnauszahlung Sozialversicherungsbeiträge ein. Für den Arbeitgeber stellt damit nur die Lohnerhöhung Kosten dar, da keine Sozialversicherungsbeiträge auf den umgewandelten Lohn anfallen.

$$K^{3.63\text{vBRSG}} = BL^{3.63\text{vBRSG}}. \tag{36}$$

## 2.3.3.3 Zwischenfazit

Durch das bisher aufgestellte Modell lassen sich die Wirkungsweisen der untersuchten Vorsorgealternativen jeweils sowohl aus Sicht des Arbeitnehmers als auch des Arbeitgebers betrachten. Die in diesem Abschnitt gewählte Vorgehensweise ermöglicht eine Ermittlung der Kosten des Arbeitgebers bei vorgegebener Bruttolohnerhöhung bzw. Bruttokonsumverzicht des Arbeitnehmers. Die Wirkungsweise soll erneut anhand eines Beispiels dargestellt werden. Hierzu werden ein Geringverdiener sowie ein Durchschnittsverdiener betrachtet. Der Bruttokonsumverzicht bzw. die Bruttolohnerhöhung seien erneut 75 Euro monatlich ($BL^{(\cdot)} = 900$). Die Gesamtkosten in Abhängigkeit der Vorsorgealternative vor Berücksichtigung von Ertragsteuern sind in Tabelle 4 abgetragen.

Aufgrund der Sozialversicherungsbeiträge sind die Alternativen der Riester-Förderung sowie die ungeförderte Kapitalbildung aus Sicht des Arbeitgebers stets am teuersten.[297] Dies gilt unabhängig von der Höhe des Bruttolohns des Arbeitnehmers sowie Riester-Zulagenanspruch oder allen anderen exogenen Variablen.

| Bruttojahreslohn | 26.400,00 € | 37.873,00 € |
|---|---|---|
| (Private oder betriebliche) Riester-Förderung oder ungeförderte Kapitalbildung | 1.074,38 € | 1.074,38 € |
| Entgeltumwandlung oder Arbeitgeberfinanzierung | 900,00 € | 900,00 € |

Tabelle 4: Jährliche Gesamtkosten des Arbeitgebers bei 900 Euro jährlichem Bruttokonsumverzicht bzw. Bruttolohnerhöhung vor Inkrafttreten des BRSG[298]

## 2.3.4 Zusammenfassende Betrachtung

Die in den Abschnitten 2.3.2 und 2.3.3 dargestellten Sichtweisen werden nun zusammengeführt. Könnte der Arbeitgeber die Vorsorgeentscheidung für den Arbeitnehmer treffen, würde er sich für eine Form entscheiden, bei der keine Sozialversicherungsbeiträge anfallen. Die Entscheidung obliegt jedoch annahmegemäß dem Arbeitnehmer. Die Betrachtung muss daher gewissermaßen umgekehrt werden. Hierzu wird die Annahme getroffen, dass der Arbeitgeber zum 01.01.2018 bereit ist, seinem Arbeitnehmer einen vorgegebenen Betrag

---

[297] Gleiches würde für den Fall gelten, dass der Arbeitnehmer den ausgezahlten Nettolohn verkonsumieren würde.

[298] Quelle: Eigene Darstellung.

zum Zwecke seiner Altersvorsorge zur Verfügung zu stellen.[299] Der Arbeitnehmer kann sodann entscheiden, welche Form der Altersvorsorge er wählt. Wie bereits dargestellt, entscheidet sich der Arbeitnehmer ausschließlich anhand der resultierenden Nettozusatzrenten.

Der Arbeitgeber wird seinerseits jedoch nicht für alle Vorsorgevarianten den identischen Arbeitgeberzuschuss zur Verfügung stellen, da dies für ihn, wie in Abschnitt 2.3.2 dargelegt, zu unterschiedlich hohen Kosten führen würde. Vielmehr wird angenommen, dass der Arbeitgeber grundsätzlich indifferent zwischen den einzelnen Vorsorgeformen ist, sofern die Kosten, die er zu tragen hat, identisch sind. An den erzielbaren Vorteilen aus den verschiedenen Varianten der Altersvorsorge partizipiert somit ausschließlich der Arbeitnehmer.[300]

Ausgangspunkt ist, dass der Arbeitgeber ein jährlich konstantes Gesamtkostenpaket ($X$) zur Verfügung stellt. Davon ausgehend wird die Bruttolohnerhöhung respektive der Arbeitgeberzuschuss ermittelt, den er seinem Arbeitnehmer anbieten kann, sodass es zu einer Kostenindifferenz kommt.

Streng genommen handelt es sich bei den Vorsorgeformen, bei denen zunächst eine Lohnerhöhung stattfindet und der Steuerpflichtige sodann aus seinem individuell versteuerten Einkommen eine Vorsorge aufbaut (Riester-Alternativen und individuelle Vorsorge), um eine arbeitnehmerfinanzierte Altersvorsorge. Da jedoch eine Lohnerhöhung des Arbeitgebers vorangeht, trägt wirtschaftlich betrachtet der Arbeitgeber die Kosten.

## 2.3.4.1 Lohnauszahlung und Riester-Förderung oder Anlage in einer ungeförderten Kapitalbildung

Sollte der Arbeitnehmer die Lohnauszahlung wählen, ermittelt sich die Bruttolohnerhöhung, die der Arbeitgeber anbieten wird, unter Rückgriff auf Formel (35) zu

$$BL^{PR} = BL^{BRvBRSG} = BL^{UKB} = \frac{X}{1+b^A}. \tag{37}$$

Diese Bruttolohnerhöhung kann der Arbeitnehmer wahlweise in einen privaten oder betrieblichen Riester-Vertrag oder einen ungeförderten Banksparplan investieren.

## 2.3.4.2 Entgeltumwandlung oder arbeitgeberfinanzierte bAV

Für den Fall, dass sich der Arbeitnehmer für eine Entgeltumwandlung entscheidet, würde der Arbeitgeber zunächst den Bruttolohn anpassen. Dies erfolgt unter Rückgriff auf Abschnitt 2.3.3.2. Unter Rückgriff auf Formel (36) würde der Arbeitgeber den Lohn in diesem Fall um

$$BL^{3.63vBRSG} = X. \tag{38}$$

---

[299] Es wird für dieses Kapitel damit unterstellt, dass zum 01.01.2018 weiterhin die hier dargestellten rechtlichen Grundlagen (d.h. diejenigen vor BRSG) Gültigkeit besitzen.

[300] Die Vorgehensweise ist damit an Brassat/Kiesewetter (2003) angelehnt. Alternativ könnte der Vorteil auch ausschließlich dem Arbeitgeber zugesprochen oder zwischen Arbeitgeber und Arbeitnehmer aufgeteilt werden.

erhöhen.[301] Aufgrund der identischen steuer- und sozialversicherungsrechtlichen Behandlung würde die gleiche Lohnerhöhung angeboten werden, wenn anstatt der Entgeltumwandlung die Arbeitgeberfinanzierung gewählt würde. Im Anschluss daran ließe sich der Arbeitnehmer diesen Betrag jeweils nicht auszahlen, sondern würde ihn in eine bAV-Maßnahme investieren. Die Nettorente des Arbeitnehmers ermittelt sich schließlich anhand von Abschnitt 2.3.2.2.

## 2.3.5 Vorteilhaftigkeitsanalyse

In diesem Abschnitt werden die Ergebnisse des Modells auf Grundlage der hergeleiteten Nettozusatzrenten dargestellt und ausgewertet. Dabei werden die exogen vorgegebenen Variablen variiert. Im Vordergrund steht stets die Frage nach der optimalen Vorsorgealternative eines Gering- und Niedrigverdieners. Die entscheidenden, anlegerspezifischen Einflussgrößen auf die Nettozusatzrenten sind das Gesamtkostenpaket des Arbeitgebers, die Höhe des Anspruchs auf Riester-Zulagen und der Steuersatz des Arbeitnehmers. Unter Rückgriff auf die in den Abschnitten 2.3.2.1 und 2.3.2.6 betrachteten Arbeitnehmer wird in der nachfolgenden Tabelle 5 dargestellt, wie hoch die Nettozusatzrenten bei Gesamtbetrachtung fallabhängig sind. Es wird jeweils ein Gesamtkostenpaket i.H.v. 900 Euro vom Arbeitgeber zur Verfügung gestellt.[302]

Es zeigt sich, dass im Vergleich zu den Ergebnissen aus Tabelle 3 die (private) Riester-Förderung für deutlich weniger Arbeitnehmer die lukrativste Vorsorgeform darstellt.[303] Dies lässt sich mit den damit einhergehenden, höheren Kosten des Arbeitgebers erklären. Insofern verliert die Riester-Förderung in der Gesamtbetrachtung an Attraktivität, was auch aus Abbildung 14 ersichtlich wird. Hier sind die Nettozusatzrenten eines Arbeitnehmers mit Bruttojahresgehalt i.H.v. 26.400 Euro in Abhängigkeit des Riester-Zulagenanspruchs abgetragen.

---

[301]  An dieser Stelle wäre es prinzipiell vorstellbar, dass der Arbeitnehmer zunächst eine Entgeltumwandlung wünscht, woraufhin der Arbeitgeber den Bruttolohn um $BL^{3.63vBRSG}$ erhöht. Im Anschluss daran könnte sich der Arbeitnehmer umentscheiden und eine Nettolohnauszahlung durchführen. Damit würde sich der Arbeitnehmer auf Kosten des Arbeitgebers monetär verbessern, da eine zu hohe Bruttolohnerhöhung angeboten würde. Die tatsächlichen Kosten $K^{3.63vBRSG}$ würden die ex ante vorgegebenen Kosten $X$ übersteigen. Diese Überlegung führte in die Prinzipal-Agenten-Theorie. Derartige Konstellationen werden hier vernachlässigt, indem von Informationsasymmetrien abstrahiert wird. Dies lässt sich zum einen damit rechtfertigen, dass der Arbeitnehmer durch entsprechende Verträge an seine ursprüngliche Entscheidung gebunden werden kann. Sollte dies aus arbeitsrechtlichen Gründen nicht möglich sein, könnte argumentiert werden, dass der Arbeitnehmer aus ethischen Gründen keine anderweitige Entscheidung treffen würde, da er die Beziehung zu seinem Arbeitgeber und damit das Arbeitsverhältnis nicht gefährden möchte.

[302]  Es gilt zu beachten, dass in Tabelle 1 und Tabelle 3 dahingegen jeweils ein jährlicher Bruttokonsumverzicht i.H.v. 900 Euro unterstellt wurde. Nur in den Alternativen Entgeltumwandlung und Arbeitgeberfinanzierung ist eine Ansparung aus dem Bruttogehalt möglich. Damit entsprechen sich auch nur in diesen Fällen Gesamtkostenpaket und Bruttolohnverzicht. Im Ergebnis stimmen nur bei der Alternative der Entgeltumwandlung die Werte von Tabelle 3 und Tabelle 5 überein. Die identisch behandelte Arbeitgeberfinanzierung wurde in Tabelle 3 nicht betrachtet.

[303]  In Tabelle 3 war die private Riester-Förderung für alle betrachteten Arbeitnehmer die Vorsorgeform mit den höchsten Nettozusatzrenten.

| Zulagenanspruch | Grundzulage (175 €) | | Grund- und eine Kinderzulage (475 €) | | Grund- und zwei Kinderzulagen (775 €) | |
|---|---|---|---|---|---|---|
| Bruttojahreslohn | 26.400 € | 37.873 € | 26.400 € | 37.873 € | 26.400 € | 37.873 € |
| Private Riester-Förderung | 1.856 € | 1.699 € | **2.405 €** | 1.711 € | **3.522 €** | **2.330 €** |
| Betriebliche Riester-Förderung | 1.573 € | 1.439 € | 2.027 € | 1.450 € | 2.953 € | 1.962 € |
| Entgeltumwandlung oder Arbeitgeberfinanzierung | **2.028 €** | **1.856 €** | 2.028 € | **1.856 €** | 2.028 € | 1.856 € |
| Ungeförderte Kapitalbildung | 1.493 € | 1.387 € | 1.493 € | 1.387 € | 1.493 € | 1.387 € |

Tabelle 5: Nettozusatzrente bei 900 Euro jährlichem Gesamtkostenpaket des Arbeitgebers in Abhängigkeit der Kinderzulagen vor Inkrafttreten des BRSG[304]

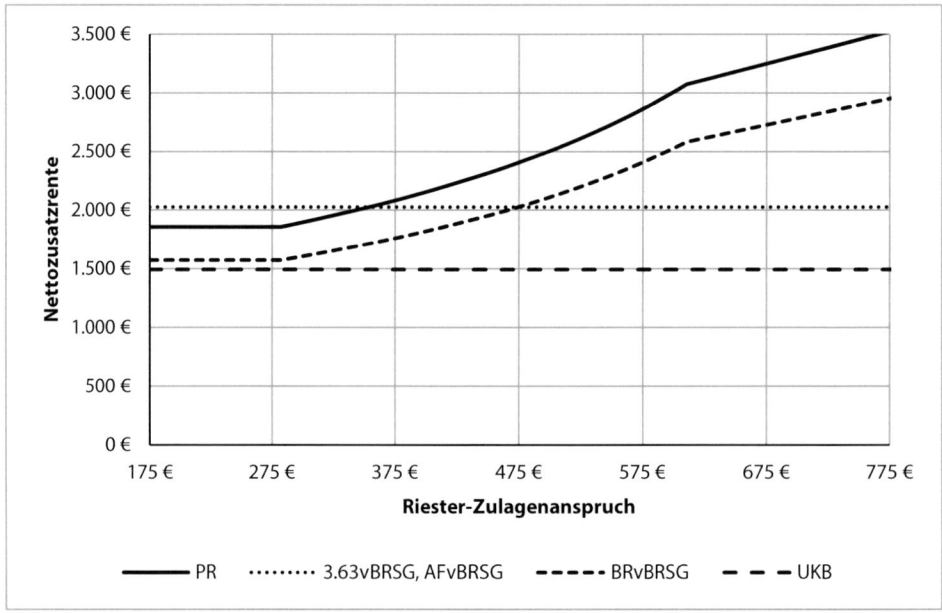

Abbildung 14: Nettozusatzrente eines Steuerpflichtigen mit Bruttojahresgehalt i.H.v. 26.400 Euro bei 900 Euro jährlichem Gesamtkostenpaket des Arbeitgebers in Abhängigkeit des Riester-Zulagenanspruchs vor BRSG[305]

Im Vergleich zu Abbildung 10 ist die private Riester-Rente nun erst ab einem Zulagenanspruch i.H.v. 355 Euro besser als die Entgeltumwandlung oder Arbeitgeberfinanzierung. Ansonsten gilt bezüglich des Verlaufs der Nettozusatzrentenhöhen das zu Abbildung 10 Erläuterte. Sobald der Steuerpflichtige neben der Grundzulage Anspruch auf mindestens

---

[304]  Quelle: Eigene Darstellung. Die Euro-Beträge sind auf volle Euro gerundet.
[305]  Quelle: Eigene Darstellung.

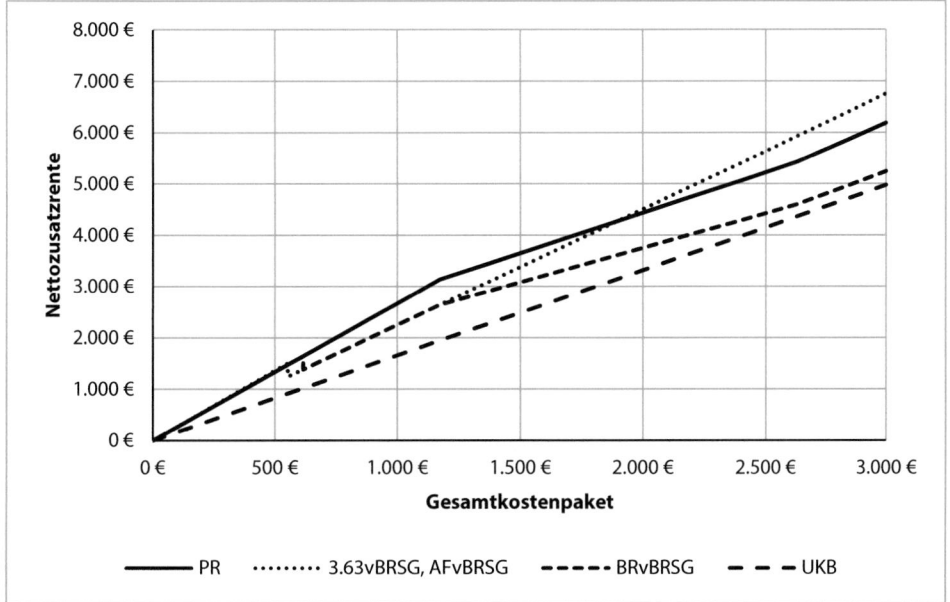

Abbildung 15: Nettozusatzrente eines Steuerpflichtigen mit Bruttojahresgehalt i.H.v. 26.400 Euro bei Anspruch auf Riester-Grund- sowie eine zusätzliche Kinderzulage in Abhängigkeit des Gesamtkostenpakets des Arbeitgebers vor BRSG[306]

eine Kinderzulage hat, erweist sich auch die betriebliche Riester-Förderung als der Entgeltumwandlung überlegen.[307] Dies gilt jedoch nicht für sämtliche vom Arbeitgeber zur Verfügung gestellten Gesamtkostenpakete. Steigen diese an, wird die bAV zunehmend attraktiver, was Abbildung 15 entnommen werden kann. Hier wird ein Geringverdiener betrachtet, der zusätzlich Anspruch auf eine Kinderzulage hat. Beim Blick auf Abbildung 14 wird ersichtlich, dass in diesem Fall den Riester-Alternativen der Vorzug zu geben ist, wenn der Arbeitgeber 900 Euro zur Verfügung stellt.

Bis auf den kurzen Einbruch bei Überschreiten der sozialversicherungsrechtlichen Freigrenze ergibt sich bei den Nicht-Riester-Alternativen ein durchgängig linearer Verlauf der Nettozusatzrenten. Zusätzliche vom Arbeitgeber zur Verfügung gestellten Kosten bewirken stets auch eine linear steigende Nettozusatzrente. Dies verhält sich bei den Riester-Alternativen anders. Hier ist bei einem Gesamtkostenpaket i.H.v. 1.174 Euro ein erstes Abknicken der Rentenhöhe zu erkennen. Ab diesem Wert reichen die vom Arbeitgeber gewährten Kosten aus, damit nach Versteuerung und Verbeitragung ein Nettolohn verbleibt, der den Mindesteigenbeitrag erreicht, womit der gesamte Riester-Zulagenanspruch auch tatsächlich gewährt wird. Bei niedrigeren Kostenpaketen werden die Zulagen hingegen anteilig gekürzt. Bis zu einem Gesamtkostenpaket i.H.v. 2.631 Euro ist der Sonderausgabenfall einschlägig.

---

[306]   Quelle: Eigene Darstellung.
[307]   Dass sich die Nettozusatzrentenhöhen von betrieblicher Riester-Förderung und Entgeltumwandlung bzw. Arbeitgeberfinanzierung bei einem Riester-Zulagenanspruch i.H.v. 475 Euro entsprechen (siehe hierzu auch Tabelle 5), ist rein zufällig.

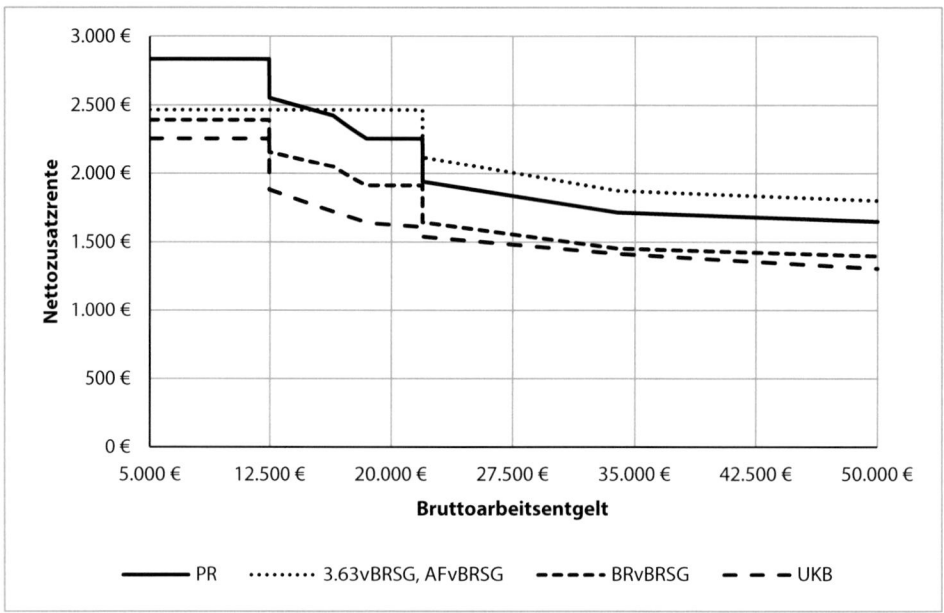

Abbildung 16: Nettozusatzrente eines Steuerpflichtigen mit ausschließlichem Anspruch auf Riester-Grundzulage bei 900 Euro jährlichem Gesamtkostenpaket des Arbeitgebers in Abhängigkeit des Bruttoarbeitsentgelts vor BRSG[308]

Darüber hinaus übersteigt der Vorteil aus der Zulagengewährung die Steuererstattung aufgrund des Sonderausgabenabzugs. Hieraus resultiert ein zweites Abknicken der Rentenhöhen in den Riester-Vorsorgeformen. Der Verlauf von Entgeltumwandlung und bAV-Riester ist nur scheinbar identisch. Bei Betrachtung der tatsächlichen Höhen der Nettozusatzrenten ergeben sich geringfügige Abweichungen, die aus der Abbildung jedoch schwer ersichtlich sind.

Zusammengefasst lässt sich folgern, dass die private Riester-Rente bei zunehmendem Gesamtkostenpaket des Arbeitgebers gegenüber der bAV an Attraktivität einbüßt. Abschließend wird nun in Abbildung 16 betrachtet, wie die Höhe der Nettozusatzrente auf eine Variation des Bruttoarbeitslohns reagiert. Dazu wird erneut unterstellt, dass der Arbeitgeber bereit ist, jährlich 900 Euro Gesamtkosten zur Verfügung zu stellen. Der Arbeitnehmer hat ausschließlich Anspruch auf Riester-Grundzulage.

Bei Bruttojahresentgelten kleiner als ca. 16.000 Euro erweist sich die private Riester-Förderung als sinnvollste Vorsorgeform. Bei höheren Bruttolöhnen dominiert hingegen die Entgeltumwandlung, da der Effekt des Bruttosparens die Vorteile der Riester-Förderung überlagert. Die zusätzlichen gesetzlichen Rentenansprüche können hieran nichts ändern. Wird unterstellt, dass der Steuerpflichtige neben der Grund- noch eine Kinderzulage erhält, generiert die Entgeltumwandlung erst bei Bruttolöhnen größer als 33.200 Euro höhere Nettozusatzrenten. In sämtlichen Abbildungen dieses Abschnitts erweist sich die ungeförderte

---

[308]   Quelle: Eigene Darstellung.

Kapitalbildung auch in Gesamtbetrachtung in allen Variationen als die schlechteste Alternative.

Die Höhe der Vorsteuerrendite hat erneut keinen nennenswerten Einfluss, weshalb eine Betrachtung unterbleibt. Ebenso verhält es sich mit den weiteren exogenen Variablen, der Dauer der Anwartschafts- und der Rentenphase. Da es sich um ein deterministisches Modell handelt und aktuarisch faire Renten berechnet werden, haben diese Laufzeiten an sich zunächst keinen Einfluss auf die Rentabilität der Vorsorgeform im Vergleich zu den anderen Alternative. Bei den Vorsorgeformen Riester-Förderung und ungeförderte Kapitalbildung werden zusätzlich die Ansprüche aus der gesetzlichen Rentenversicherung in der Nettozusatzrente berücksichtigt. Da sie sich in diesem Modell nicht als aktuarisch faire Rente ermitteln, haben die Längen von Anwartschafts- und Rentenphase einen, wenn auch geringen, Einfluss auf die relative Vorteilhaftigkeit. Die Entgeltumwandlung bzw. Arbeitgeberfinanzierung wird damit bei längerer Renten- und kürzerer Anwartschaftsphase unvorteilhafter.

Die in diesem Abschnitt gewonnenen Erkenntnisse bezüglich der grundsätzlichen Wirkungsweisen und insbesondere auch der Verläufe der Nettozusatzrenten gelten im Folgenden analog. Insofern wird bei den nachfolgenden Abbildungen immer wieder auf die Ausführungen in diesem Abschnitt verwiesen.

## 2.4 Zwischenfazit

Es lässt sich vermeintlich streiten, welche Betrachtungsweise die „tatsächliche" Vorteilhaftigkeit der Vorsorgealternativen repräsentiert. Zunächst kann argumentiert werden, dass die in Abschnitt 2.3.2 erläuterte Arbeitnehmerperspektive zum richtigen Ergebnis führt, wenn der Arbeitnehmer auf bereits erdientes Bruttokonsumpotenzial verzichtet. Dies ist jedoch zu kurz gedacht, da damit die Arbeitgeberperspektive komplett ausgeblendet wird und somit insbesondere die arbeitgeberfinanzierte bAV im Vergleich nicht sinnvoll berücksichtigt werden kann. Außerdem werden die Auswirkungen auf die Kosten des Arbeitgebers vernachlässigt, die auch Konsequenzen für die Arbeitnehmerseite haben können. Eine isolierte Arbeitnehmersicht besitzt somit nur für einen unflexiblen Arbeitgeber Gültigkeit, der stets und unabhängig von den damit entstehenden Kosten lediglich den Bruttolohn beachtet. Etwaige Sozialversicherungsersparnisse behält dieser für sich.

Die in Abschnitt 2.3.4 dargestellte Gesamtbetrachtung erweist sich daher als zutreffender. Hierdurch kann die Arbeitgeberfinanzierung modellendogen abgebildet werden. Auch eine Interpretation als Lohnverzicht ist ohne Einschränkungen möglich. Aufgrund der unterstellten Indifferenz des Arbeitgebers lassen sich die Wirkungsweisen der unterschiedlichen Fördermodelle schließlich isoliert untersuchen.

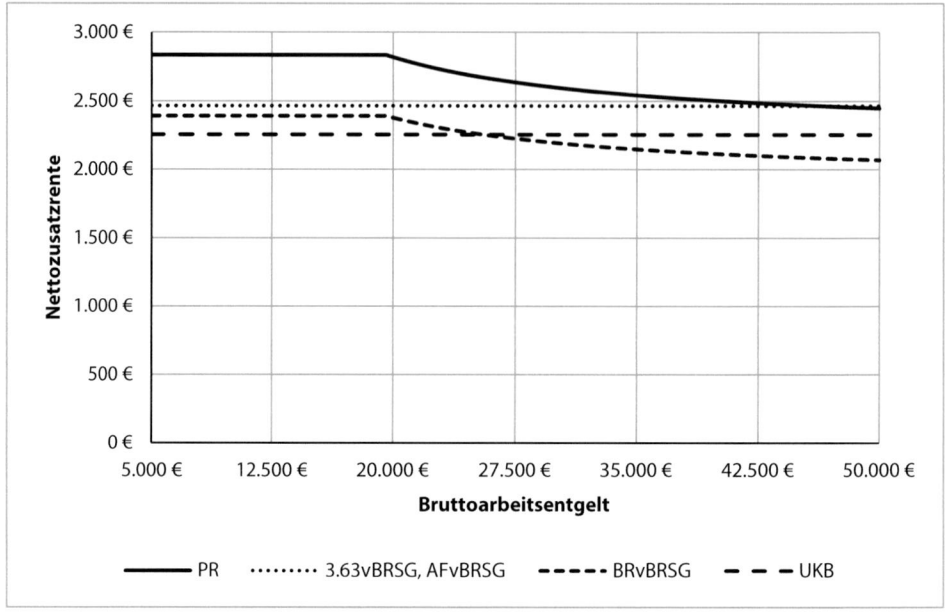

Abbildung 17: Nettozusatzrente eines Steuerpflichtigen mit ausschließlichem Anspruch auf Riester-Grundzulage bei 900 Euro jährlichem Gesamtkostenpaket des Arbeitgebers in Abhängigkeit des Bruttoarbeitsentgelts ohne Besteuerung vor BRSG[309]

Eingangs wurde erläutert, dass der Gesetzgeber das Steuer- und Sozialversicherungsrecht als Lenkungsinstrument nutzt. Die steuer- und sozialversicherungsrechtliche Behandlung soll einzelne Vorsorgealternativen bewusst bevorzugen. Dass somit gerade keine entscheidungsneutrale Besteuerung und Verbeitragung gegeben ist, lässt sich auch mithilfe des aufgestellten Modells zeigen. Zunächst wird die Förderung aufgrund der sozialversicherungsrechtlichen Behandlung separiert. Dazu werden die Steuersätze in Anwartschafts- ($s^A$) und Rentenphase ($s^R$) entgegen der bisherigen Modellierung stets mit Null angesetzt, womit der progressive Steuertarif sowie die Abgeltungsteuer ausgeblendet werden. Die steuerrechtliche Förderung besteht jedoch neben den reinen Tarifwirkungen auch aus der Riester-Förderung. Da sich der Sonderausgabenabzug bei Steuersätzen von Null nicht weiter auswirken kann, verbleibt nur noch die Riester-Zulagenförderung. Wird ein Anspruch auf Grundzulage unterstellt und ist der Arbeitgeber bereit, jährlich 900 Euro an Gesamtkosten zur Verfügung zu stellen, ergibt sich eine Nettozusatzrente in Abhängigkeit vom Bruttoarbeitslohn des Arbeitnehmers, die aus Abbildung 17 ersichtlich ist.

---

[309]   Quelle: Eigene Darstellung.

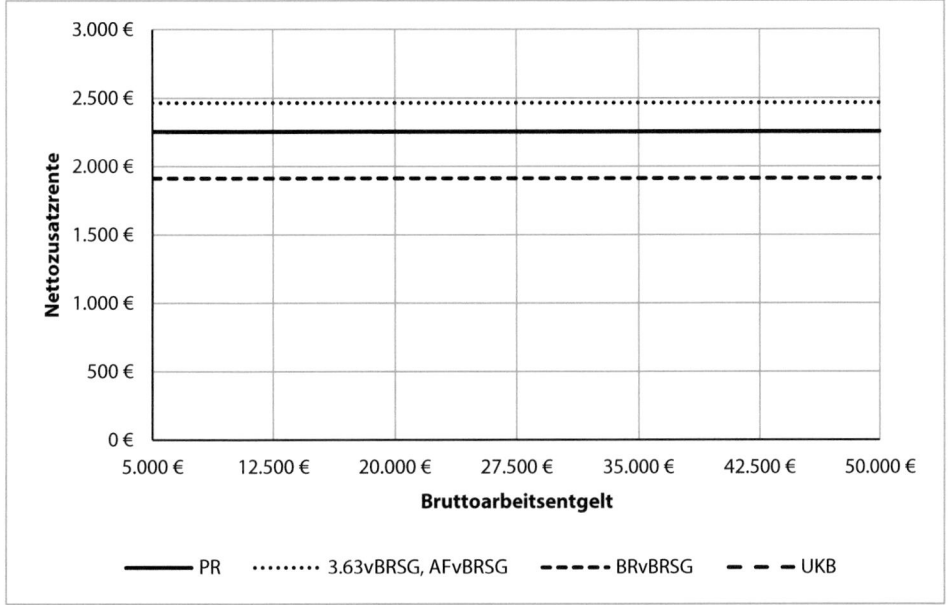

Abbildung 18: Nettozusatzrente eines Steuerpflichtigen ohne Anspruch auf Riester-Zulagen bei 900 Euro jährlichem Gesamtkostenpaket des Arbeitgebers in Abhängigkeit des Bruttoarbeitsentgelts ohne Besteuerung vor
BRSG[310]

Aus den Grundlagen zur Riester-Förderung ist bereits bekannt, dass die Höhe des Mindesteigenbeitrags mit steigendem Bruttoarbeitslohn des Steuerpflichtigen zunimmt.[311] Da
der investierbare Eigenbeitrag jedoch stets konstant bleibt, wird die Zulage mit steigendem
Arbeitslohn zunehmend gekürzt. Hieraus resultiert auch eine abnehmende Nettozusatzrente in den Riester-Alternativen.[312] Wird nun auch noch die Riester-Zulage als steuerliche
Förderung ausgeblendet (d.h. $Zu^{max} = 0$), werden die reinen Sozialversicherungswirkungen der Vorsorgealternativen separiert. Dies erfolgt in Abbildung 18.

Es wird ersichtlich, dass die Verläufe der Nettozusatzrenten bei privater Riester-Förderung und ungeförderter Kapitalbildung nun aufgrund identischer steuer- und sozialversicherungsrechtlicher Regelungen zusammenfallen. Die betriebliche Riester-Förderung stellt
in dieser Betrachtung die schlechteste Alternative dar, da die hieraus resultierenden Renten
zusätzlich verbeitragt werden. Das Sozialversicherungsrecht fördert dahingegen aufgrund
der Möglichkeit der Ansparung aus dem Bruttogehalt am meisten die Entgeltumwandlung
bzw. die Arbeitgeberfinanzierung. Die mit einer Verbeitragung in der Anwartschaftsphase
einhergehenden zusätzlichen Rentenansprüche können diesen Vorteil nicht aufwiegen. Im
vorliegenden Fallbeispiel müsste der aktuelle Rentenwert auf 57,15 Euro und damit um

---

[310]  Quelle: Eigene Darstellung.
[311]  Siehe hierzu Formel (8).
[312]  Während bei Bruttoarbeitsentgelten kleiner als 19.600 Euro noch die volle Zulage i.H.v. 175 Euro zum Ansatz
       kommt, beträgt die Höhe der erhaltenen Zulage bei einem Bruttoarbeitslohn i.H.v. 50.000 Euro nur noch ca.
       58 Euro.

über 84 Prozent ansteigen, damit private Riester-Förderung und Entgeltumwandlung identische Nettozusatzrenten generieren.

Vernachlässigt man nun neben der steuerrechtlichen zusätzlich auch die sozialversicherungsrechtliche Behandlung der Vorsorgeformen[313], fallen die Verläufe der Nettozusatzrenten aller Alternativen schließlich zusammen. Deren Höhe beträgt stets 2.974 Euro, womit gezeigt wird, dass das Steuer- und Sozialversicherungsrecht als Lenkungsinstrument funktioniert und gerade keine Entscheidungsneutralität gegeben ist. Auf eine grafische Darstellung wird verzichtet.

Alternativ lassen sich auch die reinen Steuerwirkungen isoliert betrachten. Hierzu müssen sämtliche Sozialversicherungswerte mit Null angesetzt werden. Das Ergebnis ist in Abbildung 19 grafisch dargestellt.

Es fällt zunächst auf, dass die beiden Riester-Alternativen zu identischen Nettozusatzrenten führen, da sich beide Vorsorgeformen nur in der sozialversicherungsrechtlichen Behandlung unterscheiden. Aufgrund der Zulagenförderung generieren die Riester-Renten bei niedrigen Arbeitslöhnen die höchsten Nettozusatzrenten. Ab einem Bruttoarbeitslohn i.H.v. ca. 12.750 Euro ist jedoch der Sonderausgabenfall einschlägig, weshalb die Höhe der Nettozusatzrenten fortan auf das Niveau der Entgeltumwandlung bzw. Arbeitgeberfinanzierung zurückfällt. Ein Sonderausgabenabzug geleisteter Vorsorgeaufwendungen sowie die Ansparung aus dem Bruttogehalt bewirken gleichermaßen eine nachgelagerte Besteuerung. In Abbildung 19 wird eine Besteuerung der Zusatzrenten jedoch vernachlässigt. Da alle Sozialversicherungswerte mit Null angesetzt wurden[314], sind streng genommen auch keine gesetzlichen Rentenansprüche zu berücksichtigen. Für die Berechnung des Steuersatzes in der Rentenphase wird jedoch unterstellt, dass sich dieser anhand der Erträge aus der gesetzlichen Rentenversicherung ermittelt. Aufgrund der Definition des Steuersatzes in der Rentenphase in Formel (6) beträgt dieser daher ebenfalls Null. Würde man den Steuersatz anderweitig definieren, ergäben sich keine abweichenden Erkenntnisse. Die Verläufe der Nettozusatzrenten in den Riester-Alternativen sowie bei Entgeltumwandlung bzw. Arbeitgeberfinanzierung wären im Sonderausgabenfall dennoch identisch. Die ungeförderte Kapitalbildung fällt erneut deutlich in der Rangfolge ab. Bei dieser Alternative erfolgt eine Besteuerung in der aktiven Phase bei Umrechnung des Brutto- in den Nettolohn.

Im nächsten Schritt wird nun die Riester-Förderung vernachlässigt. Dies wird technisch erneut dadurch umgesetzt, dass der Zulagenanspruch auf Null gesetzt wird. Die Verläufe der Nettozusatzrenten sind aus Abbildung 20 ersichtlich.

Die Verläufe der Nettozusatzrenten der Riester-Alternativen, der Entgeltumwandung und der Arbeitgeberfinanzierung sind nun für alle Bruttoarbeitslöhne identisch. Würde man abermals auch die steuerrechtliche Behandlung vernachlässigen, betrüge die Höhe der Nettozusatzrente bei sämtlichen Vorsorgeformen stets 2.974 Euro, wie bereits erläutert.

---

[313]  D.h. $b^{KV} = b^{PV} = b^{RV} = b^{AV} = 0$. Neben den Beitragssätzen müssen für eine derartige Betrachtung auch die zusätzlichen Ansprüche aus der gesetzlichen Rentenversicherung vernachlässigt werden; d.h. $RW = 0$.

[314]  Somit gilt auch $RW = 0$.

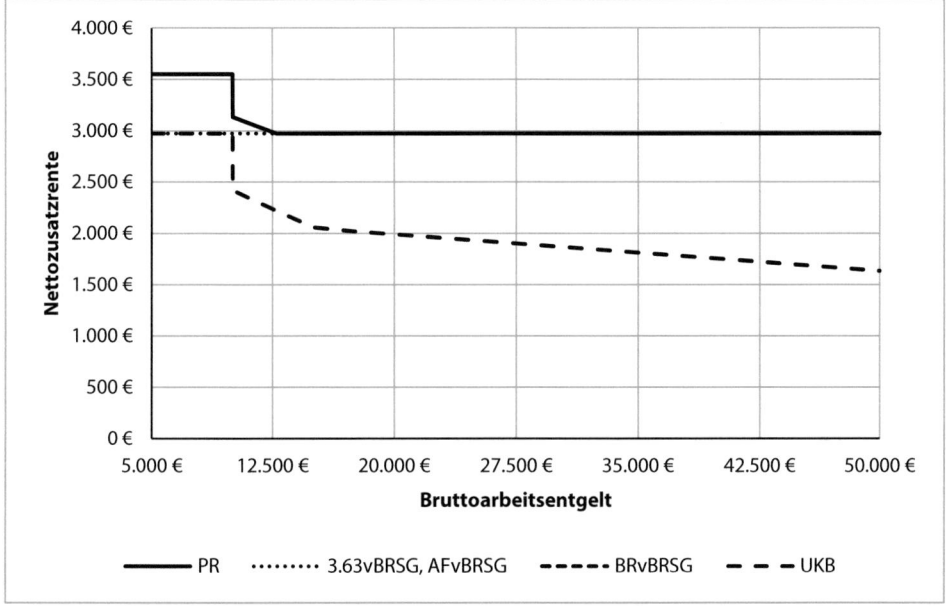

Abbildung 19: Nettozusatzrente eines Steuerpflichtigen mit ausschließlichem Anspruch auf Riester-Grundzulage bei 900 Euro jährlichem Gesamtkostenpaket des Arbeitgebers in Abhängigkeit des Bruttoarbeitsentgelts ohne Verbeitragung vor BRSG[315]

Es lässt sich schlussfolgern, dass das Steuerrecht insbesondere die private sowie betriebliche Riester-Rente durch die Zulagengewährung fördert. Sofern der Sonderausgabenfall einschlägig ist, werden Entgeltumwandlung, Arbeitgeberfinanzierung und Riester-Alternativen identisch gefördert. Wie der Name bereits vorwegnimmt, liegt bei der ungeförderten Kapitalbildung gerade keine steuerliche Förderung vor. Das ist auch der Grund, weshalb diese Vorsorgeform bei separierter Betrachtung der Steuerwirkungen noch deutlicher von den anderen Alternativen abfällt. Aus diesem Grund wird diese Vorsorgeform in den folgenden Kapiteln nicht weiter betrachtet.

Ein zusammenfassendes Ergebnis der Erkenntnisse aus Kapitel 2 fällt schließlich wie folgt aus. Welche Vorsorgeform dominiert, ist von der konkreten Wahl der Parameter und insbesondere von dem Riester-Zulagenanspruch und dem Gesamtkostenpaket des Arbeitgebers abhängig. Die Entgeltumwandlung stellt zwar häufig die beste Variante dar, ist aber für extreme Geringverdiener nicht die vorteilhafteste Wahl. Des Weiteren ist Privat-Riester bei Anspruch auf Kinderzulagen häufig am lukrativsten und insbesondere besser als bAV-Riester.[316] Dass die Rangfolge der Alternativen in diesem Fall von einer privaten Vorsorgeform angeführt wird, zeigt auf, dass Verbesserungspotenzial für die originären Formen der bAV besteht.

---

[315]  Quelle: Eigene Darstellung.
[316]  Sofern die sozialversicherungsrechtliche Freigrenze für Versorgungsbezüge überschritten wird.

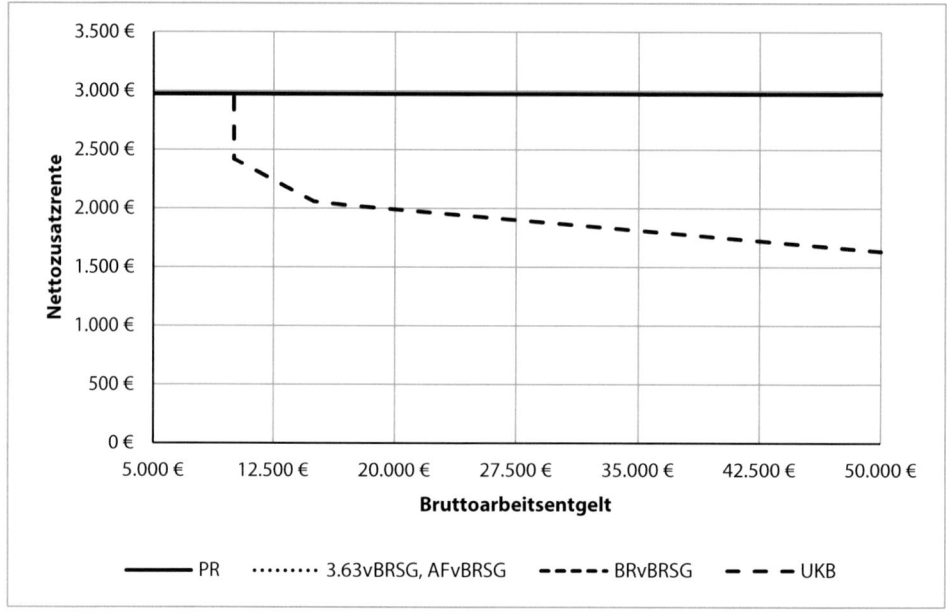

Abbildung 20: Nettozusatzrente eines Steuerpflichtigen ohne Anspruch auf Riester-Zulagen bei 900 Euro jähr-lichem Gesamtkostenpaket des Arbeitgebers in Abhängigkeit des Bruttoarbeitsentgelts ohne Verbeitragung vor BRSG[317]

---

[317]  Quelle: Eigene Darstellung.

# 3 Reformüberlegungen im Kontext des Gesetzgebungsverfahrens zum Betriebsrentenstärkungsgesetz

Im vorherigen Kapitel wurde die steuer- und sozialversicherungsrechtliche Behandlung unterschiedlicher Vorsorgeformen bis einschließlich 31.12.2017 und damit vor Inkrafttreten des BRSG erläutert und ermittelt, welche Nettozusatzrenten jeweils erzielbar sind. Da die Verbreitung der bAV in den letzten Jahren stagnierte, wird vielfach gefordert, die steuer- und sozialversicherungsrechtlichen Rahmenbedingungen zu reformieren. Die Reformansätze weisen dabei ein großes Spektrum auf. Ziel dieses Kapitels ist es, grundsätzlich denkbare Reformmaßnahmen zu erläutern und deren Wirkungen aufzuzeigen. Dies erfolgt unabhängig davon, ob die Überlegungen schließlich tatsächlich im Rahmen der Gesetzgebung Eingang ins BRSG fanden.

Um herauszufinden, welche Reformmaßnahmen grundsätzlich erfolgversprechend sind, werden zunächst in Abschnitt 3.1 die Hemmnisse identifiziert, die einer weiteren Verbreitung der bAV entgegenstehen. Ausgangspunkt hierfür ist ein kurzer Literaturüberblick. Diesem können die wesentlichen Verbreitungshemmnisse auf Arbeitnehmer- und Arbeitgeberseite entnommen werden. Anschließend werden in den Abschnitten 3.2 (Arbeitnehmerseite) und 3.2.3.2 (Arbeitgeberseite) Reformmaßnahmen entwickelt, mit denen diesen Hemmnissen begegnet werden kann. Auch in diesem Kapitel wird ein modelltheoretischer Ansatz verfolgt, was zur Folge hat, dass einige Reformideen mangels Quantifizierbarkeit nicht untersucht werden können. Ein Zwischenfazit (Abschnitt 3.4) bildet den Schluss dieses Kapitels.

Die Entwicklung von Reformmaßnahmen wird durch die Forderung des BMF eingerahmt, dass eine Reform „möglichst für die öffentlichen Haushalte aufkommensneutral"[318] auszugestalten sei. Eine Kostenvorgabe ist auch unausweichlich, da ohne eine solche die Konsequenz zu ziehen wäre, dass die beste staatliche Förderung für Gering- und Niedrigverdiener der Verzicht auf eine Verbeitragung bzw. Besteuerung ist. Auf die Spitze getrieben könnte sogar argumentiert werden, dass den Steuerpflichtigen weitere, wie auch immer geartete, monetäre Vorteile bzw. fiskalische Zuschüsse zu gewähren sind. Hieraus würden sich jedoch für diese Arbeit Probleme ergeben, die nicht ohne Weiteres lösbar wären. Durch die Forderung nach Aufkommensneutralität wird folglich dem „Gießkannenprinzip" Einhalt geboten. Wie in diesem Zusammenhang der Begriff „Aufkommensneutralität" zu verstehen ist, wird bei Behandlung der jeweiligen nun folgenden Reformmaßnahmen erläutert. Da in dieser Untersuchung die öffentlichen Haushalte bzw. der Fiskus unberücksichtigt bleiben, lässt sich Aufkommensneutralität nicht streng quantitativ messen. Eine allgemeingültige Definition ist damit im Rahmen dieser Arbeit nicht möglich.

---

[318] Kiesewetter et al. (2016c), S. 2 und BMF (2014).

# 3.1 Identifikation von Verbreitungshemmnissen und Optimierungspotenzial[319]

## 3.1.1 Verbreitungshemmnisse laut BMAS-Studien

Die seit ca. 2009 stagnierende Anzahl an bAV-Anwartschaften veranlasste die Bundesregierung, mit dem BRSG eine umfassende Reform der bAV anzustreben.[320] In der Literatur wurde im Vorfeld des BRSG recht ausführlich diskutiert, weshalb die bAV nicht die gewünschte Verbreitung vorweist. Zu diesem Thema sind zahlreiche empirische Studien erschienen.[321] Die Ergebnisse dieser Untersuchungen werden in der Machbarkeitsstudie des BMAS zusammengefasst ausgewertet.[322] Ferner hat das BMAS bzw. vormals Bundesministerium für Gesundheit und Soziales (BMGS) selbst eine Studienreihe mit dem Titel „Situation und Entwicklung der bAV in Privatwirtschaft und öffentlichem Dienst" veröffentlicht.[323] Aus dieser Reihe werden Anhaltspunkte für Hemmnisse auf Arbeitgeberseite ersichtlich. Deren Relevanz kann aufgrund der stetigen Fortschreibung der Studienreihe im Zeitablauf dargestellt werden. Eine tiefergehende Analyse, neben der schlichten Nennung der Gründe, unterbleibt jedoch. Die Ergebnisse der Studie sind in Abbildung 21 dargestellt.

Für den Zeitraum 2014 bis 2015 wurde im Rahmen der aktuellsten Befragung aus dem Jahr 2016 von 68 Prozent der Arbeitgeber genannt, dass die Arbeitnehmer keinen Bedarf an einer bAV hätten bzw. seitens der Arbeitnehmer keine Nachfrage nach einer bAV bestünde. Wie die Arbeitgeber zu dieser Erkenntnis gelangten, wird nicht weiter ausgeführt. Inwieweit den Arbeitnehmern überhaupt ein bAV-Angebot offeriert wurde, bleibt ebenfalls offen.[324] Im Vergleich der Erhebungszeiträume wird deutlich, dass dieser Grund im Zeitablauf seit 2002 um acht Prozentpunkte an Bedeutung verloren hat. Gleichwohl handelt es sich aus Arbeitgebersicht weiterhin um das relevanteste Hemmnis.

Als zweithäufigster Grund für die Nichteinführung einer bAV wurde von 45 Prozent der Befragten aufgeführt, dass die Kosten für den Betrieb zu hoch seien. Eine Differenzierung, ob sich diese Aussage auf eine arbeitgeberfinanzierte bAV oder auch eine Entgeltumwandlung bezieht, unterbleibt hingegen. Denkbar wäre, dass die Arbeitgeber diesbezüglich die arbeitgeberfinanzierte bAV vor Augen haben. Sofern diese im Sinne einer „klassischen Betrachtungsweise" als Obolus gewährt wird, entstehen tatsächlich Mehrkosten für den Arbeitgeber. Es bleibt jedoch festzuhalten, dass keine Pflicht zum Angebot einer arbeitgeberfinanzierten bAV existiert. Würden die Arbeitgeber hingegen die Aussage mit der Entgeltumwandlung, d.h. Arbeitnehmerfinanzierung, in Zusammenhang bringen, wäre zunächst

---

[319]   Dieser Abschnitt ist teilweise Kiesewetter et al. (2016c) modifiziert und gekürzt entnommen.

[320]   Vgl. Deutsche Bundesregierung (2013), S. 72 f. Zur Entwicklung der Verbreitung der bAV siehe auch Abschnitt 1.1.3.

[321]   Für einen Überblick siehe BMAS (2014), S. 44 ff.

[322]   Vgl. BMAS (2014), S. 62 ff. Insgesamt wurden 28 Studien ausgewertet. Auf eine genauere Erläuterung wird an dieser Stelle verzichtet.

[323]   Vgl. BMGS (2005), BMAS (2007), BMAS (2008), BMAS (2012b) und BMAS (2016). Diese Studienreihe wurde bereits in Abschnitt 1.1.3 bezüglich der Verbreitung der bAV im Zeitablauf betrachtet.

[324]   Entgegen der weitverbreiteten Meinung ist der Arbeitgeber nicht verpflichtet, den Arbeitnehmer von sich aus auf den Anspruch auf Entgeltumwandlung nach § 1a BetrAVG hinzuweisen; vgl. BAG-Urteil vom 21.01.2014.

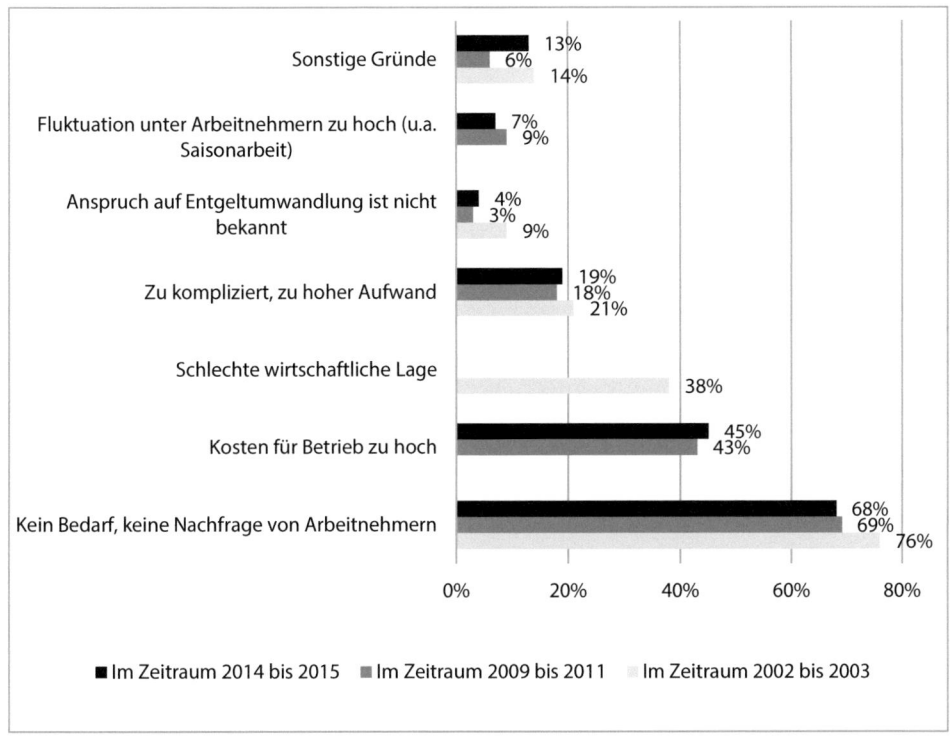

Abbildung 21: Gründe für das Fehlen einer bAV aus Arbeitgebersicht laut BMAS-Studie[325]

nicht erkennbar, wodurch zu hohe Kosten für den Betrieb entstehen sollten. Wie in Abschnitt 2.3.3.2 erläutert, spart der Arbeitgeber in diesem Fall Sozialversicherungsbeiträge auf den umgewandelten Lohn ein. Es kommt damit sogar grundsätzlich zu einer Verringerung der Kosten des Arbeitgebers im Vergleich zur Lohnauszahlung, sofern er nicht freiwillig die eingesparten Beträge an den Arbeitnehmer weiterreicht, wozu er vor Inkrafttreten des BRSG aber nicht verpflichtet war.[326] Einzig das Argument, dass mit der Administration der bAV Informations- und Verwaltungskosten verbunden sind, kann als Rechtfertigungsgrund für diese Aussage angesehen werden. Da das Hemmnis „Kosten für den Betrieb zu hoch" für den Zeitraum 2002 bis 2003 nicht erhoben wurde, kann diesbezüglich kein Vergleich erfolgen. Im Vergleich zur vorherigen Erhebung hat das Hemmnis lediglich geringfügig an Brisanz gewonnen.

19 Prozent der befragten Arbeitgeber gaben bei der jüngsten Befragung an, dass die bAV zu kompliziert und mit zu viel Aufwand verbunden sei. Diese Aussage knüpft an die obigen Ausführungen, dass die bAV mit Informationskosten verbunden ist, an. Damit wird erneut

---

[325] Quelle: Eigene Darstellung. Daten entnommen aus BMAS (2012b), S. 43 und BMAS (2016), S. 37. Bei den Befragungen waren Mehrfachnennungen möglich.

[326] Es kommt nur dann zu einer Einsparung von Sozialversicherungsbeiträgen, soweit der Lohn des Arbeitnehmers nicht die Beitragsbemessungsgrenzen in den Zweigen der Sozialversicherung übersteigt.

deutlich, dass diese Kosten offensichtlich gescheut werden und eine Abschreckungswirkung entfalten. Im Zeitreihenvergleich ergaben sich nur geringfügige Änderungen.

Die verbleibenden Gründe werden deutlich seltener genannt.[327] Insbesondere stellt das Hemmnis „Sonstige Gründe" ein Sammelbecken für diverse, zusammenhangslose Gründe, wie beispielsweise „der Betrieb besteht erst seit Kurzem bzw. steht kurz vor der Auflösung", „zu viele junge oder zu viele alte Mitarbeiter", „der Betrieb ist zu klein, es werden fast nur Familienangehörige beschäftigt" oder „die Rendite bei den angefragten Produkten ist zu gering" dar. Aus der letzten Nennung kann zumindest im Umkehrschluss gefolgert werden, dass die Rentabilität der bAV-Produkte offenbar kein nennenswertes Hindernis darstellt. Die Sichtweise, dass sich die bAV nicht rentieren würde, ist scheinbar unter den Arbeitgebern nicht weitverbreitet.

Über Verbreitungshemmnisse auf der Arbeitnehmerseite liefert die Studienreihe „Verbreitung der Altersvorsorge" des BMAS Erkenntnisse.[328] Auch diese Reihe soll fortlaufend fortgeschrieben werden, zum gegenwärtigen Zeitpunkt sind jedoch lediglich zwei Ausgaben erschienen. Die Ergebnisse sind in Abbildung 22 dargestellt.

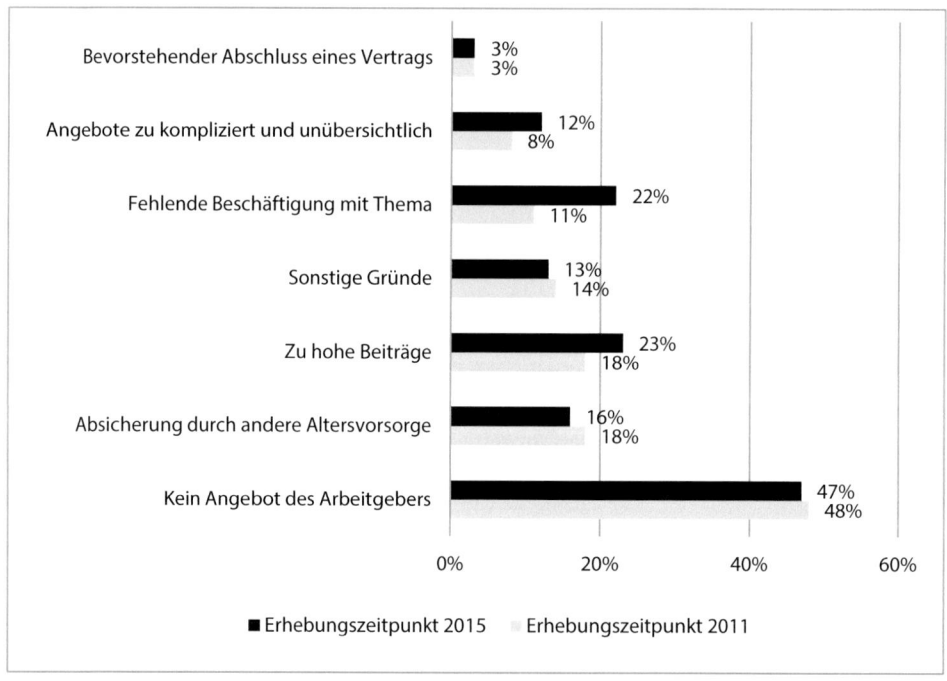

Abbildung 22: Gründe für das Fehlen einer bAV aus Arbeitnehmersicht laut BMAS-Studie[329]

---

[327]  Der Grund „schlechte wirtschaftliche Lage" wurde lediglich in der Befragung für den Zeitraum 2002 bis 2003 erhoben. Ein Vergleich scheidet somit aus.
[328]  Vgl. BMAS (2012a) und BMAS (2017b).
[329]  Quelle: Eigene Darstellung. Daten entnommen aus BMAS (2012a), S. 41 und BMAS (2017b), S. 42. Bei den Befragungen waren Mehrfachnennungen möglich.

Der mit Abstand meistgenannte Grund für ein Fehlen einer bAV ist aus Arbeitnehmersicht, dass kein Angebot des Arbeitgebers vorliegt. Dieses Hemmnis wurde zum Erhebungszeitpunkt 2015 von 47 Prozent der Befragten genannt. Im Vergleich zur Erhebung 2011 ergibt sich eine Verringerung von lediglich einem Prozentpunkt. Die These, dass kein Angebot des Arbeitgebers vorliegt und daher keine bAV abgeschlossen wird, ist aufgrund zweier Aspekte interessant. Zum einen steht dieses Hemmnis im krassen Gegensatz zu den Erkenntnissen auf Arbeitgeberseite, da die Arbeitgeber ihrerseits ein mangelndes Interesse der Arbeitnehmer als Hauptgrund ausgemacht haben. Zum anderen wird mit dem Begriff der bAV offensichtlich eine Arbeitgeberfinanzierung assoziiert oder aber der Entgeltumwandlungsanspruch ist nicht bekannt.[330] Aufgrund des Anspruchs des Arbeitnehmers auf Entgeltumwandlung ist eine bAV möglich, ohne dass ein Arbeitgeberangebot existieren muss. Es liegen somit zwei Dimensionen unvollständiger Information bzw. eine Informationsasymmetrie zwischen Arbeitnehmer und Arbeitgeber vor.

23 Prozent der befragten Arbeitnehmer gaben daneben an, dass zu hohe Beiträge ein Grund für das Fehlen einer bAV sind. Unter den Arbeitnehmern mit einem Bruttomonatslohn von weniger als 1.500 Euro wurden zu hohe Beiträge sogar von 32 Prozent genannt.[331] Offen bleibt, welche Beiträge überhaupt gemeint sind. Dass hierunter Sozialversicherungsbeiträge in der Anwartschaftsphase verstanden werden, widerspricht zumindest den gesetzlichen Grundlagen, da i.d.R. gerade keine Verbeitragung erfolgt. Gleichwohl kann damit jedoch die Belastung der Bruttorenten mit Kranken- und Pflegeversicherungsbeiträgen gemeint sein. Erstaunlich ist ferner, dass das Hemmnis im Zeitablauf an Bedeutung gewonnen hat: Im Vergleich zu 2011 sind die Nennungen dieses Grunds um fünf Prozentpunkte angestiegen.

Zwei weitere von den Befragten häufig genannte Gründe lassen sich zu einem Komplex zusammenfassen. Dass die Angebote zu kompliziert und unübersichtlich seien sowie die fehlende Beschäftigung mit dem Thema, sind gewissermaßen sich gegenseitig bedingende Gründe für das Fehlen einer bAV. So werden einerseits viele durch vermeintlich komplizierte Regelungen davon abgehalten, sich genauer mit dem Thema zu beschäftigen. Andererseits kommen diejenigen, die sich mit dem Thema beschäftigen, unter Umständen genau zu dem Ergebnis, dass die Angebote zu kompliziert sind. Wenn diese Erkenntnis nun wiederum an diejenigen, die sich bisher nicht mit der bAV befasst haben, weitergereicht wird, werden weitere Arbeitnehmer von vornherein von einer Auseinandersetzung mit dem Thema abgehalten. Die beiden Gründe wurden in 2011 von acht bzw. elf Prozent der Befragten genannt. Im Vergleich hierzu ist in 2015 ein enormer Anstieg zu erkennen. Insbesondere wird die fehlende Auseinandersetzung mit der Thematik nun von 22 Prozent der Arbeitnehmer aufgeführt.

Sofern die Aussagen, dass der Arbeitnehmer durch andere Vorsorgeprodukte bereits abgesichert sei (in 2015 von 16 Prozent genannt), sowie, dass der Abschluss einer bAV bevorstehe (in 2015 von drei Prozent genannt), zutreffen, ist hierin grundsätzlich kein Problem zu sehen, da der Steuerpflichtige offensichtlich bereits eine Form der zusätzlichen Vorsorge gewählt hat. Lediglich wenn betriebliche Vorsorgelösungen höhere Renditen als

---

[330]  Zu diesem Ergebnis kommt auch BMAS (2017b), S. 41.
[331]  Vgl. BMAS (2017b), S. 42.

die gewählte Vorsorgealternative aufwiesen, wäre ein Wechsel ins bAV-System empfehlenswert.

Weiterhin wurden von 13 Prozent der Befragten in 2015 bzw. 14 Prozent in 2011 „sonstige Gründe" für das Fehlen einer bAV genannt. Hierzu zählen beispielsweise mangelnde Rentabilität der bAV-Produkte, das Alter der Befragten und ein Misstrauen gegenüber den bAV-Produkten und -Angeboten, das jedoch nicht weiter spezifiziert wird.[332]

## 3.1.2 Verbreitungshemmnisse laut BMF-Gutachten

Neben den BMAS-Gutachten können insbesondere aus dem BMF-Gutachten, das im Vorfeld des BRSG entstanden ist, wesentliche Erkenntnisse gewonnen werden. Neben einem ausführlichen Literaturüberblick[333] wurden außerdem 13 Experteninterviews[334] durchgeführt. Als Experten wurden dabei Vertreter aus Versicherungswirtschaft, Unternehmensberatung, dem Versorgungswerk des Handwerks, dem Arbeitgeberverband, den Gewerkschaften sowie börsennotierten Unternehmen befragt. Um einen kontrollierten und vergleichbaren Interviewverlauf zu ermöglichen, erfolgten die telefonischen Befragungen anhand teilstrukturierter Interviewleitfäden.[335] Ein Schwerpunkt der Erhebung war das Fehlen einer bAV in KMU sowie unter Geringverdienern.

### 3.1.2.1 Experteninterviews

Die Gründe für das Fehlen einer bAV auf Arbeitgeberseite, die anhand der Experteninterviews identifiziert wurden, können Abbildung 23 entnommen werden. Es folgt eine nach der Häufigkeit der Nennungen gegliederte Übersicht.

Wie bereits von einigen Arbeitgebern in den BMAS-Studien genannt, sehen auch alle befragten Experten den Kenntnisstand der Arbeitgeber als gering an. Dies erscheint auch nicht verwunderlich, da zu erahnen ist, dass der typische Arbeitsalltag der branchenfremden Arbeitgeber keine hinreichende Auseinandersetzung mit dem Themenfeld der bAV zulässt. Die Unwissenheit und damit verbundene Informationshürden sorgen dafür, dass der

---

[332] Vgl. BMAS (2017b), S. 42.

[333] Der ausführliche Literaturüberblick bestätigt im Endergebnis die aus den BMAS-Studien (Abschnitt 3.1.1) gewonnenen und hier dargestellten Erkenntnisse, weshalb auf eine detailliertere Darstellung verzichtet wird. Vgl. hierzu aber Kiesewetter et al. (2016c), S. 37 ff.

[334] Im Vergleich zu herkömmlichen Interviewmethoden besteht der größte Unterschied in der Auswahl der befragten Akteure. Es werden „Experten" befragt, die über ein spezielles Wissen hinsichtlich des zu untersuchenden Gegenstands verfügen. Es ist nicht nötig, dass der Experte selbst das Forschungsobjekt darstellt. Er kann vielmehr auch als eine Art Medium fungieren, d.h. über Kontextwissen verfügen. Der Experte wird daher als eine Art Multiplikator angesehen, der für eine Vielzahl von Akteuren steht. Vgl. hierzu Kiesewetter et al. (2016c), S. 66 f. sowie zur Methodik der Experteninterviews allgemein Bogner et al. (2014) und Gläser/Laudel (2010).

[335] Die Leitfäden gliederten sich in drei Hauptteile: (1.) Offene Fragen nach Hemmnisfaktoren bei der bAV in KMU, (2.) Hemmnisse aus Arbeitnehmer- und Arbeitgebersicht, (3.) Problembereiche der Riester-bAV sowie potenzielle Verbesserungsvorschläge. Der Fokus lag stets auf der Zielgruppe der KMU sowie Gering- und Niedrigverdienern. Vgl. hierzu Kiesewetter et al. (2016c), S. 69.

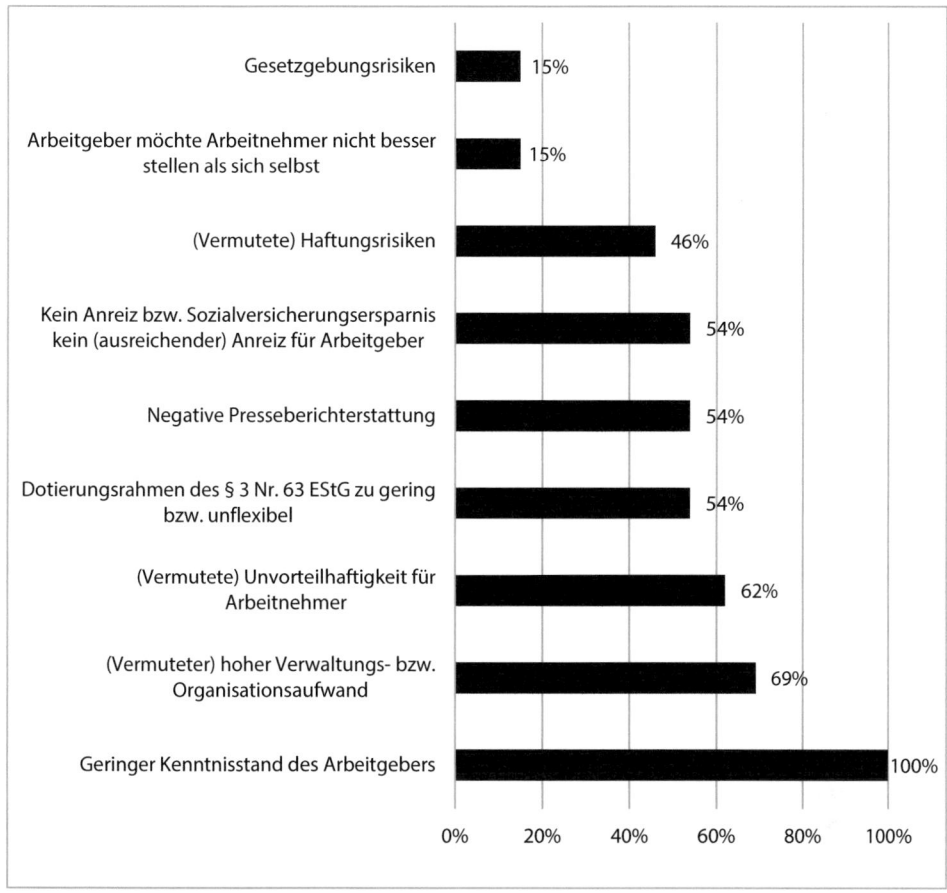

Abbildung 23: Gründe für das Fehlen einer bAV aus Arbeitgebersicht laut Experteninterviews[336]

Arbeitgeber inaktiv bleibt.[337] Dies geht auch mit dem am zweithäufigsten genannten Grund einher. 69 Prozent der Experten erläutern, dass von den Arbeitgebern außerdem ein hoher Verwaltungs- und Organisationsaufwand befürchtet bzw. vermutet werde, der von einer Einführung einer bAV abhält.

62 Prozent der Experten sehen eine Unvorteilhaftigkeit der bAV für die Arbeitnehmer als Hemmnis auf Arbeitgeberseite. Hieraus lässt sich ein Fürsorgegedanke der Arbeitgeber für ihre Arbeitnehmer erkennen. Nur sofern die Arbeitgeber selbst von der Vorteilhaftigkeit überzeugt sind, erfolgt eine Weiterempfehlung an die Arbeitnehmer. Dies ist einerseits als positiv zu werten, da Arbeitgeber damit ihrer Fürsorgepflicht nachkommen. Andererseits ist zu vermuten, dass die Arbeitgeber selbst gar nicht beurteilen können, ob die bAV für den Arbeitnehmer von Vorteil ist oder nicht. Insbesondere im Zusammenspiel mit dem oben

---

[336] Quelle: Eigene Darstellung. Daten entnommen aus Kiesewetter et al. (2016c), S. 70. Bei den Befragungen waren Mehrfachnennungen möglich.
[337] Vgl. Kiesewetter et al. (2016c), S. 70.

genannten Hemmnis, dass der Kenntnisstand der Arbeitgeber gering ist, steht zu befürchten, dass dessen Einschätzung nicht immer auf fundierten Informationen beruht. Vielmehr haben 54 Prozent der Befragten den Eindruck, dass eine negative Presseberichterstattung das Meinungsbild derart verzerrt, dass der Arbeitgeber von der Einführung einer bAV absieht bzw. von der (vermeintlichen) Unvorteilhaftigkeit für seine Arbeitnehmer überzeugt ist.

Ebenfalls werden von jeweils 54 Prozent der befragten Experten ein zu geringer bzw. zu unflexibler Dotierungsrahmen i.S.d. § 3 Nr. 63 EStG a.F. sowie ein zu geringer bzw. fehlender Anreiz für den Arbeitgeber als Grund für das Fehlen einer bAV genannt. Beide Nennungen haben gemein, dass ein ausreichender Anreiz auf Arbeitgeber- wie auf Arbeitnehmerseite nicht gegeben bzw. nicht wahrgenommen werde. Insbesondere werde die Sozialversicherungsersparnis des Arbeitgebers bei Entgeltumwandlung nicht als zufriedenstellend erachtet. 46 Prozent der Experten geben an, dass Haftungsrisiken den Arbeitgeber von der Einrichtung einer bAV abschrecken. Dies lässt sich lediglich mit der, im überwiegenden Maße nur theoretisch relevanten, Subsidiärhaftung des Arbeitgebers erklären. Mit der Beitragszusage mit Mindestleistung[338] bestand jedoch bereits vor Inkrafttreten des BRSG eine Zusageart, die quasi frei von Arbeitgeberrisiken ist.[339] 15 Prozent der Experten nennen Gesetzgebungsrisiken als Hemmnis. Gleich häufig wird genannt, dass die Arbeitgeber ihre Arbeitnehmer nicht besser als sich selbst stellen möchten.

Neben den Gründen für das Fehlen einer bAV auf Arbeitgeberseite wurden die Experten auch zu Gründen für das Fehlen einer bAV auf Arbeitnehmerseite befragt. Die Ergebnisse dieser Interviews sind anhand der Häufigkeit der Nennungen geordnet Abbildung 24 zu entnehmen.

Als zentraler Grund auf Arbeitnehmerseite wird jeweils von allen Experten die volle Beitragspflicht der Renten aus der bAV genannt. Dass die Ansparung i.d.R. aus unversteuertem und unverbeitragtem Entgelt erfolgte, scheint hierbei unterzugehen. Aus den Aussagen der Experten wird deutlich, dass die Belastung der Renten von den Arbeitnehmern als äußerst unfair empfunden und als sehr negativer Faktor in die Entscheidung einbezogen würde.[340] Ebenfalls wird von allen Befragten ein fehlender finanzieller Spielraum der Arbeitnehmer angeführt. Dies gelte umso mehr, je niedriger der Arbeitslohn der Arbeitnehmer ist.[341] Ein damit zusammenhängendes Hemmnis stellt die Präferenz der Arbeitnehmer zum Gegenwartskonsum dar, welches von 31 Prozent der Experten gesehen wird. Auch das Hemmnis der Anrechnung der bAV-Leistungen auf die Grundsicherung, welches von 69 Prozent erkannt wird, lässt sich in diesen Themenkomplex einordnen. Da die Renten aus der bAV unter Umständen derart angerechnet werden, dass der Arbeitnehmer hieraus in der Rentenphase keinen finanziellen Nutzen hat, in der Anwartschaftsphase jedoch finanzielle Einbußen hinnehmen muss, erscheint eine Präferenz zu Gegenwartskonsum nur konsequent.

---

[338]  Vgl. hierzu Abschnitt 2.1.1.1.
[339]  Vgl. Kiesewetter et al. (2016c), S. 72.
[340]  Vgl. Kiesewetter et al. (2016c), S. 77.
[341]  Vgl. Kiesewetter et al. (2016c), S. 76.

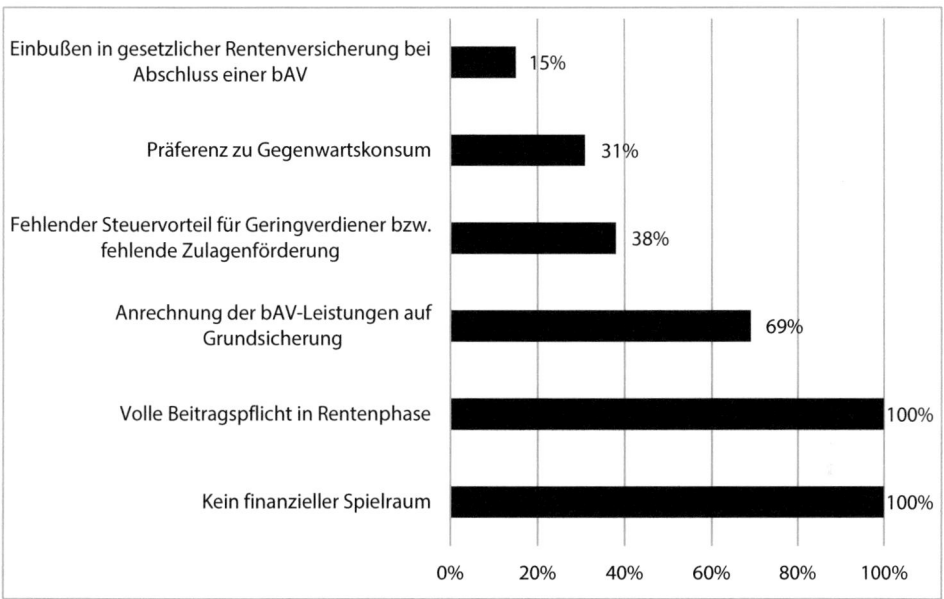

Abbildung 24: Gründe für das Fehlen einer bAV aus Arbeitnehmersicht laut Experteninterviews[342]

Der Grund „Fehlender Steuervorteil für Geringverdiener bzw. fehlende Zulagenförderung", der von 38 Prozent der befragten Experten genannt wird, lässt sich als fehlende bzw. zu geringe Förderung auf Arbeitnehmerseite zusammenfassen. Da insbesondere Geringverdiener für gewöhnlich keine Einkommensteuer zahlen, stellen Steuervorteile keinen Anreiz dar. Demgegenüber ist in der originären, ohne Berücksichtigung der Riester-geförderten, bAV keine Zulagenförderung verankert. Eine solche würde laut Expertenaussage die Attraktivität der bAV erhöhen.[343]

Mit der Sozialversicherungsfreiheit in der Anwartschaftsphase gem. § 1 Abs. 1 Satz 1 Nr. 9 SvEV a.F. gehen verminderte Ansprüche in der gesetzlichen Sozialversicherung und insbesondere in der gesetzlichen Rentenversicherung einher. Diese Einbußen werden von 15 Prozent der befragten Experten als Verbreitungshemmnis auf Arbeitnehmerseite gesehen. Fraglich bleibt auch vor dem Hintergrund des geringen Kenntnisstands, ob die Arbeitnehmer den Zusammenhang zwischen Sozialversicherungsfreiheit in der aktiven und verminderte Ansprüche in der passiven Phase vollständig durchdringen.

### 3.1.2.2 Arbeitgeberbefragung

Neben Literaturüberblick und Experteninterviews wurde im Zuge des BMF-Gutachtens eine empirische Untersuchung vorgenommen, deren Fokus auf der Zielgruppe der KMU sowie der Gering- und Niedrigverdiener lag. Es wurden außerdem insbesondere steuer- und

---

[342]  Quelle: Eigene Darstellung. Daten entnommen aus Kiesewetter et al. (2016c), S. 76. Bei den Befragungen waren Mehrfachnennungen möglich.
[343]  Vgl. Kiesewetter et al. (2016c), S. 79.

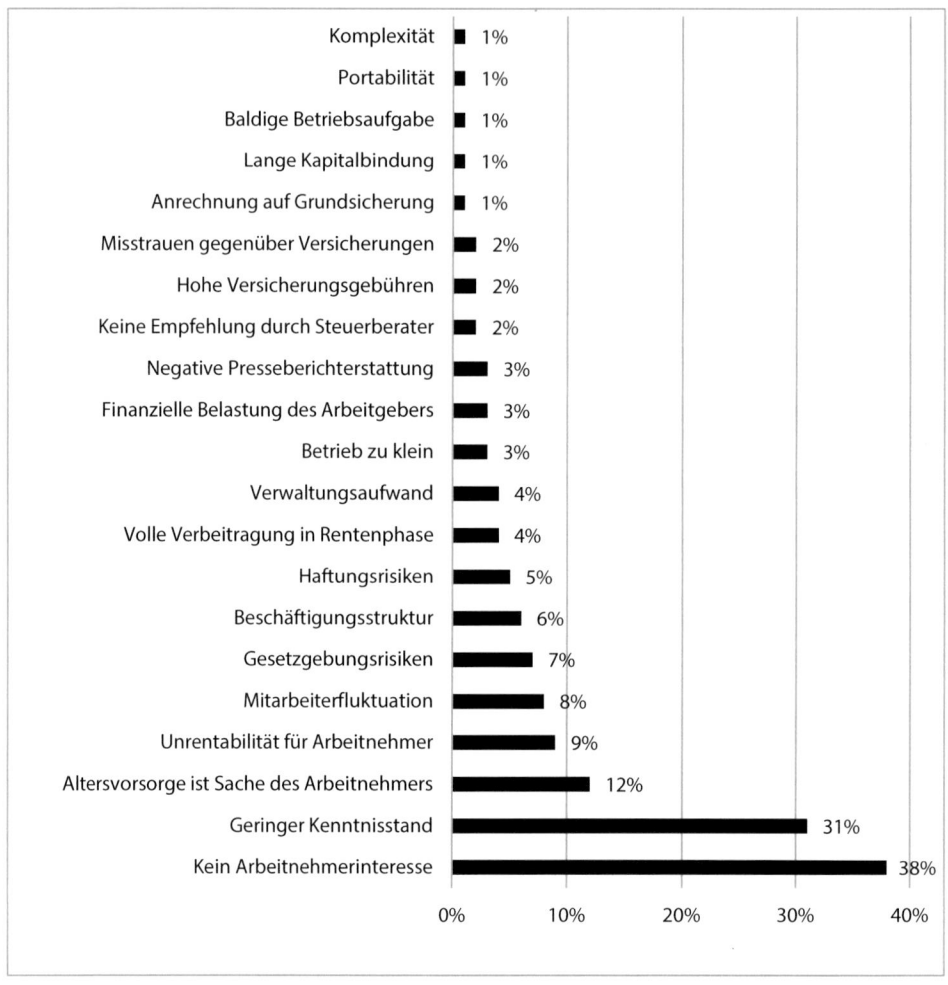

Abbildung 25: Gründe für das Fehlen einer bAV aus Arbeitgebersicht laut Arbeitgeberbefragung[344]

sozialversicherungsrechtliche Hemmnisse erfragt. Im Zuge der Untersuchung wurden Arbeitgeber von KMU in teilstrukturierten Telefoninterviews befragt.[345] Die Unternehmen hatten jeweils maximal 250 sozialversicherungspflichtig Angestellte.

Die Ergebnisse der Telefoninterviews mit 100 Arbeitgebern, bei denen bisher kein bAV-Angebot besteht, können Abbildung 25 entnommen werden.[346] Es wurde explizit danach

---

[344]    Quelle: Eigene Darstellung. Daten entnommen aus Kiesewetter et al. (2016c), S. 95. Bei den Befragungen waren Mehrfachnennungen möglich.

[345]    Standardisierte schriftliche oder Online-Befragungen erschienen ungeeignet, da der Kenntnisstand der Befragten als gering eingeschätzt wurde. Exakt vorformulierte Fragen sowie Antworten wären für die zu untersuchende Fragestellung ebenfalls ungeeignet gewesen, da Verzerrungen zu erwarten gewesen wären; vgl. hierzu sowie zum Vorgehen insgesamt Kiesewetter et al. (2016c), S. 85 ff.

[346]    Zur Zusammensetzung der Stichprobe „Arbeitgeber ohne bAV" vgl. Kiesewetter et al. (2016c), S. 87 ff.

gefragt, weshalb die Arbeitgeber die Einführung einer bAV bisher nicht aktiv bewerben bzw. kommunizieren.

Eine genauere Auseinandersetzung mit allen genannten Gründen erscheint an dieser Stelle verzichtbar. Es werden vielmehr nur die meistgenannten Hemmnisse erläutert. Wie ebenfalls bereits in den erläuterten BMAS-Studien genannt, sehen auch die befragten Arbeitgeber kein Interesse der Arbeitnehmer als wichtigsten Grund für das Fehlen einer bAV. Auf Nachfrage stellte sich in den Interviews häufig heraus, „dass das mangelnde Interesse des Arbeitnehmers eher auf der Einschätzung des Arbeitgebers beruht, als dass der Arbeitnehmer dies in der Vergangenheit geäußert hätte".[347] Interessant ist, dass die befragten Experten ihrerseits kein mangelndes Arbeitnehmerinteresse erkennen. Sie beurteilen das angebliche Desinteresse vielmehr als vorgeschobenen Grund des Arbeitgebers für eine fehlende aktive Bewerbung der bAV.[348] Dass die Altersvorsorge Angelegenheit des Arbeitnehmers ist und der Arbeitgeber damit grundsätzlich nichts zu tun hat, wäre die logische Konsequenz aus dieser Ansicht. Dieser Grund wird korrespondierend auch von zwölf Prozent der Befragten angegeben.

31 Prozent der Arbeitgeber ohne bAV erkennen außerdem bei sich selbst einen geringen Kenntnisstand. Aufgrund der eigenen Unkenntnis sehen sich die Arbeitgeber hohen Informationskosten gegenüber. Offenbar scheuen sich die Arbeitgeber davor, mit der bAV eine Altersvorsorgeform zu bewerben, die sie selbst nicht vollständig verstanden haben. Schließlich sehen neun Prozent die bAV als unrentabel für ihre Arbeitnehmer an. Weitere Gründe für das Fehlen einer bAV werden seltener genannt und können vernachlässigt werden.

Neben Arbeitgebern ohne bAV wurden auch Arbeitgeber mit bestehendem bAV-Angebot interviewt. Diese Gruppe dient zum einen als Kontrollgruppe. Zum anderen können aus deren Antworten Erkenntnisse gewonnen werden, mit welchen Hemmnissen die Arbeitgeber, die mittlerweile eine bAV anbieten, konfrontiert waren und wie sie diese überwunden haben.[349] An der leitfadengestützten Telefonbefragung nahmen insgesamt 127 Unternehmer teil.[350] Abbildung 26 stellt die Ergebnisse zur Frage, welche Gründe die Einführung einer bAV hatte, dar.

Als wichtigster Grund wird von 46 Prozent der Arbeitgeber mit bAV die soziale Verantwortung des Arbeitgebers gegenüber seinen Mitarbeitern angesehen. Außerdem wird die bAV häufig als Möglichkeit zur Mitarbeiterbindung erkannt. Immerhin 21 Prozent der Arbeitgeber sehen in der bAV eine lukrative Vorsorgeform für ihre Mitarbeiter und dies als wichtigste Motivation, weshalb sie eine bAV eingeführt haben. Dahingegen wird die Ersparnis von Sozialversicherungsbeiträgen nur von elf Prozent der Befragten als Grund für eine bAV-Einführung genannt. Dieser Anreiz wird von den Arbeitgebern offensichtlich nicht erkannt oder als nicht ausreichend erachtet. Weitere Gründe werden deutlich seltener angeführt und daher hier nicht weiter erläutert.

---

[347] Kiesewetter et al. (2016c), S. 96.

[348] Vgl. Kiesewetter et al. (2016c), S. 96 (Fn. 339).

[349] Vgl. Kiesewetter et al. (2016c), S. 103.

[350] Zur Zusammensetzung der Stichprobe „Arbeitgeber mit bAV" vgl. Kiesewetter et al. (2016c), S. 103 ff.

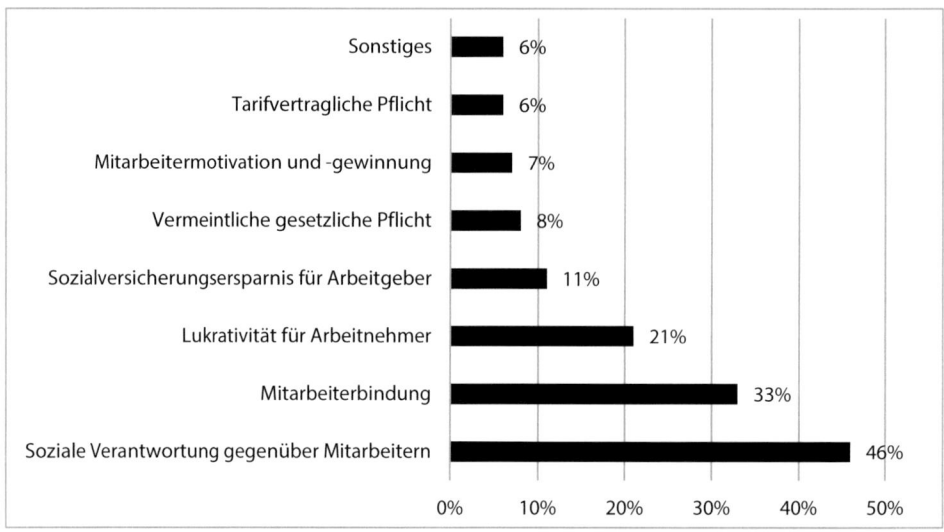

Abbildung 26: Gründe für die Einführung einer bAV aus Arbeitgebersicht laut Arbeitgeberbefragung[351]

### 3.1.2.3 Arbeitnehmerinterviews

Da der Fokus des BMF-Gutachtens neben KMU auch auf Gering- und Niedrigverdienern liegt, wurden ferner Arbeitnehmer face to face mithilfe von teilstrukturierten Fragebögen interviewt.[352] Arbeitnehmer, die bisher keine bAV abgeschlossen haben, wurden zu den Gründen für das Fehlen einer bAV befragt. Die von den 100 Arbeitnehmern ohne bAV genannten Gründe sind in Abbildung 27 dargestellt.[353]

Zunächst kann festgestellt werden, dass die Spannweite der von den Arbeitnehmern ohne bAV vorgebrachten Gründe sehr groß ist. Von 32 Prozent der Befragten wird erläutert, dass sie keinen finanziellen Spielraum haben und damit daran gehindert sind, eine bAV abzuschließen. Diese Arbeitnehmer sehen sich folglich nicht in der Lage, auf Gegenwartskonsum zugunsten einer Altersvorsorge zu verzichten. Im Umkehrschluss lässt sich hieraus jedoch ein grundsätzliches Vorsorgebedürfnis ableiten. Die gleiche Anzahl an Arbeitnehmern gibt an, dass sie bereits anderweitig abgesichert sind. Dieser Grund kann jedoch nicht als Hemmnis für eine Verbreitung der bAV angesehen werden, da offenbar kein zusätzliches Absicherungsbedürfnis besteht.

Das an nächster Stelle meistgenannte Argument, das aus Arbeitnehmersicht gegen eine bAV spricht, ist eine zu geringe Rentabilität der Produkte. Im Gegensatz zu den Arbeitnehmern, die bereits anderweitig ausreichend abgesichert sind, wäre für diese Gruppe eine zusätzliche Altersvorsorge somit grundsätzlich nötig. Die bAV kann diese Lücke aus Sicht der

---

[351]    Quelle: Eigene Darstellung. Daten entnommen aus Kiesewetter et al. (2016c), S. 110. Bei den Befragungen waren Mehrfachnennungen möglich.

[352]    „Herkömmliche" Befragungen erschienen auch für Arbeitnehmer ungeeignet; vgl. hierzu die Anmerkungen in Fn. 345.

[353]    Zur Zusammensetzung der Stichprobe „Arbeitnehmer ohne bAV" vgl. Kiesewetter et al. (2016c), S. 118 ff.

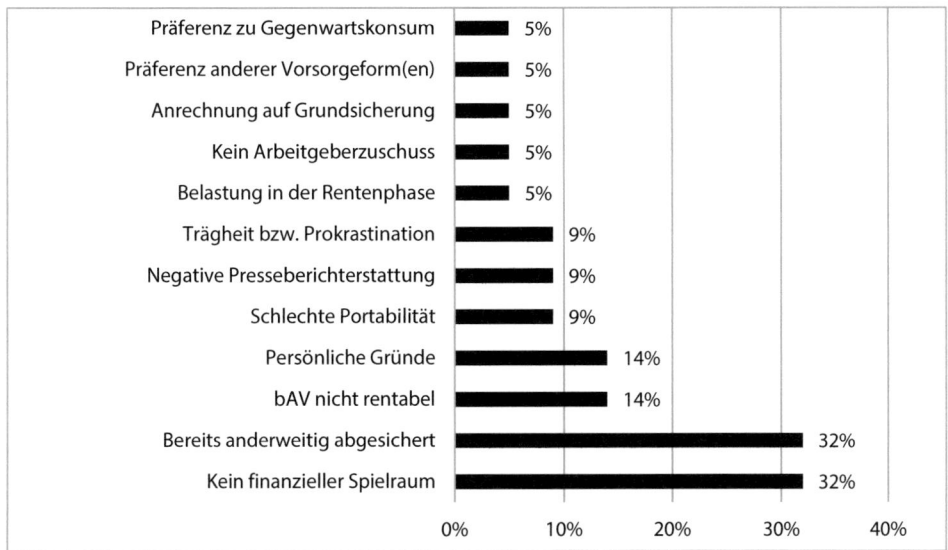

Abbildung 27: Gründe für das Fehlen einer bAV aus Arbeitnehmersicht laut Arbeitnehmerbefragung[354]

Arbeitnehmer jedoch nicht schließen. Die verbleibenden Hemmnisse sind breit gefächert und werden deutlich seltener genannt. Eine genauere Analyse unterbleibt daher.

Abschließend werden noch die Ergebnisse der Befragung von 53 Arbeitnehmern, die über eine bAV verfügen, dargestellt und erläutert.[355] In Abbildung 28 werden die genannten Gründe aufgeführt, die für Arbeitnehmer mit bAV für den Abschluss einer bAV sprechen.

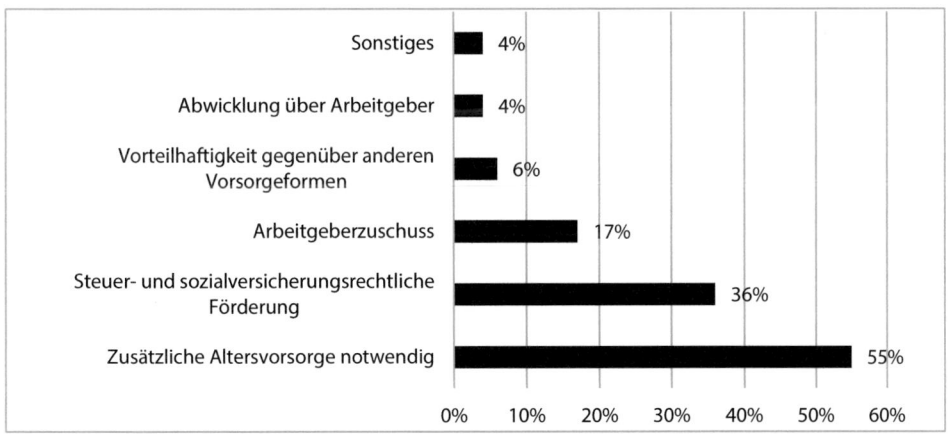

Abbildung 28: Gründe für den Abschluss einer bAV aus Arbeitnehmersicht laut Arbeitnehmerbefragung[356]

---

[354]  Quelle: Eigene Darstellung. Daten entnommen aus Kiesewetter et al. (2016c), S. 121. Bei den Befragungen waren Mehrfachnennungen möglich.
[355]  Zur Zusammensetzung der Stichprobe „Arbeitnehmer mit bAV" vgl. Kiesewetter et al. (2016c), S. 127 ff.
[356]  Quelle: Eigene Darstellung. Daten entnommen aus Kiesewetter et al. (2016c), S. 134. Bei den Befragungen waren Mehrfachnennungen möglich.

Es zeigt sich, dass der Großteil der Arbeitnehmer eine zusätzliche Altersvorsorge als notwendig erachtet. Der bAV wird dabei offensichtlich zugetraut, die erkannte Vorsorgelücke zu schließen. Neben dieser eher allgemeinen Angabe erwähnen 36 Prozent der Befragten die steuer- und sozialversicherungsrechtliche Förderung als Argument, das für den Abschluss einer bAV spricht. Insofern kann gefolgert werden, dass die Arbeitnehmer, die eine bAV haben, diese vornehmlich aufgrund der staatlichen Förderung abgeschlossen haben. Das Steuer- und Sozialversicherungsrecht stellt für diese Arbeitnehmer folglich gerade kein Hemmnis dar, sondern entfaltet eine positive Lenkungswirkung.[357]

Ein Arbeitgeberzuschuss wird von 17 Prozent der Arbeitnehmer mit bAV als Grund für den Abschluss einer bAV genannt. Damit wird ersichtlich, dass eine finanzielle Beteiligung des Arbeitgebers einen positiven Einfluss auf die Verbreitung der bAV hat. Offen bleibt jedoch, ob von diesen Arbeitnehmern eine bAV auch ohne Zuschuss abgeschlossen worden wäre.

### 3.1.3 Zusammenfassende Übersicht der empirisch belegten Verbreitungshemmnisse

Auf Grundlage dieses kurzen Überblicks über empirisch belegte Verbreitungshemmnisse auf Arbeitgeber- und Arbeitnehmerseite erfolgen zunächst einige prägnante tabellarische Zusammenstellungen der zentralen Hemmnisse. Hierzu werden die Ergebnisse aus dem Literaturüberblick respektive den BMAS-Studien, den Experteninterviews sowie der Arbeitnehmer- und Arbeitgeberbefragung in Hemmnisse auf Arbeitgeber- und Arbeitnehmerseite untergliedert. Die beiden folgenden Abbildungen geben an, welche Hemmnisse in welcher Untersuchung festgestellt wurden. Um die Übersichtlichkeit zu wahren, werden nur die jeweils meistgenannten Gründe für das Fehlen einer bAV berücksichtigt. In den an die Tabellen anschließenden Erläuterungen wird schließlich zwischen den Hemmnissen unterschieden, die im Rahmen dieser modelltheoretischen Analyse weiter betrachtet werden, und denjenigen, die im Rahmen des Modells nicht erfasst werden können. Erstgenannte werden in den nachfolgenden Tabellen grau hinterlegt. Tabelle 6 beinhaltet zunächst einen Überblick über Verbreitungshemmnisse auf Arbeitgeberseite.

In allen betrachteten Untersuchungen wird festgestellt, dass die Kosten für eine bAV auf Arbeitgeberseite zu hoch seien. Unter dieses Hemmnis lässt sich auch die zu geringe Sozialversicherungsersparnis subsumieren, da diese die mit Durchführung einer bAV verbundenen Verwaltungskosten offenbar nicht aufwiegt. Da die zahlungswirksamen Kosten des Arbeitgebers in dieser Arbeit bereits berücksichtigt wurden, kann dieses Hemmnis im Folgenden konkret aufgegriffen werden.[358]

Ebenso wird in allen Untersuchungen erkannt, dass die gesetzlichen Rahmenbedingungen zu kompliziert seien, der Kenntnisstand zur bAV daher gering sei. Hieraus resultiert ein zu hoher Informationsaufwand, der eine nur schwer überwindbare Hürde darstellt.

---

[357]    Vgl. Kiesewetter et al. (2016c), S. 135.
[358]    Informationskosten werden jedoch vernachlässigt.

| Hemmnisse auf Arbeitgeberseite | Literatur-überblick | Experten-interviews | Arbeitgeber-interviews |
|---|---|---|---|
| Kosten für Betrieb zu hoch (bzw. Sozialversiche-rungsersparnis kein ausreichender Anreiz) | X | X | X |
| (Vermutete) Unvorteilhaftigkeit für Arbeitnehmer | | X | X |
| Zu kompliziert, zu hoher Aufwand, zu geringer Kenntnisstand | X | X | X |
| Kein Bedarf, keine Nachfrage von Arbeitnehmern | X | | X |
| Dotierungsrahmen des § 3 Nr. 63 EStG zu gering bzw. unflexibel | | X | |
| Negative Presseberichterstattung | | X | X |

Tabelle 6: Übersicht der Hemmnisse auf Arbeitgeberseite[359]

Dass von Seiten der Arbeitnehmer kein Bedarf an einer bAV bestünde, wird dahingegen nur in den BMAS-Studien sowie der Arbeitgeberbefragung festgestellt. Unabhängig davon decken sich die Ergebnisse nicht mit den Erkenntnissen aus der unten dargestellten Arbeitnehmerbetrachtung.

Eine zu negative Presseberichterstattung wird von den befragten Experten sowie Arbeitgebern als Hemmnis erkannt. Aus dem Literaturüberblick ist dieser Aspekt dagegen nicht ersichtlich. Insbesondere vor dem Hintergrund des geringen Kenntnisstands stellen die Medien eine wichtige Informationsquelle dar. Sobald hier, wenn auch etwaig unzutreffend oder auf Einzelfälle beschränkt, negativ über die bAV berichtet wird, ist das Produkt bAV gebrandmarkt. Der tatsächliche Informationsgehalt wird dabei oftmals nicht vollständig verstanden oder es werden falsche Zusammenhänge gesehen bzw. unzutreffende Konsequenzen gezogen.[360]

Von Experten und befragten Arbeitgebern wird die bAV außerdem als unrentabel für die Arbeitnehmer angesehen. Dies wird durch mehrere Teilaspekte begründet. So wird einerseits beispielsweise die volle Beitragspflicht der Renten als negativ eingestuft. Andererseits sind hier auch die Einbußen in der gesetzlichen Rentenversicherung sowie die Anrechnung auf die Grundsicherung zu nennen. Dieses Hemmnis wird zusätzlich dadurch verstärkt, dass aufgrund der als zu hoch wahrgenommenen Komplexität sowie der negativen Presseberichterstattung oftmals auch eine Unvorteilhaftigkeit schlicht vermutet wird, ohne dass man sich mit der Thematik ausführlich auseinandergesetzt hat. Die Vorteilhaftigkeit aus Arbeitnehmersicht war bereits in Kapitel 2 der Maßstab zur Beurteilung der alternativen Vorsorgeformen, womit auch dieses Hemmnis im Rahmen der Modellierung aufgegriffen werden kann.

Als letztes Hemmnis auf Arbeitgeberseite wird, jedoch nur von den befragten Experten, ein zu geringer steuer- (und sozialversicherungs-)freier Dotierungsrahmen gesehen. Insbe-

---

[359]  Quelle: Eigene Darstellung in Anlehnung an Kiesewetter et al. (2016c), S. 137.
[360]  Vgl. hierzu auch Kiesewetter et al. (2016c), S. 257 f.

sondere im Hinblick auf die in dieser Arbeit betrachtete Zielgruppe der Geringverdiener erscheint dieses Hemmnis jedoch vernachlässigbar.[361]

Auch für die Arbeitnehmerseite erfolgt mit Tabelle 7 eine Übersicht über die relevantesten Verbreitungshemmnisse und in welchen Untersuchungen diese erkannt wurden. Die in den einzelnen Studien genannten Gründe für das Fehlen einer bAV werden hierfür erneut zu Oberpunkten zusammengefasst.

| Hemmnisse auf Arbeitnehmerseite | Literatur-überblick | Experten-interviews | Arbeitneh-merinterviews |
|---|---|---|---|
| bAV nicht rentabel (beispielsweise aufgrund voller Beitragspflicht in Rentenphase, Anrechnung auf Grundsicherung oder zu geringer Förderung) | X | X | X |
| Kein Angebot des Arbeitgebers | X | | |
| Fehlende Beschäftigung mit dem Thema | X | | |
| Absicherung durch andere Altersvorsorgeformen | X | | X |
| Kein finanzieller Spielraum | | X | X |

Tabelle 7: Übersicht der Hemmnisse auf Arbeitnehmerseite[362]

Sowohl der Literaturüberblick als auch Experten- und Arbeitnehmerinterviews lassen erkennen, dass die bAV aus Arbeitnehmersicht ebenfalls als unrentabel angesehen wird. Dies wird wahlweise mit der vollen Beitragspflicht der Renten aus der bAV in der gesetzlichen Kranken- und Pflegeversicherung, der Anrechnung der Leistungen auf die Grundsicherung oder eine schlichtweg zu geringen staatlichen Förderung begründet. Wie bereits angesprochen wurde, kann dieses Hemmnis konkret modelltheoretisch adressiert werden.

Laut Literaturüberblick und Arbeitnehmerinterviews fühlen sich viele Arbeitnehmer bereits anderweitig ausreichend abgesichert, weshalb eine bAV nicht abgeschlossen wird. Ob diese Einschätzung zutrifft, bleibt allerdings offen. Aus dieser Ansicht kann jedoch abgeleitet werden, dass die bAV in der Wahrnehmung durch die Arbeitnehmer hinsichtlich ihrer Lukrativität hinter alternative Vorsorgeformen zurücktritt.

Ein Hemmnis, das insbesondere für Gering- und Niedrigverdiener relevant ist und als solches von Experten und den befragten Arbeitnehmern erkannt wird, ist der fehlende finanzielle Spielraum, der eine zusätzliche Altersvorsorge in der Form einer bAV nicht zulässt. Außerdem wurde aus dem Literaturüberblick ersichtlich, dass ein fehlendes Angebot des Arbeitgebers sowie eine mangelhafte Beschäftigung mit dem Thema bAV einer weiteren Verbreitung entgegenstehen. Beide Hemmnisse konnten in der BMF-Studie jedoch nicht verifiziert werden, wobei auch bei den befragten Arbeitnehmern eine grundsätzliche Unkenntnis der gesetzlichen Regelungen zu attestieren ist.[363] Ein fehlendes Angebot des Ar-

---

[361]  In den Annahmen in Abschnitt 2.3.2.2 wurde deshalb bereits davon ausgegangen, dass der betrachtete Arbeitnehmer den steuer- und sozialversicherungsrechtlichen Höchstbetrag nicht überschreitet.
[362]  Quelle: Eigene Darstellung in Anlehnung an Kiesewetter et al. (2016c), S. 138.
[363]  Vgl. Kiesewetter et al. (2016c), S. 257.

beitgebers wäre aufgrund des bereits vor Inkrafttreten des BRSG verankerten Arbeitnehmeranspruchs auf Entgeltumwandlung unschädlich. Jedoch ist auch dieser größtenteils unbekannt.[364]

Neben Machbarkeitsstudie, BMAS-Studienreihe und BMF-Gutachten sorgte schließlich das sich in groben Zügen abzeichnende BRSG bereits vor einem ersten Entwurf für neue intensive Diskussionen in weiteren Literaturbeiträgen. Diese fanden überwiegend in der Praktikerliteratur statt.[365] Vielfach wurde insbesondere eine Vereinfachung der gesetzlichen Rahmenbedingungen gefordert. Gleichwohl war jedoch gewünscht, dass die staatliche Förderung ausgebaut und die reine Beitragszusage getreu dem Motto „pay and forget" eingeführt wird. Im Zusammenhang mit dem Gesetzgebungsverfahren meldeten sich außerdem zahlreiche Interessenverbände, insbesondere aus der Versicherungswirtschaft, zu Wort.[366] Allen Diskussionsbeiträgen und Vorschlägen ist gemein, dass sie nicht sonderlich konkret sind und oftmals nur eigene Interessensbekundungen beinhalten. Eine genauere Auseinandersetzung erscheint daher für die zu klärende Fragestellung nicht hilfreich.

# 3.2 Entwicklung von Reformmaßnahmen zur Förderung der Arbeitnehmer

Ausgehend von den in Abschnitt 3.1 identifizierten Verbreitungshemmnissen werden nun in Anlehnung an Kiesewetter et al. (2016c) Reformmaßnahmen entwickelt. Es erfolgt erneut eine Untergliederung in Maßnahmen, die an die Arbeitnehmer- und Arbeitgeberseite adressiert sind, wobei in diesem Abschnitt zunächst die Maßnahmen behandelt werden, die auf eine Förderung der Arbeitnehmer abzielen. Diese lassen sich in zwei Kernthemen unterteilen. Zum einen erscheint es sinnvoll, eine Form der fiskalischen Zulagenförderung in der bAV zu verankern (Abschnitt 3.2.1). Dies kann entweder durch eine verbesserte Integration der Riester-Rente in die bAV oder eine andere, neue Zulagenförderung erfolgen. Zum anderen soll dem Hemmnis einer zu geringen Rentabilität der bAV aufgrund der Beitragslast auf die Renten mit einer effizienteren Aufteilung der Sozialversicherungsbeiträge auf Arbeitnehmer und Arbeitgeber begegnet werden (Abschnitt 3.2.2).

## 3.2.1 Verbesserte Integration der Riester-Förderung ins System der betrieblichen Altersversorgung[367]

Wie aus Abschnitt 3.1 ersichtlich wurde, wurde die bAV vor Inkrafttreten des BRSG als unrentabel angesehen. Dies wurde zumeist mit einer zu geringen staatlichen Förderung be-

---

[364] Kiesewetter et al. (2016c), S. 122 (Abbildung 47) stellen fest, dass 88 Prozent der Arbeitnehmer, die bisher keine bAV abgeschlossen haben, ihren Anspruch auf Entgeltumwandlung nicht kennen.

[365] Vgl. hierzu pars pro toto Arbeitsgemeinschaft für betriebliche Altersversorgung e.V. (2016) oder Koss (2017).

[366] Vgl. hierzu beispielsweise Gesamtverband der Deutschen Versicherungswirtschaft e.V. (2015b), Verband öffentlicher Versicherer (2015a), Gesamtverband der Deutschen Versicherungswirtschaft e.V. (2015a), Verband öffentlicher Versicherer (2015b) oder Arbeitsgemeinschaft für betriebliche Altersversorgung e.V. (2015).

[367] Diese Reformmaßnahme ist angelehnt an Reformüberlegung 3 von Kiesewetter et al. (2016c), S. 153-158.

gründet. Mit der Riester-geförderten bAV stand jedoch bereits vor BRSG eine Zulagenförderung zur Verfügung. Dass diese vor Inkrafttreten des BRSG insbesondere für Geringverdiener nicht geeignet war, wurde bereits in Abschnitt 2.3.5 aufgezeigt. Grundsätzlich erscheint eine Zulagenförderung in der bAV jedoch zum einen gewünscht und zum anderen auch sinnvoll, weshalb in diesem Abschnitt Verbesserungsvorschläge aufgeführt und diskutiert werden, wie die Riester-Förderung sinnvoll in das System der bAV integriert werden kann.

Betrachtet man die Verbreitung der bAV allgemein und vergleicht diese mit der Verbreitung der Riester-geförderten bAV, fällt auf, dass Letztere eine untergeordnete bzw. gar keine Rolle spielt. Während ca. 50 Prozent aller sozialversicherungspflichtig Beschäftigten in der Privatwirtschaft über eine bAV verfügen, wird die Riester-Förderung in der bAV nur in Ausnahmefällen in Anspruch genommen.[368] Ein auf die Gesamtheit der sozialversicherungspflichtig Beschäftigten bezogener Anteil derer, welche die Riester-Förderung in der bAV nutzen, ist nicht bekannt. Betrachtet man jedoch den Durchführungsweg der Direktversicherung als verbreitetsten Durchführungsweg, wird die geringe Bedeutung der Riester-Förderung in der bAV ersichtlich. So werden lediglich 0,1 Prozent der von Arbeitnehmern abgeschlossenen Direktversicherungen über diesen Weg gefördert.[369] Im Folgenden wird erörtert, weshalb diese extrem geringe Verbreitung nicht überrascht.

## 3.2.1.1 Zum Begriff der Doppelverbeitragung[370]

In diversen Printmedien ist zu lesen, dass die bAV für Arbeitnehmer meist unrentabel sei. Dies wird häufig mit der Belastung der Rentenleistungen mit dem vollen Beitragssatz der gesetzlichen Kranken- und Pflegeversicherung begründet.[371] Auch in empirischen Untersuchungen wird die volle Beitragspflicht als einer der Hauptgründe für die geringe Verbreitung der bAV angesehen.[372] Nicht selten wird diesbezüglich der plakative, aber missverständliche Begriff der sogenannten „Doppelverbeitragung" verwendet.[373]

Um sich dem Begriff der Doppelverbeitragung zu nähern, wird zunächst die „gewöhnliche" Lohnverbeitragung betrachtet.[374] Bei Auszahlung des Lohns wird der Arbeitnehmeranteil zur Sozialversicherung direkt einbehalten. Zusätzlich dazu hat der Arbeitgeber (ArbG) seinen Anteil zur Sozialversicherung zu tragen, der für ihn zusätzlichen Lohnauf-

---

[368]    Vgl. BMAS (2016), S. 13 ff. (insbesondere Tabelle Z-1); vgl. auch Abbildung 2. Die Verbreitung der bAV in Privatwirtschaft und öffentlichem Dienst beträgt zum Erhebungszeitraum 57 Prozent; vgl. BMAS (2016), S. 16 f. (insbesondere Tabelle Z-3). Die Erhebungen beziehen sich auf den Zeitpunkt Dezember 2015. Belastbare aktuellere Daten sind nicht bekannt.

[369]    Vgl. BMAS (2016), S. 90 (Tabelle 11.5). Erhebungszeitpunkt ist ebenfalls Dezember 2015.

[370]    Dieser Abschnitt ist Menzel (2016) modifiziert und gekürzt entnommen.

[371]    Vgl. beispielsweise Brandstetter (2016), Gräber (2015), Gräber (2016), Schwerdtfeger (2015) oder Öchsner (2014).

[372]    Vgl. beispielsweise ausführlich Kiesewetter et al. (2016c), S. 64 f., 77 f., 83, 183.

[373]    In ihrem Antrag fordert beispielsweise die Partei DIE LINKE (BT-Drucksache 18/6364 vom 14.10.2015) die Bundesregierung auf, „einen Gesetzentwurf vorzulegen, […] der die doppelte Beitragszahlung auf Direktversicherung und Versorgungsbezüge beendet"; vgl. auch Deutscher Bundestag (2016) und Woratschka (2016). Woratschka/Jahberg (2016) sprechen von einem „Problem der Doppelverbeitragung in der Kranken- und Pflegeversicherung".

[374]    Vgl. hierzu auch die Ausführungen in den Abschnitten 2.3.2.1 und 2.3.3.1.

wand darstellt. Baut der Arbeitnehmer (ArbN) aus seinem Nettoentgelt eine (private) Altersvorsorge auf, werden in der Rentenphase keine Sozialversicherungsbeiträge mehr erhoben. Tabelle 8 fasst die Aufteilung der Sozialversicherungsbeiträge zusammen. In allen vier Zweigen der Sozialversicherung wird in Summe einmal der volle Beitragssatz erhoben.

| | Kranken-versicherung | | Renten-versicherung | | Pflege-versicherung | | Arbeitslosen-versicherung | |
|---|---|---|---|---|---|---|---|---|
| | ArbN | ArbG | ArbN | ArbG | ArbN | ArbG | ArbN | ArbG |
| Anwartschaftsphase | 0,5 | 0,5 | 0,5 | 0,5 | 0,5 | 0,5 | 0,5 | 0,5 |
| Rentenphase | - | - | - | - | - | - | - | - |
| Summen | 0,5 | 0,5 | 0,5 | 0,5 | 0,5 | 0,5 | 0,5 | 0,5 |
| | 1 | | 1 | | 1 | | 1 | |

Tabelle 8: Aufteilung der Sozialversicherungsbeiträge bei gewöhnlicher Lohnversteuerung[375]

Bei Inanspruchnahme der Steuer- und Sozialversicherungsfreiheit nach § 3 Nr. 63 EStG a.F. bzw. § 1 Abs. 1 Satz 1 Nr. 9 SvEV a.F. fallen in der Anwartschaftsphase sowohl auf Seiten des Arbeitnehmers als auch des Arbeitgebers keine Sozialversicherungsbeiträge auf das umgewandelte Entgelt an. In der Rentenphase trägt der Arbeitnehmer dahingegen den vollen Beitragssatz zur gesetzlichen Kranken- und Pflegeversicherung auf die (betrieblichen) Versorgungsleistungen alleine.[376] In den Zweigen der gesetzlichen Kranken- und Pflegeversicherung wird somit in Summe einmal der volle Beitragssatz erhoben, was Tabelle 9 zu entnehmen ist. Beiträge zur gesetzlichen Renten- und Arbeitslosenversicherung fallen nicht an.

Die in Tabelle 8 und Tabelle 9 dargestellten Sichtweisen fließen schließlich in die Behandlung der (Netto-)Entgeltumwandlung mit Riester-Förderung ein. Da es sich zum einen um eine Riester-Förderung handelt, wird das Arbeitsentgelt wie bei gewöhnlicher Lohnauszahlung zunächst voll verbeitragt. Auf der anderen Seite werden die in der Rentenphase resultierenden Leistungen als aus einer bAV stammend kategorisiert. Die damit vorliegenden Betriebsrenten werden beim Arbeitnehmer als Versorgungsbezüge der vollen Verbeitragung in gesetzlicher Kranken- und Pflegeversicherung unterworfen.[377] In Tabelle 10 wird die Behandlung der Riester-Förderung in der bAV zusammengefasst.

---

[375]  Quelle: Menzel (2016), S. 579. Aus Vereinfachungsgründen werden der nur vom Arbeitnehmer zu leistende Zusatzbeitrag zur Pflegeversicherung sowie der kassenindividuelle Zusatzbeitrag zur Krankenversicherung im weiteren Verlauf unberücksichtigt gelassen.

[376]  Für die Betrachtung in diesem Abschnitt wird stets unterstellt, dass die sozialversicherungsrechtliche Freigrenze für Versorgungsbezüge i.S.d. § 226 Abs. 2 SGB V überschritten wird.

[377]  In dieser Betrachtung wird stets unterstellt, dass die sozialversicherungsrechtliche Bagatellfreigrenze des § 226 Abs. 2 SGB V überschritten wird.

| | Kranken-versicherung | | Renten-versicherung | | Pflege-versicherung | | Arbeitslosen-versicherung | |
|---|---|---|---|---|---|---|---|---|
| | ArbN | ArbG | ArbN | ArbG | ArbN | ArbG | ArbN | ArbG |
| Anwartschaftsphase | - | - | - | - | - | - | - | - |
| Rentenphase | 1 | - | - | - | 1 | - | - | - |
| Summen | 1 | - | - | - | 1 | - | - | - |
| | 1 | | - | | 1 | | - | |

Tabelle 9: Aufteilung der Sozialversicherungsbeiträge bei (Brutto-)Entgeltumwandlung[378]

| | Kranken-versicherung | | Renten-versicherung | | Pflege-versicherung | | Arbeitslosen-versicherung | |
|---|---|---|---|---|---|---|---|---|
| | ArbN | ArbG | ArbN | ArbG | ArbN | ArbG | ArbN | ArbG |
| Anwartschaftsphase | 0,5 | 0,5 | 0,5 | 0,5 | 0,5 | 0,5 | 0,5 | 0,5 |
| Rentenphase | 1 | - | - | - | 1 | - | - | - |
| Summen | 1,5 | 0,5 | 0,5 | 0,5 | 1,5 | 0,5 | 0,5 | 0,5 |
| | 2 | | 1 | | 2 | | 1 | |

Tabelle 10: Aufteilung der Sozialversicherungsbeiträge bei (Netto-)Entgeltumwandlung in Kombination mit der Riester-Förderung vor Inkrafttreten des BRSG[379]

In den Zweigen gesetzliche Kranken- und Pflegeversicherung wird in Summe zwei Mal der volle Beitragssatz erhoben. In den Zweigen gesetzliche Renten- und Arbeitslosenversicherung wird einmal der volle Beitragssatz fällig.

Nachdem nun die Grundlagen aufgezeigt wurden, kann der Begriff „Doppelverbeitragung" erläutert und diskutiert werden. Bei Betrachtung der Belastung der Betriebsrenten mit Kranken- und Pflegeversicherungsbeiträgen wird ersichtlich, dass der Arbeitnehmer in der Rentenphase jeweils den vollen Beitragssatz zu tragen hat. Im Vergleich zur Lohnverbeitragung in der Anwartschaftsphase bedeutet dies für ihn eine Verdopplung des Beitragssatzes. Man könnte nun also in einem ersten Schritt folgern, dass es sich hierbei um eine Doppelverbeitragung handele. Unter dieser Sichtweise wäre bei jeder externen Durchfüh-

---

[378] Quelle: Menzel (2016), S. 579.
[379] Quelle: Menzel (2016), S. 580.

rung der bAV eine Doppelverbeitragung gegeben.[380] Zusätzlich gilt es jedoch auch die Summen der Beitragssätze über Arbeitgeber und Arbeitnehmer sowie Anwartschafts- und Rentenphase hinweg zu betrachten. Ein solcher Vergleich mit der „gewöhnlichen" Behandlung des Bruttoarbeitslohns lässt aber keine erklärungsbedürftigen Unterschiede erkennen. In den Zweigen gesetzliche Kranken- und Pflegeversicherung wird wie bei der Lohnverbeitragung jeweils einmal der volle Beitragssatz erhoben. Es lässt sich nun sicherlich diskutieren, ob eine derartige Aufteilung der Beiträge bzw. Überwälzung auf den Arbeitnehmer sinnvoll bzw. fair ist oder nicht.[381] In Gesamtbetrachtung bleibt jedoch festzuhalten, dass in Summe keine Doppelverbeitragung vorliegt. Es wäre vielmehr umgekehrt erklärungsbedürftig, wenn aufgrund einer Substitution gegenwärtigen Einkommens durch zukünftiges Renteneinkommen ein geringerer Beitragssatz erhoben würde.[382] Als grundsätzlicher Referenzwert zur Beurteilung des Vorliegens einer Doppelverbeitragung kann folglich nur die Gesamtbeitragsbelastung über Arbeitnehmer und Arbeitgeber sowie Anwartschafts- und Rentenphase hinweg herangezogen werden.[383] Nach dieser Definition kommt es immer dann zu einer Doppelverbeitragung, wenn in der Anwartschaftsphase eine Altersvorsorge aus verbeitragtem Entgelt aufgebaut wurde und die Rückflüsse daraus ebenfalls der Verbeitragung unterworfen werden.[384]

Man kann dieser Sichtweise nun entgegenhalten, dass es sich nicht um eine Doppelverbeitragung im sozialversicherungsrechtlichen Sinne handelt, da nicht die gleiche Grundlage doppelt verbeitragt wird. In der Anwartschaftsphase wird das Arbeitsentgelt, in der Rentenphase werden hingegen die Versorgungsleistungen als Bemessungsgrundlage herangezogen, womit zwei voneinander zu unterscheidende Ansatzpunkte relevant sind. Es erscheint daher sinnvoll, die Begrifflichkeit aus juristischer und ökonomischer Sicht abzugrenzen. Als strittig ist diesbezüglich insbesondere die Verbeitragung der Rentenleistungen anzusehen, weshalb sich die weiteren Ausführungen nur darauf beschränken.

Die ständige Sozialrechtsprechung sieht für das Vorliegen von beitragspflichtigen Versorgungsbezügen aus einer bAV eine sogenannte institutionelle Abgrenzung vor.[385] Diese „orientiert sich allein daran, ob die Rente [...] von einer Einrichtung der betrieblichen Altersversorgung gezahlt wird".[386] Danach genügt ein abstrakter Zusammenhang zwischen

---

[380] So sieht es offensichtlich auch die Partei DIE LINKE in ihrem Antrag; vgl. BT-Drucksache 18/6364 vom 14.10.2015. Ebenfalls missverständlich formuliert Thelen (2016).

[381] Insbesondere vor dem enormen negativen medialen Echo wäre eine andere Aufteilung zwischen Arbeitgeber und Arbeitnehmer eventuell sinnvoll, um dem gewünschten Ziel der größeren Verbreitung zu begegnen. Von dieser Problematik abstrahiert das Rechenmodell in Abschnitt 2.3, da der Arbeitgeber annahmegemäß monetär nicht von einer Vorsorgeentscheidung des Arbeitnehmers profitieren möchte und damit etwaige Vorteile an den Arbeitnehmer weiterreicht.

[382] Dies ließe sich eventuell mit dem Ziel der Förderung der bAV bzw. der Altersvorsorge begründen. Die Beitragsfreiheit in den Zweigen gesetzliche Renten- und Arbeitslosenversicherung ist dagegen nicht als staatliche Förderung anzusehen, da in diesen Zweigen in der Rentenphase kein Risiko zu versichern ist.

[383] So auch bei Kiesewetter et al. (2016c), S. XXVII und 142 ff.

[384] Dahingegen kommt es nicht auf die Tragung der Beiträge an.

[385] Ausführliche Erläuterungen zur institutionellen Abgrenzung finden sich in Hager (2012) und Hager (2011). Vgl. auch Fraedrich (2012).

[386] BSG-Urteil vom 30.03.2011, Rz. 19. Vgl. hierzu auch BSG-Urteil vom 25.05.2011, Rz. 14 und BSG-Urteil vom 12.11.2008, Rz. 19 mit jeweils ausführlichen Erläuterungen zu älterer Rechtsprechung. Die Rechtsprechung

der Rentenleistung und der vorherigen Beschäftigung, um eine bAV i.S.d. Beitragsrechts zu begründen. Das Beitragsrecht sieht demnach eine eigenständige und vom BetrAVG abweichende Begriffsdefinition der bAV vor.[387] Keine Relevanz für das Vorliegen von Versorgungsbezügen hat insbesondere die Finanzierung der Beiträge.[388] Es ist also unerheblich, ob Arbeitnehmer, Arbeitgeber oder beide wirtschaftlich belastet sind. Des Weiteren existiert im Sozialversicherungsrecht kein „Grundsatz, demzufolge mit aus bereits der Beitragspflicht unterliegenden Einnahmen vom Versicherten selbst finanzierte Versorgungsbezüge der Beitragspflicht überhaupt nicht oder jedenfalls nicht mit dem vollen Beitragssatz unterworfen werden dürfen".[389] Aus Sicht der betriebswirtschaftlichen Steuerlehre überrascht dieser Standpunkt, ist doch im Steuerrecht das Leistungsfähigkeitsprinzip[390] maßgeblich. Dieses würde bei gleicher Konstellation[391] eine Doppelbesteuerung verbieten.[392] Dem Grundsatz intertemporaler Neutralität folgend, darf das Lebenseinkommen nur einmal besteuert werden.[393] So hat auch das Bundesverfassungsgericht bereits klargestellt, dass „die Besteuerung von Vorsorgeaufwendungen für die Alterssicherung und die Besteuerung von Bezügen aus dem Ergebnis der Vorsorgeaufwendungen so aufeinander abzustimmen [sind], dass eine doppelte Besteuerung vermieden wird".[394] Für den Betriebswirt stellt sich nun die Frage, ob dieses steuerrechtliche Doppelbesteuerungsverbot auch in das Sozialversicherungsrecht übertragen werden kann bzw. weshalb dies bisher offensichtlich nicht geschehen ist. Unter Rückgriff auf eine erneut juristisch geprägte Argumentation werden die Gründe für die fehlende Verknüpfung schnell ersichtlich. So unterscheiden sich Steuern schon allein aufgrund der fehlenden Gegenleistung von (Sozialversicherungs-)Beiträgen.[395] Auch lässt sich das, der Sozialversicherung immanente, Versicherungsprinzip nicht mit steuerrechtlichen Grundsätzen in Einklang bringen. Juristisch betrachtet liegt somit zusammengefasst keine rechtswidrige Doppelverbeitragung vor.

Obwohl der Befund zumindest aus juristischer Sicht eindeutig erscheint und auch erwiesenermaßen verfassungskonform ist, bleibt dieses Ergebnis aus betriebswirtschaftlicher Sicht weiter unbefriedigend. Schließlich ist festzuhalten, dass verschiedene Formen der Altersvorsorge aufgrund rechtlicher Finessen unterschiedlich behandelt werden, ohne dass dem Vorsorgenden dadurch (insbesondere monetäre) Vorteile entstünden. Eine doppelte Erhebung von Sozialversicherungsbeiträgen begründet nämlich keine zusätzliche Leistung aus dem Sozialapparat. Weshalb dem Grunde nach Gleiches nicht gleich behandelt wird, ist

---

des BSG ist durch das Bundesverfassungsgericht gebilligt worden; vgl. BVerfG-Entscheidung vom 06.09.2010 und BVerfG-Entscheidung vom 28.09.2010. Dies gilt ebenfalls für Kapitalleistungen anstatt einer Rente.

[387]  Dies wird damit begründet, „dass Beitragsrecht und Betriebsrentenrecht unterschiedliche Ziele verfolgen"; BSG-Urteil vom 25.05.2011, Rz. 14.

[388]  Vgl. Deutscher Bundestag (2014), S. 32 ff.

[389]  Hager (2011), S. 802.

[390]  Vgl. hierzu ausführlich Hey (2015), Rz. 40-82.

[391]  Die jeweiligen Sozialversicherungsbeiträge müssten unter dieser Betrachtungsweise als Steuern interpretiert werden, auch wenn es sich nicht um Steuern im rechtlichen Sinn handelt.

[392]  Vgl. hierzu BVerfG-Entscheidung vom 06.03.2002, Rz. 189.

[393]  Vgl. Hey (2015), Rz. 80.

[394]  BVerfG-Entscheidung vom 06.03.2002, Rz. 224.

[395]  Ausführlich hierzu Giesen (2005), S. 87 und S. 98 ff.

unter wirtschaftlichen Gesichtspunkten nicht begründbar. Hinsichtlich der unterschiedlichen Vorsorgeformen besteht somit Inkonsistenz. Auch unter einem weiteren Blickwinkel zeigt sich eine Ungleichbehandlung. So lässt sich die Besteuerung und Verbeitragung des Arbeitsentgelts mit dem Mittelzufluss begründen und rechtfertigen. Die anschließende Auszahlung[396] des Deckungsstocks stellt jedoch lediglich eine Mittelverwendung dar, die betriebswirtschaftlich gesehen erfolgsneutral zu behandeln wäre. Keinesfalls darf jedoch eine erneute (erfolgswirksame) Vermögensmehrung erfasst werden. Dieser Grundsatz wird steuerrechtlich höchstrichterlich anerkannt und gewahrt.[397] In Bezug auf das Sozialversicherungsrecht wird jenen Argumenten jedoch nicht gefolgt. Damit ist steuerrechtlich eine doppelte Besteuerung im Gegensatz zu einer ökonomisch faktisch gleichzusetzenden doppelten Verbeitragung nicht verfassungskonform. Trotz der vorgebrachten juristischen Argumentation bleibt es somit letzten Endes dabei, dass zumindest aus ökonomischer Sicht eine Doppelverbeitragung gegeben ist, die sich aus diesem Blickwinkel auch nicht rechtfertigen lässt.[398]

Unter Zugrundelegung der obigen Definition ist im deutschen Sozialversicherungsrecht eine Doppelverbeitragung vor BRSG insbesondere in drei Fällen gegeben. Ein erster Fall tritt dann ein, wenn der Freibetrag des § 1 Abs. 1 Satz 1 Nr. 9 SvEV a.F. überschritten wird. Die SvEV verweist auf die Steuerfreiheit nach § 3 Nr. 63 Satz 1 und 2 EStG a.F., ohne den zusätzlichen Steuerfreibetrag i.H.v. 1.800 Euro gem. § 3 Nr. 63 Satz 3 EStG a.F. mit einzuschließen. Ein Arbeitnehmer, der beispielsweise allein aufgrund der steuerrechtlichen Behandlung einen Betrag umwandelt, der zwar steuer-, aber nicht beitragsfrei gestellt wird, rutscht somit in die Doppelverbeitragung. Gleiches gilt auch, wenn der Höchstbetrag durch zusätzliche Arbeitgeberzuschüsse überschritten wird.[399] Der zweite relevante Fall betrifft Zusagen, deren spätere Leistungen aufgrund der Änderungen des Gesetzes zur Modernisierung der gesetzlichen Krankenversicherung seit 2004 beitragspflichtig sind. Zum Zeitpunkt der Zusageerteilung galten die Leistungen unter Umständen noch als beitragsfrei. Die Ansparung erfolgte i.d.R. ebenfalls aus verbeitragtem Entgelt.[400] Der dritte Fall ist aus Tabelle 10 ersichtlich und umfasst die Netto-Entgeltumwandlung, ergo die Riester-Förderung in der bAV vor Inkrafttreten des BRSG.

Eigentlich hätte seit 2009 noch ein weiterer, beachtlicher Fall in diese Aufzählung aufgenommen werden müssen. Bei Einführung der Entgeltumwandlung im Jahr 2002 wurde die Beitragsfreiheit der umgewandelten Entgeltbestandteile zunächst bis zum 31.12.2008 befristet.[401] Ab 2009 sollten auch mittels (Brutto-)Entgeltumwandlung verwendete Entgelte

---

[396]  Dies gilt unabhängig davon, ob es sich um eine Rente oder eine (Teil-)Kapitalauszahlung handelt.

[397]  Siehe hierzu die Begründung des Bundesverfassungsgerichts zur Nichtverfassungsmäßigkeit der Doppelbesteuerung; vgl. BVerfG-Entscheidung vom 06.03.2002, Rz. 189.

[398]  Zu diesem Ergebnis kommen auch Kiesewetter et al. (2016c), S. 142.

[399]  Beispielsweise wenn der Arbeitgeber aufgrund von Tarifverträgen oder innerbetrieblichen Vereinbarungen verpflichtet ist, Zuschüsse zu leisten, unabhängig davon, ob oder in welchem Ausmaß der Arbeitnehmer bereits Entgelt umwandelt. Siehe diesbezüglich auch BMF-Schreiben vom 24.07.2013, Rz. 310 ff.

[400]  Vgl. hierzu ausführlich Deutscher Bundestag (2014), S. 39 ff.

[401]  Gem. § 115 SGB IV in der Fassung des AVmG, jedoch erneut nur bis zur Vier-Prozent-Grenze.

als Arbeitsentgelt zu behandeln sein und somit der Verbeitragung unterworfen werden. Ende 2007 wurde die zeitliche Befristung der Beitragsfreiheit jedoch aufgehoben.[402]

Der eben genannte Fall der Netto-Entgeltumwandlung mit Riester-Förderung mag zwar fallzahlenmäßig nicht ins Gewicht fallen, ist jedoch aus zwei anderen Gründen bedeutsam. Zum einen wird das ohnehin schon beschädigte Image der Riester-Rente weiter in Mitleidenschaft gezogen.[403] Eine Person, die sich nicht tiefergehend mit der Thematik befasst und vielmehr darauf vertraut, was sie eventuell ausschnittsweise aus der aktuellen Berichterstattung auffasst, wird nicht zwischen privater und betrieblicher Riester-Förderung differenzieren (können). Die (gerechtfertigten) Kritikpunkte an der Riester-Förderung in der bAV werden somit unter Umständen ungefiltert auf die gesamte Riester-Rente projiziert.[404] Zum anderen wird der Begriff der Riester-„Förderung" konterkariert. So kann bei betrieblicher Ausgestaltung der Riester-Förderung nicht von einer „Förderung" im eigentlichen Sinne gesprochen werden. Vielmehr wird der Vorsorgende irregeführt, spart er sich doch bei privater Riester-Förderung unter sonst gleichen Leistungen[405] einmal die Verbeitragung ein. Ein Sparer, der einmal durch diese Form der „Förderung" getäuscht wurde, wird auch zukünftig skeptisch gegenüber jeglicher Form der „staatlich geförderten" Zusatzvorsorge sein. Vor dem aktuellen demografischen Hintergrund und den Ambitionen der Bundesregierung, die zusätzliche Altersvorsorge stärken zu wollen, kann dies nicht gewünscht sein.

Unter Zugrundelegung dieser Ausführungen zur Doppelverbeitragung erscheint es unausweichlich, dass der Gesetzgeber die Riester-Förderung in der bAV reformiert. Zum einen können die Regelungen zur Verbeitragung an jene der gewöhnlichen bAV in den Grenzen des § 3 Nr. 63 EStG a.F. bzw. § 1 Abs. 1 Satz 1 Nr. 9 SvEV a.F. angeglichen werden. In diesem Fall würden nur noch in der Rentenphase die Versorgungsleistungen verbeitragt werden; das Arbeitsentgelt dürfte hingegen nicht mehr der Verbeitragung unterworfen werden. Aus Tabelle 11 wird ersichtlich, dass durch eine solche Reform nur noch rein nachgelagert in den Sozialversicherungszweigen der gesetzlichen Kranken- und Pflegeversicherung einmal der volle Beitragssatz erhoben würde.

Alternativ wäre ein Übergang zur rein vorgelagerten Verbeitragung denkbar. In diesem Fall würde nur noch in der Anwartschaftsphase das volle Arbeitsentgelt verbeitragt. Die Versorgungsleistungen dürften dagegen nicht mehr herangezogen werden. Im Endeffekt wäre dies eine Angleichung an die „gewöhnliche" Lohnverbeitragung und damit auch an die private Riester-Förderung. Wie aus Tabelle 12 ersichtlich, würde in jedem Sozialversicherungszweig in Summe einmal der volle Beitragssatz erhoben. Im Gegensatz zur rein vorgelagerten Verbeitragung würde die Belastung jedoch auf Arbeitgeber und Arbeitnehmer aufgeteilt.

---

[402]    Zur vor der Entfristung bereits entbrannten Diskussion bezüglich einer drohenden Doppelverbeitragung siehe Rieble (2007) und Rochlitz (2007).

[403]    So wurde Horst Seehofer beispielsweise mit den Worten „die Riester-Rente ist gescheitert" zitiert; vgl. Öchsner (2014).

[404]    Auch wenn der Zusammenhang zwischen, aufgrund der Doppelverbeitragung, unprofitabler Riester-Förderung in der bAV und Riester-Förderung allgemein so nicht hergestellt werden kann, wird der Begriff „Riester-Rente" in der öffentlichen Wahrnehmung insgesamt negativ haften bleiben.

[405]    Man kann zwar argumentieren, dass im System der bAV höhere Renditen erzielbar sind. Diese werden den Verlust aufgrund der Doppelverbeitragung jedoch nicht auffangen können.

| | Kranken-versicherung | | Renten-versicherung | | Pflege-versicherung | | Arbeitslosen-versicherung | |
|---|---|---|---|---|---|---|---|---|
| | ArbN | ArbG | ArbN | ArbG | ArbN | ArbG | ArbN | ArbG |
| Anwartschaftsphase | - | - | - | - | - | - | - | - |
| Rentenphase | 1 | - | - | - | 1 | - | - | - |
| Summen | 1 | - | - | - | 1 | - | - | - |
| | 1 | | - | | 1 | | - | |

Tabelle 11: Aufteilung der Sozialversicherungsbeiträge bei rein nachgelagerter Verbeitragung[406]

| | Kranken-versicherung | | Renten-versicherung | | Pflege-versicherung | | Arbeitslosen-versicherung | |
|---|---|---|---|---|---|---|---|---|
| | ArbN | ArbG | ArbN | ArbG | ArbN | ArbG | ArbN | ArbG |
| Anwartschaftsphase | 0,5 | 0,5 | 0,5 | 0,5 | 0,5 | 0,5 | 0,5 | 0,5 |
| Rentenphase | - | - | - | - | - | - | - | - |
| Summen | 0,5 | 0,5 | 0,5 | 0,5 | 0,5 | 0,5 | 0,5 | 0,5 |
| | 1 | | 1 | | 1 | | 1 | |

Tabelle 12: Aufteilung der Sozialversicherungsbeiträge bei rein vorgelagerter Verbeitragung[407]

Darüber hinaus sind auch „Mischformen" der Verbeitragung denkbar. So kann die Beitragslast nicht nur auf Arbeitnehmer und Arbeitgeber aufgeteilt, sondern zusätzlich auch zwischen Anwartschafts- und Rentenphase unterschieden werden. Da der Arbeitgeber bei Durchführung mittels externer Durchführungswege[408] in der Rentenphase nicht mehr involviert ist, ist dieser von Sozialversicherungsbeiträgen in der Rentenphase freizustellen. Außerdem muss sichergestellt werden, dass in Summe zumindest in den Sozialversicherungszweigen der gesetzlichen Kranken- und Pflegeversicherung exakt einmal der volle Beitrag erhoben wird. Mehr-, aber auch Minderverbeitragungen sind zu vermeiden, da auch Letztere wiederum, in analoger Argumentation zu oben, ökonomisch nicht zu rechtfertigen wären. Man könnte zwar argumentieren, dass mit einer Reform die bAV gefördert werden soll, und allein damit eine geringere Verbeitragungsintensität rechtfertigen. Dies würde je-

---

[406]   Quelle: Menzel (2016), S. 582.

[407]   Quelle: Menzel (2016), S. 582.

[408]   Wie bereits in Abschnitt 2.1.2.2.1 (insbesondere Fn. 133) erläutert, ist die Riester-Förderung in der bAV nur in den externen Durchführungswegen möglich.

doch zum einen, in gleicher Weise wie die Doppelverbeitragung, eine Abkehr von den sozialversicherungsrechtlichen Grundprinzipien bedeuten. Zum anderen könnte man ohne Rückgriff auf strukturgebende Elemente die Forderung nach Aufkommensneutralität nur schwer einhalten.

Für die Sozialversicherungszweige der gesetzlichen Renten- und Arbeitslosenversicherung gelten diese Ausführungen grundsätzlich nicht, da in diesen Zweigen, im Gegensatz zur gesetzlichen Kranken- und Pflegeversicherung, höhere Beiträge auch höhere Leistungen bedingen.[409] Insofern ist in den Zweigen gesetzliche Renten- und Arbeitslosenversicherung auch eine niedrigere Verbeitragungsintensität als 1,0 zu rechtfertigen.[410] Aufgrund des strengen Zusammenhangs zwischen Beiträgen und Leistung haben diese Versicherungszweige im Rahmen der Modellbetrachtung faktisch den Charakter einer kapitalgedeckten und weniger den einer umlagefinanzierten Versicherung. In Konsequenz ist bei der gesetzlichen Renten- und Arbeitslosenversicherung stets eine, über die gesamte Lebenszeit betrachtete, Aufkommensneutralität gegeben.

Eine beispielhafte Mischverbeitragung, die den oben dargestellten Grundsätzen entspräche, ist Tabelle 13 zu entnehmen. Hier würde der Arbeitgeberanteil zur Sozialversicherung in allen Zweigen in der Anwartschaftsphase erhoben, der Arbeitnehmeranteil dahingegen in der Rentenphase. Damit könnte dem Hemmnis begegnet werden, dass die Belastung der betrieblichen Riester-Renten mit Sozialversicherungsbeiträgen zu hoch sei. Andererseits ergäben sich für den Arbeitgeber keine Unterschiede zwischen der Durchführung der Riester-geförderten bAV und einer gewöhnlichen Lohnverbeitragung. Es müsste somit nicht darüber diskutiert werden, wie der Arbeitgeber mit einer Sozialversicherungsersparnis umzugehen hätte. Eine etwaige Verpflichtung zur Weitergabe wäre beispielsweise obsolet.

| | Kranken-versicherung | | Renten-versicherung | | Pflege-versicherung | | Arbeitslosen-versicherung | |
|---|---|---|---|---|---|---|---|---|
| | ArbN | ArbG | ArbN | ArbG | ArbN | ArbG | ArbN | ArbG |
| Anwartschaftsphase | - | 0,5 | - | 0,5 | - | 0,5 | - | 0,5 |
| Rentenphase | 0,5 | - | - | - | 0,5 | - | - | - |
| Summen | 0,5 | 0,5 | - | 0,5 | 0,5 | 0,5 | - | 0,5 |
| | 1 | | 0,5 | | 1 | | 0,5 | |

Tabelle 13: Aufteilung der Sozialversicherungsbeiträge bei Mischverbeitragung[411]

---

[409]    Dies wird beispielsweise durch die bereits betrachtete Rentenformel zur Ermittlung der gesetzlichen Rentenhöhe ersichtlich.
[410]    So beispielsweise bei rein nachgelagerter Verbeitragung; vgl. Tabelle 11.
[411]    Quelle: Eigene Darstellung.

Obwohl eine solche Aufteilung zunächst sinnvoll erscheinen mag, gehen damit zwei Probleme einher. Zum einen wäre grundsätzlich zu klären, welche Konsequenz aus der nur hälftigen Erhebung von Sozialversicherungsbeiträgen in der gesetzlichen Rentenversicherung zu ziehen ist. Konsequent erscheint, dass die sich nach Rentenformel ergebenden Renten zu halbieren wären. Zum anderen wäre diskutabel, ob eine solche Aufteilung mit der Vorgabe des Gesetzgebers zu vereinbaren ist, dass die bAV zukünftig vereinfacht werden soll.[412] Für eine Vereinfachung spräche, dass der Arbeitgeber fortan nicht mehr zwischen der Durchführung einer Riester-geförderten bAV und einer gewöhnlichen Lohnverbeitragung zu unterscheiden hätte. Der Arbeitnehmer müsste seinerseits, so wie es ihm aus seiner Lohnabrechnung bekannt ist, nur den hälftigen Beitragssatz auf die Leistungen zahlen. Da, wie bereits in diesem Abschnitt ausgeführt, oftmals auch die Erhebung der vollen Kranken- und Pflegeversicherungsbeitragssätze in der Rentenphase unabhängig von einer Sozialversicherungsfreiheit in der Anwartschaftsphase als ungerecht empfunden wird, wäre eine positive und breitenwirksame Außendarstellung zu erwarten. Diese könnte auch eine etwaig wahrgenommene Komplexitätssteigerung rechtfertigen. Gegen eine Vereinfachung der bestehenden Sozialversicherungsregelungen spräche hingegen, dass eine weitere, sich von allen bisherigen Erhebungsformen unterscheidende Aufteilung eingeführt würde. Neben Lohnverbeitragung und originärer bAV wäre fortan sowohl für Arbeitnehmer als auch Arbeitgeber ein drittes Verbeitragungssystem zu beachten. Obwohl die in Tabelle 13 dargestellte Mischverbeitragung ebenso wie weitere nach gleichem Muster denkbare Aufteilungen aus diesem Grund grundsätzlich nicht geeignet erscheinen, wird diese im Folgenden dennoch untersucht.

Die Frage, welche Variante aus monetärer Sicht zu bevorzugen ist, kann nicht pauschal beantwortet werden, sondern bedarf vielmehr einer tiefergehenden Untersuchung.[413] Da der Erfolg der Riester-geförderten bAV insbesondere von der Akzeptanz durch den Steuerpflichtigen abhängt, erscheint es erneut sinnvoll, die monetäre Vorteilhaftigkeit aus Sicht des Arbeitnehmers zu analysieren. Dies erfolgt durch Modifikation des bereits aufgestellten Rechenmodells.

## 3.2.1.2 Grundsätzliche Anmerkungen zur Äquivalenz vor- und nachgelagerter Verbeitragung[414]

Aus Sicht der betriebswirtschaftlichen Steuerlehre überrascht es zunächst, weshalb überhaupt über den Zeitpunkt der Verbeitragung diskutiert wird. Würde man (Ertrag-)Steuern betrachten, wäre der Zeitpunkt der Steuererhebung unter bestimmten weiteren Annahmen irrelevant für die Höhe des Nettozuflusses bzw. der Nettorente beim Steuerpflichtigen. Man spricht insoweit von einer Cash-flow-Steuer.[415] Dieser Gedanke kann grundsätzlich auch

---

[412]  Wie bereits aus Abschnitt 3.1 und insbesondere Tabelle 6 ersichtlich, wird als einer der Hauptgründe für die Unattraktivität der bAV auf Arbeitnehmerseite deren hohe Komplexität genannt.

[413]  Siehe diesbezüglich auch Kiesewetter et al. (2016c), S. 238-251 und Sachverständigenrat zur Begutachtung der gesamtwirtschaftlichen Entwicklung (2016), Rz. 626.

[414]  Dieser Abschnitt ist an Kiesewetter et al. (2016c), S. 139-143 angelehnt. In den Formeln wird diese fiktive bAV-Alternative mit dem hochgestellten Zusatz „CfS" für „Cash-flow-Steuer" kenntlich gemacht. Es erfolgt außerdem eine Unterscheidung in „CfSvor" für „Cash-flow-Steuer vorgelagert verbeitragt" und „CfSnach" für „Cash-flow-Steuer nachgelagert verbeitragt".

[415]  Siehe hierzu ausführlich Schneider (1992), S. 216-218 mit weiterführenden Literaturangaben.

auf die Erhebung von Sozialversicherungsbeiträgen übertragen werden. Anhand eines ex-kursartigen, einfachen Beispiels wird die Wirkungsweise demonstriert. Unter Vernachläs-sigung der Einkommensteuer wird angenommen, dass der Arbeitnehmer zugunsten einer fiktiven bAV bereit ist, in der 37-jährigen Anwartschaftsphase jährlich auf 1.000 Euro seines Bruttoentgelts zu verzichten. Nach vorgelagerter Verbeitragung mit dem für 2018 gültigen Beitragssatz in der Anwartschaftsphase $b^A = 0,19375$ verbleibt der jährlich investierbare Betrag i.H.v. 806,25 Euro, der sich mit zwei Prozent jährlich thesauriert. Am Ende der An-wartschaftsphase steht somit ein Deckungsstock $V_m^{CfS}$ i.H.v. 43.565,12 Euro zur Verfügung:

$$V_m^{CfSvor} = BL^{CfS} \cdot \left(1 - b^A\right) \cdot \frac{\left(1+r\right)^m - 1}{r} = 1.000 \cdot \left(1 - 0,19375\right) \cdot \frac{\left(1+0,02\right)^{37} - 1}{0,02} = 43.565,12 \cdot$$

(39)

Dieser Kapitalstock kann, da rein vorgelagert verbeitragt, anschließend ohne Abzüge beispielsweise in Form einer einmaligen Kapitalleistung ausgezahlt werden.

Alternativ können die Sozialversicherungsbeiträge rein nachgelagert erhoben werden. Der Deckungsstock am Ende der Anwartschaftsphase beträgt in diesem Fall 54.034,25 Euro. Unterstellt man, dass der Sozialversicherungsbeitragssatz in der Rentenphase demjenigen in der Anwartschaftsphase entspricht ($b^R = b^A = 0,19375$), steht nach Abzug der Sozial-versicherungsbeiträge schließlich derselbe Betrag zur Einmalauszahlung zur Verfügung:

$$V_m^{CfSnach} = BL^{CfS} \cdot \frac{\left(1+r\right)^m - 1}{r} \cdot \left(1 - b^R\right) = 1.000 \cdot \frac{\left(1+0,02\right)^{37} - 1}{0,02} \cdot \left(1 - 0,19375\right) = 43.565,12 \cdot$$

(40)

Unter den Annahmen dieses vereinfachten Beispiels ist der Zeitpunkt der Beitragserhe-bung folglich irrelevant.[416] Es ist jedoch schnell ersichtlich, dass diese Betrachtung im Ver-gleich zu den aktuell, d.h. sowohl vor als auch nach Inkrafttreten des BRSG gegebenen, tat-sächlichen sozialversicherungsrechtlichen Effekten einige Vereinfachungen aufweist. Zum einen ist festzuhalten, dass die Beitragssätze in Anwartschafts- und Rentenphase nicht über-einstimmen. Während auf den Arbeitslohn zwar, wie oben unterstellt, 19,375 Prozent Sozi-alabgaben erhoben werden, werden die Betriebsrenten mit einem niedrigeren Beitragssatz belastet. Da es sich bei der betrachteten fiktiven Altersvorsorgeform grundsätzlich um eine bAV handeln soll, wird auf die Leistungen der Beitragssatz $b^{bAV}$ von derzeit 17,15 Prozent erhoben. Unter diesem Gesichtspunkt ist die nachgelagerte Verbeitragung für den Steuer-pflichtigen ceteris paribus lukrativer als die vorgelagerte. Zum anderen wird in der obigen Darstellung bisher vernachlässigt, dass eine Verbeitragung in der Anwartschaftsphase mit zusätzlichen gesetzlichen Sozialversicherungsansprüchen und insbesondere mit einer (hö-heren) gesetzlichen Rente einhergeht. Die Verbeitragung von zusätzlichen $BL^{CfS}$ Euro in

[416]    Vgl. Kiesewetter et al. (2016c), S. 140. Die Ergebnisse gelten gleichermaßen, wenn anstatt von Einmalauszah-lungen rentenförmige Auszahlungen betrachtet werden. Die Formeln (39) und (40) wären in diesem Fall ent-sprechend anzupassen. Ebenso ließe sich auch die Besteuerung berücksichtigen, ohne das Ergebnis zu beein-flussen. Sofern die Steuersätze in Anwartschafts- und Rentenphase identisch sind, ist es analog irrelevant, ob die Besteuerung vor- oder nachgelagert erfolgt. In der Realität sind die Einkünfte in der Renten- typischer-weise niedriger als die in der Anwartschaftsphase. Aufgrund des progressiven Steuertarifs führt die nachgela-gerte Besteuerung in dieser Betrachtung zu einem günstigeren Ergebnis für den Arbeitnehmer.

der Anwartschaftsphase bedingt die zusätzliche gesetzliche Bruttorente

$$\text{BGR}^{\text{CfS}} = m \cdot \frac{\text{BL}^{\text{CfS}}}{\varnothing} \cdot \text{RW} \cdot 12 = 37 \cdot \frac{1.000}{37.873} \cdot 31,03 \cdot 12 = 363,78.^{417} \tag{41}$$

Unter Zugrundelegung der Annahmen dieses Beispiels, der aktuellen Sozialversicherungswerte sowie erneuter Vernachlässigung der Besteuerung ergibt sich somit eine zusätzliche gesetzliche Bruttorente i.H.v. 363,78 Euro. Diese ist nun mit dem aktuellen Beitragssatz $b^{\text{GRV}} = 0,0985$ zu verbeitragen.[418] Es verbleibt der jährliche Betrag i.H.v. 327,94 Euro. Im Ergebnis stehen sich ein Deckungsstock i.H.v. 44.767,38 Euro bei nachgelagerter Verbeitragung (entgegen Formel (40) mit $b^R = 0,1715$ verbeitragt) und ein Deckungsstock von 43.565,12 Euro sowie zusätzliche jährliche gesetzliche Nettorentenbezüge i.H.v. 327,94 Euro bei vorgelagerter Verbeitragung gegenüber. Eine Aussage zur Vorteilhaftigkeit ist nun nicht mehr ohne weitere Annahmen möglich.[419] Außerdem gilt es zu beachten, dass in diesem Beispiel gänzlich von der steuerrechtlichen Behandlung abstrahiert wird.

Die Beurteilung der Vorteilhaftigkeit zwischen vor- und nachgelagerter Verbeitragung wird noch komplexer, wenn zusätzlich die Arbeitgeberseite betrachtet wird. Bislang wurde davon ausgegangen, dass der Arbeitgeber nicht tangiert wird. In den Modellrechnungen aus Kapitel 2 wurde jedoch die Sphäre des Arbeitgebers einbezogen und eine Indifferenz unterstellt. Bei vorgelagerter Verbeitragung hätte auch der Arbeitgeber seinen Anteil zur Sozialversicherung zu tragen. Bei nachgelagerter Verbeitragung würde dagegen dieser Arbeitgeberanteil wegfallen. Konsequenterweise würde er diese Ersparnis als Arbeitgeberzuschuss in die Altersvorsorge des Arbeitnehmers investieren, womit die nachgelagerte Verbeitragung wieder an Attraktivität gewinnt.[420] Das zur Auszahlung zur Verfügung stehende Kapital erhöht sich nun von 44.767,38 Euro auf

$$\begin{aligned} V_m^{\text{CfSnach}} &= \text{BL}^{\text{CfS}} \cdot \left(1 + b^A\right) \cdot \frac{\left(1 + r\right)^m - 1}{r} \cdot \left(1 - b^R\right) \\ &= 1.000 \cdot 1,19375 \cdot \frac{1,02^{37} - 1}{0,02} \cdot 0,8285 = 53.441,06. \end{aligned} \tag{42}$$

Aus diesem kurzen Exkurs resultieren zwei Erkenntnisse. Zum einen ist die Frage nach der Vorteilhaftigkeit zwischen vor- und nachgelagerter Verbeitragung nicht pauschal zu beantworten, sondern bedarf einer weitreichenderen Untersuchung. Zum zweiten ist zwischen vor- und nachgelagerter Verbeitragung gerade keine Äquivalenz gegeben. Das Argument der Cash-flow-Steuer lässt sich nicht ohne Weiteres auf die sozialversicherungsrechtliche Behandlung übertragen. Eine „Cash-flow-Verbeitragung" liegt somit nicht vor.

---

[417] Vgl. hierzu die Formeln (18) und (19). Es wird erneut unterstellt, dass Zugangs- und Rentenartfaktor den Wert 1,0 annehmen und der aktuelle Rentenwert 31,03 beträgt; vgl. Fn. 241.

[418] Vgl. Formel (5).

[419] Insbesondere wird die Vorteilhaftigkeit maßgeblich von der Dauer der Rentenphase beeinflusst. Betrachtet man absolute Werte, wird die Differenz der Deckungsstöcke durch die zusätzliche Nettorente nach 3,3 Jahren aufgewogen. Bei Überschreitung dieser Dauer der Rentenphase ist folglich die vorgelagerte Verbeitragung für den Steuerpflichtigen ceteris paribus vorteilhaft.

[420] Um die Nachteile aus der niedrigeren Deckungsstockhöhe aufzuwiegen, müsste die Leistungsphase bei vorgelagerter Verbeitragung nun mindestens 8,2 Jahre andauern, sofern erneut Absolutwerte betrachtet werden.

### 3.2.1.3 Rein vorgelagerte Verbeitragung[421]

Betrachtet man nun die Möglichkeiten, eine Doppelverbeitragung in der Riester-geförder-ten bAV, so wie sie vor Inkrafttreten des BRSG gegeben ist, zu beseitigen, kann als erste Variante nur noch das Arbeitsentgelt rein vorgelagert verbeitragt werden. Im Endeffekt ist dies eine Angleichung an die gewöhnliche Lohnverbeitragung. Durch eine derartige Reform wird die Riester-Förderung in der bAV unter den Annahmen dieser Arbeit an die private Riester-Förderung angeglichen. Die vorgelagerte Verbeitragung begründet erneut zusätzli-che Ansprüche in der gesetzlichen Rentenversicherung. In Gesamtbetrachtung ergeben sich keine Unterschiede hinsichtlich der resultierenden Nettorenten im Vergleich zur privaten Riester-Förderung (vor Inkrafttreten des BRSG). Somit gilt:

$$\Delta N^{BRvor} = \Delta N^{PR} \,. \tag{43}$$

Es ergeben sich ansonsten keine weiteren Änderungen. Insbesondere bleibt von einer derartigen Umstellung die Arbeitgeberseite unberührt, weshalb eine weitere Anpassung der bisher aufgestellten Formeln unterbleiben kann. Formel (37) gilt unverändert.

### 3.2.1.4 Rein nachgelagerte Verbeitragung[422]

Alternativ zu einer rein vorgelagerten Verbeitragung können ausschließlich die resultieren-den Betriebsrenten verbeitragt werden. Im Endeffekt entspricht dies einer Angleichung an die Verbeitragung der gewöhnlichen bAV in den Grenzen des § 1 Abs. 1 Satz 1 Nr. 9 SvEV a.F. Im Gegensatz zu Formel (7) ergibt sich der investierbare Nettolohn somit zu

$$NL^{BRnach} = BL^{BRnach} \cdot \left(1 - s^A\right). \tag{44}$$

Dieser verbleibende und im Vergleich zum Zustand der Doppelverbeitragung höhere Nettolohn kann sodann erneut als Eigenbeitrag in den Riester-Vertrag eingezahlt werden. Die Modellierung der Riester-Förderung erfolgt grundsätzlich analog zu den Formeln (8) bis (12). Aufgrund der fehlenden Verbeitragung in der Anwartschaftsphase und des damit einhergehenden höheren Eigenbeitrags wird auch eine höhere Zulage gewährt. Diese ergibt sich zu

$$Zu^{BRnach} = \min\left[ Zu^{max} \cdot BL^{BRnach} \cdot \max\left[ \frac{1}{Zu^{max} + Mind}; \frac{1 - s^A}{Mind} \right]; Zu^{max} \right]. \tag{45}$$

Damit geht auch eine, im Vergleich zur vorgelagert verbeitragten betrieblichen Riester-Rente höhere Steuererstattung einher:

$$S^{BRnach} = \max\left[ s^A \cdot \min\left[ BL^{BRnach}; 2.100 \right] - Zu^{BRnach}; 0 \right]. \tag{46}$$

Der periodische Ansparbetrag setzt sich aus als Eigenbeitrag investiertem Nettolohn, Riester-Zulage und etwaiger zusätzlicher Steuererstattung zusammen:

$$\Delta V^{BRnach} = NL^{BRnach} + Zu^{BRnach} + S^{BRnach} \,. \tag{47}$$

---

[421]  Dieser Abschnitt ist Menzel (2017) modifiziert und gekürzt entnommen. In den Formeln wird diese Vorsor-gealternative mit dem hochgestellten Zusatz „BRvor" für „Betriebs-Riester rein vorgelagert verbeitragt" kennt-lich gemacht.

[422]  Dieser Abschnitt ist Menzel (2017) modifiziert und gekürzt entnommen. In den Formeln wird diese Vorsor-gealternative mit dem hochgestellten Zusatz „BRnach" für „Betriebs-Riester rein nachgelagert verbeitragt" kenntlich gemacht.

Um die Auswirkungen einer solchen Umstellung zu einer rein nachgelagerten Verbeitragung zu verdeutlichen, wird in Tabelle 14 dargestellt, wie sich der periodische Ansparbetrag in Abhängigkeit von Zulagenanspruch und jährlichem Bruttoarbeitslohn zusammensetzt.[423]

| Zulagen-anspruch | Grundzulage (175 €) | | Grund- und eine Kinderzulage (475 €) | | Grund- und zwei Kinderzulagen (775 €) | |
|---|---|---|---|---|---|---|
| Brutto-jahreslohn | 26.400,00 € | 37.873,00 € | 26.400,00 € | 37.873,00 € | 26.400,00 € | 37.873,00 € |
| Eigenbeitrag ohne Zulage und Steuerer-stattung | 659,49 € | 622,84 € | 659,49 € | 622,84 € | 659,49 € | 622,84 € |
| Mindest-eigenbeitrag | 881,00 € | 1.339,92 € | 581,00 € | 1.039,92 € | 281,00 € | 739,92 € |
| Erhaltene Zu-lage | 149,15 € | 103,97 € | 475,00 € | 284,49 € | 775,00 € | 652,37 € |
| Zusätzliche Steuererstat-tung | 91,36 € | 173,19 € | - € | - € | - € | - € |
| Periodischer Ansparbetrag | 900,00 € | 900,00 € | 1.134,49 € | 907,33 € | 1.434,49 € | 1.275,21 € |

Tabelle 14: Ermittlung des periodischen Ansparbetrags bei rein nachgelagert verbeitragter Riester-Förderung bei 900 Euro jährlichem Bruttokonsumverzicht[424]

Aufgrund der fehlenden Verbeitragung in der Anwartschaftsphase ergeben sich im Vergleich zu Tabelle 1 nun stets höhere Ansparbeträge. Ansonsten gelten die bereits erläuterten Anmerkungen analog. Im Gegensatz zu Tabelle 1 fällt jedoch auf, dass die periodischen Ansparbeträge bei ausschließlichem Anspruch auf Grundzulage exakt der Höhe des periodischen Bruttokonsumverzichts entsprechen. Bei zusätzlichem Anspruch auf Riester-Kinderzulagen ist dies hingegen nicht der Fall. Dies lässt sich damit erklären, dass für die beiden betrachteten Steuerpflichtigen mit Anspruch auf Grundzulage der Sonderausgabenfall, bei den anderen vier Steuerpflichtigen dagegen der Zulagenfall einschlägig ist.[425] Die zusätzliche Steuererstattung aufgrund des Sonderausgabenabzugs entspricht der Höhe der zuvor entrichteten (Lohn-)Steuer auf den Bruttokonsumverzicht. Da bei der Riester-Förderung vor Inkrafttreten des BRSG zusätzlich eine Verbeitragung erfolgte, addieren sich Eigenbeitrag (nach Besteuerung und Verbeitragung), erhaltene Zulage und Steuererstattung in Tabelle 1 nicht zur Höhe des Bruttokonsumverzichts auf. Die Differenz bildet der Arbeitneh-

---

[423] Vgl. hierzu auch die analoge Tabelle 1 für den Fall der vorgelagert verbeitragten, betrieblichen oder privaten Riester-Rente.

[424] Quelle: Eigene Darstellung. Es gelten die Annahmen, die bereits zu Tabelle 1 erläutert wurden.

[425] Vgl. hierzu auch die Anmerkungen zu Tabelle 1. Auch hier befanden sich die Steuerpflichtigen mit ausschließlichem Anspruch auf Grundzulage im Sonderausgabenfall.

meranteil zur Sozialversicherung.[426] Im Gegensatz zu oben ist bei rein nachgelagerter Verbeitragung somit eine steuer- und sozialversicherungsrechtliche Ansparung aus dem Bruttolohn möglich.[427]

Aus den periodischen Zuführungen wird ein Deckungsstock gebildet, der anschließend verrentet wird. Diesbezüglich sind die Formeln (15) und (17) analog anzuwenden. Da in der Anwartschaftsphase keine Verbeitragung erfolgt, entstehen keine zusätzlichen Ansprüche aus der gesetzlichen Rentenversicherung. Damit ergibt sich die Nettozusatzrente im Fall der rein nachgelagerten Verbeitragung zu

$$\Delta N^{BRnach} = NR^{BRnach} = \begin{cases} BR^{BRnach} \cdot \left(1-s^R\right) & \text{für } BR^{BRnach} \leq FG^{bAV} \\ BR^{BRnach} \cdot \left(1-s^R\right) \cdot \left(1-b^{bAV}\right) & \text{für } BR^{BRnach} > FG^{bAV} \end{cases}.$$

(48)

Da es sich um eine bAV handelt, ist zusätzlich die sozialversicherungsrechtliche Freigrenze des § 226 Abs. 2 SGB V zu beachten. Überschreiten die betrieblichen Riester-Bruttorenten diese Grenze, wird neben einer Besteuerung auch eine Verbeitragung ausgelöst. Diesbezüglich kommt der für bAV-Renten gültige volle Beitragssatz in Kranken- und Pflegeversicherung zum Ansatz.

Bisher wurden nur die Änderungen einer derartigen Reform auf der Arbeitnehmerseite erläutert. Eine Umstellung auf eine rein nachgelagerte Verbeitragung hat jedoch auch Auswirkungen auf die Arbeitgeberseite zur Folge. Auch der Arbeitgeber wird in diesem Fall von einer Verbeitragung in der Anwartschaftsphase entbunden.[428] Zur Ermittlung der Kosten des Arbeitgebers wäre damit Formel (36) analog anzuwenden.

Wird erneut unterstellt, dass die Gesamtkosten des Arbeitgebers stets identisch (d.h. *X*) hoch sein sollen, wird er in Gesamtbetrachtung den Lohn analog zu Formel (38) um

$$BL^{BRnach} = X$$

(49)

erhöhen.

## 3.2.1.5 Mischverbeitragung[429]

Neben den beiden Extremformen rein vor- und rein nachgelagerte Verbeitragung sind auch Mischformen denkbar. Insbesondere erscheint die in Tabelle 13 dargestellte Aufteilung aus qualitativen Gründen geeignet, die Akzeptanz der Riester-geförderten bAV zu erhöhen und gleichzeitig die Doppelverbeitragung abzuschaffen. In Bezug auf den Arbeitnehmer handelt es sich um eine nachgelagerte, in Bezug auf den Arbeitgeber um eine vorgelagerte Verbei-

---

[426]    In Tabelle 1 beträgt die Differenz zwischen periodischem Ansparbetrag (725,63 Euro) und Bruttokonsumverzicht (900 Euro) 174,37 Euro. Dies entspricht exakt dem Sozialversicherungsbeitrag des Arbeitnehmers (19,375 Prozent), der auf den Bruttokonsumverzicht zu entrichten ist.

[427]    Bei der Riester-Förderung vor Inkrafttreten des BRSG war dahingegen nur eine steuerliche Ansparung aus dem Nettolohn gegeben.

[428]    Zumindest wäre dies die konsequente Folge aus einer derartigen Umstellung, wie Tabelle 11 zu entnehmen ist.

[429]    In den Formeln wird diese Vorsorgealternative mit dem hochgestellten Zusatz „BRMisch" für „Betriebs-Riester mit Mischverbeitragung" kenntlich gemacht.

tragung. An dieser Stelle bietet es sich an, zunächst die Arbeitgeberseite zu betrachten. Dieser trägt in der Anwartschaftsphase seinen Anteil zur Sozialversicherung ($b^A$) in allen Versicherungszweigen. Insofern besteht kein Unterschied zu einer gewöhnlichen Lohnversteuerung und -verbeitragung, womit Formel (37) analog Anwendung findet.

Da aus Sicht des Arbeitnehmers eine nachgelagerte Verbeitragung erfolgt, sind zunächst die Formeln (44) bis (47) bezüglich des Riester-Fördermechanismus sowie der Ermittlung des periodischen Ansparbetrags analog anwendbar. Insofern sind ebenfalls die Werte aus Tabelle 14 einschlägig. Auch die jährliche Bruttorente wird unter analoger Anwendung der Formeln (15) und (17) ermittelt. Bei der Ermittlung der Nettorenten aus der Riester-bAV ist nun zu beachten, dass die Verbeitragung entgegen Formel (25) mit dem Beitragssatz

$$b^{\text{Misch}} = \frac{b^{\text{KV}}}{2} + \frac{b^{\text{PV}}}{2} \qquad (50)$$

erfolgt. Es resultiert die Nettorente

$$NR^{\text{BRMisch}} = \begin{cases} BR^{\text{BRMisch}} \cdot \left(1-s^R\right) & \text{für } BR^{\text{BRMisch}} \leq FG^{\text{bAV}} \\ BR^{\text{BRMisch}} \cdot \left(1-s^R\right) \cdot \left(1-b^{\text{Misch}}\right) & \text{für } BR^{\text{BRMisch}} > FG^{\text{bAV}}. \end{cases} \qquad (51)$$

Aufgrund der Verbeitragung durch den Arbeitgeber in der Anwartschaftsphase entstehen zusätzliche Ansprüche in der gesetzlichen Rentenversicherung. Diese lassen sich durch modifizierte Anwendung der Rentenformel ermitteln. Wie aus Tabelle 13 ersichtlich wird, wird nur der hälftige Beitragssatz zur gesetzlichen Rentenversicherung entrichtet. In Konsequenz ist die Rentenformel um den Multiplikator 0,5 zu erweitern:[430]

$$BGR^{\text{BRMisch}} = m \cdot \frac{BL^{\text{BRMisch}}}{\varnothing} \cdot ZF \cdot RF \cdot RW \cdot 12 \cdot \frac{1}{2}. \qquad (52)$$

Durch diese Anpassung wird der nur hälftigen Verbeitragung in der Anwartschaftsphase Rechnung getragen. Die sich so ergebenden zusätzlichen gesetzlichen Bruttorenten unterliegen der Besteuerung und Verbeitragung (mit $b^{\text{GRV}}$).[431] Die Nettozusatzrente bei Mischverbeitragung ergibt sich als Summe aus Netto-Riester-bAV-Rente und zusätzlicher gesetzlicher Nettorente.

## 3.2.1.6 Vergleich der Alternativen

### 3.2.1.6.1 Isolierte Arbeitnehmersicht

Die in den vorangehenden Abschnitten vorgestellten Vorsorgealternativen werden nun hinsichtlich ihrer monetären Vorteilhaftigkeit aus Sicht des Arbeitnehmers untersucht. Zunächst wird ausschließlich die Arbeitnehmerperspektive eingenommen.[432] Die Arbeitgeber-

---

[430]   Zumindest ist dies die rationale Folge hieraus. Vergleichbare Sachverhalte kennt das deutsche Sozialversicherungsrecht nicht, weshalb die konkrete gesetzliche Folge aus einer derartigen Änderung nicht abschließend abzuschätzen ist.

[431]   Formel (21) gilt diesbezüglich entsprechend.

[432]   Dies entspricht der Betrachtung in Abschnitt 2.3.2.6. Die dortigen Ausführungen gelten damit grundsätzlich analog.

sphäre wird gänzlich vernachlässigt. Sofern der geringverdienende Steuerpflichtige mit einem Bruttojahresgehalt i.H.v. 26.400 Euro jährlich auf 900 Euro Bruttokonsum zugunsten einer Riester-bAV-Alternative verzichtet, kann er eine Nettozusatzrente erzielen, die in Abhängigkeit des Riester-Zulagenanspruchs Abbildung 29 zu entnehmen ist.[433] Die Verläufe der Nettozusatzrentenhöhen bei privater sowie betrieblicher Riester-Rente vor Inkrafttreten des BRSG entsprechen denjenigen aus Abbildung 10.

Es ist nicht verwunderlich, dass alle drei betrachteten Reformmaßnahmen durchgängig eine höhere Nettozusatzrente generieren als Riester-bAV vor BRSG.[434] Dies war überhaupt erst der Ausgangspunkt für Reformüberlegungen. Auf den ersten Blick überraschend ist jedoch, dass die rein nachgelagerte betriebliche Riester-Rente ab einem Zulagenanspruch von 525 Euro nur geringfügig besser ist als bAV-Riester vor BRSG. Ab dieser Höhe reicht auch bei den nach- und doppeltverbeitragten Varianten der Eigenbeitrag aus, damit der volle Zulagenanspruch tatsächlich ausgezahlt wird. Bei den vor- und mischverbeitragten Alternativen ist dies schon früher der Fall, da aufgrund der fehlenden Verbeitragung in der Anwartschaftsphase höhere Eigenbeiträge geleistet werden können. In der Abbildung wird die Gewährung des vollen Riester-Anspruchs in allen Alternativen erneut durch das Abflachen der Nettozusatzrentenhöhen ersichtlich.

Bei rein vorgelagerter und doppeltverbeitragter sowie bei rein nachgelagerter und mischverbeitragter Riester-Förderung werden jeweils die identischen Bruttorentenhöhen aus der Vorsorgealternative $(BR^{(\cdot)})$ erzielt. Zunächst wird der Unterschied der Nettozusatzrentenhöhen von rein nach- und doppeltverbeitragter Riester-bAV erläutert. Dieser lässt sich durch zwei gegensätzliche Effekte erklären. Zum einen wirkt sich die originäre Riester-Förderung bei nachgelagerter Verbeitragung früher stärker aus, da ein höherer Eigenbeitrag geleistet wird. Dieser Effekt verstärkt sich bei zunehmendem Riester-Zulagenanspruch, was in Abbildung 29 an dem Auseinanderdriften der beiden Nettozusatzrentenverläufe ersichtlich wird. Zum anderen werden bei doppelter bzw. vorgelagerter Verbeitragung zusätzliche gesetzliche Rentenansprüche erworben, die dem ersten Effekt entgegenstehen. Eine Saldierung der beiden Effekte zeigt, dass die rein nachgelagerte Verbeitragung insgesamt betrachtet höhere Nettozusatzrenten generiert. Sobald der Effekt aus der Riester-Förderung jedoch vollständig ausgeschöpft ist, d.h. sich zusätzliche Eigenbeiträge nicht weiter überproportional auswirken, wird dieser Effekt annähernd durch die zusätzlichen gesetzlichen Rentenansprüche aufgewogen.

---

[433]    Bezüglich der weiteren exogenen Variablen gelten fortan erneut die Annahmen aus Kapitel 2. D.h. es werden die sozialversicherungs- und steuerrechtlichen Werte des Jahres 2018 unterstellt. Die Dauer der Anwartschaftsphase beträgt 37, die der Rentenphase 20 Jahre. Das gesamte Erwerbsleben dauert 47 Jahre an. Die einheitliche Vorsteuerrendite beträgt jährlich zwei Prozent.

[434]    Es gilt zu beachten, dass im vorliegenden Fall die sozialversicherungsrechtliche Bagatellgrenze für Versorgungsbezüge überschritten wird.

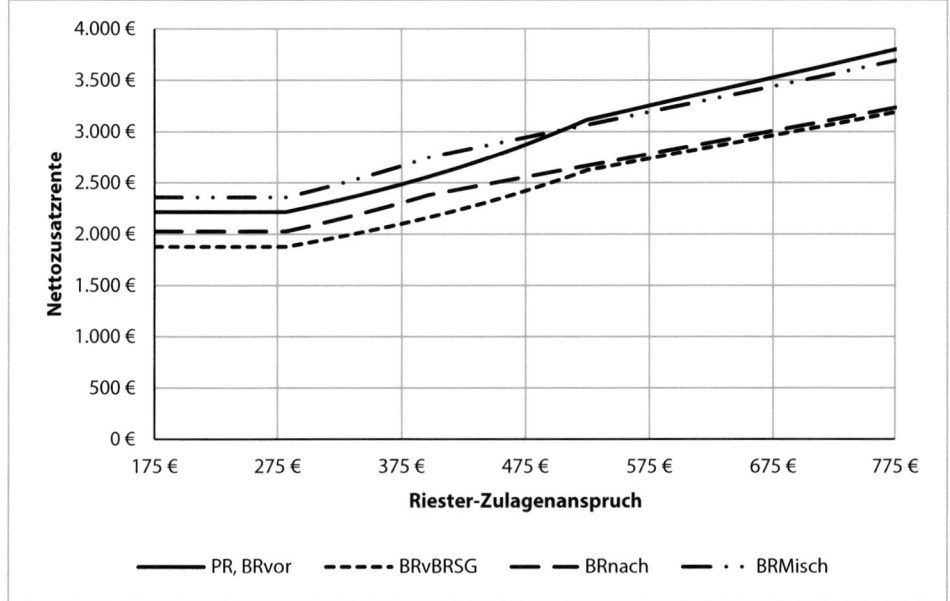

Abbildung 29: Nettozusatzrente eines Steuerpflichtigen mit Bruttojahresgehalt i.H.v. 26.400 Euro bei 900 Euro jährlichem Bruttokonsumverzicht in Abhängigkeit des Riester-Zulagenanspruchs bei bAV-Riester-Reform[435]

Ferner ist aus dem Unterschied der Nettozusatzrentenhöhen zwischen rein vor- und doppeltverbeitragter Riester-Rente der isolierte Effekt aufgrund der zusätzlichen Belastung der bAV-Renten mit Sozialabgaben abzulesen. Umso höher der Zulagenanspruch ist, desto lukrativer wird die vorgelagerte Verbeitragung. Sie führt bei Zulagenansprüchen ab ca. 500 Euro die Rangfolge der betrachteten Riester-Alternativen an, da die maximale Zulagenhöhe erst spät erreicht wird, zusätzlich jedoch weitere gesetzliche Rentenansprüche entstehen.

Es ist schließlich festzuhalten, dass der Riester-Fördermechanismus zwar wirkungsvoll, jedoch der Höhe nach begrenzt ist. Sobald das maximale Zulagen-Fördervolumen erreicht wird,[436] kompensieren die, im Rahmen der vorgelagerten Verbeitragung entstehenden, gesetzlichen Rentenansprüche den „Riester-Vorteil" beinahe vollständig. Aus dieser Erkenntnis lässt sich ableiten, dass es für den Steuerpflichtigen von Vorteil ist, wenn zum einen zusätzliche gesetzliche Rentenansprüche entstehen und außerdem das Riester-Zulagen-Fördervolumen erst möglichst spät ausgereizt wird. Im Endeffekt entspricht diese Forderung der ebenfalls in Abbildung 29 abgetragenen Mischverbeitragung. Es überrascht daher nicht, dass diese in den meisten Fällen die höchsten Nettozusatzrenten generiert.

---

[435] Quelle: Eigene Darstellung.
[436] Den Mindesteigenbeitrag übersteigende Eigenbeiträge führen nicht zu einer Erhöhung der gewährten Zulage. Diese Beiträge wirken sich maximal im Rahmen des Sonderausgabenabzugs aus, der für die betrachteten Steuerpflichtigen jedoch nicht relevant ist.

Dieses Ergebnis wird relativiert, wenn statt eines Geringverdieners ein Durchschnitts-verdiener betrachtet wird. Bei diesem ist zum einen wesentlich häufiger der Sonderausga-benfall einschlägig, wodurch bei nachgelagerter Verbeitragung die Riester-Förderung grö-ßere Wirkung entfaltet.[437] Zum anderen wird die maximale Zulagenhöhe und damit die maximale Förderung erst bei wesentlich höheren Eigenbeiträgen und damit bei größeren Bruttokonsumverzichten erreicht. Die Fälle, in denen die nachgelagerte Verbeitragung die Doppelverbeitragung nur knapp dominiert, nehmen daher mit steigendem Bruttoarbeits-entgelt ab. Dieser Zusammenhang wird auch aus Abbildung 30 ersichtlich. Hier wird ein Anspruch auf Riester-Grundzulage unterstellt und der Arbeitnehmer ist zu einem jährli-chen Bruttokonsumverzicht i.H.v. 900 Euro bereit.[438]

Im Gegensatz zu Abbildung 29 hebt sich die rein nachgelagerte Verbeitragung aus den oben genannten Gründen nun stets deutlich von der Riester-Rente in der bAV vor BRSG ab. Ansonsten gilt das bereits zu Abbildung 11 Gesagte. In dieser Betrachtung führt die Mischverbeitragung übergreifend die Rangfolge der Alternativen an.

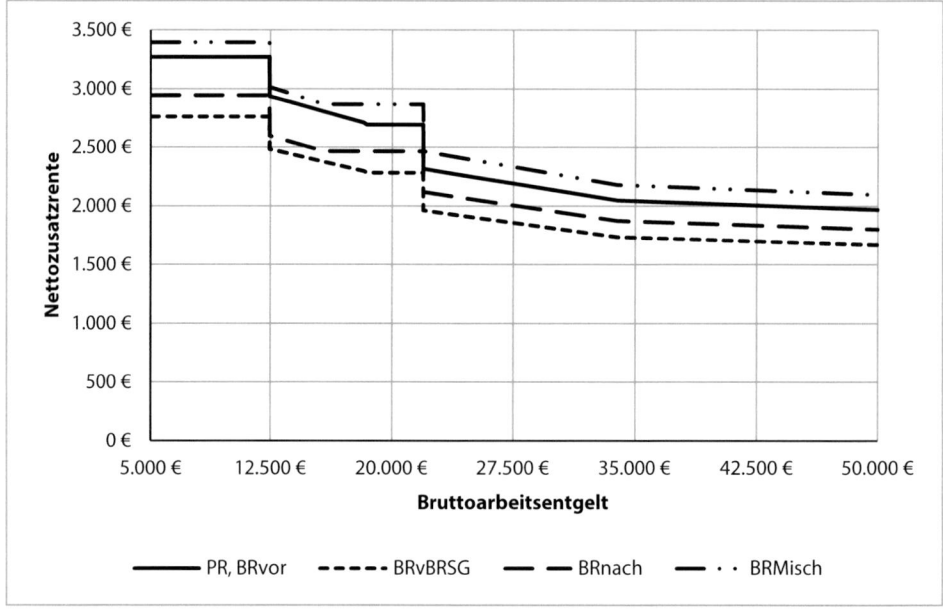

Abbildung 30: Nettozusatzrente eines Steuerpflichtigen mit ausschließlichem Anspruch auf Riester-Grundzu-lage bei 900 Euro jährlichem Bruttokonsumverzicht in Abhängigkeit des Bruttoarbeitsentgelts bei bAV-Riester-Reform[439]

---

[437]  In Abbildung 29 erfolgt der Übergang von Zulagen- zu Sonderausgabenfall erneut bei ca. 280 Euro. Vgl. hierzu auch die Erläuterungen unter Abbildung 10.
[438]  Es gelten die Ausführungen zu Abbildung 11 entsprechend.
[439]  Quelle: Eigene Darstellung.

## 3.2.1.6.2 Zusammenfassende Betrachtung[440]

Auch an dieser Stelle ist anzumerken, dass eine isolierte Betrachtung der Arbeitnehmer-sphäre für eine ganzheitliche Betrachtung nicht ausreicht. Unter Rückgriff auf die Argumentation in Abschnitt 2.4 ist erneut die Arbeitgebersphäre miteinzubeziehen. Es wird daher abermals eine Kostenindifferenz des Arbeitgebers unterstellt. Dieser stellt wiederum ein Gesamtkostenpaket zur Verfügung, das unabhängig von der Vorsorgealternative $X$ beträgt.

Da die rein nachgelagerte Verbeitragung für den Arbeitgeber die günstigste der betrachteten Alternativen ist, kann er die kompletten zur Verfügung gestellten Kosten als Bruttolohnerhöhung an den Arbeitnehmer weiterreichen, womit diese Variante an Attraktivität gewinnt. Dies wird auch aus Abbildung 31 ersichtlich. Hier wird erneut die Höhe der Nettozusatzrente eines Geringverdieners in Abhängigkeit des Riester-Zulagenanspruchs abgebildet, nun jedoch unter Einbeziehung der Arbeitgebersphäre.

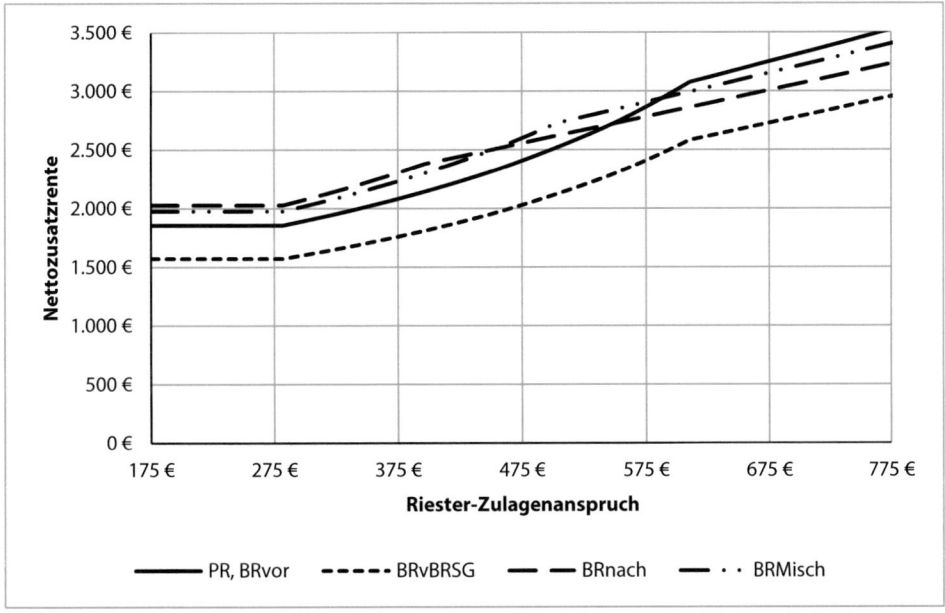

Abbildung 31: Nettozusatzrente eines Steuerpflichtigen mit Bruttojahresgehalt i.H.v. 26.400 Euro bei 900 Euro jährlichem Gesamtkostenpaket des Arbeitgebers in Abhängigkeit des Riester-Zulagenanspruchs bei bAV-Riester-Reform[441]

Die Abbildung zeigt, dass nun die rein nachgelagerte Verbeitragung zumeist die lukrativste Riester-Alternative darstellt. Die vorgelagerte Riester-Rente wird mit steigendem Zulagenanspruch attraktiver. Außerdem fällt der Unterschied der Nettozusatzrentenhöhen zu bAV-Riester vor BRSG stets deutlich größer aus. Die Mischverbeitragung fällt dahingegen in der Rangfolge zurück und ist nur in einem kleinen Bereich die Vorsorgeform mit den höchsten Nettozusatzrenten.

---

440    Dieser Abschnitt ist Menzel (2016) modifiziert und gekürzt entnommen.
441    Quelle: Eigene Darstellung.

Anhand einer weiteren Darstellung wird untersucht, wie die Nettozusatzrentenhöhe vom zur Verfügung gestellten Gesamtkostenpaket beeinflusst wird. Hierzu wird in Anlehnung an Abbildung 15 ein geringverdienender Steuerpflichtiger betrachtet, der neben dem Anspruch auf Grund- noch Anspruch auf eine weitere Kinderzulage hat. Die grafische Darstellung erfolgt in der nachfolgenden Abbildung 32.

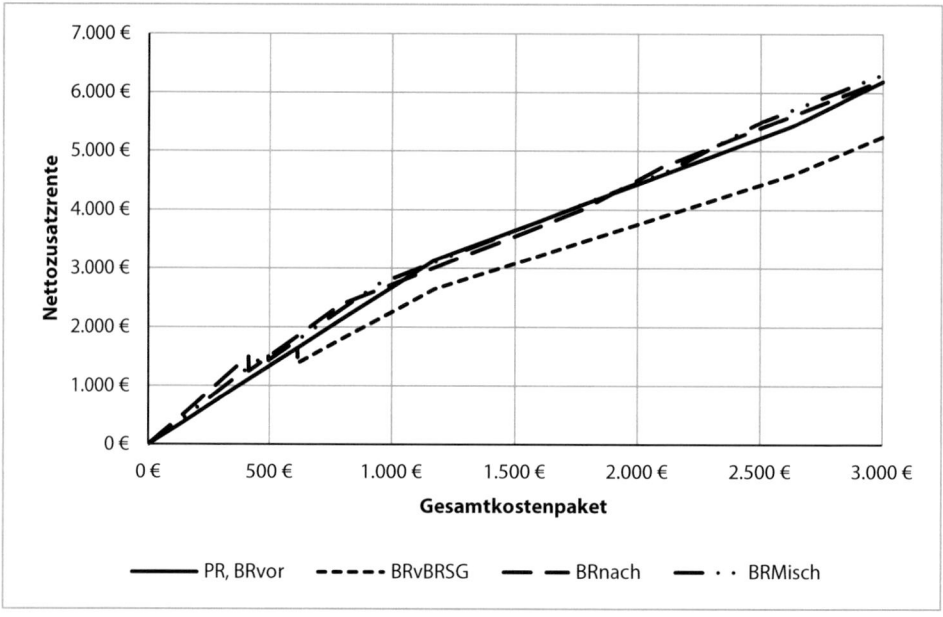

Abbildung 32: Nettozusatzrente eines Steuerpflichtigen mit Bruttojahresgehalt i.H.v. 26.400 Euro bei Anspruch auf Riester-Grund- sowie eine zusätzliche Kinderzulage in Abhängigkeit des Gesamtkostenpakets des Arbeitgebers bei bAV-Reform[442]

Bezüglich der grundsätzlichen Verläufe der Nettozusatzrentenhöhen gelten die Ausführungen zu Abbildung 15 analog. Diese lassen sich erneut in drei Teile untergliedern. In einem ersten Abschnitt wird bis zu einem ersten Abflachen der maximale Zulagenanspruch anteilig gekürzt, da der Mindesteigenbeitrag nicht erreicht wird. Im Anschluss daran wird im zweiten Abschnitt die volle Zulage gewährt. Schließlich steigen die Nettozusatzrentenverläufe in einem dritten Abschnitt wieder steiler an. Ab hier tritt der Sonderausgabenfall ein. Je nach Verbeitragungsvariante variieren die Übergangszeitpunkte, wobei die Grundstruktur jeweils identisch ist. Außerdem wird die sozialversicherungsrechtliche Bagatellgrenze des § 226 Abs. 2 SGB V ersichtlich. Bei deren Überschreitung werden die Leistungen aus den bAV-Alternativen überhaupt erst der Verbeitragung unterworfen. Damit geht ein kurzzeitiger Einbruch der Nettozusatzrentenhöhen einher.

Die einzelnen Verläufe der unterschiedlichen Vorsorgeformen sind aus dieser Darstellung nur schwer ersichtlich. Dies ist jedoch auch nicht bedeutsam, da hiermit vielmehr ge-

---

[442]    Quelle: Eigene Darstellung.

zeigt werden soll, dass alle Reformmaßnahmen annähernd gleich gute Ergebnisse liefern. Welche Form die Rangfolge anführt, ist von der Höhe des Gesamtkostenpakets abhängig.

In Abbildung 33 wird abschließend dargestellt, welche Auswirkungen die Höhe des Arbeitsentgelts auf die Nettozusatzrente hat. Es wird beispielhaft ein ausschließlicher Anspruch auf Riester-Grundzulage unterstellt, damit die Ergebnisse zu denjenigen aus Abbildung 16 in Bezug gesetzt werden können. Insofern gelten auch die dortigen Erläuterungen analog.

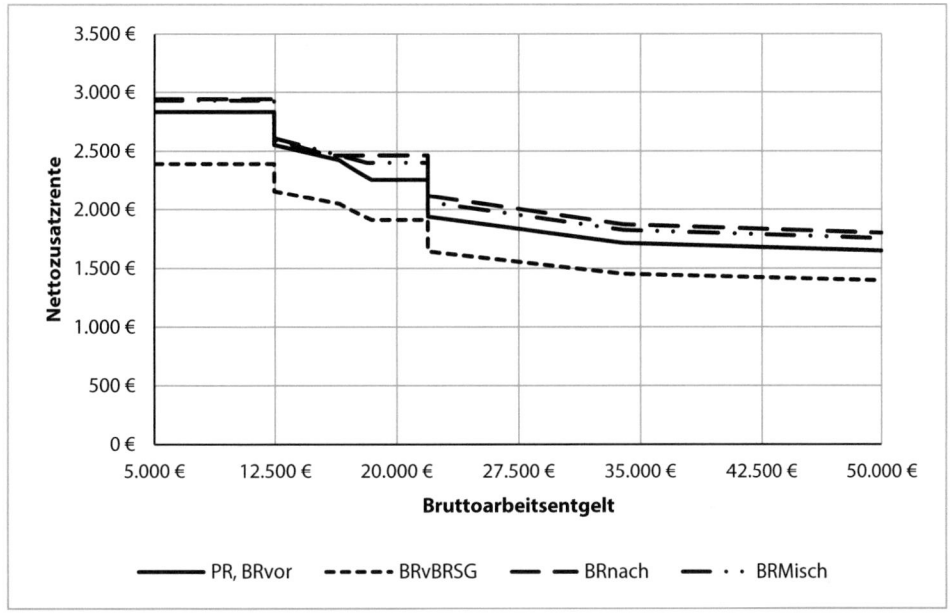

Abbildung 33: Nettozusatzrente eines Steuerpflichtigen mit ausschließlichem Anspruch auf Riester-Grundzulage bei 900 Euro jährlichem Gesamtkostenpaket des Arbeitgebers in Abhängigkeit des Bruttoarbeitsentgelts bei bAV-Riester-Reform[443]

Die Verläufe der Nettozusatzrenten entsprechen vom Grundsatz her denjenigen aus Abbildung 16, weshalb eine erneute tiefergehende Erläuterung unterbleiben kann. Auch hier zeigt sich das bereits aus den vorherigen Abbildungen bekannte Ergebnis, dass die nachgelagerte Verbeitragung zumeist die lukrativste Riester-Alternative ist. Nur in einem kleinen Entgeltbereich ab Überschreiten des Grundfreibetrags in der Anwartschaftsphase ist die Mischverbeitragung marginal besser. Diese nimmt umgekehrt zumeist den zweiten Rang ein. Die vorgelagerte Verbeitragung schneidet für alle Bruttoarbeitsentgelte deutlich besser ab als die betriebliche Riester-Rente vor Inkrafttreten des BRSG, reicht jedoch zumeist nicht ganz an die anderen Varianten heran.

Zusammengefasst kann aus rein modelltheoretischer Sicht festgestellt werden, dass insbesondere die rein nach- oder die mischverbeitragte Riester-Förderung die höchsten Nettozusatzrenten generiert und damit ins System der bAV eingebunden werden sollte. Die

---

[443]   Quelle: Eigene Darstellung.

vorgelagert verbeitragte Riester-Rente ist nur bei hohem Zulagenanspruch und niedrigem Bruttoarbeitsentgelt die Vorsorgeform mit den höchsten Nettozusatzrenten.

Neben den reinen Zahlen wird ein Reformentwurf jedoch nur dann die Attraktivität der Riester-geförderten bAV erhöhen, wenn dieser auch aus nicht-monetären Gründen sinnvoll erscheint. Hier spielt auch die Verständlichkeit der Regelungen eine bedeutende Rolle. Eine Förderung wird, unabhängig von den theoretischen Effekten, wirkungslos bleiben, wenn diese vom Steuerpflichtigen nicht erkannt oder verstanden wird. Damit muss hinterfragt werden, inwieweit die Regelungen vor Inkrafttreten des BRSG sowie die hier behandelten Reformüberlegungen als verständlich anzusehen sind. Während die Regelungen zur Brutto-Entgeltumwandlung aufgrund der bereits lang andauernden Umsetzungspraxis als allgemein anerkannt und damit auch als bekannt betrachtet werden können, trifft dies auf die Riester-Förderung nur eingeschränkt zu. Zwar ist diese in privater Ausgestaltung ebenfalls weitverbreitet, vielfach ist jedoch zu lesen, dass die Regelungen zu kompliziert seien und einer noch größeren Verbreitung entgegenstünden. Dies mag ein Grund für die sehr geringe Verbreitung der Riester-Förderung in der bAV sein, werden hier doch zwei Systeme durchmischt.

Als die am einfachsten in die Systematik der bAV einzubeziehende Reformmaßnahme kann die rein nachgelagerte Verbeitragung angesehen werden. Diese stellt eine Angleichung an die bereits bestehende und gebräuchliche Brutto-Entgeltumwandlung dar. Auch die rein vorgelagerte Verbeitragung stellt eine Annäherung an ein bereits existierendes Konstrukt dar. Da die private Riester-Förderung jedoch als komplizierter wahrgenommen wird, muss aus Verständlichkeitsgesichtspunkten der rein nachgelagerten Verbeitragung der Vorzug gegeben werden. Die Mischverbeitragung als gänzlich neues Konstrukt muss als komplexeste Variante und damit zunächst als am schwersten verständliche Variante angesehen werden.

Ein weiterer Punkt, der mit der Verständlichkeit einer Regelung einhergeht, ist deren Glaubhaftigkeit bzw. Einheitlichkeit. So kann die Popularität der Brutto-Entgeltumwandlung auch dadurch erklärt werden, dass diese bereits seit über einem Jahrzehnt in stets ähnlicher Form beibehalten wird. Hier ist über die Jahre ein „roter Faden" erkennbar. Der Arbeitnehmer weiß aus Erfahrung, dass die Regelungen Bestand hatten, und vertraut damit auch auf deren Weiterführung. Insbesondere beim Thema Vorsorge ist ein solches Vertrauen wichtig. Mit Abschluss einer Altersvorsorge bindet sich der Steuerpflichtige über Jahrzehnte hinweg. Durch eine Reform zur rein vorgelagerten Verbeitragung würde man jedoch an diesen Grundfesten rütteln. Seit dem AVmG im Jahr 2001 wurde in mehreren Schritten zur vollständigen nachgelagerten Besteuerung und Verbeitragung übergegangen. Diese Bemühungen würden durch eine Umstellung konterkariert werden.[444] Um darüber hinaus bestehende Zusagen nicht zu gefährden und damit die bestehende Planungssicherheit nicht zu verletzen, muss dem Gesetzgeber geraten werden, eine zukünftige Rentenreform nur mit Wirkung für Neuverträge einzuführen.[445]

---

[444]    Vgl. Kiesewetter et al. (2016c), S. 157.

[445]    Als Negativbeispiel wird auf die Rentenreform im Zuge des Gesetzes zur Modernisierung der gesetzlichen Krankenversicherung aus dem Jahr 2004 verwiesen. Durch die Rückwirkung entsteht auch außerhalb der Riester-Förderung in der bAV eine Doppelverbeitragung. Der Begriff der Doppelverbeitragung wurde damit

## 3.2.1.7 Einführung eines Förderbetrags in der bAV[446]

Sollte es politisch nicht weiter gewünscht sein, die Riester-Förderung im System der bAV aufrechtzuerhalten, muss eine andere Form der (Zulagen-)Förderung gefunden werden. Aus der Literatur und Abschnitt 3.1 ist bekannt, dass insbesondere Gering- und Niedrigverdiener auf eine staatliche Förderung ohne oder zumindest mit lediglich geringem Eigenbeitrag angewiesen sind.[447] Bei der Ausgestaltung einer gänzlich neuen Förderung stehen zunächst einmal viele Möglichkeiten offen, weshalb es erneut ratsam ist, strukturgebende Elemente zu definieren. Da mit der Riester-Förderung in der bAV vor Inkrafttreten des BRSG bereits eine fiskalische Zulagen-Förderung besteht, ist es sinnvoll, neue Fördermodelle hieran anzupassen bzw. darauf abzustimmen. Insbesondere erscheint es mit Hinblick auf die geforderte Aufkommensneutralität unausweichlich sicherzustellen, dass nicht beide Förderungen ausgeschöpft werden können. Es drängt sich daher auf, den Förderbetrag in der bAV an die Höhe des Riester-Zulagenanspruchs zu koppeln. Der Steuerpflichtige kann sich folglich entscheiden, ob er den ihm bereits vor BRSG zustehenden Riester-Anspruch[448] über einen (privaten oder betrieblichen) Riester-Vertrag oder aber mittels neuem Förderbetrag in der bAV beansprucht. Eine Anrechnung des Förderbetrags in der bAV auf die Riester-Zulagen nach Abschnitt XI EStG stellt sicher, dass eine Doppelförderung ausgeschlossen wird. Damit kann außerdem eine Begrenzung des Förderbetrags auf bestimmte Einkommensgruppen, die Abgrenzungsprobleme nach sich ziehen würde, unterbleiben.

Tabelle 7 zeigt, dass auf Arbeitnehmerseite jedoch oftmals kein finanzieller Spielraum für eine Altersvorsorge zur Verfügung steht. Eine eigenfinanzierte Vorsorge ist damit insbesondere für Geringverdiener kaum möglich. Auch die Riester-Förderung fordert einen, wenn auch geringen, Eigenbeitrag des Steuerpflichtigen, weshalb diese oftmals nicht genutzt wird bzw. werden kann. Gleichwohl ist die Festlegung eines Eigenbeitrags eine anerkannte Methode, die Missbräuchen vorbeugt. Ferner wird dem Steuerpflichtigen damit ein großzügiger Anreiz gegeben, eigenverantwortlich eine, zumindest teilweise, eigenfinanzierte kapitalgedeckte Altersvorsorge aufzubauen. Wenn jedoch der Arbeitnehmer seinerseits nicht in der Lage ist, Eigenbeiträge zu leisten, und sofern es sich bei Zulagengewährung nicht um ein reines fiskalisches Geschenk handeln soll, erscheint es angemessen, den Eigenbeitrag von anderer Seite einzufordern. An dieser Stelle kommt der Arbeitgeber in Betracht. Sofern nun der Arbeitgeber für seinen Arbeitnehmer einen (Mindest-)Eigenbeitrag leistet, wird ihm eine Zulage in Höhe des Riester-Zulagenanspruchs gewährt. Es handelte sich damit um eine arbeitgeberfinanzierte bAV. Wie hoch dieser Mindesteigenbeitrag festzusetzen

---

erst öffentlichkeitswirksam. Auch in Kiesewetter et al. (2016c) werden aus gleichem Grund Reformmaßnahmen ausschließlich auf Neuzusagen beschränkt.

[446] Diese Reformmaßnahme ist angelehnt an Reformüberlegung 4 von Kiesewetter et al. (2016c), S. 158-163. Dieser Abschnitt ist Kiesewetter/Menzel (2019) modifiziert und gekürzt entnommen.

[447] Vgl. Menzel (2016), S. 583.

[448] Grundsätzlich ist keine Unterscheidung zwischen Grund- und Kinderzulagen vorzunehmen. Es könnte somit prinzipiell der gesamte Riester-Anspruch in der Sphäre des Förderbetrags in der bAV abgerufen werden. Aus Vereinfachungsgründen wäre jedoch eine Beschränkung auf die Riester-Grundzulage angemessen; so auch Kiesewetter et al. (2016c), S. 158-163 (Fn. 427).

oder ob er an die Riester-Kriterien des § 86 EStG anzulehnen ist, soll an dieser Stelle jedoch nicht diskutiert werden.[449]

Da die meisten Arbeitgeber nicht aus rein altruistischen Gründen handeln, erscheint es ferner sinnvoll, auch für die Arbeitgeberseite einen Anreiz zu schaffen, damit diese den von ihnen geforderten Mindesteigenbeitrag aufbringen. Denkbar wäre beispielsweise eine finanzielle Beteiligung des Fiskus an den Kosten des Arbeitgebers, die mit der Arbeitgeberfinanzierung einhergehen. Damit nicht nur minimale Anwartschaften entstehen, sollte die staatliche Kostenbeteiligung daran gebunden werden, ob der Arbeitgeber zuvor tatsächlich den geforderten Mindesteigenbeitrag geleistet hat. Im Endeffekt würden sich somit Arbeitgeber und Fiskus die Kosten der Anwartschaft des Arbeitnehmers aufteilen. Um eine derartige Reformmaßnahme zu realisieren, müsste an der grundsätzlichen steuer- und sozialversicherungsrechtlichen Systematik der bAV ansonsten keine Veränderung vorgenommen werden.

Dieser Vorschlag erscheint auch aus einer weiteren Perspektive vielversprechend. Im Grundmodell wird die gesamte Anwartschaft des Arbeitnehmers durch Mittel des Arbeitgebers und des Fiskus aufgebaut. Der Arbeitnehmer wird sich gegen ein solches „Geschenk" kaum wehren und hat damit ohne groß etwas davon zu merken eine bAV abgeschlossen. Gleichzeitig kann er dadurch erste Erfahrungen mit der bAV machen und Informationsdefizite abbauen. Dem Arbeitnehmer steht es schließlich frei, weitere eigene Beiträge in die bAV zu leisten. Dies gilt insbesondere für Steuerpflichtigen, die im Laufe ihres Arbeitslebens von einem Geringverdiener zu einem Besserverdiener aufsteigen und damit gar nicht mehr auf eine Unterstützung durch den Arbeitgeber angewiesen sind.

Da der hier skizzierte Förderbetrag in der bAV dem schließlich im Rahmen des BRSG eingeführten BAV-Förderbetrag sehr ähnelt, wird an dieser Stelle auf eine modelltheoretische Untersuchung verzichtet und auf die Ausführungen in Abschnitt 4.3.2.2 verwiesen.

## 3.2.2 Effizientere Verteilung der Sozialversicherungsabgaben auf Arbeitnehmer und Arbeitgeber

Neben der zu geringen bzw. ineffektiven Zulagen-Förderung wird die bAV insbesondere aufgrund der Belastung der mittels Entgeltumwandlung erzielten bAV-Renten mit dem vollen Beitragssatz zur gesetzlichen Kranken- und Pflegeversicherung als unrentabel angesehen. Diese Verbeitragung wird zudem als unfair betrachtet und trägt damit maßgeblich zum bestehenden Image-Problem der bAV bei. Eine effizientere Verteilung der Sozialversicherungsbeiträge zwischen Arbeitnehmer und Arbeitgeber kann daher die Attraktivität der bAV erhöhen. Bei einer Neuaufteilung der Sozialversicherungsbeiträge sind erneut die aus Abschnitt 3.2.1.1 bekannten strukturgebenden Elemente zu beachten, da ansonsten die Vorgabe der Aufkommensneutralität nicht einzuhalten ist.[450]

---

[449]    In diesem Abschnitt soll lediglich die Möglichkeit und die grobe Ausgestaltung eines denkbaren neuen Förderbetrags in der bAV kurz erörtert werden. Aufgrund zu vieler Unwägbarkeiten und potenzieller Möglichkeiten erscheint eine tiefergehende Auseinandersetzung nicht zielführend. Es wird ferner auf die Ausführungen in den Abschnitten 4.1.2.2 und 4.3.2.2 verwiesen.

[450]    Siehe hierzu auch die analog geltenden Ausführungen zur Mischverbeitragung der Riester-geförderten bAV unter Tabelle 12. Außerdem sind erneut die Ausführungen in Abschnitt 3.2.1.2 einschlägig.

Als weiterer Kritikpunkt an der bAV vor BRSG wird die mit einer Entgeltumwandlung des Arbeitnehmers einhergehende Sozialversicherungsfreiheit des Arbeitgebers aufgeführt. Da die im Vergleich zu einer gewöhnlichen Lohnauszahlung eingesparten Beiträge vor BRSG nicht zwangsläufig an den Arbeitnehmer weitergereicht werden (müssen), kann der Arbeitgeber von der Vorsorgeentscheidung seines Arbeitnehmers monetär profitieren.[451] Dieser Aspekt trägt zum einen ebenfalls zum negativen Image der bAV bei. Zum anderen wird damit auch die geringe Lukrativität der Entgeltumwandlung begründet. Im Folgenden erweisen sich insbesondere zwei Varianten als vielversprechend, dem Hemmnis der zu geringen Rentabilität der bAV zu begegnen. Gleichzeitig kann mit diesen Reformmaßnahmen auch das beschädigte Image der bAV verbessert werden.

### 3.2.2.1 Halbierung des Arbeitnehmerbeitragssatzes in der Rentenphase und Erhebung des Arbeitgeberanteils zur Sozialversicherung in der Anwartschaftsphase[452]

Eine erste Möglichkeit besteht darin, die Sozialversicherungsbeiträge neu zwischen Arbeitgeber und Arbeitnehmer aufzuteilen. Diesbezüglich erscheint es zunächst vielversprechend, fortan in der Rentenphase nur noch den halben, d.h. den reinen Arbeitnehmerbeitragssatz für die bAV-Renten heranzuziehen. Die Konsequenz hieraus muss sein, dass in der Anwartschaftsphase dementsprechend höhere Sozialversicherungsbeiträge als vor BRSG zu erheben sind.[453] Ein weiterer positiver Effekt aus einer solchen Neuausrichtung wären die mit der Verbeitragung in der Anwartschaftsphase einhergehenden zusätzlichen gesetzlichen Rentenansprüche. Es ist nun zu überlegen, ob die zusätzliche Verbeitragung in der Anwartschaftsphase dem Arbeitnehmer oder Arbeitgeber auferlegt werden soll. Unter Verweis auf die bereits in Abschnitt 3.2.1.1 angeführte Argumentation erscheint insbesondere die Belastung des Arbeitgebers mit dem Arbeitgeberanteil zur Sozialversicherung ($b^A$) sinnvoll.[454] So ergäben sich für diesen keine Unterschiede zwischen einer gewöhnlichen Lohnverbeitragung und der Durchführung einer bAV. Der Arbeitgeber könnte sodann nicht mehr monetär von der Vorsorgeentscheidung seines Mitarbeiters profitieren. Ferner kann festgestellt werden, dass viele Arbeitgeber und insbesondere KMU die Sozialversicherungsersparnis aufgrund der geringen Höhe nicht als Vorteil ansehen und bereits vor BRSG an die Mitarbeiter weitergeben. Insofern stellt die bisherige sozialversicherungsrechtliche Behandlung keinen ausreichenden Anreiz dar.[455]

---

[451] In der zusammenfassenden Betrachtung in Abschnitt 2.3.4.2 wurde davon abstrahiert. Es wurde unterstellt, dass der Arbeitgeber indifferent zwischen den Vorsorgeformen ist und damit etwaige Vorteile an den Arbeitnehmer weiterreicht.

[452] Diese Reformmaßnahme ist angelehnt an Reformüberlegung 1 von Kiesewetter et al. (2016c), S. 143-149. In den Formeln wird diese Vorsorgealternative mit dem hochgestellten Zusatz „3.63Misch" für „Entgeltumwandlung i.S.d. § 3 Nr. 63 EStG bei Mischverbeitragung" kenntlich gemacht.

[453] Ansonsten wäre eine zu niedrige und damit nicht zu rechtfertigende Verbeitragungsintensität gegeben.

[454] Vgl. hierzu Formel (50).

[455] Bei einer solchen Neuaufteilung der Sozialversicherungsbeiträge muss nicht zwingend zwischen der Finanzierung der Beiträge zur bAV unterschieden werden. Ferner muss nicht zwingend zwischen den einzelnen Durchführungswegen unterschieden werden. Aus Praktikabilitätsgründen macht es jedoch Sinn, diese Reformmaßnahme auf die externen Durchführungswege sowie die Entgeltumwandlung zu beschränken; so auch Kiesewetter et al. (2016c), S. 147 ff. Für die in dieser Arbeit folgende modelltheoretische Untersuchung macht

Bei modelltheoretischer Betrachtung der Arbeitnehmerseite wird schnell klar, dass eine wie hier skizzierte Neuaufteilung aus sozialversicherungsrechtlicher Sicht im Endeffekt der bereits in Abschnitt 3.2.1.5 behandelten Mischverbeitragung entspricht. Der Unterschied besteht lediglich darin, dass keine zusätzliche Riester-Förderung stattfindet und der Bruttokonsumverzicht, den der Arbeitnehmer auf sich nimmt, zunächst versteuert wird.[456] Insofern gelten aus Arbeitnehmersicht für die Ermittlung der bAV-Nettorentenhöhe die Formeln (23) bis (26) mit Ausnahme von Formel (25), für die Formel (50) Anwendung findet. Aufgrund der Verbeitragung mit dem Arbeitgeberanteil entstehen zusätzliche gesetzliche Bruttozusatzrenten nach Maßgabe von Formel (52), die anschließend entsprechend Formel (21) (mit $b^{GRV}$) verbeitragt und besteuert werden. Aus Arbeitgebersicht kommt es nun jedoch zu einer Verbeitragung in der Anwartschaftsphase, womit Formel (37) analog einschlägig ist.

### 3.2.2.2 Verpflichtender Arbeitgeberzuschuss in Höhe der ersparten Sozialversicherungsbeiträge[457]

Alternativ zu einer Neuaufteilung der Sozialversicherungsbeiträge kann dem Hemmnis der Unrentabilität der bAV aus Arbeitnehmersicht auch mit einem verpflichtenden Arbeitgeberzuschuss in Höhe der eingesparten Sozialversicherungsbeiträge begegnet werden. Damit würde sich die grundsätzliche sozialversicherungsrechtliche Behandlung nicht ändern. Der Arbeitnehmer würde durch den Zuschuss für seine erhöhte Abgabenlast in der Rentenphase entschädigt, hätte jedoch keine weiteren Ansprüche in der gesetzlichen Rentenversicherung.[458] Die Höhe der eingesparten Sozialversicherungsbeiträge ermittelt sich durch den Vergleich mit der gewöhnlichen Lohnverbeitragung. Problematisch gestaltet sich die Ermittlung jedoch in den Fällen, in denen die Beitragsbemessungsgrenzen in gesetzlicher Kranken- und Pflegeversicherung bzw. Renten- und Arbeitslosenversicherung überschritten werden.[459]

Aus reiner Arbeitnehmersicht ergibt sich bei dieser Variante lediglich bei der Ermittlung des periodischen Ansparbetrags ein Unterschied zur Entgeltumwandlung vor Inkrafttreten

---

dies keinen Unterschied, da wiederum unterstellt wird, dass der Arbeitgeber zwischen den unterschiedlichen Vorsorgeformen indifferent ist. Es muss lediglich sichergestellt werden, dass die identischen Kosten entstehen. Damit gibt der Arbeitgeber in diesem Modell implizit den Vorteil aus einer Sozialversicherungsfreiheit an den Arbeitnehmer weiter. Eine Bereicherung des Arbeitgebers, wie sie vor Inkrafttreten des BRSG möglich gewesen ist, wird damit ausgeschlossen.

[456]  Im Sonderausgabenfall entsprechen sich die Nettozusatzrenten von mischverbeitragter bAV i.S.d. § 3 Nr. 63 EStG und mischverbeitragter Riester-Förderung in der bAV. In beiden Fällen kommt es zu einer Versteuerung des Bruttolohnverzichts in der Anwartschaftsphase. Im Zulagenfall gilt dies sodann nicht mehr.

[457]  Diese Reformmaßnahme ist angelehnt an Reformüberlegung 2 von Kiesewetter et al. (2016c), S. 149-152. In den Formeln wird diese Vorsorgealternative mit dem hochgestellten Zusatz „3.63Pflicht" für „Entgeltumwandlung i.S.d. § 3 Nr. 63 EStG bei Pflichtweitergabe eingesparter Sozialversicherungsbeiträge durch den Arbeitgeber" kenntlich gemacht.

[458]  Obwohl nicht zwingend nötig, macht es erneut Sinn, diese Reformmaßnahme auf die Entgeltumwandlung zu beschränken; vgl. hierzu auch Kiesewetter et al. (2016c); S. 150 ff.

[459]  Insofern wäre ebenfalls eine Pauschalierung der Weitergabeverpflichtung auf einen bestimmten Prozentsatz denkbar.

des BRSG. Der jährliche Ansparbetrag vor Zinsen erhöht sich um den Beitragssatz in der Anwartschaftsphase auf

$$\Delta V^{3.63\text{Pflicht}} = BL^{3.63\text{Pflicht}} \cdot \left(1+b^A\right). \tag{53}$$

Die Nettozusatzrentenhöhe ergibt sich sodann erneut analog zur Vorgehensweise in Abschnitt 2.3.2.2. Aus Arbeitgebersicht erhöhen sich die Kosten der Entgeltumwandlung um die Höhe der Pflichtweitergabe auf

$$K^{3.63\text{Pflicht}} = BL^{3.63\text{Pflicht}} \cdot \left(1+b^A\right). \tag{54}$$

## 3.2.2.3 Vergleich der Alternativen

### 3.2.2.3.1 Isolierte Arbeitnehmersicht

Unter Vernachlässigung der Arbeitgeberseite wird in Abbildung 34 die Höhe der Nettozusatzrenten in Abhängigkeit des Bruttoarbeitslohns dargestellt, sofern der betrachtete Arbeitnehmer stets bereit ist, jährlich auf ein Bruttokonsumpotenzial i.H.v. 900 Euro zu verzichten.

Es zeigt sich, dass beide vorgestellten Reformmaßnahmen die Entgeltumwandlung signifikant attraktiver machen. Die Nettozusatzrenten verlaufen in dieser Abbildung jeweils parallel. Der Unterschied zwischen den Nettozusatzrenten bei Entgeltumwandlung vor Inkrafttreten des BRSG und bei Einführung des Pflichtzuschusses kann der Höhe nach konkret ermittelt werden. Er beträgt stets 19,375 Prozent. Dies entspricht der Höhe des Arbeitgeberanteils zur Sozialversicherung in der Anwartschaftsphase unter Berücksichtigung der Werte für 2018. Bei Pflichtweitergabe können jährlich höhere Beträge als bei mischverbeitragter Entgeltumwandlung angespart werden, womit auch höhere Nettorenten aus der bAV entstehen. Diese Differenz kann auch der zusätzliche Nettorentenanspruch aus der gesetzlichen Rentenversicherung nicht komplett ausgleichen. Im Ergebnis generiert die Entgeltumwandlung mit Pflichtweitergabe geringfügig höhere Nettozusatzrenten. Je länger die Rentenphase dauert und umso höher der aktuelle Rentenwert ist, desto vorteilhafter wird wiederum die mischverbeitragte Entgeltumwandlung.

Diese isolierte Arbeitnehmerbetrachtung repräsentiert den Fall, dass der Arbeitgeber von sich aus nicht bereit ist, auf die Vorsorgeentscheidung des Arbeitnehmers zu reagieren. Bei mischverbeitragter Entgeltumwandlung leistet er lediglich pflichtgemäß seinen Anteil zur Sozialversicherung, bei Pflichtweitergabe stockt er den Ansparbetrag des Arbeitnehmers lediglich auf. Wie sich die Kosten des Arbeitgebers konkret ergeben, wird dabei vollkommen vernachlässigt. Insofern spiegelt diese Darstellung den Fall wider, in dem der Arbeitgeber mit der Altersvorsorge seines Arbeitnehmers nichts zu tun haben möchte. Bei der Entgeltumwandlung vor Inkrafttreten des BRSG kommt es auf Seiten des Arbeitgebers somit zu einer Sozialversicherungsersparnis.

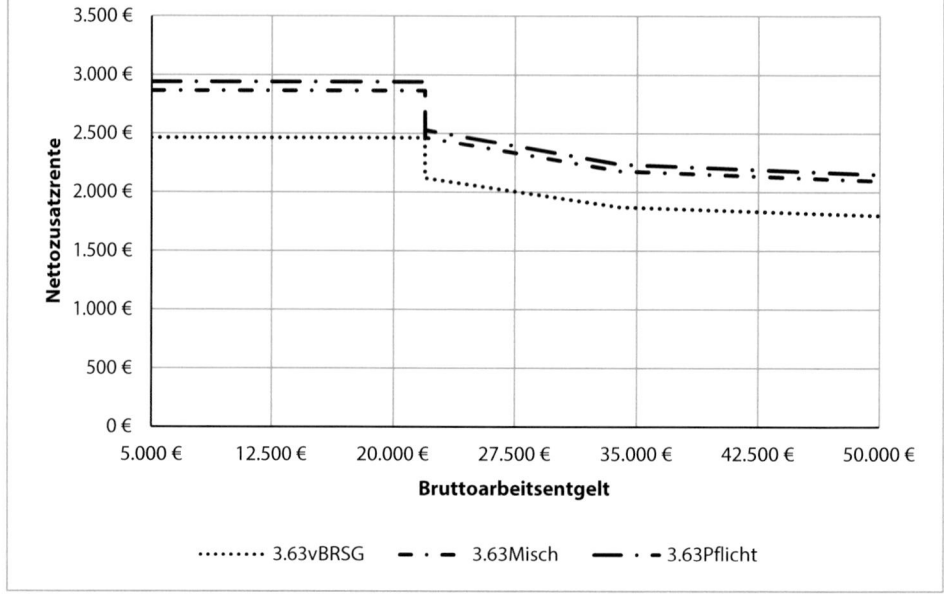

Abbildung 34: Nettozusatzrente eines Steuerpflichtigen mit ausschließlichem Anspruch auf Riester-Grundzulage bei 900 Euro jährlichem Bruttokonsumverzicht in Abhängigkeit des Bruttoarbeitsentgelts bei effizienterer Verteilung der Sozialversicherungsabgaben[460]

### 3.2.2.3.2 Zusammenfassende Betrachtung

Entgegen der vorherigen Darstellung wird in diesem Abschnitt erneut eine Indifferenz des Arbeitgebers unterstellt. Dieser ist weiterhin bereit, den Gesamtkostenbeitrag $X$ zu leisten. An einer Einsparung von Sozialversicherungsbeiträgen, wie sie vor BRSG möglich ist, profitiert der Arbeitgeber damit nicht. Bei einem unterstellten jährlichen Gesamtkostenpaket i.H.v. 900 Euro ist Abbildung 35 zu entnehmen, wie sich die Nettozusatzrenten in Abhängigkeit des Bruttoarbeitslohns des Arbeitnehmers entwickeln.

Die Abbildung zeigt, dass Entgeltumwandlung vor BRSG und Entgeltumwandlung mit Pflichtweitergabe zu identischen Nettozusatzrenten führen. Dies liegt daran, dass die mit der Pflichtweitergabe verbundenen Kosten bereits ex ante vom Arbeitgeber antizipiert werden. Er verringert damit entsprechend die Höhe der von ihm angebotenen Bruttolohnerhöhung. Als Folge wird genau das Ergebnis wie bei der Entgeltumwandlung vor BRSG erreicht. Auch in diesem Fall gibt der Arbeitgeber die eingesparten Sozialversicherungsbeiträge aufgrund der unterstellten Indifferenz vollständig an den Arbeitnehmer weiter. Die mischverbeitragte Entgeltumwandlung ist den beiden anderen Alternativen geringfügig unterlegen. Der zusätzliche gesetzliche Rentenanspruch wiegt die höhere bAV-Rente nicht auf.

---

[460]    Quelle: Eigene Darstellung.

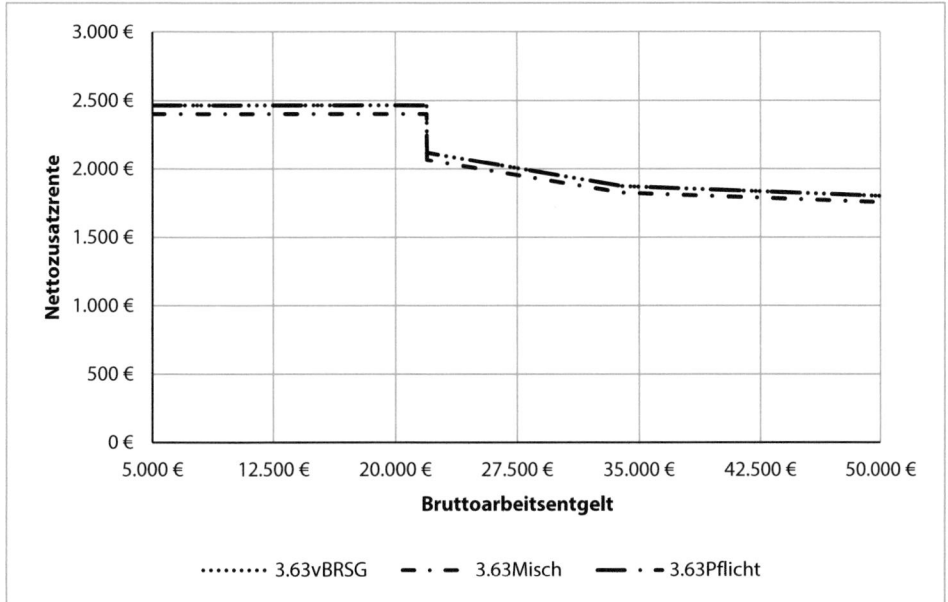

Abbildung 35: Nettozusatzrente eines Steuerpflichtigen bei 900 Euro jährlichem Gesamtkostenpaket des Arbeitgebers in Abhängigkeit des Bruttoarbeitsentgelts bei effizienterer Verteilung der Sozialversicherungsabgaben[461]

Bei Betrachtung von Abbildung 35 stellt sich die grundsätzliche Frage, ob eine Reform der sozialversicherungsrechtlichen Regelungen der Entgeltumwandlung überhaupt nötig ist. Die beste Reformmaßnahme generiert immerhin die gleiche Nettozusatzrentenhöhe wie die Entgeltumwandlung im Ausgangspunkt vor Inkrafttreten des BRSG. Es gilt jedoch zu bedenken, dass dieses Ergebnis den Annahmen des Modells geschuldet ist. Sofern der Arbeitgeber nicht bereit ist, von sich aus eingesparte Sozialversicherungsbeiträge weiterzureichen, und dazu auch nicht verpflichtet ist, ist Abbildung 34 einschlägig. Hier führt die Pflichtweitergabe zu einer Verbesserung aus Arbeitnehmersicht. Im Ergebnis bleibt somit festzuhalten, dass die Pflichtweitergabe sowohl in der isolierten Arbeitnehmerbetrachtung als auch bei zusammenfassender Betrachtung stets die Rangfolge (zumindest geteilt) anführt. Die Einführung einer Pflichtweitergabe der durch den Arbeitgeber eingesparten Sozialversicherungsbeiträge bei Entgeltumwandlung ist aus modelltheoretischer Sicht damit zu empfehlen. Eine mischverbeitragte Entgeltumwandlung ist hingegen nur dann für den Arbeitnehmer von Vorteil, wenn der Arbeitgeber bisher (d.h. vor BRSG) nicht freiwillig bereit war, seine Ersparnis weiterzureichen. Diese Reformmaßnahme ist damit die schlechtere Variante und daher nicht empfehlenswert. Dies gilt auch aus nicht-monetären Gründen. Da die mischverbeitragte Entgeltumwandlung eine Abkehr von den bisherigen sozialversicherungsrechtlichen Regelungen bedeuten würde, wäre fortan eine Verkomplizierung der gesetzlichen Grundlagen festzustellen. Die Pflichtweitergabe stellt sich dagegen wesent-

---

[461]　Quelle: Eigene Darstellung.

lich einfacher dar und kann damit auch deutlich besser kommuniziert und rechtfertigt werden.

### 3.2.3 Exkurs: Ein Verbot der Zillmerung von Altersvorsorgeverträgen[462]

(Renten-)Versicherungsverträgen lastet häufig das Image an, dass sie mit immensen Kosten belastet sind und somit die Rendite aufgefressen wird. Auch dieser Aspekt mag zum Teil die (empfundene) Unvorteilhaftigkeit der bAV aus Arbeitnehmersicht, zumindest beim Vorliegen einer versicherungsförmigen Durchführung, erklären.[463] Insbesondere bei Arbeitnehmern mit „gebrochenen" bzw. „unregelmäßigen" Erwerbsbiografien handelt es sich um ein reales Problem.[464] Dies kann daran liegen, dass der Versicherungsvertrag nicht wie ursprünglich geplant bespart bzw. ruhend gestellt wird oder aufgrund eines Arbeitgeberwechsels mehrfach Provisionen gezahlt werden.[465] Damit kann die „marktübliche Belastung der ersten Prämien mit Vertriebsprovisionen auf die gesamte vereinbarte Beitragssumme […] dazu führen, dass die Entgeltumwandlung zu einem Verlustgeschäft wird".[466] Im allgemeinen Sprachgebrauch wird diese Verteilung der Abschluss- und Vertriebsprovisionen auf die ersten Jahre der Vertragslaufzeit als Zillmerung bezeichnet. Aktuell werden insbesondere Riester- und Rürup-Verträge gezillmert.

Aus Arbeitnehmersicht erscheint es daher sinnvoll, eine Zillmerung von Altersvorsorgeverträgen zu verbieten und die Versicherungsprovisionen stattdessen „analog zu Ausgabeaufschlägen bei Investmentfonds immer nur auf die laufenden Beiträge"[467] zu erheben. Zur Sicherstellung der Einhaltung eines Verbots der Zillmerung könnte die steuerliche Abzugsfähigkeit von Beiträgen zu versicherungsförmigen Versorgungsträgern davon abhängig gemacht werden, dass die Vertriebskosten nur zulasten der laufenden Beiträge einbehalten werden dürfen, auf die sie sich beziehen. Durch diese Reformmaßnahme werden finanzielle Nachteile des Arbeitnehmers bei Beitragsfreistellung vermieden. Außerdem werden etwaige „Doppelprovisionierungen" ausgeschlossen.

Bei dieser Reformmaßnahme handelt es sich gewissermaßen um eine Nebenbedingung für eine erfolgreiche Geringverdienerförderung. Steuer- und sozialversicherungsrechtliche

---

[462] Diese Reformmaßnahme ist angelehnt an die von Kiesewetter et al. (2016c), S. 253 f. formulierten Nebenbedingungen. Der Abschnitt ist Menzel/Tschinkl (2017) modifiziert und gekürzt entnommen.

[463] Die Höhe der Kosten und deren Verteilung kann auch als ein, in der öffentlichen Darstellung sehr präsenter, Kritikpunkt an der Riester-Förderung und als Grund für deren schlechtes Image angesehen werden; vgl. beispielsweise Kunz (2015) oder allgemein zur Kritik an Kosten von Altersvorsorgeprodukten Tenhagen (2016).

[464] Vgl. allgemein zum Verlauf von Erwerbsbiografien Brussig (2009). Gerade der dort als diskontinuierlicher Typ, Teilzeit- bzw. Hausfrauen-Teilzeit-Typ bezeichnete Verlauf einer Erwerbsbiografie ist im Hinblick auf diese Thematik problematisch. Zur Problematik in Bezug auf die Altersvorsorge siehe Stegmann (2009).

[465] Das „Abkommen zur Übertragung zwischen den Durchführungswegen Direktversicherung, Pensionskasse oder Pensionsfonds bei Arbeitgeberwechsel" soll dieses Problem lösen. Es ist jedoch nur bei einer Übertragung auf einen neuen Arbeitgeber innerhalb einer Frist von 15 Monaten ab dem Ausscheiden des Arbeitnehmers aus seinem bisherigen Arbeitsverhältnis anwendbar.

[466] Kiesewetter et al. (2016c), S. 253.

[467] Kiesewetter et al. (2016c), S. 253.

Hemmnisse werden nur abstrakt adressiert. Außerdem handelt es sich nicht um ein ausschließliches Problem innerhalb der bAV, sondern umfasst säulenübergreifend die gesamte versicherungsförmige Altersvorsorge. Insofern wäre insgesamt ein Verbot gezillmerter Altersvorsorgeverträge aus Sicht der Versicherungsnehmer wünschenswert.[468]

Die bisherige modelltheoretische Untersuchung in dieser Arbeit abstrahierte stets von Abschluss- sowie laufenden Verwaltungskosten.[469] Die Auswirkungen eines Verbots der Zillmerung auf die Rentabilität der bAV für Arbeitnehmer bzw. Versicherungsnehmer können damit grundsätzlich nicht dargestellt werden. Um eine solche Untersuchung zu ermöglichen, werden mittels dieses Exkurses Abschluss- bzw. Provisions- sowie Verwaltungskosten modelltheoretisch abgebildet. Dies erfolgt durch Modifikation der bisherigen Modellrechnungen. Dabei werden die Auswirkungen der Zillmerung auf den Deckungsstock eines Versicherungsvertrags ermittelt. Es wird sowohl aus Sicht des Versicherten als auch aus Sicht der Versicherung argumentiert. Die Sphäre des Arbeitgebers wird für diese Betrachtung hingegen kurz ausgeblendet. Nach diesem Exkurs gelten schließlich wieder die bereits in Abschnitt 2.3.1 dargestellten Annahmen und konstituierenden modelltheoretischen Rahmenbedingungen.

Ausgangspunkt der Betrachtung innerhalb dieses Exkurses ist erneut eine natürliche Person (nachfolgend als Versicherter bezeichnet), die im Entscheidungszeitpunkt $t = 0$ einen kapitalgedeckten Rentenversicherungsvertrag als Altersvorsorge abschließen möchte. Auf die konkrete Ausgestaltung dieses Vertrags wird nicht weiter eingegangen. Auch steuer- und sozialversicherungsrechtliche Aspekte werden ausgeblendet. Die Ausführungen gelten daher beispielsweise für eine private Rentenversicherung gleichermaßen wie für eine bAV im Wege der Direktversicherung mit Entgeltumwandlung. Es wird erneut angenommen, dass sich der Deckungsstock jährlich mit der periodisch konstanten Bruttorendite $r$ verzinst und innerhalb des Vertrags thesauriert. Unter Sicherheit ist bekannt, dass der Versicherte ab Vertragsabschluss noch $m$ Jahre Beiträge leisten wird. Dieser Lebensabschnitt wird erneut als Ansparphase bezeichnet. Es wird wiederum ein deterministisches Modell des Vertragsverlaufs unterstellt.

Im Zeitpunkt des Vertragsabschlusses wird neben der Vertragslaufzeit auch die beabsichtigte bzw. voraussichtliche Höhe der jährlichen Beiträge $B_t^{vor}$ vereinbart. Die ex ante prognostizierten Beiträge müssen jedoch nicht mit den tatsächlich geleisteten Beiträgen $B_t^{tat}$ übereinstimmen. So kann es sein, dass der Versicherte die vorgesehene Höhe aufgrund geänderter Lebensumstände über- oder unterschreitet.

Für Zwecke dieser Arbeit wird unter Zillmerung[470] entgegen ihrem eigentlichen Ursprung ausschließlich die Verteilung der Abschluss- und Vertriebskosten auf die Laufzeit des Vertrages sowie die damit zusammenhängende Bildung des Deckungskapitals aus Sicht

---

[468] Dies wird beispielsweise auch vom Bundesverband der Verbraucherzentralen gefordert; vgl. Verbraucherzentrale Bundesverband e.V. (2015). Ferner wird diesbezüglich auch im Koalitionsvertrag der vorherigen Regierung beabsichtigt, „die Einführung der Honorarberatung als Alternative zu einer Beratung auf Provisionsbasis für alle Finanzprodukte" voranzutreiben; vgl. Deutsche Bundesregierung (2013), S. 64.

[469] Siehe hierzu die Erläuterungen der Annahmen und konstituierender Rahmenbedingungen in Abschnitt 2.3.1.

[470] In der Literatur wird in diesem Zusammenhang oftmals auch von Kostenvorausbelastung gesprochen.

des Versicherten verstanden. Der Deckungsstock im Zeitpunkt $t$ kann auch als korrespondierender Rückkaufwert der Versicherung interpretiert werden.[471] Ursprünglich wurde das Zillmerverfahren dahingegen als Berechnungsmethode zur Ermittlung der Deckungsrückstellung des Versicherungsunternehmens entwickelt. In diesem Exkurs werden die bilanziellen Auswirkungen auf das Versicherungsunternehmen jedoch nicht explizit dargestellt. Unter den hier getroffenen Annahmen und aufgrund des Abstrahierens von Risiken bzw. Unsicherheiten kann die Höhe des Deckungsstocks jedoch auch vereinfacht als korrespondierender Wert der Deckungsrückstellung auf Seiten der Versicherung angesehen werden. Damit ist ein Gleichlauf von Deckungskapital, Deckungsrückstellung und Rückkaufwert der Versicherung gegeben.

### 3.2.3.1 Nominalbetrachtung

Der typische Versicherungsvertrag einer kapitalgedeckten Versicherung sieht insbesondere zwei Kostenkomponenten vor: Zum einen die Abschluss- und Vertriebskosten, die nachfolgend als Provision $P$ bezeichnet werden, sowie die laufenden, d.h. in jeder Periode der Ansparphase anfallenden Verwaltungskosten $V_t$.[472] Die Provision errechnet sich durch Anwendung des Kostensatzes $\upsilon$ auf die Summe der über die Laufzeit des Vertrages vereinbarten Beiträge. Der Kostensatz darf den Höchstzillmersatz i.S.d. § 4 Abs. 1 DeckRV in Höhe von aktuell 25 Promille nicht übersteigen. Die absolute Höhe der (Versicherungs-)Provision ermittelt sich daher zu

$$P = \upsilon \cdot \sum_{t=1}^{m} B_t^{vor} . \tag{55}$$

Die Ermittlung der Provision erfolgt damit auf ex ante prognostizierte, aber nicht zwingend tatsächlich geleistete Beiträge. Die sich so ergebende Provision wird über die ersten $\mu$ Jahre der Ansparphase verteilt. Riester- und Rürup-Verträge sehen gem. § 1 Abs. 1 Satz 1 Nr. 8 AltZertG beispielsweise eine gleichmäßige Verteilung über mindestens die ersten fünf Vertragsjahre vor.[473] Folglich ergibt sich der in Periode $t$ anfallende Teil der Provision $P_t$ zu[474]

$$P_t = \begin{cases} P\big/\mu & \text{für} \quad t \le \mu \\ 0 & \text{für} \quad t > \mu . \end{cases} \tag{56}$$

Neben den Abschluss- und Vertriebskosten (Provision) fallen laufende Verwaltungskosten an, die mit dem Verwaltungskostensatz $\gamma$ auf die in der Periode $t$ tatsächlich geleisteten Beiträge errechnet werden

$$V_t = \gamma \cdot B_t^{tat} . \tag{57}$$

---

[471]    Vor dem 01.07.2008 konnten hingegen auch negative Rückkaufwerte entstehen.

[472]    Vgl. zu den unterschiedlichen Kostenarten ausführlich Ortmann (2010), S. 91 ff. Auch in der Rentenphase werden i.d.R. laufende Verwaltungskosten erhoben; vgl. Westerheide (2001), S. 13 f. Da die Rentenphase in diesem Beitrag nicht explizit modelliert wird, kann hiervon abstrahiert werden.

[473]    Bis zum Inkrafttreten des AltEinkG am 01.01.2005 war eine Verteilung der Abschluss- und Vertriebskosten auf die ersten zehn Vertragsjahre vorgesehen.

[474]    Es wird die plausible Annahme getroffen, dass die Ansparphase des Versicherten stets mindestens $\mu$ Jahre umfasst.

Nach Abzug aller Kosten verbleibt von den tatsächlich geleisteten Beiträgen der jährliche Ansparbetrag (vor Zinsen)

$$\Delta D_t = B_t^{tat} - V_t - P_t \,. \tag{58}$$

Damit keine negativen Deckungsstöcke entstehen, wird fortan als Nebenbedingung eingeführt, dass die tatsächlich geleisteten Beiträge mindestens die Kosten der Periode decken.

$$B_t^{tat} \geq V_t + P_t \,. \tag{59}$$

Die jährlichen Ansparbeträge thesaurieren sich über die gesamte Ansparphase mit der vom Versicherungsunternehmen vorgegebenen und sicheren Bruttorendite $r$. Am Ende der Ansparphase ergibt sich der Deckungsstock $D$ damit zu

$$D = \sum_{t=1}^{m} \Delta D_t \cdot (1+r)^{m-t} \,. \tag{60}$$

Da im Rahmen dieses Modells kapitalgedeckte Versicherungen betrachtet werden, kann unterstellt werden, dass der zur Verfügung stehende Deckungsstock beim Übertritt des Versicherten in die Rentenphase verrentet wird. In der Praxis erfolgt dies nach versicherungsmathematischen Gesichtspunkten unter Berücksichtigung von Sterbetafeln. Es kann unterstellt werden, dass mit einem höheren Deckungsstock auch höhere Renten einhergehen. Die konkrete Höhe der resultierenden Renten ist für Zwecke dieses Exkurses daher unbeachtlich. Da Steuer- und Sozialversicherungsrecht ausgeblendet werden, kann der Deckungsstock als Maß zur Beurteilung der Vorteilhaftigkeit aus Sicht des Versicherten herangezogen werden. Je höher dieser ausfällt, desto vorteilhafter ist die Versicherung für den Versicherten.

Die oben dargestellte Summenschreibweise in Formel (60) setzt eine Betrachtung jeder einzelnen Periode voraus. Eine solche Darstellung kann unterbleiben, wenn vereinfachend angenommen wird, dass über die Ansparphase hinweg stets konstante Beiträge $B^{tat}$ geleistet werden. Diese Annahme gilt fortan für sämtliche periodischen Beträge. Die Ansparphase lässt sich dadurch in zwei separate Abschnitte unterteilen: In einer ersten Phase über $\mu$ Jahre wird von den Beiträgen noch der $\mu$-te Teil der Provision einbehalten. Der Ansparbetrag ergibt sich in diesen Perioden zu

$$\Delta D_\mu = (1-\gamma) \cdot B^{tat} - \frac{\upsilon}{\mu} \cdot m \cdot B^{vor} \qquad \text{für} \quad t \leq \mu \,. \tag{61}$$

Im zweiten Abschnitt der Ansparphase, der die restlichen $\tau - \mu$ Jahre andauert, werden keine Abschluss- und Vertriebsprovisionen mehr erhoben. Von den Beiträgen werden ausschließlich die laufenden Verwaltungsgebühren einbehalten. Der jährliche Ansparbetrag ermittelt sich in diesen Perioden zu

$$\Delta D_m = (1-\gamma) \cdot B^{tat} \qquad \text{für} \quad \mu < t \leq m \,. \tag{62}$$

Die Höhe des Deckungsstocks, der sich am Ende der Ansparphase ergibt, kann nun ohne Summenformel geschrieben werden als

$$D = \Delta D_\mu \cdot \underbrace{\frac{(1+r)^\mu - 1}{r}}_{\text{ewf}[r,\mu]} \cdot (1+r)^{m-\mu} + \Delta D_m \cdot \underbrace{\frac{(1+r)^{m-\mu} - 1}{r}}_{\text{ewf}[r,m-\mu]} \,. \tag{63}$$

Die oben dargestellte Erhebungsform von Versicherungskosten als Kombination von gezillmerten Abschluss- und Vertriebsgebühren sowie laufenden Verwaltungsgebühren führt dazu, dass in den ersten Jahren der Ansparphase nur geringe Deckungsstöcke aufgebaut werden. Hierfür zeichnet offensichtlich verantwortlich, dass in den frühen Perioden die Provision der Versicherung aufgebracht werden muss. Es kann sogar dazu kommen, dass dadurch zunächst ein negatives Deckungskapital ausgewiesen wird. Unter Beachtung des Zinseszinseffektes sind gezillmerte Verträge besonders nachteilig. Durch die zu Beginn der Ansparphase geringen Deckungsstöcke fallen auch die darauf entfallenden Zinsen niedriger aus. Aus Sicht des Versicherten wäre es deshalb wünschenswert, wenn auch die Abschluss- und Vertriebsprovision periodisch vom jeweils tatsächlich geleisteten Beitrag abgeführt würde. Insbesondere gilt dies in Fällen, in denen es zu Abweichungen zwischen den bei Versicherungsabschluss geplanten und den tatsächlich während der Ansparphase geleisteten Beiträgen kommt. Die gewählte formale Darstellung erlaubt es, derartige Abweichungen und deren Folgen für Versicherte und Versicherung zu analysieren.

Es wird angenommen, dass die Versicherung die vom Versicherten geleisteten Beiträge am Kapitalmarkt anlegt. Wie diese Anlage konkret ausgestaltet ist, kann an dieser Stelle vernachlässigt werden. Für Zwecke des hier gewählten Modells wird unterstellt, dass die Versicherung die Bruttorendite $r$ erwirtschaftet. Der Versicherte kann diese Rendite mit einer individuellen Anlage am Kapitalmarkt selbst nicht erzielen.[475] Durch Abschluss des Versicherungsvertrags lässt das Versicherungsunternehmen ihn jedoch an der höheren Rendite $r$ partizipieren. Im Gegenzug verpflichtet sich der Versicherte, die Abschluss- und Vertriebskosten sowie die laufenden Verwaltungsgebühren zu leisten. Das Versicherungsunternehmen wird die Kostensätze stets derart kalkulieren, dass es sich mit einem zusätzlichen Versicherungsabschluss nicht schlechter stellt als ohne Abschluss. Ohne die tatsächlichen Kosten der Versicherung der Höhe nach bestimmen zu müssen, ist aus Sicht der Versicherung damit ausschließlich die Höhe der in Summe vereinnahmbaren Kosten von Bedeutung.

Unter Rückgriff auf die oben dargestellten Auswirkungen auf den Versicherten lassen sich die Einnahmen der Versicherung aus einem (zusätzlichen) Versicherungsvertrag bestimmen. Zum einen erhält die Versicherung die gezillmerte Provision $P$ und zum anderen die laufenden Verwaltungskosten $V_t$ in jeder Periode der Ansparphase. In Summe ergeben sich die Einnahmen der Versicherung am Ende der Ansparphase $Y$ damit zu

$$Y = m \cdot B^{vor} \cdot (\upsilon + \gamma). \tag{64}$$

Die absolute Höhe der Versicherungsgebühren $Y$ wird fortan als Vorteilhaftigkeitsmaß aus Sicht der Versicherung interpretiert. Je höher die Gebühren ausfallen, desto höher fällt auch der Gewinn aus.

Wie oben bereits erläutert, wäre es aus Sicht des Versicherten vorteilhafter, wenn bereits in den ersten Vertragsjahren ein höheres Deckungskapital aufgebaut würde. Dies wäre durch Gleichverteilung der Abschluss- und Vertriebskosten über die gesamte Ansparphase realisierbar. Damit derlei Verträge von Versicherungen jedoch überhaupt angeboten wer-

---

[475]    Gründe hierfür sind neben dem gegebenenfalls mangelnden Know-how des einzelnen Versicherten auch Größen- und Skaleneffekte.

den, muss gewährleistet sein, dass sich die Versicherung durch diese Art der Kostenerhebung nicht schlechter stellt als mit der bisherigen.[476]

Im Modell lassen sich diese beiden Vorgaben dadurch umsetzen, dass zunächst die durch Zillmerung resultierenden Gesamtversicherungsgebühren $Y$ ex ante ermittelt werden. Diese Gesamtgebühren muss die Versicherung ohne Zillmerung allein durch laufende Verwaltungskosten einnehmen, damit sie sich zum Fall der Zillmerung gleichstellt. Dieser neue Kostensatz wird mit $\gamma'$ bezeichnet und ergibt sich zu

$$\gamma' = \upsilon + \frac{\gamma \cdot B^{tat}}{B^{vor}}. \tag{65}$$

Falls sich die prognostizierten mit den tatsächlich geleisteten Beiträgen decken ($B^{vor} = B^{tat}$), lässt sich eine weitere Vereinfachung vornehmen:

$$\gamma' = \gamma + \upsilon. \tag{66}$$

Aus diesem Ausdruck lässt sich erkennen, dass der bisherige Provisionssatz den bisherigen Verwaltungskostensatz erhöht. Im Gegensatz zu gezillmerten Verträgen werden die Abschluss- und Vertriebskosten somit auf die gesamte Vertragslaufzeit verteilt. Aus Sicht des Versicherers ist damit gewährleistet, dass der Gesamtbetrag an Gebühren gleichbleibt. Absolut betrachtet stellt sich die Versicherung damit gleich mit der Variante der Zillmerung. Dies vorausgesetzt, kann nun die Auswirkung auf den Versicherten betrachtet werden. Dazu werden zunächst die neuen „laufenden" Gebühren ermittelt:

$$V' = \gamma' \cdot B^{tat}. \tag{67}$$

Daraus lässt sich unter Rückgriff auf die obige Darstellung der periodische Sparbetrag vor Zinsen errechnen:

$$\Delta D' = B^{tat} - V'. \tag{68}$$

Dieser Ansparbetrag thesauriert sich erneut mit der Bruttorendite $r$. Am Ende der Ansparphase resultiert der neue Deckungsstock

$$D' = B^{tat} \cdot (1 - \gamma') \cdot ewf[r, m]. \tag{69}$$

Es kann gezeigt werden, dass für realistische Fälle der Deckungsstock $D'$ (ohne Zillmerung) den Deckungsstock $D$ (mit Zillmerung) des Versicherten übersteigt. Dies wird anhand eines Beispiels illustriert. Es wird eine Person betrachtet, die bei Vertragsabschluss das 30. Lebensjahr vollendet hat und einen (Renten-)Versicherungsvertrag abschließt, der nach 30 Jahren Ansparphase eine Verrentung des bis dahin gebildeten Kapitalstocks vorsieht. Die als sicher angenommene Rendite beträgt 5,0 Prozent.[477] Der Versicherte legt sich auf einen konstanten jährlichen Beitrag in Höhe von 1.000 Euro fest, den er annahmegemäß auch während der gesamten Ansparphase tatsächlich erbringt. Im Fall der Zillmerung wird eine Abschluss- und Vertriebsprovision in Höhe von 2,5 Prozent von den insgesamt geplanten Beiträgen erhoben, die über die ersten fünf Beitragsjahre verteilt wird. Die laufenden Verwaltungskosten betragen im Fall der Zillmerung 2,0 Prozent des jährlich tatsächlich

---

[476]  Von einem gesetzlichen Verbot, die Abschluss- und Vertriebsprovision lediglich über einen (kurzen) Teil der Ansparphase zu verteilen, sei an dieser Stelle abstrahiert.

[477]  Die hier verwendeten Werte sind beispielhaft zur besseren Veranschaulichung gewählt und erheben, gerade vor dem Hintergrund der aktuellen Niedrigzinsphase, keinen Anspruch auf Realitätsnähe.

geleisteten Beitrags. Unter diesen Annahmen ergibt sich ein Deckungsstock $D$ am Ende der Ansparphase in Höhe von 62.303 Euro.

Für den Fall, dass keine Zillmerung der Abschluss- und Provisionskosten erfolgt, hat die Versicherung in diesem Beispiel den laufenden Kostensatz auf 4,5 Prozent zu erhöhen, damit sie sich bezogen auf die insgesamt erhobenen Kosten, nicht schlechter stellt als zuvor. Unter diesen Voraussetzungen hat der Versicherte am Ende der Ansparphase einen Deckungsstock $D'$ in Höhe von 63.449 Euro aufgebaut. Damit stellt sich der Versicherte insgesamt um 1.146 Euro besser, wenn die Abschluss- und Vertriebsprovision nicht in den ersten fünf Jahren, sondern analog zur Verwaltungsgebühr vom laufenden Beitrag einbehalten wird. Die Versicherung ist in diesem Fall nominal gleichgestellt. Die nachfolgende Abbildung 36 zeigt die Entwicklung des Deckungsstocks über die Ansparphase mit und ohne Zillmerung.

Es zeigt sich, dass der Deckungsstock des Versicherten bei ungezillmertem Vertrag sowohl schneller anwächst als auch insgesamt höher ausfällt. Letzteres ist unter den hier getroffenen Annahmen gleichbedeutend mit höheren Renten. Für den Versicherten ist dies folglich vorteilhaft.

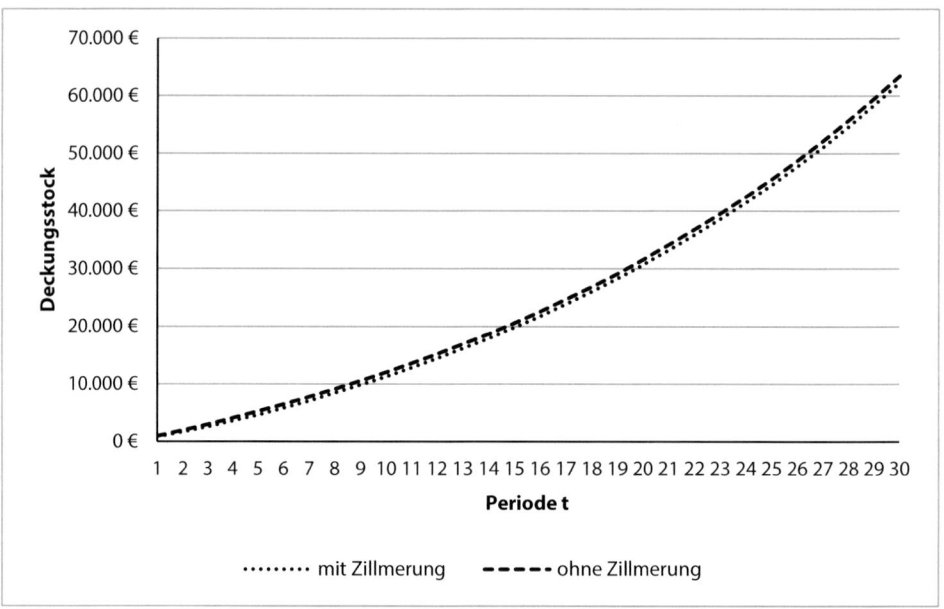

Abbildung 36: Verlauf des Deckungsstocks mit und ohne Zillmerung (Beispiel)[478]

---

[478]  Quelle: Modifiziert entnommen aus Menzel/Tschinkl (2017), S. 328.

Aus Sicht der Versicherung ergibt sich, dass sie unter diesen Voraussetzungen sowohl im Fall mit als auch im Fall ohne Zillmerung aus diesem einen Vertrag am Ende der Ansparphase insgesamt 1.350 Euro an Gebühren eingenommen hat. Lediglich die zeitliche Verteilung der Einnahmen unterscheidet sich. Dies wird in nachfolgender Abbildung 37 deutlich.

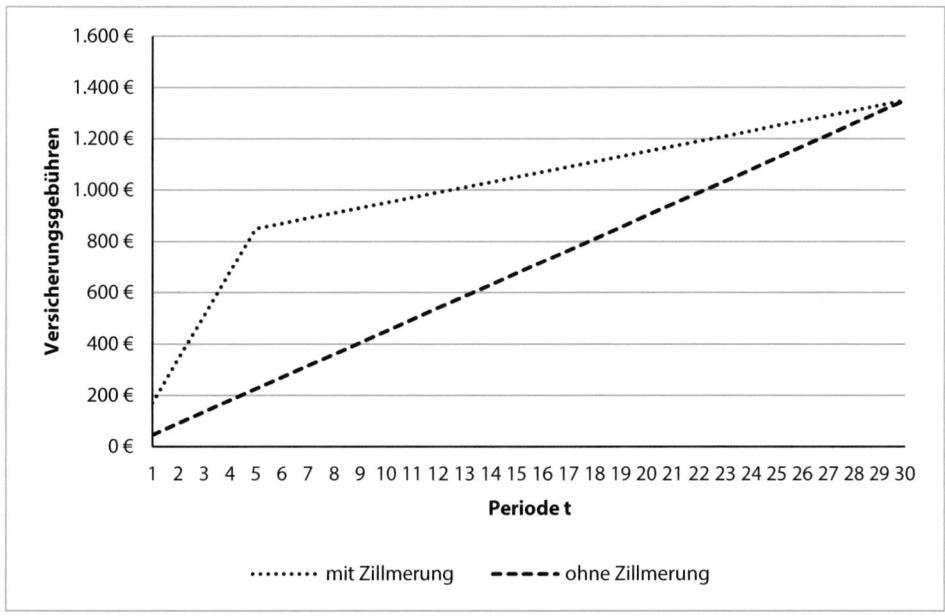

Abbildung 37: Verlauf der Versicherungsgebühren mit Kostensatz $\gamma'$ (Beispiel)[479]

Während im Fall mit Zillmerung bereits in frühen Phasen der Ansparphase große Teile der Versicherungsgebühren vereinnahmt werden, zeigt sich für den Fall ohne Zillmerung ein durchgehend linearer Verlauf. An dieser Stelle ist darauf hinzuweisen, dass die Versicherung aufgrund des zeitlich verzögerten Zuflusses der Einnahmen im Fall ohne Zillmerung barwertig offenkundig schlechter gestellt ist. Hierauf wird in Abschnitt 3.2.3.2 explizit eingegangen.

Zunächst wird jedoch ein anderer Aspekt beleuchtet. Bisher wurde unterstellt, dass sich die Versicherung durch Abschaffung der Zillmerung nicht verschlechtern soll, was in einem Vorteil für den Versicherten resultiert. Es kann analog argumentiert werden, dass ein solcher Vorteil stattdessen der Versicherung zugesprochen werden sollte. Dies könnte als Entschädigung für die spätere Vereinnahmung der Gebühren interpretiert werden. Für dieses Szenario muss analog, aber umgekehrt zu oben, sodann vorgegeben werden, dass sich die Deckungsstöcke des Versicherten mit und ohne Zillmerung entsprechen, das heißt, dass der Versicherte nicht schlechter gestellt wird. Es lässt sich ex ante ein (Verwaltungs-)Kostensatz $\gamma^*$ ermitteln, der erneut nur auf die laufenden Beiträge zu entrichten ist und der dieses Er-

---

[479]  Quelle: Modifiziert entnommen aus Menzel/Tschinkl (2017), S. 328.

gebnis herbeiführt. Dieser Kostensatz ergibt sich zu

$$\gamma^* = 1 - \frac{D}{B^{vor} \cdot ewf\left[r,m\right]}.$$    (70)

Unter Rückgriff auf das obige Beispiel ergibt sich ein $\gamma^*$ in Höhe von 6,22 Prozent. Daraus resultiert für den Versicherten der bereits bekannte Deckungsstock in Höhe von 62.303 Euro, während die Versicherung nun insgesamt 1.867 Euro über die Ansparphase vereinnahmen kann und sich damit absolut betrachtet um 517 Euro besser stellt. Dies wird grafisch in Abbildung 38 dargestellt.

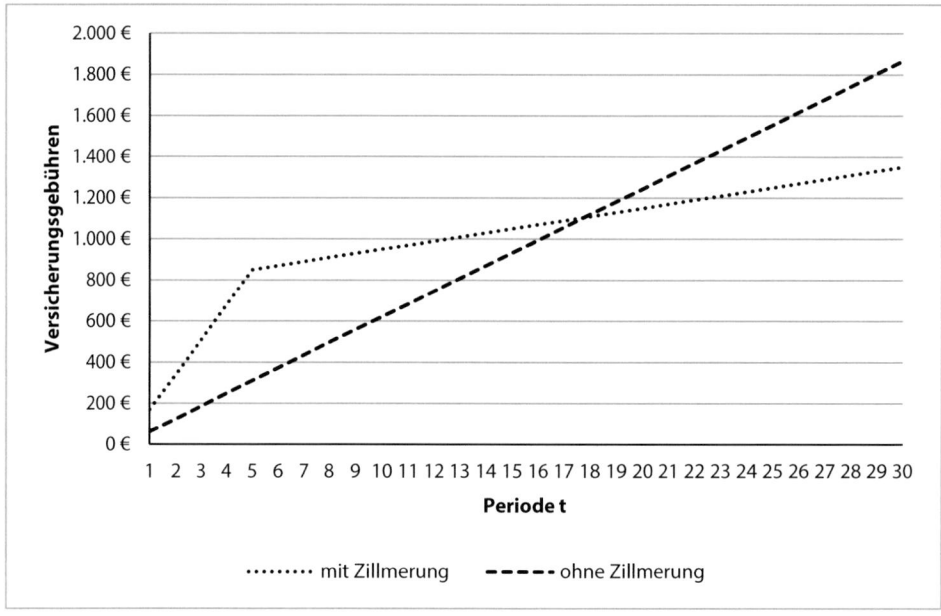

Abbildung 38: Verlauf der Versicherungsgebühren mit Kostensatz $\gamma^*$ (Beispiel)[480]

Es zeigt sich, dass unter diesen Annahmen bereits in Periode 18 die absoluten Einnahmen der Versicherung bei Erhebung des laufenden Kostensatzes $\gamma^*$ diejenigen im Ausgangsfall (mit Zillmerung) übersteigen und die Versicherung sich damit bei Nominalbetrachtung besserstellt, der Versicherte sich hingegen nicht verschlechtert. Folglich wird unter diesen Voraussetzungen im Fall der Zillmerung das Pareto-Optimum nicht erreicht.

Es wird ersichtlich, dass hinsichtlich des neuen (laufenden) Verwaltungskostensatzes ein „Korridor" gegeben ist, in dessen Grenzen der Vorteil aus der Abschaffung der Zillmerung auf Versicherung und Versicherten aufgeteilt werden kann. Bisher wurden die beiden Extremfälle $\gamma'$ (Vorteil allein beim Versicherten) sowie $\gamma^*$ (Vorteil allein bei der Versicherung) betrachtet. In diesen Fällen kommt es folglich zu einer sogenannten „Win-No-Lose-Situation". Nimmt der Verwaltungskostensatz dagegen einen Wert innerhalb des Korridors an, stellt sich eine „Win-Win-Situation" ein, sodass beide Akteure (Versicherter und Ver-

---

480    Quelle: Modifiziert entnommen aus Menzel/Tschinkl (2017), S. 329.

sicherung) bei Nominalbetrachtung von der Abschaffung der Zillmerung profitieren können. Dies veranschaulicht nachfolgende Abbildung 39. Da hierbei die Daten und Annahmen aus dem obigen Beispiel zugrunde gelegt sind, ergibt sich der Korridor zwischen $\gamma' =$
4,5 Prozent und $\gamma^* = 6{,}22$ Prozent.

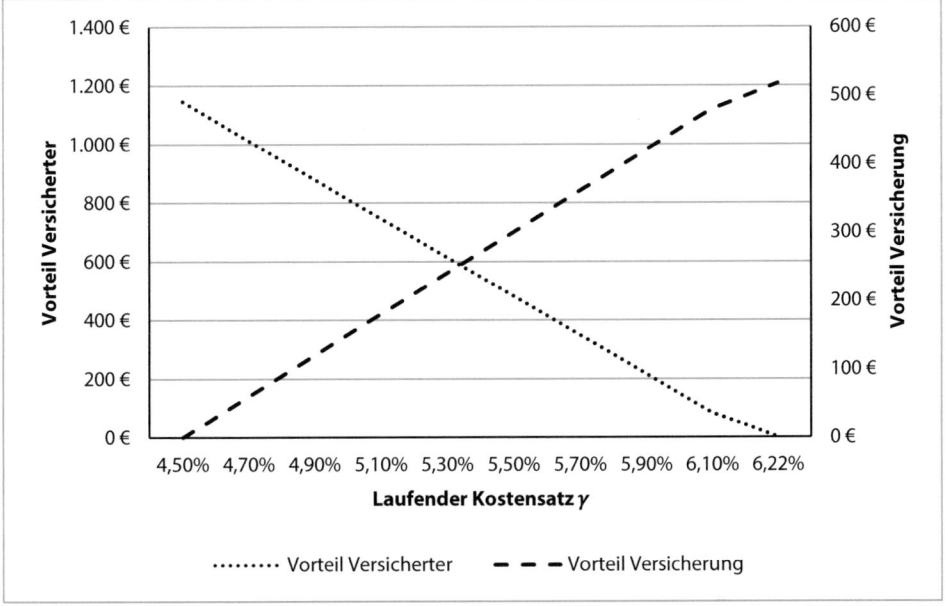

Abbildung 39: Korridor laufender Kostensatz $\gamma$[481]

Als erstes Zwischenergebnis kann festgehalten werden, dass die Abschaffung der Zillmerung bei gleichzeitiger Erhöhung des laufenden Verwaltungskostensatzes für den Fall,
dass der Vertrag wie vorab prognostiziert bespart wird, für keinen der beiden Beteiligten
negative Folgen haben muss. Vielmehr lassen sich sogar Vorteile für beide Akteure erzielen,
wodurch bei nominaler Betrachtung Win-Win-Situationen entstehen können.

### 3.2.3.2 Barwertige Betrachtung

Typischerweise bedienen sich Versicherer externer Versicherungsmakler, welche die Pro-
dukte vertreiben und im Namen der Versicherung Verträge abschließen. Sofern sich diese
Strukturen nicht grundlegend ändern, wird es auch zukünftig dabei bleiben, dass die Ver-
sicherungsunternehmen die (externen) Provisionsaufwendungen bereits im Zeitpunkt des
Vertragsabschlusses tragen müssen. Der Versicherer wird sich daher nicht an den absoluten
Versicherungsgebühren orientieren, sondern eine möglichst frühe Erhebung präferieren.
Dies kann auch als Hauptgrund angesehen werden, weshalb Versicherungsverträge über-
haupt gezillmert werden. Gleichwohl lässt sich auch argumentieren, dass die derzeit am
Markt tätigen Versicherungsunternehmen die internen Zahlungsströme individuell gestal-

---

[481]    Quelle: Modifiziert entnommen aus Menzel/Tschinkl (2017), S. 329.

ten können. Ohne Zillmerung der Verträge müssten diese Aufwendungen somit vorfinanziert und über die Laufzeit des Vertrags durch die nun höheren laufenden Einnahmen getilgt werden. Im Ergebnis ist daher aus Sicht der Versicherung keine nominale Betrachtung, sondern vielmehr eine barwertige Betrachtung vorzunehmen. Auch aus der Perspektive des Versicherten ist eine barwertige Analyse lohnend, da diesem im Zeitpunkt der Entscheidung für oder gegen einen Versicherungsvertrag auch andere Vorsorgemöglichkeiten zur Verfügung stehen. Er wird sich daher nur dann für den Versicherungsvertrag entscheiden, wenn dieser ihm eine höhere Rendite nach Kosten gewährleistet als die beste Alternativanlage. In diesem Abschnitt werden deshalb die bisher unter nominalen Gesichtspunkten dargestellten Ergebnisse barwertig betrachtet. Es wird untersucht, ob auch bei barwertiger Betrachtung Win-Win-Situationen entstehen können. Analog zum Vorgehen in Abschnitt 3.2.3.1 werden daher zum einen der Deckungsstock des Versicherten und zum anderen die der Versicherung zufließenden Versicherungsgebühren formalisiert hergeleitet. Anschließend werden Kostensätze errechnet, die im Falle der Abschaffung der Zillmerung auf die laufenden Beiträge zu erheben sind und ex ante betrachtet dazu führen, dass sich entweder Versicherter oder Versicherung nicht schlechterstellen als mit Zillmerung.

In dem gewählten Modellrahmen steht die Versicherung im Zeitpunkt $t = 0$ vor der Entscheidung, dem Versicherten einen Vertrag anzubieten oder stattdessen eine Alternativanlage vorzunehmen. Wie oben bereits erläutert, wird für Zwecke dieses Beitrags vereinfachend unterstellt, dass die Versicherung ausschließlich an den erhobenen Versicherungsgebühren (sowohl Abschluss-/Vertriebs- als auch laufende Verwaltungsgebühren) verdient. Die Versicherung wird den Vertrag nur anbieten, wenn dies für sie lohnender ist als die Alternativanlage. Es erhebt sich daher an dieser Stelle die Frage, worin diese optimale Unterlassungsalternative besteht und welche Rendite damit erzielt werden kann. Im Rahmen des hier vorgestellten Modells wird angenommen, dass die von der Versicherung durch Anlage am Kapitalmarkt erzielbare Rendite ungeschmälert an den Versicherten weitergereicht wird. Diese Rendite wurde als $r$ bezeichnet. Im Umkehrschluss bedeutet dies, dass sich auch die optimale Alternativanlage aus Sicht der Versicherung mit eben dieser Rendite $r$ verzinst. Daher sind die Einnahmen der Versicherung aus dem Versicherungsvertrag mit $r$ zu diskontieren, um den Barwert der Versicherungsgebühren zu berechnen.[482] Im Rahmen von derartigen Entscheidungssituationen wird in der Betriebswirtschaftslehre gewöhnlich von einer zur Verfügung stehenden Anfangskapitalausstattung ausgegangen, die im Entscheidungszeitpunkt in alternative Investitionsobjekte angelegt werden kann. Entgegen dieser Annahme wird hier von einem Anfangskapital abstrahiert. Es wird vielmehr unterstellt, dass die Versicherung durch die erzielbaren Versicherungsgebühren eine höhere Rendite als durch Kapitalmarktanlage erzielt. Andernfalls käme es zu keinem Vertragsangebot und eine Versicherung würde nicht abgeschlossen.

Aus Sicht des (potenziell) Versicherten stellt sich die Entscheidungssituation im Zeitpunkt $t = 0$ derart dar, dass er entweder das Angebot der Versicherung annimmt oder seinerseits eine Alternativanlage am Kapitalmarkt tätigt. Bei Vertragsabschluss erhält der Steuerpflichtige ebenfalls Zugang zur Kapitalmarktrendite $r$. Im Gegenzug muss er jedoch die Versicherungsgebühren entrichten. Entscheidet er sich gegen einen Versicherungsvertrag,

---

[482]    Von Steuern sowie weiteren externen Effekten wird in diesem Exkurs abstrahiert.

besteht seine beste Alternative in der Anlage seines Kapitals in einem annahmegemäß niedriger verzinsten Vorsorgeprodukt, bspw. einem Banksparplan. Ergo wird unterstellt, dass die Versicherung in der Lage ist, ceteris paribus eine höhere Rendite am Kapitalmarkt zu erzielen als die einzelne Person des Versicherten. Dies erscheint aufgrund von Größeneffekten, stärkeren Diversifikationsmöglichkeiten und eines auf Erfahrungswerten basierenden Know-hows plausibel. Der vom Versicherten erzielbare Zins bei Alternativanlage wird mit $i$ bezeichnet. Damit es aus Sicht des Versicherten zum Versicherungsabschluss kommt, muss demnach die effektive Rendite der Versicherung nach Abzug der Versicherungsgebühren höher sein als die Rendite der Alternativanlage $i$. Für die barwertige Betrachtung aus Sicht des Versicherten hat demnach eine Diskontierung des Deckungsstocks mit $i$ zu erfolgen.

Zusammengefasst wird damit angenommen, dass aus Sicht des Versicherungsunternehmens mit dem Zinssatz $r$ und aus Sicht des Versicherten mit einem niedrigeren Zinssatz $i$ abzuzinsen ist. Ferner wird unterstellt, dass es zum Vertragsabschluss kommt, sodass sich die einzelnen Zinssätze bzw. Renditen in die in Abbildung 40 dargestellte Rangfolge einordnen lassen.

| Rendite aus Sicht des Versicherungsunternehmens bei Vertragsabschluss |
| :---: |
| ≥ |
| Rendite $r$, die Versicherung am Kapitalmarkt erzielen kann |
| ≥ |
| Effektivverzinsung aus Sicht des Versicherten bei Vertragsabschluss |
| ≥ |
| Zinssatz $i$, den Versicherter am Kapitalmarkt erzielen kann |

Abbildung 40: Rangfolge der Zinssätze bzw. Renditen[483]

Nachdem erläutert wurde, welche Zinssätze zur Diskontierung herangezogen werden, wird nun zunächst der Barwert der voraussichtlichen Beiträge $bw[B^{vor}, r]$ aus Sicht der Versicherung berechnet. In einem zweiten Schritt wird unter Rückgriff auf Formel (55) der Barwert der Abschluss- und Vertriebskosten $bw[P, r]$ im Fall der Zillmerung ermittelt.[484]

$$\text{bw}\left[B^{vor}, r\right] = B^{vor} \cdot \underbrace{\frac{(1+r)^m - 1}{(1+r)^m \cdot r}}_{rbf[r,m]}. \tag{71}$$

Da auch in diesem Abschnitt stets von konstanten Beiträgen ausgegangen wird, kann die Summenformel durch Anwendung des Rentenbarwertfaktors aufgelöst werden.[485] Diese

---

[483]   Quelle: Modifiziert entnommen aus Menzel/Tschinkl (2017), S. 330.

[484]   Im Folgenden steht $bw[\cdot]$ für den Barwert zum Zeitpunkt $t = 0$ in Abhängigkeit des zugrunde gelegten Diskontierungszinssatzes und des Abzinsungszeitraums.

[485]   Im Folgenden steht $rbf[\cdot]$ für den Rentenbarwertfaktor in Abhängigkeit des zugrunde gelegten Diskontierungszinssatzes und des Abzinsungszeitraums.

Schreibweise wird fortan stets angewandt. Der Barwert der Abschluss- und Vertriebsprovision bei Zillmerung $bw[P, r]$ ergibt sich zu

$$\text{bw}[P,r] = \frac{\upsilon \cdot m \cdot B^{\text{vor}}}{\mu} \cdot \text{rbf}[r, \mu].$$ (72)

Die Höhe der laufenden Versicherungsgebühren hängt dahingegen von den tatsächlich geleisteten Beiträgen ab. Unter Beachtung von Formel (57) ergibt sich der Barwert dieser laufenden Versicherungskosten $bw[V, r]$ aus Sicht der Versicherung zu

$$\text{bw}[V,r] = \gamma \cdot B^{\text{tat}} \cdot \text{rbf}[r, m].$$ (73)

Zusammengefasst erhält die Versicherung barwertig die Gesamtversicherungsbeiträge $bw[Y, r]$, die sich aus der gezillmerten Abschluss- und Vertriebsprovision sowie laufenden Versicherungskosten zusammensetzen.

$$\text{bw}[Y,r] = \text{bw}[P,r] + \text{bw}[V,r].$$ (74)

An dieser Stelle kann nun wiederum ermittelt werden, welchen Kostensatz die Versicherung auf die laufenden Beiträge erheben müsste, um bei einem Verzicht auf die Zillmerung barwertig ebenfalls diese Gesamtkosten $bw[Y, r]$ einzunehmen. Analog zu Formel (65) ergibt sich dieser Kostensatz $\gamma''$ bei barwertiger Betrachtung zu

$$\gamma'' = \frac{\text{bw}[Y,r]}{\text{bw}[B^{\text{vor}}, r]}.$$ (75)

Erhebt die Versicherung diesen Kostensatz, wird sichergestellt, dass sie sich ohne Zillmerung nicht verschlechtert. Um beurteilen zu können, welche Konsequenzen sich auf Seiten des Versicherten ergeben, erfolgt ebenfalls eine barwertige Betrachtung. Zunächst wird der neue Deckungsstock ohne Zillmerung $D''$ analog zu den Formeln (67) bis (69) berechnet.

$$D'' = B^{\text{tat}} \cdot (1 - \gamma'') \cdot \text{ewf}[r, m].$$ (76)

Der Barwert dieses Deckungsstocks wird durch Diskontierung mit dem Zinssatz $i$ über $m$ Perioden errechnet.

$$\text{bw}[D'',i] = \frac{D''}{(1+i)^m}.$$ (77)

Um eine Aussage dahingehend treffen zu können, ob es aus Sicht des Versicherten barwertig zu einer Änderung im Vergleich zum Zustand mit Zillmerung kommt, muss auch der ursprüngliche Deckungsstock mit $i$ abgezinst werden.

$$\text{bw}[D,i] = \frac{D}{(1+i)^m}.$$ (78)

Unter den bisherigen Annahmen dieses Exkurses und insbesondere unter der Annahme, dass sich prognostizierte und tatsächliche Beiträge entsprechen, ergeben sich keine Unterschiede zwischen den Barwerten der Deckungsstöcke mit und ohne Zillmerung. Das bedeutet, dass sich bei Erhebung des laufenden Kostensatzes $\gamma''$ im Vergleich zur Situation mit Zillmerung weder Versicherung noch Versicherter barwertig verbessern oder verschlechtern. Es kommt somit zu einer No-lose-No-lose-Situation.

Es kann geschlussfolgert werden, dass es durch eine Abschaffung der Zillmerung bei barwertiger Betrachtung zu keinen Vorteilen für einen der beiden Akteure kommt, ohne dass sich der jeweils andere Akteur schlechterstellt. Entgegen der obigen nominalen Betrachtung entsteht folglich für den Verwaltungskostensatz kein Korridor, in dessen Grenzen Vorteile auf Versicherung und Versicherten aufgeteilt werden können.

Der bereits oben dargestellte Beispielfall wird erneut aufgegriffen, um die bisher ausschließlich formal gezeigten Ergebnisse zu veranschaulichen. Der Diskontierungssatz des Versicherten $i$ wird beispielhaft mit 3,0 Prozent angenommen. Die Rendite $r$ beträgt analog zu oben 5,0 Prozent. Mit $r$ sind daher auch die Versicherungseinnahmen zu diskontieren. Für den Versicherten ergibt sich ein Barwert des Deckungsstocks mit Zillmerung über die ersten fünf Beitragsjahre in Höhe von 19.600 Euro. Die Versicherung generiert barwertig Einnahmen in Höhe von 957 Euro. Da wiederum davon ausgegangen wird, dass weder Versicherter noch Versicherung ohne Zillmerung schlechter gestellt werden sollen, markieren diese Barwerte folglich die jeweilige Untergrenze. Um zu gewährleisten, dass die Versicherung ohne Zillmerung bei barwertiger Betrachtung gleich hohe Einnahmen erhält, ist der laufende Kostensatz auf 6,22 Prozent anzuheben. Insgesamt erhält die Versicherung dadurch Einnahmen in Höhe von 1.867 Euro und damit nominal betrachtet 517 Euro mehr als mit Zillmerung. Aufgrund des verzögerten Zuflusses ergibt sich jedoch wiederum der Barwert der Versicherungskosten zu 957 Euro. Der zeitliche Verlauf dieses Falls ist bereits in Abbildung 38 dargestellt. Bei diesem Kostensatz ergibt sich für den Versicherten, dass auch er barwertig zum Fall mit Zillmerung gleichgestellt ist. Es ergibt sich daher bei barwertiger Betrachtung die oben erläuterte No-lose-No-lose-Situation, da beide Akteure mit und ohne Zillmerung gleichgestellt sind.

Das bisherige Ergebnis ist zunächst wenig zufriedenstellend. Wie gezeigt, hätte eine Abschaffung der Zillmerung bei barwertiger Betrachtung sowohl auf Seiten der Versicherung als auch der des Versicherten weder Vor- noch Nachteile. Unter Berücksichtigung des mit der Umstellung verbundenen Verwaltungsaufwands müsste man die Frage nach der Sinnhaftigkeit einer solchen Änderung stellen. Im Endeffekt kann aus modelltheoretischem Blickwinkel eine Abschaffung der Zillmerung kaum gefordert oder befürwortet werden.

Es gilt nun jedoch zu berücksichtigen, welche Annahmen der bisherigen Untersuchung zugrunde liegen. So wurde bislang stets davon ausgegangen, dass sich prognostizierte und tatsächlich gezahlte Beiträge des Versicherten entsprechen und der Versicherte den Vertrag somit wie vereinbart bespart. Diese Voraussetzung mag für einen Teil der Versicherungsverträge zutreffen, eine beachtliche Anzahl der Versicherungsnehmer wird jedoch im Laufe der Vertragslaufzeit von den vereinbarten Beiträgen abweichen.[486] Denkbar ist, dass die Beiträge des Versicherten nach oben abweichen und die bei Vertragsabschluss geplanten Beiträge übersteigen. Die Versicherung wird einer solchen Beitragserhöhung jedoch nur zustimmen, wenn der übersteigende Beitrag nachverprovisioniert wird. Andernfalls wird die Versicherung höhere Beiträge ausschließen. Der Versicherte kann somit zu Recht nicht davon profitieren, indem er zunächst einen zu niedrigen Beitrag veranschlagt und diesen während der Laufzeit des Vertrags erhöht. Der Fall, dass höhere Beiträge als bei Vertragsab-

---

[486]  Im weiteren Verlauf der Berechnungen gilt daher nicht mehr $B^{vor} = B^{tat}$.

schluss prognostiziert gezahlt werden ($B^{vor} < B^{tat}$), ist daher unkritisch und kann in diesem Exkurs vernachlässigt werden.

In diesem Zusammenhang sind insbesondere Abweichungen nach unten als problematisch anzusehen, da die Abschluss- und Vertriebskosten zu Vertragsbeginn ex ante anhand der voraussichtlichen Beiträge festgelegt und auf die ersten ($\mu$) Jahre der Vertragslaufzeit verteilt werden. Damit werden diejenigen Versicherten benachteiligt, die während der Ansparphase die beabsichtigten Beiträge nicht mehr leisten bzw. leisten können. In derartigen Fällen wird bei Zillmerung folglich Abschluss- und Vertriebsprovision auf Beiträge erhoben, die tatsächlich nie geleistet werden. Gerade bei unregelmäßigen und gebrochenen Erwerbsbiografien tritt diese Problematik auf.[487] Eine konsistente Vorgehensweise für den Fall, dass die tatsächlichen die ursprünglich geplanten Beiträge unterschreiten, wäre die Rückerstattung der zu viel veranschlagten Abschluss- und Vertriebsprovision. Dies käme einer analogen Behandlung zum Fall der Nachverprovisionierung gleich, zu der es in Situationen kommt, in denen die laufenden Beiträge während der Ansparphase nach oben angepasst werden. Jedoch unterbleibt eine solche Rückzahlung von zu viel entrichteter Provision in aller Regel.

Die Folgen für den Fall, dass der Versicherte tatsächlich niedrigere Beiträge leistet als vorab vereinbart ($B^{vor} > B^{tat}$), werden nachfolgend anhand des bisherigen Modells dargestellt. In derartigen Situationen wird ex post eine zu hohe Abschlussprovision von der Versicherung vereinnahmt. Wäre bereits bei Vertragsabschluss vorhersehbar gewesen, welche Beiträge über die Vertragslaufzeit tatsächlich entrichtet werden, wären entgegen Formel (55) die Abschluss- und Vertriebskosten $P^{ge}$ vereinbart worden.

$$P^{ge} = \upsilon \cdot B^{tat} \cdot m \,. \qquad (79)$$

In Höhe der Differenz $\Delta P$ wird in einem solchen Fall somit eine Abschluss- und Vertriebsprovision auf Beiträge erhoben, die tatsächlich nie geleistet werden. Diese werden nachfolgend als ungerechtfertigte Gebühren bezeichnet.

$$\Delta P = P - P^{ge} \,. \qquad (80)$$

Sofern die vorab beabsichtigten Beiträge mit den tatsächlich geleisteten übereinstimmen, fallen keine ungerechtfertigten Gebühren an. In diesem Fall wird der Abschluss- und Vertriebskostensatz $\upsilon$ auf die zutreffende Gesamtbeitragshöhe erhoben. Gleichwohl lässt sich über die zeitliche Verteilung dieser Kosten diskutieren. Fallen die tatsächlichen Beiträge jedoch niedriger als prognostiziert aus, erscheint es nicht gerechtfertigt, dass der Versicherte dadurch monetär benachteiligt wird, zumal die Ursache dafür in einer nicht perfekten Voraussicht liegt. Wäre ex ante eine sichere Vorhersage der Beitragshöhe über die gesamte Vertragslaufzeit möglich gewesen, wären niedrigere Abschluss- und Vertriebsprovisionen vereinbart worden. Bis auf die damit verbundenen Auswirkungen auf den Deckungsstock hätten sich ansonsten jedoch keine Unterschiede eingestellt. Insbesondere kann nicht davon ausgegangen werden, dass das Versicherungsunternehmen oder ein externer Vertrieb aufgrund niedrigerer Beiträge einen geringeren Beratungsumfang geleistet hätte und/oder ihm damit niedrigere Kosten entstanden wären. Aus dieser Perspektive kann geschlussfolgert werden, dass kein direkter Zusammenhang zwischen der Höhe der

---

[487]    Vgl. die Anmerkungen und Quellen in Fn. 464.

(beabsichtigten) Beiträge und den Abschluss- und Vertriebsprovisionen besteht. Dies gilt so grundsätzlich für jegliche Form der Provisionen. An dieser Stelle soll jedoch nicht die gängige und etablierte Praxis der Vermittlungsprovisionen an sich in Frage gestellt werden. Es soll vielmehr darauf aufmerksam gemacht werden, dass Abschluss- und Vertriebsprovisionen bis zu einer gewissen Höhe zu rechtfertigen und darüber hinaus als ungerechtfertigt anzusehen sind. Die Grenze liegt in dem Punkt, in dem der Versicherungsnehmer eine Gegenleistung erhält, ergo seine geleisteten Beiträge zu den vereinbarten Konditionen verzinst bekommt. Im Endeffekt bestraft die Vorabverprovisionierung gerade die Sparer, die ihre zukünftigen Beiträge über die teilweise jahrzehntelange Ansparphase nicht in perfekter Voraussicht abschätzen können und geringere Beiträge leisten als geplant. Im umgekehrten Fall, das heißt bei einer nachträglichen Beitragserhöhung, kommt es in aller Regel zu einer Nachverprovisionierung. Die Versicherung will sich offenbar nicht im Vergleich zu der Situation schlechterstellen, in der bereits ex ante höhere Beiträge vereinbart worden wären. Es zeigt sich eine inkonsistente, da asymmetrische Vorgehensweise.

Als Vergleichsmaßstab in einer barwertigen Betrachtung muss aus Sicht der Versicherung daher nicht der Barwert der bisher mit Zillmerung zu erzielenden Gesamtversicherungsgebühren $bw[Y, r]$, sondern der nachfolgend als „gerechtfertigte" Gebühren bezeichnete Barwert $bw[Y^{ge}, r]$ dienen.

$$bw\left[ Y^{ge}, r \right] = B^{tat} \cdot \left( \frac{\upsilon \cdot m}{\mu} \cdot rbf\left[ r, \mu \right] + \gamma \cdot rbf\left[ r, m \right] \right). \tag{81}$$

Unter diesem Blickwinkel kann nun erneut ein Kostensatz ermittelt werden, der die Versicherung nach einer Abschaffung der Zillmerung im Vergleich zur Erhebung der gerechtfertigten Abschluss- und Vertriebskosten gleichstellt. Im Endeffekt handelt es sich aus Sicht der Versicherung um eine Ex-post-Betrachtung. Dieser Kostensatz $\gamma'''$ ermittelt sich analog zu den Formeln (72) bis (75), wobei die Bemessungsgrundlage für die Abschluss- und Vertriebsprovisionen die tatsächlichen Beiträge bilden.[488] Es ergibt sich damit:

$$\gamma''' = \frac{\frac{\upsilon \cdot m}{\mu} \cdot rbf\left[ r, \mu \right] + \gamma \cdot rbf\left[ r, m \right]}{rbf\left[ r, m \right]}. \tag{82}$$

Dieser Kostensatz entspricht dem Kostensatz $\gamma''$ für den Fall, dass voraussichtliche und tatsächliche Beiträge übereinstimmen.[489] In diesem Fall würde das Versicherungsunternehmen ja gerade keine ungerechtfertigten Versicherungsgebühren erlangen.

Aus Sicht des Versicherten gilt es nun, den sich durch Erhebung dieses Kostensatzes auf die laufenden Beiträge ergebenden, barwertigen Deckungsstock ($bw[D''', i]$) mit dem barwertigen Deckungsstock vor Abschaffung der Zillmerung ($bw[D, i]$) zu vergleichen.

$$bw\left[ D''', i \right] = \frac{B^{tat} \cdot \left( 1 - \gamma''' \right) \cdot ewf\left[ r, m \right]}{\left( 1 + i \right)^{m}}. \tag{83}$$

Es zeigt sich, dass der Barwert $bw[D''', i]$ (ohne Zillmerung) den Barwert $bw[D, i]$ (mit Zillmerung) unter den Annahmen dieses Beitrags stets übersteigt. Es lässt sich somit ein

---

[488]   In den Formeln (72) und (75) sind die voraussichtlichen durch die tatsächlichen Beiträge zu ersetzen.
[489]   Siehe Formel (75) und die dazugehörigen Anmerkungen.

Vorteil für den Versicherten generieren, der zu keiner Verschlechterung der Versicherung führt. Auf der anderen Seite kann der Vorteil auch erneut vollständig dem Versicherungsunternehmen zugesprochen werden. Der laufende Kostensatz $\gamma^{***}$ ermittelt sich in diesem Fall zu:

$$\gamma^{***} = 1 - \frac{D}{B^{tat} \cdot ewf\left[r, m\right]}.$$

(84)

Wird dieser Kostensatz erhoben, ergibt sich der Barwert der gesamten Versicherungsgebühren zu

$$bw\left[Y^{***}, r\right] = \gamma^{***} \cdot B^{tat} \cdot rbf\left[r, m\right].$$

(85)

Auch an dieser Stelle kann gezeigt werden, dass sich eine Situation einstellt, die die Versicherung besserstellt, ohne dass sich der Versicherte verschlechtert. Als Konsequenz entsteht unter Zugrundelegung dieser Vergleichsannahmen erneut ein Korridor für die laufenden Verwaltungsgebühren, in dessen Grenzen die Vorteile aus einer Abschaffung der Zillmerung zwischen Versicherung und Versichertem aufgeteilt werden können. Dies wird anhand des modifizierten Beispiels von oben gezeigt. Die Annahmen entsprechen grundsätzlich den bisherigen. Nun wird jedoch angenommen, dass bei Vertragsabschluss von geplanten Beiträgen in Höhe von 1.000 Euro pro Periode ausgegangen wird und dementsprechend auf diese geplanten Beiträge Abschluss- und Vertriebsprovisionen (bei Zillmerung) erhoben werden. Von den bisherigen Beispielen abweichend wird unterstellt, dass die tatsächlich geleisteten Beiträge lediglich 500 Euro in jeder Periode betragen.[490] In diesem Fall würde bei Zillmerung auf die geplanten Beiträge eine Abschluss- und Vertriebsprovision in Höhe von insgesamt 750 Euro erhoben (Barwert: 649 Euro). Gerechtfertigt wäre hingegen lediglich eine Provision in Höhe von 375 Euro (Barwert: 325 Euro), da die tatsächlich geleisteten Beiträge die prognostizierten unterschreiten. Nimmt man diese Werte als Vergleichsmaßstab aus Sicht der Versicherung, so lässt sich für den Fall ohne Zillmerung ein neuer laufender Verwaltungskostensatz $\gamma'''$ ermitteln, bei dem sie sich im Vergleich zum Fall mit Zillmerung barwertig nicht verschlechtert. Dieser ergibt sich erneut zu 6,22 Prozent. Für diese Situation resultiert für den Versicherten ein Barwert des Deckungsstocks von 12.834 Euro. Er stellt sich damit barwertig um 578 Euro besser im Vergleich zu jenem Fall, in dem die Abschluss- und Vertriebsprovisionen vorab auf die geplanten Beiträge erhoben werden.

---

[490]    Vereinfachend wird angenommen, dass direkt ab Periode $t = 0$ die geringeren Beiträge gezahlt werden. Die Ergebnisse sind jedoch auch übertragbar auf Fälle, in denen in den ersten Perioden die geplanten Beiträge tatsächlich erbracht werden und der Versicherte erst in späteren Perioden geringere Beiträge leistet.

Aus Sicht der Versicherung ergibt sich, dass sie unter diesen Annahmen sowohl im Fall mit Zillmerung auf die tatsächlichen Beiträge (gerechtfertigte Provision) als auch im Fall ohne Zillmerung aus diesem Vertrag barwertig 325 Euro an Gebühren einnimmt. Lediglich die absolute Höhe sowie die zeitliche Verteilung der Einnahmen sind unterschiedlich. Es ist offensichtlich, dass sich die Versicherung im Vergleich zur Zillmerung auf die geplanten Beiträge schlechterstellt. Gerade dies war aber ja auch gefordert, da ansonsten Provision auf nicht geleistete Beiträge erhoben würde. Nachfolgende Abbildung 41 veranschaulicht diese Ergebnisse. Es werden auch die bisher ungerechtfertigt vereinnahmten Gebühren abgebildet. Alle Zahlen stellen Nominalwerte dar.

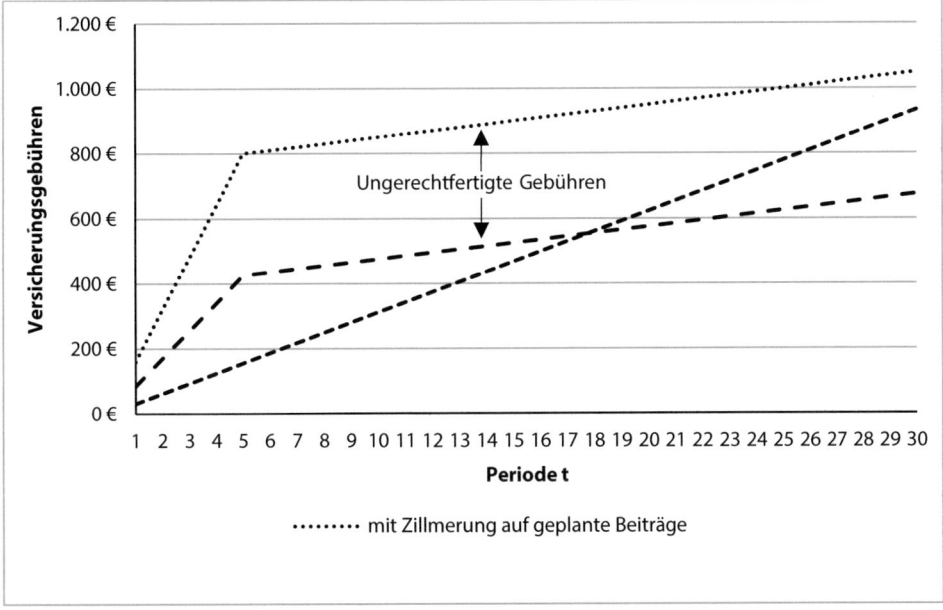

Abbildung 41: Verlauf der Versicherungsgebühren mit Kostensatz $\gamma'''$ (Beispiel)[491]

Es zeigt sich, dass für den Fall der Zillmerung auf die geplanten Beiträge sowohl absolut als auch barwertig die höchsten Versicherungsgebühren anfallen. Der Vergleich zur Zillmerung auf die tatsächlichen Beiträge verdeutlicht, dass für den Fall, in dem die tatsächlichen Beiträge die geplanten unterschreiten, ungerechtfertigt hohe Gebühren vereinnahmt werden. In der Situation ohne Zillmerung und dem angepassten laufenden Kostensatz $\gamma'''$ werden nominal mehr Versicherungsgebühren erbracht. Aufgrund des verzögerten Zuflusses entsprechen diese jedoch barwertig den Gebühren im Fall der Zillmerung auf die geplanten Beiträge, sodass sich die Versicherung insoweit nicht verschlechtert und der Versicherte von der Abschaffung der Zillmerung profitiert.

---

[491]   Quelle: Modifiziert entnommen aus Menzel/Tschinkl (2017), S. 333.

Analog zu oben kann nun wiederum argumentiert werden, dass dieser Vorteil nicht dem Versicherten alleine zugesprochen wird, sondern eine Aufteilung auf beide Akteure erfolgt. Auch könnte der Vorteil vollständig der Versicherung zugeteilt werden. Dieses Ergebnis stellte sich bei Erhebung des laufenden Kostensatzes $\gamma^{***}$ ein, welcher sich in diesem Beispiel zu 10,45 Prozent ergibt. In diesem Fall wäre der Versicherte barwertig zum Fall mit Zillmerung auf die tatsächlichen Beiträge gleichgestellt und die Versicherung würde sich barwertig um 325 Euro besserstellen. Es ergibt sich folglich analog zu oben ein Korridor für die laufenden Versicherungsgebühren zwischen $\gamma''' = 6{,}22$ Prozent und $\gamma^{***} = 10{,}45$ Prozent. Dies veranschaulicht Abbildung 42, wobei die Werte jeweils Barwerte darstellen.

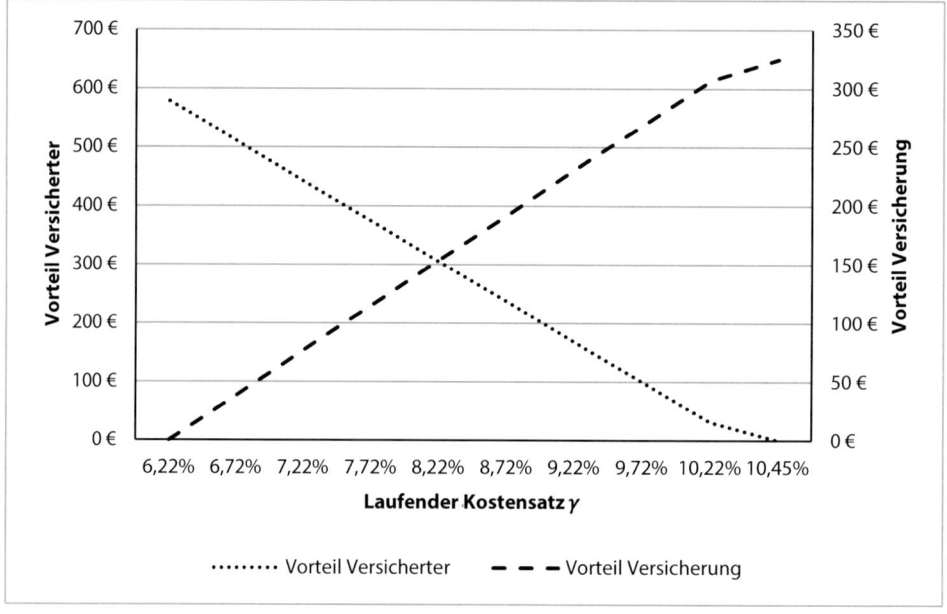

Abbildung 42: Korridor laufender Kostensatz $\gamma$ (barwertige Betrachtung) [492]

Zusammengefasst kann festgestellt werden, dass für den typischen Fall, in dem die vorab vereinbarten Beiträge vom Versicherten nicht in voller Höhe geleistet werden, bei Abschaffung der Zillmerung Win-Win-Situationen entstehen. Die Versicherungsunternehmen werden zwar argumentieren, dass es aus ihrer Sicht doch zu Einbußen kommt, da ein Vergleich von $bw[Y, r]$ und $bw[Y''', r]$ einen Verlust induziert. Dies liegt jedoch daran, dass Versicherungsunternehmen aufgrund der Zillmerung gegebenenfalls Abschluss- und Vertriebsprovisionen auf Beiträge vereinnahmen, die tatsächlich nie geleistet werden. Ein Vergleich mit zu Unrecht erhaltenen Gebühren, die nur auf einer systematischen Ungerechtigkeit beruhen, kann jedoch nicht zielführend sein. Mit dem Maß der gerechtfertigten Abschluss- und Vertriebsprovisionen $P^{ge}$ bzw. $bw[Y^{ge}, r]$ wurde ein Vergleichsmaßstab eingeführt, der die tatsächlichen Effekte aufzeigt. An dieser Stelle lässt sich vielmehr diskutieren, weshalb die Höhe der Abschluss- und Vertriebsprovisionen überhaupt von der Höhe

---

[492]    Quelle: Modifiziert entnommen aus Menzel/Tschinkl (2017), S. 333.

der vereinbarten oder tatsächlich geleisteten Beiträge abhängt. Ein strikter Zusammenhang zwischen der Höhe der Beiträge des Versicherten und der Höhe der Abschluss- und Vertriebsprovisionen ist nämlich nicht gegeben.

Für den Fall, dass sich tatsächliche und prognostizierte Beiträge entsprechen, der Versicherte seinen Vertrag somit wie beabsichtigt bespart, ergeben sich weder auf Seiten des Versicherten noch der Versicherung Auswirkungen. Insofern kann festgehalten werden, dass die Abschaffung der Zillmerung nie negative Folgen hat.

### 3.2.3.3 Zusammenfassende Würdigung

Die Ergebnisse dieses Exkurses zeigen auf, dass die zunächst intuitive Annahme, dass ein Verbot der Zillmerung zwangsläufig mit negativen Auswirkungen auf Seiten der Versicherung verbunden ist, nicht uneingeschränkt zutrifft. Es kann vielmehr gefolgert werden, dass es durch eine Abschaffung der Zillmerung unter den hier getroffenen Annahmen weder auf Seiten der Versicherung noch auf der Seite des Versicherten zu einer Verschlechterung im Vergleich zum Zustand mit Zillmerung kommen muss. Es sind sogar Win-Win-Situationen möglich. Dies gilt bei nominaler Betrachtungsweise auch für Fälle, in denen die tatsächlich vom Versicherten geleisteten Beiträge den bei Vertragsabschluss geplanten entsprechen. Auch wenn die während der Ansparphase geleisteten von den ex ante prognostizierten Beiträgen nach unten abweichen, sind derlei Situationen möglich. Diese Ergebnisse gelten auch bei einer barwertigen Betrachtungsweise. Hierbei muss als Vergleichsmaßstab zur Beurteilung der Auswirkungen auf das Versicherungsunternehmen jedoch auf die Höhe der gerechtfertigten Abschluss- und Vertriebsprovisionen abgestellt werden.

Die Abschaffung der Zillmerung erscheint daneben auch unter einer weiteren Perspektive gerechtfertigt, die insbesondere die bAV betrifft. In Fällen, in denen betriebliche Versicherungsverträge nicht kostenfrei auf neue Anbieter bzw. Arbeitgeber übertragen werden können, verstärkt sich das Problem der Vorabverprovisionierung.[493] Es kann hier dazu kommen, dass die beabsichtigten Beiträge nicht nur einmal, sondern mehrfach mit Abschluss- und Vertriebsprovisionen belastet werden. Ein Verbot der Zillmerung löst dieses Problem vollständig.[494] Außerdem wären die Versicherungsunternehmen fortan gefordert, bessere und insbesondere kostengünstigere Versicherungsprodukte zu entwickeln. Dies könnte mit der Errichtung neuer, effizienterer Vertriebswege einhergehen. Ferner wären die Versicherungen während der gesamten Vertragslaufzeit aus reinem Eigeninteresse daran interessiert, dass die Versicherten ihre Verträge wie beabsichtigt besparen. Eine höhere und konsequente individuelle Sparleistung der Versicherten ist vor dem Hintergrund eines absinkenden gesetzlichen Rentenniveaus auch aus fiskalischer Sicht wünschenswert.

---

[493] Ein solcher Fall kann beispielsweise eintreten, wenn ein Arbeitnehmer den Antrag auf Übertragung einer bestehenden bAV außerhalb des im sogenannten Übertragungsabkommen der Versicherungswirtschaft vorgegebenen Zeitraums von 15 Monaten stellt und daher erneut Abschlussgebühren zahlen muss.

[494] Dies wird auch in Kiesewetter et al. (2016c), S. 259 angemerkt.

# 3.3 Entwicklung von Reformmaßnahmen zur Förderung der Arbeitgeber[495]

Aus Abschnitt 3.1.3 wurde ersichtlich, dass neben der zu geringen Attraktivität der bAV für die Arbeitnehmer, die auch von Arbeitgebern so empfunden wird, zu hohe Kosten für den Arbeitgeber entstehen. Im Falle der Entgeltumwandlung wird die Sozialversicherungsersparnis ferner nicht als Anreiz angesehen, da deren Umfang zu gering ist oder vom Arbeitgeber überhaupt nicht wahrgenommen wird. Im Ergebnis bedarf es anderweitiger und besser sichtbarer Anreize für die Arbeitgeber, eine bAV anzubieten bzw. dieser positiver gegenüberzustehen.

Zum einen wäre denkbar, den Unternehmen eine Steuerermäßigung bei Einführung einer bAV zu gewähren. Diese könnte beispielsweise 20 Prozent der Summe der Beiträge in die bAV betragen und damit annähernd der Sozialversicherungsersparnis entsprechen. In Kombination mit der in Abschnitt 3.2.2.1 vorgestellten Reformmaßnahme würde sich auf Arbeitgeberseite quasi keine monetäre Veränderung ergeben. Der in etwa identisch hohe Steuervorteil erscheint jedoch besser sichtbar und kommunizierbar als die vor BRSG gegebene Sozialversicherungsersparnis auf Arbeitgeberseite.[496]

Zum anderen könnte ein Abzugsbetrag eingeführt werden, der vergleichbar mit der Regelung des Investitionsabzugsbetrags des § 7g EStG einen Steuerstundungseffekt generierte. Dieser könnte darin bestehen, dass über den gewöhnlichen Betriebsausgabenabzug hinaus beispielsweise 50 Prozent der geleisteten Beiträge bzw. Zuwendungen zur bAV außerbilanziell gewinnmindernd abgezogen werden dürfen.[497] In den Folgejahren wäre der Abzugsbetrag über einen vorab definierten, beispielsweise fünfjährigen, Zeitraum schließlich wieder gewinnerhöhend aufzulösen. Solange kontinuierlich neue Abzugsbeträge gebildet werden, wäre ein Steuerstundungseffekt gegeben.[498] Für den Arbeitgeber wäre somit ein besser sichtbarer Anreiz gegeben, stets neue bAV-Beiträge zu leisten, um so seine Steuerlast in die Zukunft zu verschieben. Die Erfahrungen zum § 7g EStG zeigen, dass derartige Abzugsbeträge von Unternehmen gerne in Anspruch genommen werden.

Eine genauere und insbesondere modelltheoretische Betrachtung der Reformüberlegungen zur Förderung der Arbeitgeber kann an dieser Stelle unterbleiben. In dieser Arbeit steht die steuer- und sozialversicherungsrechtliche Förderung der Arbeitnehmer im Vordergrund. Für die Arbeitgeberseite wird stets eine Indifferenz angenommen. Diese spiegelt sich darin wider, dass der Arbeitgeber ein konkretes Gesamtkostenpaket zur Verfügung stellt. In Abhängigkeit von der steuer- und sozialversicherungsrechtlichen Behandlung auf

---

[495]    Diese Reformmaßnahme ist angelehnt an die Reformüberlegungen 5 und 6 von Kiesewetter et al. (2016c), S. 167-172.

[496]    Kiesewetter et al. (2016c), S. 167 ff. schlagen ferner vor, die Steuerermäßigung nur KMU-Arbeitgebern (d.h. weniger als 20 Mitarbeiter im Jahresdurchschnitt) zu gewähren, da insbesondere in diesen Unternehmen der Kenntnisstand in Bezug auf die allgemeinen Rahmenbedingungen der bAV sehr gering ist. Die Sozialversicherungsersparnis ist in diesen Unternehmen kaum bekannt. Die Steuerermäßigung „ist konzeptionell an § 14 Abs. 1 Drittes Vermögensbildungsgesetz – 3. VermBG vom 27. Juni 1970 – angelehnt"; Kiesewetter et al. (2016c), S. 168.

[497]    Kiesewetter et al. (2016c) bezeichnen diese Reformmaßnahme als „bAV-Abzugsbetrag".

[498]    Kiesewetter et al. (2016c) empfehlen, auch diese Reformmaßnahme auf KMU-Arbeitgeber zu beschränken.

Arbeitgeberseite wird die vom Arbeitgeber angebotene Lohnerhöhung entsprechend angepasst. Im Ergebnis werden sämtliche Vor- und Nachteile auf den Arbeitnehmer abgewälzt. Reformmaßnahmen zur Förderung der Arbeitgeber haben damit keinen Einfluss auf die Vorteilhaftigkeit einer Vorsorgealternative aus Sicht des Arbeitnehmers.

## 3.4 Zwischenfazit

Dieses Kapitel hat einen Überblick gegeben, welche Hemmnisse vor Inkrafttreten des BRSG dafür verantwortlich sind, dass die bAV nicht die gewünschte Verbreitung aufweist. Neben allgemeinen Hemmnissen sind für diese Arbeit insbesondere die steuer- und sozialversicherungsrechtlichen Hemmnisse interessant, da sich diese modelltheoretisch untersuchen lassen. Auf Arbeitgeberseite sind diesbezüglich allen voran die zu hohen Kosten der bAV zu nennen. Die Sozialversicherungsersparnis des Arbeitgebers wird ferner vielfach nicht als ausreichender Anreiz angesehen. Außerdem vermuten die Arbeitgeber eine Unvorteilhaftigkeit der bAV für die Arbeitnehmer und stehen einer Durchführung damit kritisch gegenüber. Auf Arbeitnehmerseite wird ebenfalls eine Unrentabilität der bAV unterstellt. Die Gründe hierfür sind vielfältig und reichen von der Verbeitragung der bAV-Renten mit dem vollen Beitragssatz zur gesetzlichen Kranken- und Pflegeversicherung über die Anrechnung der bAV-Leistungen auf die Höhe der Grundsicherung bis hin zu einer zu geringen staatlichen Förderung.

Im weiteren Verlauf dieses Kapitels wurden Reformmaßnahmen entwickelt, mit denen den zuvor erkannten Hemmnissen begegnet werden kann. Aufgrund der konstituierenden Rahmenbedingungen des Rechenmodells und der damit unterstellten Indifferenz des Arbeitgebers wurden Reformmaßnahmen zur Förderung der Arbeitgeberseite nur kurz angesprochen, jedoch nicht tiefergehend untersucht.

Für die Arbeitnehmer wurden zwei Kernmaßnahmen identifiziert. Zunächst wäre es sinnvoll, die Riester-Förderung nutzbar in das System der bAV zu integrieren. Die vor BRSG gegebene Doppelverbeitragung machte die Riester-geförderte bAV für den Geringverdiener äußerst unvorteilhaft. Sowohl die Reform zu einer rein vorgelagerten, zu einer rein nachgelagerten als auch zu einer Mischverbeitragung führt zu einer deutlichen Steigerung der Lukrativität der Riester-bAV. Die rein nachgelagerte Verbeitragung erweist sich in den meisten Fällen jedoch als die beste Variante. Sofern die Integration der Riester-Förderung in die bAV nicht gewünscht oder umsetzbare wäre, ist die Etablierung einer anderen Form der fiskalischen Zulagenförderung für Geringverdiener zu empfehlen.

Außerdem erscheint es sinnvoll, die sozialversicherungsrechtliche Behandlung der bAV zu reformieren, da insbesondere die bisherige Aufteilung der Sozialabgaben bei Entgeltumwandlung für Arbeitgeber und Arbeitnehmer ein Hemmnis darstellt. Eine Verbesserung kann entweder dadurch erfolgen, dass auf die bAV-Leistungen nur noch der halbe Beitragssatz in der gesetzlichen Kranken- und Pflegeversicherung erhoben wird und stattdessen der Arbeitgeber in der Anwartschaftsphase seinen Arbeitgeberanteil zur Sozialversicherung zu leisten hat. Alternativ wäre auch die verpflichtende Weitergabe eingesparter Sozialversicherungsbeiträge durch den Arbeitgeber denkbar. Diese Variante wäre sowohl aus modelltheoretischer Sicht als auch aus praktischen Überlegungen die empfehlenswertere Alternative.

Abschließend wurde mit dem Verbot der Zillmerung eine Nebenbedingung formuliert, die zu einer besseren Akzeptanz von Versicherungsverträgen unter den Arbeitnehmern und damit zu einer höheren Verbreitung versicherungsförmiger Durchführungswege der bAV beitragen kann.

# 4 Die betriebliche Altersversorgung seit Inkrafttreten des Betriebsrentenstärkungsgesetzes

In diesem Kapitel wird die bAV nach Inkrafttreten des BRSG, d.h. seit 01.01.2018 untersucht.[499] Hierzu wird in Abschnitt 4.1 erläutert, wie sich die arbeits-, steuer- und sozialversicherungsrechtlichen Rahmenbedingungen geändert haben.[500] Im Anschluss daran folgt in Abschnitt 4.1.3.1 ein Überblick über den Stand der bisherigen betriebswirtschaftlichen Forschung. Ziel ist es hierbei, ein Stimmungsbild bezüglich der Einschätzung der Reformmaßnahmen des Gesetzgebers aus einschlägigen Literaturbeiträgen abzuleiten. Mit Abschnitt 4.3 bildet erneut die modelltheoretische Untersuchung den Kernpunkt dieses Kapitels, das von einem Zwischenfazit abgeschlossen wird (Abschnitt 4.4).

## 4.1 Änderungen der gesetzlichen Rahmenbedingungen[501]

Am 01.06.2017 wurde das BRSG nach intensiven Diskussionen in zweiter und dritter Lesung vom Bundestag beschlossen. Am 07.07.2017 hat schließlich auch der Bundesrat zugestimmt.[502] Das BRSG ist die umfassendste bAV-Reform seit weit über einer Dekade. Es wird als eine größere Zäsur angesehen als das AVmG im Jahr 2002.[503] Der Gesetzgeber versucht mit dem BRSG, seine Vereinbarung im Koalitionsvertrag umzusetzen und die bAV insbesondere in kleinen und mittleren Unternehmen sowie bei Geringverdienern zu stärken. Der Maßnahmenkatalog des BRSG ist vielfältig und umfasst arbeits-, steuer- und sozialversicherungsrechtliche Änderungen, die in diesem Abschnitt erläutert werden.[504] Die meisten Neuregelungen traten bereits zum 01.01.2018 in Kraft.

Es wird erneut darauf hingewiesen, dass es sich im Folgenden, soweit nicht explizit anderweitig angegeben, um einen Rechtsstand handelt, der sich durch das BRSG nicht geändert hat. Es wird diesbezüglich auf die Ausführungen in Abschnitt 2.1 verwiesen. Sofern die erläuterten Regelungen durch das BRSG geändert wurden, wird entweder von alter Fassung (a.F.; d.h. vor Inkrafttreten des BRSG) oder neuer Fassung (n.F.; d.h. nach Inkrafttreten des BRSG) gesprochen.

---

[499] Weitere Gesetzesänderungen, die seit dem BRSG (d.h. zwischen dem 01.01.2018 und der Veröffentlichung dieser Arbeit) erfolgten, werden nicht berücksichtigt.

[500] Die gesetzlichen Grundlagen, die sich durch das BRSG nicht geändert haben, werden nicht erneut betrachtet. Insoweit wird auf Abschnitt 2.1 verwiesen.

[501] Die gesetzlichen Rahmenbedingungen nach Inkrafttreten des BRSG können ferner in komprimierterer Fassung Menzel/Tschinkl (2018) entnommen werden.

[502] Vgl. Harder-Buschner (2017), S. 2417.

[503] Vgl. Meissner et al. (2017), S. 11.

[504] Vgl. Menzel/Tschinkl (2017), S. 325.

# 4.1.1 Arbeitsrechtliche Änderungen

## 4.1.1.1 Reine Beitragszusage

Die größte mediale Aufmerksamkeit hat wohl die Einführung der reinen Beitragszusage erhalten. Diese ist nun in § 1 Abs. 2 Nr. 2a BetrAVG n.F. als neue Zusageart gesetzlich manifestiert. Damit kam der Gesetzgeber einer lang gehegten Forderung aus der Praxis nach. Die zuvor bereits mögliche und der reinen Beitragszusage ähnliche Beitragszusage mit Mindestleistung kann dabei als Vorform bezeichnet werden. Die reine Beitragszusage entkoppelt nun jedoch Beitrags- und Leistungsphase vollständig. Die arbeitsrechtliche Verpflichtung für den Arbeitgeber beschränkt sich auf die Beitragszahlung in der Anwartschaftsphase. Von weiteren Pflichten und insbesondere der Einstandspflicht des § 1 Abs. 1 Satz 3 BetrAVG ist der Arbeitgeber befreit.[505] Insofern gilt für den Arbeitgeber das plakative, aber zutreffende Motto „pay and forget". Außerdem wird diesbezüglich oftmals auch der Begriff „Zielrente"[506] verwendet, da vollständig auf eine Definition einer Leistung verzichtet und dem Arbeitnehmer lediglich unverbindlich mitgeteilt wird, wie hoch die zu erwartende Rente in etwa sein kann.[507] Die Höhe der Leistungen darf gem. § 22 Abs. 1 Satz 2 BetrAVG n.F. daher nicht garantiert werden. In Zeiten anhaltender Niedrigzinsniveaus ermöglicht der Verzicht auf jegliche teure (Versicherungs-)Garantien die Chance, mit ziel- und fristengerechter Anlagepolitik attraktive Renditen zu erzielen, die den Arbeitnehmern zugutekommen.[508] Bei der Beitragszusage mit Mindestleistung muss hingegen zumindest zugesagt werden, dass die eingezahlten Beiträge als spätere Versorgungsleistungen zur Verfügung stehen. Die an die Versorgungseinrichtung gezahlten Beiträge sind gem. § 22 Abs. 2 Satz 1 BetrAVG n.F. sofort unverfallbar.

Grundvoraussetzung für die Inanspruchnahme der reinen Beitragszusage ist gem. § 1 Abs. 2 Nr. 2a BetrAVG, dass der Arbeitgeber durch Tarifvertrag oder aufgrund eines Tarifvertrages in einer Betriebs- oder Dienstvereinbarung verpflichtet wird, Beiträge an einen Pensionsfonds, eine Pensionskasse oder eine Direktversicherung zu zahlen. Hieraus wird zum einen ersichtlich, dass die Durchführung der reinen Beitragszusage, ebenso wie die der Beitragszusage mit Mindestleistung, auf die externen Durchführungswege beschränkt ist. Zum anderen muss ein Tarifvertrag (mit Öffnungsklausel) vorliegen.[509] Damit lässt der Gesetzgeber grundsätzlich nur eine tarifvertragliche Rechtsbegründung zu.[510] Zumindest muss in diesem der Abschluss ergänzender Betriebs- oder Dienstvereinbarungen zugelassen

---

[505]  Vgl. Droßel (2018), S. 46.

[506]  Der Begriff „Zielrente" wurde erstmals durch Hanau/Arteaga (2016), S. 42 und S. 44 ff. eingeführt.

[507]  Die Höhe der Zielrente darf vom Versorgungsträger jedoch nicht beliebig ermittelt werden, sondern muss sich nach versicherungsmathematischen Grundsätzen richten. Diesbezüglich sind realistische Annahmen zu den biometrischen Einflussgrößen zu treffen; vgl. Höfer (2018b), Rz. 31.

[508]  Vgl. Kiesewetter et al. (2016b), S. 651.

[509]  Gem. § 19 Abs. 1 BetrAVG n.F. kann von bestimmten Schutzvorschriften des Betriebsrentengesetzes in Tarifverträgen abgewichen werden; vgl. Höfer (2018c), Rz. 1. Die Vorschrift versteht sich somit als Tariföffnungsklausel. Ein Überblick über die dispositiven Schutzvorschriften kann Höfer (2018c), Rz. 6 entnommen werden.

[510]  Vgl. Höfer (2018a), Rz. 42.4.

sein.[511] Aufgrund des zwingenden Rückgriffs auf einen Tarifvertrag ist auch vom sogenannten „Sozialpartnermodell" die Rede. Die arbeits- und tarifvertraglichen Regelungen für die reine Beitragszusage werden im neu eingeführten Unterabschnitt 2 (§§ 21 bis 25 BetrAVG) im siebten Abschnitt des Betriebsrentengesetzes erläutert. In § 21 Abs. 1 BetrAVG n.F. wird beispielsweise festgelegt, dass sich die Tarifvertragsparteien bei Vereinbarung einer reinen Beitragszusage an der Durchführung und Steuerung beteiligen müssen. Damit soll ein ausreichender Arbeitnehmerschutz gewährleistet werden.[512] Nichttarifgebundene Arbeitgeber und Arbeitnehmer können gem. § 24 BetrAVG n.F. die Anwendung der einschlägigen[513] tariflichen Regelungen vereinbaren.[514] Damit kommen grundsätzlich insbesondere auch KMU, in denen Tarifverträge nicht flächendeckend gegeben sind, in den Genuss der reinen Beitragszusage. Dadurch soll die Verbreitung der bAV auch in diesen Unternehmen gefördert werden. § 21 Abs. 3 BetrAVG n.F. sieht diesbezüglich vor, dass die Tarifvertragsparteien den nichttarifgebundenen Arbeitgebern und Arbeitnehmern den Zugang zur durchführenden Versorgungseinrichtung nicht verwehren sollen. Da es sich um eine Sollvorschrift handelt, bleibt abzuwarten, in welchem Umfang auch nichttarifgebundene Arbeitgeber und Arbeitnehmer die reine Beitragszusage tatsächlich nutzen können.

Zur Absicherung der reinen Beitragszusage ist in § 23 Abs. 1 BetrAVG n.F. vorgesehen, dass im Tarifvertrag ein Sicherungsbeitrag vereinbart werden soll.[515] Insofern handelt es sich erneut um eine Sollvorschrift. Auch die Höhe dieses Beitrags wird nicht gesetzlich vorgegeben. Neben dieser recht vagen Regelung wurde mit § 23 Abs. 2 BetrAVG n.F. des Weiteren ein Pflichtzuschuss des Arbeitgebers bei Entgeltumwandlung eingeführt.[516] Dadurch wird der Arbeitnehmer für die Minderung der gesetzlichen Rente sowie die Tragung des vollen Beitragssatzes zur Kranken- und Pflegeversicherung auf die bAV-Leistungen entschädigt. Dass der Arbeitgeber von der Vorsorgeentscheidung des Arbeitnehmers profitieren kann, ist bei Vorliegen einer reinen Beitragszusage nicht (mehr) angemessen.[517] Der Zuschuss muss als zusätzlicher Arbeitgeberzuschuss an die Versorgungseinrichtung weiter-

---

[511] Vgl. Höfer (2018a), Rz. 42.9.

[512] Vgl. Rolfs (2018d), Rz. 1. Gem. § 21 Abs. 4 BetrAVG n.F. kann ferner bei Durchführung der reinen Beitragszusage über eine Direktversicherung eine sogenannte „gemeinsame Einrichtung" als Versicherungsnehmer an die Stelle des Arbeitgebers treten.

[513] Einschlägigkeit bedeutet in diesem Zusammenhang die Anwendung desjenigen Tarifvertrags, dem Arbeitgeber und Arbeitnehmer fachlich, persönlich, räumlich und zeitlich unterliegen würden, wenn sie tarifgebunden wären; vgl. Höfer (2018f), Rz. 11, vgl. auch BT-Drucksache 18/11286 vom 22.02.2017, S. 47.

[514] Die Vorschrift des § 24 BetrAVG n.F. ähnelt konzeptionell derjenigen des § 19 Abs. 2 BetrAVG n.F., dieser ermöglicht auch für nichttarifgebundene Arbeitgeber und Arbeitnehmer die Anwendung der im einschlägigen Tarifvertrag ausgestalteten dispositiven Normen nach § 19 Abs. 1 BetrAVG n.F. Im Gegensatz dazu eröffnet § 24 BetrAVG n.F. den nichttarifgebundenen Arbeitgebern und Arbeitnehmern den gesamten Bereich der reinen Beitragszusage; vgl. Rolfs (2018c), Rz. 2.

[515] Steuerrechtlich wird der Sicherungsbeitrag durch § 3 Nr. 63a EStG n.F. flankiert, der eine Steuerfreiheit hierfür vorsieht.

[516] Der Pflichtzuschuss geht konzeptionell auf Reformempfehlung 1 bzw. Reformmaßnahme 2 von Kiesewetter et al. (2016c), S. 149-152 bzw. S. 219-237 zurück. Vgl. hierzu auch Abschnitt 3.2.2.2.

[517] Vgl. Rolfs (2018a), Rz. 8.

geleitet werden. Damit erhöht sich das dem Arbeitnehmer zurechenbare Versorgungskapital.[518]

Die Höhe des Zuschusses beträgt grundsätzlich pauschal 15 Prozent des umgewandelten Entgelts.[519] Der Zuschuss hat jedoch nur zu erfolgen, soweit der Arbeitgeber Sozialversicherungsbeiträge aufgrund der Sozialversicherungsfreiheit des § 1 Abs. 1 Satz 1 Nr. 9 SvEV einspart. Bis zur Höhe von vier Prozent der Beitragsbemessungsgrenze der allgemeinen gesetzlichen Rentenversicherung (West) werden auf das umgewandelte Entgelt keine Sozialabgaben erhoben. Damit sind insgesamt drei Grundfälle zu unterscheiden. Im ersten Fall wird Entgelt oberhalb der Beitragsbemessungsgrundlage zur gesetzlichen Rentenversicherung (in 2018 78.000 Euro West bzw. 69.600 Euro Ost) umgewandelt, sodass auch nach Umwandlung das verbleibende Entgelt über dieser Grenze liegt. Auf den umgewandelten Betrag sind auch ohne Umwandlung keine Sozialversicherungsbeiträge zu entrichten, womit es zu keiner Ersparnis kommt. Der Arbeitgeber ist in diesem Fall somit auch nicht verpflichtet, einen zusätzlichen Zuschuss zu gewähren. Der zweite Fall betrifft Arbeitnehmer, die Entgelt oberhalb der Beitragsbemessungsgrenze zur gesetzlichen Krankenversicherung (in 2018 53.100 Euro), aber unterhalb der gesetzlichen Rentenversicherung umwandeln. Nach Umwandlung liegt das verbleibende Entgelt ebenfalls innerhalb dieser Grenzen. In diesem Bereich werden somit nur die Beiträge zur gesetzlichen Renten- und Arbeitslosenversicherung von in 2018 in Summe 10,8 Prozent eingespart. Beiträge zur Kranken- und Pflegeversicherung wären in diesem Bereich auch ohne Umwandlung nicht zu leisten gewesen. Der letzte Fall betrifft die Fälle, in denen Entgelt unterhalb der Beitragsbemessungsgrenze zur gesetzlichen Krankenversicherung umgewandelt wird. In diesem Fall ergibt sich die tatsächliche Ersparnis in 2018 zu 19,375 Prozent. Der Arbeitgeber hat jedoch nur 15 Prozent des umgewandelten Betrags weiterzureichen.[520]

Komplexer wird die Betrachtung, wenn das Entgelt vor Umwandlung über der Beitragsbemessungsgrenze zur gesetzlichen Kranken- bzw. Rentenversicherung liegt und aufgrund der Umwandlung unter diese Grenze rutscht. Insofern tritt nur für einen Teil des umgewandelten Entgelts eine partielle Sozialversicherungsfreiheit ein. Dem Arbeitgeber steht es in diesem Fall frei, ob er „spitz" abrechnet und damit die Höhe der Ersparnis konkret ermittelt oder vereinfachend pauschal 15 Prozent des umgewandelten Beitrags weiterleitet.[521]

## 4.1.1.2 Pflichtzuschuss bei Entgeltumwandlung

Der Pflichtzuschuss bei Entgeltumwandlung ist nicht auf die reine Beitragszusage beschränkt. Gem. § 1a Abs. 1a BetrAVG n.F. gilt die verpflichtende Weitergabe eingesparter

---

[518]  Im Gegensatz zum Sicherungsbeitrag nach § 23 Abs. 1 BetrAVG n.F. darf der individualisierte Pflichtzuschuss nicht als kollektiver Sicherheitspuffer verwendet werden; vgl. Rz. 15.

[519]  Die Sozialversicherungsersparnis des Arbeitgebers beträgt dagegen grundsätzlich 19,375 Prozent, sofern die Werte für 2018 zugrunde gelegt werden und keine Beitragsbemessungsgrenze überschritten wird; vgl. hierzu Formel (53) sowie die Ausführungen in Abschnitt 3.2.2.2. Für den Arbeitgeber verbleibt aufgrund des pauschalen Zuschusses eine geringe Ersparnis zur Deckung der Kosten.

[520]  Dommermuth/Schiller (2017), S. 2745 f. fordern grundsätzlich eine Weitergabe der tatsächlich realisierten Sozialabgabenersparnis, wobei die Pauschalierung mit 15 Prozent ein guter Kompromiss sei. Die Zuschusshöhe solle regelmäßig überprüft und an die veränderten Beitragssätze angepasst werden. Dieser Forderung ist zuzustimmen. Vgl. hierzu auch die Diskussion in Kiesewetter et al. (2016c) S. 149-152.

[521]  Vgl. Anmerkung des BMAS im BMF-Schreiben vom 06.12.2017, Seite 13 (Fn. 2).

Sozialversicherungsbeiträge bei Entgeltumwandlung durch den Arbeitgeber für sämtliche Zusagearten, sofern ein externer Durchführungsweg gewählt wird. Die Regelungen zur Höhe des Arbeitgeberpflichtzuschusses entsprechen vollständig den bereits in Abschnitt 4.1.1.1 erläuterten. Während der Pflichtzuschuss im Rahmen der reinen Beitragszusage bereits seit dem ersten Entwurf zum BRSG vorgesehen war, wurde er für alle anderen Zusagearten erst gegen Ende des Gesetzgebungsverfahrens eingefügt.[522]

Der zeitliche Anwendungsbereich dieser Vorschrift wird durch § 26a BetrAVG n.F. bestimmt. So gilt die Zuschusspflicht für Entgeltumwandlungsvereinbarungen, die vor dem 01.01.2019 geschlossen werden, erst ab dem 01.01.2022. Damit wird ab 01.01.2022 der gesamte Bestand an Entgeltumwandlungen mit dem Pflichtzuschuss belegt. Für ab dem 01.01.2019 und vor dem 01.01.2022 neu abgeschlossene Entgeltumwandlungen gilt die Pflicht zur Weitergabe eingesparter Sozialversicherungsbeiträge mit Abschluss der Vereinbarung. Gem. § 19 Abs. 1 BetrAVG n.F. handelt es sich jedoch um eine tarifvertragsdispositive Vorschrift. Damit kann in Tarifverträgen von einer Pflichtweitergabe eingesparter Sozialversicherungsbeiträge abgesehen werden.[523]

## 4.1.1.3 Optionssysteme

Mit § 20 Abs. 2 Satz 1 BetrAVG n.F. wird die Möglichkeit geschaffen, in Tarifverträgen Optionsmodelle zu installieren. In einem Tarifvertrag oder aufgrund eines Tarifvertrages in einer Betriebs- oder Dienstvereinbarung kann fortan geregelt werden, dass der Arbeitgeber für alle Arbeitnehmer oder für eine Gruppe von Arbeitnehmern eine Entgeltumwandlung einführt. Gem. § 20 Abs. 2 Satz 2 BetrAVG n.F. erfolgt sodann eine automatische Entgeltumwandlung, wenn der Arbeitnehmer dieser nicht aktiv widerspricht.[524] Insofern wird dies-bezüglich auch der Begriff „Opting out" verwendet. Die Einführung eines Optionssystems stellt grundsätzlich erneut auf das Vorhandensein eines Tarifvertrags ab, gem. § 20 Abs. 2 Satz 3 BetrAVG n.F. erhalten jedoch auch nichttarifgebundene Arbeitgeber und Arbeitnehmer Zugang. Diese können das Optionssystem des einschlägigen Tarifvertrags anwenden.

Mit der Schaffung eines Optionssystems soll die flächendeckende Verbreitung der bAV und insbesondere die der Entgeltumwandlung gefördert werden.[525] Die bereits in den vorherigen Abschnitten erläuterten Neuerungen im Zusammenhang mit der Entgeltumwandlung gelten ansonsten entsprechend. Insofern entsteht insbesondere auch der Pflichtzuschuss.

---

[522]  Vgl. Höfer (2018d), Rz. 41.2 und Droßel (2018), S. 72.

[523]  Dies gilt jedoch nur für die Pflichtweitergabe im Rahmen des § 1a Abs. 1a BetrAVG n.F. Vom Pflichtzuschuss bei reiner Beitragszusage kann dahingegen nicht abgewichen werden; vgl. Höfer (2018d), Rz. 41.6. Bei bereits bestehenden Tarifverträgen, die die Neuregelung des § 1a Abs. 1a BetrAVG n.F. noch nicht berücksichtigt haben (können), entsteht der Arbeitnehmeranspruch unmittelbar aus dem Gesetz, solange der Tarifvertrag noch nicht erneuert oder bestätigt wurde; vgl. Droßel (2018), S. 73.

[524]  Die Ablehnung des Angebots hat insbesondere innerhalb eines Monats nach Zugang zu erfolgen. Für das Widerspruchsrecht gelten keine Formvorschriften.

[525]  Der Gesetzgeber geht davon aus, dass einer durch Tarifvertrag automatisch vorgesehenen Entgeltumwandlung weniger skeptisch begegnet wird als bei einzelvertraglicher Vereinbarung. Außerdem ist zu erwarten, dass die Negativerklärung vielfach gescheut wird; vgl. Höfer (2018e), Rz. 2.

## 4.1.2 Steuerrechtliche Änderungen

### 4.1.2.1 Dotierungsrahmen des § 3 Nr. 63 EStG

Eine steuerrechtliche Änderung durch das BRSG ist die Neugestaltung der Steuerfreiheit von Beiträgen an einen externen Versicherungsträger i.S.d. § 3 Nr. 63 EStG. Die Änderung besteht zum einen darin, dass gem. § 3 Nr. 63 Satz 1 EStG n.F. fortan Beiträge bis zur Höhe von acht Prozent (anstatt zuvor lediglich vier Prozent) der Beitragsbemessungsgrenze in der gesetzlichen Rentenversicherung steuerfrei gestellt werden. Eine Unterscheidung zwischen Alt- und Neuverträgen, wie sie § 3 Nr. 63 Satz 3 EStG a.F. vorsah, unterbleibt nunmehr. Der vor BRSG nur für Neuverträge[526] gewährte Erhöhungsbetrag i.H.v. 1.800 Euro wird im Zuge der Umstellung des § 3 Nr. 63 EStG gestrichen.

Die Neugestaltung des Dotierungsrahmens der Steuerfreiheit für Beiträge an externe Versorgungsträger hat zur Folge, dass in 2018 insgesamt 6.240 Euro steuerfrei in die bAV geleistet werden können. Ohne Änderung wären es nur 3.120 Euro für Altverträge bzw. 4.920 Euro für Neuverträge gewesen.[527] Die Reform des § 3 Nr. 63 EStG führt damit für Alt- und Neuverträge zu einer Erhöhung des steuerfreien Dotierungsrahmens. Für die in dieser Arbeit betrachtete Zielgruppe der Gering- und Niedrigverdiener wird diese Reform keine Auswirkungen haben. Bereits vor BRSG wurde der (alte) Dotierungsrahmen von dieser Arbeitnehmergruppe zumeist nicht ausgereizt.

Wie bereits in Abschnitt 2.1.3 erläutert, verweist § 1 Abs. 1 Satz 1 Nr. 9 SvEV grundsätzlich auf die Steuerfreiheit des § 3 Nr. 63 EStG. Dies wird auch durch das BRSG nicht durchbrochen. Erwähnenswert ist jedoch, dass es sozialversicherungsrechtlich bei einem Dotierungsrahmen i.H.v. vier Prozent der Beitragsbemessungsgrenze in der gesetzlichen Rentenversicherung bleibt. Insofern unterscheiden sich die steuer- und sozialversicherungsrechtlichen Höchstbeträge fortan. Dies kann schließlich dazu führen, dass die bAV-Leistungen doppelt verbeitragt werden, wenn der Steuerpflichtige die Dotierung in der Anwartschaftsphase aus Unwissenheit über die sozialversicherungsrechtliche Behandlung an der Höchstgrenze des § 3 Nr. 63 Satz 1 EStG n.F. ausrichtet.

### 4.1.2.2 BAV-Förderbetrag

Die zweite wesentliche Änderung im Steuerrecht ist die Einführung eines Förderbetrags zur bAV, der auch als sogenannter BAV-Förderbetrag bezeichnet wird. Dieser wird in § 100 EStG n.F., der den neuen Abschnitt XII des EStG bildet, gesetzlich verankert. Er stellt ein neues Förderinstrument für Geringverdiener dar, ist für sich betrachtet jedoch keine neue Form der bAV und auch kein neuer Durchführungsweg sowie keine neue Zusageart. Vielmehr kann der BAV-Förderbetrag mit den bereits bekannten externen betrieblichen Vorsorgeformen kombiniert werden.

In § 100 Abs. 3 und 4 EStG n.F. werden die Voraussetzungen für die Inanspruchnahme genannt. Demnach ist grundsätzliche Voraussetzung, dass es sich um einen Geringverdie-

---

[526]   Hierunter wurden Verträge verstanden, die aufgrund einer nach dem 31.12.2004 erteilten Zusage geschlossen wurden; vgl. hierzu auch die Ausführungen in Abschnitt 2.1.2.2.1.

[527]   Auch für diesen Vergleich wird die Beitragsbemessungsgrenze zur gesetzlichen Rentenversicherung des Jahres 2018 unterstellt.

ner i.S.d. § 100 Abs. 3 Nr. 3 EStG n.F. handelt.[528] Hierunter wird ein Arbeitnehmer mit einem laufenden Arbeitslohn von bis zu 26.400 Euro im Jahr verstanden. Je nach Lohnzahlungszeitraum ist dieser Jahreslohn auf einen äquivalenten Tages-, Wochen- oder Monatslohn umzurechnen.[529]

Als weitere Voraussetzung hat der Arbeitgeber gem. § 100 Abs. 3 Nr. 2 EStG n.F. für den Arbeitnehmer zusätzlich zum ohnehin geschuldeten Arbeitslohn im Kalenderjahr mindestens einen Betrag i.H.v. 240 Euro an einen externen Versorgungsträger zu zahlen. Hieraus wird ersichtlich, dass der BAV-Förderbetrag nur mittels versicherungsförmigen Durchführungswegs gewährt wird. Ein bereits aus der Riester-Förderung bekannter Mindesteigenbeitrag wird somit vom Arbeitnehmer auf den Arbeitgeber überwälzt, der eine arbeitgeberfinanzierte bAV zusagen und zusätzliche Beiträge leisten muss. Diese Vorgabe wird gem. § 100 Abs. 2 Satz 2 EStG n.F. erfüllt, wenn es sich im Vergleich zum Referenzjahr 2016 um einen zusätzlichen Arbeitgeberbeitrag handelt. Arbeitgeber, die bereits 2016 Zuschüsse geleistet haben, müssen diese dementsprechend erhöhen. Damit sollen Mitnahmeeffekte bei bereits vor dem 01.01.2018 bestehenden arbeitgeberfinanzierten Zusagen vermieden werden.[530] Der vom Arbeitgeber seit BRSG gem. § 1a Abs. 1a und § 23 Abs. 2 BetrAVG n.F. zu leistende Pflichtzuschuss bei Entgeltumwandlung gilt nicht als „zusätzlich zum ohnehin geschuldeten Arbeitslohn". Diese Leistungen sind damit nicht begünstigt.[531]

Als weitere Voraussetzung sieht § 100 Abs. 3 Nr. 4 EStG n.F. vor, dass die Auszahlung der zugesagten Alters-, Invaliditäts- oder Hinterbliebenenversorgungsleistungen in Form einer Rente oder eines Auszahlungsplans erfolgt.[532] Zudem muss gem. § 100 Abs. 3 Nr. 5 EStG n.F. sichergestellt sein, dass von den Beiträgen jeweils derselbe prozentuale Anteil zur Deckung der Vertriebskosten herangezogen wird. Mit dieser zunächst unscheinbaren Vorgabe wird vorgeschrieben, dass der zugrundeliegende Vertrag nicht gezillmert sein darf.[533]

Die Funktionsweise des Förderbetrags ist schließlich § 100 Abs. 1 und 2 EStG n.F. zu entnehmen. Demnach beträgt er im Kalenderjahr 30 Prozent des zusätzlichen Arbeitgeberbeitrags, höchstens jedoch 144 Euro. Gem. § 100 Abs. 1 Satz 1 EStG n.F. kann der Arbeitgeber den Förderbetrag schließlich von seiner an das Finanzamt abzuführenden Lohnsteuer einbehalten. Sofern der zu gewährende Förderbetrag die abzuführende Lohnsteuer übersteigt, kann es gem. § 100 Abs. 1 Satz 2 EStG n.F. auch zu einer Erstattung an den Arbeitgeber kommen.

---

[528]  Vgl. hierzu bereits die Ausführungen in Abschnitt 1.1.2.

[529]  Außerdem muss der Arbeitslohn des Geringverdieners gem. § 100 Abs. 3 Nr. 1 EStG n.F. im Lohnzahlungszeitraum, für den der Förderbetrag gewährt wird, im Inland dem Lohnsteuerabzug unterliegen. Gem. § 100 Abs. 1 Satz 1 EStG n.F. muss es sich ferner um ein erstes Dienstverhältnis handeln.

[530]  Wäre stattdessen auf das Referenzjahr 2017 abgestellt worden, hätten die Arbeitgeber nach Verkündung des BRSG in 2017 ihre Arbeitgeberbeiträge zunächst absenken und in 2018 sodann wieder erhöhen können. Dies wird durch Bezugnahme auf das Jahr 2016 vermieden.

[531]  Vgl. BMF-Schreiben vom 06.12.2017, Rz. 112. Das Gleiche gilt ferner für den Sicherungsbetrag i.S.d. § 23 Abs. 1 BetrAVG n.F.

[532]  Hierbei wird ebenso wie bei der Voraussetzung zur Steuerfreiheit nach § 3 Nr. 63 EStG auf § 1 Abs. 1 Satz 1 Nr. 4 AltZertG verwiesen. Allein die Möglichkeit, anstelle lebenslanger Leistungen eine Kapitalauszahlung zu wählen, steht der Förderung über § 100 EStG n.F. analog zur Förderung nach § 3 Nr. 63 EStG noch nicht entgegen. Siehe diesbezüglich auch die Ausführungen in Abschnitt 2.1.2.2.1 (insbesondere Fn. 131) und BMF-Schreiben vom 06.12.2017, Rz. 136.

[533]  Vgl. hierzu auch den Exkurs in Abschnitt 3.2.3.

Für den Arbeitnehmer bleibt der zusätzliche Arbeitgeberzuschuss i.S.d. § 100 Abs. 3 Nr. 2 EStG n.F., höchstens jedoch 480 Euro, gem. § 100 Abs. 6 Satz 1 EStG steuerfrei. Entsprechend liegt gem. § 1 Abs. 1 Satz 1 Nr. 9 SvEV auch sozialversicherungsrechtlich kein beitragspflichtiges Arbeitsentgelt vor. Gem. § 100 Abs. 6 Satz 2 EStG n.F. bleibt auch die Steuerfreiheit i.S.d. § 3 Nr. 63 n.F. EStG unberührt. Es handelt sich folglich um einen zusätzlichen steuerfreien Dotierungsrahmen. Über den förderfähigen Höchstbetrag nach § 100 Abs. 6 EStG n.F. hinausgehende Arbeitgeberbeiträge sind i.d.R. nach § 3 Nr. 63 EStG steuerfrei, soweit das entsprechende Volumen nicht bereits anderweitig ausgeschöpft wurde.[534] Sozialversicherungsrechtlich steht jedoch in Summe insgesamt nur der sozialversicherungsfrei Höchstbetrag i.S.d. § 1 Abs. 1 Satz 1 Nr. 9 SvEV n.F. i.H.v. vier Prozent der Beitragsbemessungsgrenze in der gesetzlichen Rentenversicherung zur Verfügung.

Im Ergebnis wird der zusätzliche Arbeitgeberbeitrag bis zur Höchstgrenze zu 70 Prozent vom Arbeitgeber und zu 30 Prozent vom Fiskus finanziert. Für den Arbeitgeber besteht damit ein Anreiz, mithilfe staatlicher Förderung eine, wenn auch geringe, zusätzliche bAV für den Arbeitnehmer aufzubauen. Da damit bereits eine versicherungsförmige Versorgung besteht, kann der Arbeitnehmer schließlich ohne großen Aufwand eigenständig weitere Beiträge, beispielsweise im Wege der Entgeltumwandlung leisten.

Entgegen den Überlegungen zur Wahrung der Vorgabe der Aufkommensneutralität in Abschnitt 3.2.1.7 wird die Förderung durch den BAV-Förderbetrag nicht mit dem Riester-Förderrahmen verknüpft. Dem Steuerpflichtigen stehen damit beide Förderwege offen, sofern er die jeweiligen Voraussetzungen erfüllt. Eine Aufkommensneutralität wird aufgrund der Erhöhung des insgesamt zur Verfügung stehenden Fördervolumens hingegen nicht gewährleistet.

## 4.1.3 Sozialversicherungsrechtliche Änderungen

### 4.1.3.1 Anrechnung auf Grundsicherung

Eine für Geringverdiener bedeutende Änderung der sozialversicherungsrechtlichen Rahmenbedingungen ist die Einführung eines Einkommensfreibetrags für zusätzliche Altersversorgung. Gem. § 82 Abs. 4 SGB XII n.F. ist fortan ein monatlicher Betrag i.H.v. 100 Euro aus einer zusätzlichen Altersvorsorge bei der Hilfe zum Lebensunterhalt und der Grundsicherung abzusetzen.[535] Neben diesem Sockelbetrag gilt ein erweiterter Freibetrag i.H.v. 30 Prozent des den Sockelbetrag übersteigenden Einkommens aus einer zusätzlichen Altersvorsorge.[536] Damit wird erreicht, dass die bAV-Leistungen bis zu diesem Betrag nicht mehr auf die Höhe der Grundsicherung angerechnet werden. Auf diese Weise soll insbesondere für Geringverdiener ein Signal gesetzt werden, dass sich freiwillige Altersvorsorge

---

[534]  Vgl. BMF-Schreiben vom 06.12.2017, Rz. 144.

[535]  Gem. § 82 Abs. 5 SGB XII n.F. wird als Einkommen aus einer zusätzlichen Altersvorsorge jedes monatliche bis zum Lebensende ausgezahlte Einkommen verstanden, auf das der Leistungsberechtigte vor Erreichen der Regelaltersgrenze auf freiwilliger Grundlage Ansprüche erworben hat und das dazu bestimmt und geeignet ist, die Einkommenssituation des Leistungsberechtigten zu verbessern. Hierzu zählen insbesondere laufende Zahlungen aus einer bAV und einem zertifizierten Altersvorsorgevertrag (Riester- und Rürup-Rente).

[536]  Sockel- und erweiterter Freibetrag sind jedoch auf 50 Prozent der Regelbedarfsstufe 1 nach der Anlage zu § 26 SGB XII gedeckelt. In 2018 ergibt sich der Höchstbetrag somit zu 208 Euro.

in jedem Fall lohnt.[537] Vor BRSG haben Arbeitnehmer, die damit rechneten im Alter von der Grundsicherung abhängig zu sein, den Abschluss einer bAV gescheut. Diesem Hemmnis wird mit dem neuen Freibetrag begegnet.

### 4.1.3.2 Abschaffung der Doppelverbeitragung der Riester-Förderung in der bAV

Die zweite wesentliche Änderung im Sozialversicherungsrecht ergibt sich aus § 229 Abs. 1 Satz 1 Nr. 5 SGB V n.F. Hier wird geregelt, dass Renten der bAV zwar grundsätzlich als Versorgungsbezüge gelten. Fortan gilt jedoch die zusätzliche Einschränkung, dass Leistungen aus Altersvorsorgevermögen i.S.d. § 92 EStG, d.h. Riester-Verträgen, außer Betracht bleiben. Da bAV-Renten aus einem Riester-Vertrag nicht mehr als Versorgungsbezüge gelten, werden hierauf auch keine Beiträge zur gesetzlichen Krankenversicherung erhoben. Über § 57 Abs. 1 SGB XI gilt dies auch für die gesetzliche Pflegeversicherung, in der nun ebenfalls keine Verbeitragung mehr erfolgt. Die zuvor gegebene Doppelverbeitragung der Riester-Förderung in der bAV wird folglich durch Einführung einer rein vorgelagerten Verbeitragung abgeschafft.[538] Dies hat zur Folge, dass die betriebliche Riester-Förderung mit Inkrafttreten des BRSG sozialversicherungsrechtlich mit der privaten Riester-Förderung gleichgestellt wird.

## 4.2 Stand der betriebswirtschaftlichen Forschung[539]

Einen mit zahlreichen Beispielen versehenen allgemeinen Überblick über die steuer- und sozialversicherungsrechtlichen Neuerungen des BRSG gibt Harder-Buschner (2017). Sie sieht das BRSG als Optimierung der rechtlichen Rahmenbedingungen an, erkennt aber auch für die kommende Legislaturperiode weiteres Verbesserungspotenzial.

Die Reformmaßnahmen werden insgesamt überwiegend positiv aufgenommen, wenngleich einige Autoren den Umfang der Maßnahmen als zu gering erachten.[540] Dommermuth (2017) analysiert, dass das BRSG „die bAV voraussichtlich wieder richtig attraktiv machen"[541] wird. Aufgrund der Pflichtweitergabe bei Entgeltumwandlung würde das Problem der Sozialabgabenüberlastung des Arbeitnehmers vermieden. Jedoch fordert er zusätzlich, ebenso wie Plenker (2017), die Einführung eines gesetzlichen Opting-outs für alle Unternehmen.

Droßel (2018) analysiert das BRSG ausführlich aus Sicht eines Praktikers. Er geht dabei auch auf die Genese des BRSG ein. Neben einer zusammenfassenden Darstellung erfolgen insbesondere Anleitungen für die Praxis. Ferner werden vom BRSG nicht aufgegriffene Problemfelder angesprochen. Er kommt zu dem Ergebnis, dass das BRSG eine Einladung

---

[537]  Vgl. BT-Drucksache 18/11286 vom 22.02.2017, S. 48.
[538]  Vgl. hierzu auch die Ausführungen in Abschnitt 3.2.1.
[539]  Dieser Abschnitt ist Kiesewetter et al. (2020) modifiziert und gekürzt entnommen.
[540]  Dies gilt insbesondere für den sozialversicherungsfreien Dotierungsrahmen, der nicht – analog zum steuerfreien Dotierungsrahmen – auf acht Prozent der Beitragsbemessungsgrenze angehoben wurde.
[541]  Dommermuth (2017), S. 757.

an Arbeitnehmer und Arbeitgeber darstelle, der Erfolg jedoch abzuwarten sei. Die „Drohungen der Politik mit einem Obligatorium in der bAV, wenn das BRSG nicht wirken sollte"[542], seien verfrüht, da zunächst der Gesetzgeber seinerseits bestehende Probleme zu lösen hätte.

Erste Vorteilhaftigkeitsberechnungen werden von Dommermuth et al. (2018) vorgenommen. Sie vergleichen eine Entgeltumwandlung mit einer alternativen Anlage in der ungeförderten dritten Schicht der Altersvorsorge. Ohne Berücksichtigung von Kollektivkonditionen, die für gewöhnlich bei Abschluss einer Vielzahl von bAV-Verträgen gewährt werden, ist die Entgeltumwandlung für sämtliche Steuerpflichtige mit Ausnahme jener der Steuerklasse III vorteilhaft. Werden Kollektivvorteile berücksichtigt, ist die bAV auch für diese Steuerpflichtigen vorzuziehen. Mit Einführung der Pflichtweitergabe eingesparter Sozialversicherungsbeiträge wird die Entgeltumwandlung noch vorteilhafter. Außerdem machen die Autoren darauf aufmerksam, dass über die bAV „in der Presse und insbesondere im Fernsehen häufig sehr kritisch und dabei oft einseitig und unausgewogen"[543] berichtet werde. Aufgrund des Verbreitungsgrads öffentlich-rechtlicher Berichterstattung würde ferner großer Schaden angerichtet. Diesen Aussagen ist zuzustimmen, da ein Erfolg eigenverantwortlicher, zusätzlicher Altersvorsorge auch davon abhängt, welches Image dieses „Produkt" hat. Man denke hierbei nur an das, grundsätzlich zu Unrecht, schlechte Image der Riester-Rente. Dieses kann einer größeren Verbreitung entgegenstehen, obwohl sich der durchschnittliche Steuerpflichtige mit den Funktionsmechanismen der Riester-Förderung vermutlich nicht auseinandergesetzt hat.

Fragen der steuerlichen Diskriminierung oder Subventionierung von Direktzusagen, wie noch bis zur Jahrtausendwende untersucht, sind mittlerweile eher in den Hintergrund gerückt. Dafür stehen aufgrund der anhaltenden Niedrigzinsphase die Methodik der Rückstellungsbewertung und damit die Regelung des § 6a EStG im Fokus der Diskussion. So ist aktuell ein Verfahren beim BVerfG anhängig, in dem eine Entscheidung darüber zu treffen ist, ob § 6a Abs. 3 Satz 3 EStG insoweit mit Art. 3 Abs. 1 GG vereinbar ist, als zur steuerlichen Ermittlung der Pensionsrückstellung zutreffend ein Rechnungszins von sechs Prozent anzusetzen ist.[544] Hätte der Gesetzgeber eine Neubewertung des gesamten Rückstellungsbestands von knapp 300 Milliarden Euro in 2016 aufgrund einer Senkung des steuerlichen Zinsfußes zuzulassen, wäre dies mit erheblichen Steuerausfällen im Zeitpunkt der Rechtsänderung verbunden.[545]

Mit der Angemessenheit des Abzinsungssatzes nach § 6a EStG aus steuerrechtlicher Sicht beschäftigen sich Hey/Steffen (2016), die den Zinsfuß in Höhe von sechs Prozent als überhöht sowie als Verstoß gegen den allgemeinen Gleichheitssatz ansehen. So entstehe im Zeitablauf eine Ungleichbehandlung im Verhältnis zum Marktzins. Durch den deutlich überhöhten Zinssatz komme es außerdem zu willkürlichen Belastungen der Unternehmen, da die Zinstypisierung inzwischen nicht mehr zeitgerecht sei. Weckerle (2018) hingegen erachtet den Zinsfuß des § 6a EStG nicht als verfassungswidrig, da Pensionsverpflichtungen

---

[542]   Droßel (2018), S. 128.
[543]   Dommermuth et al. (2018), S. 111.
[544]   Die Vorlage an das BVerfG entspringt dem FG Köln, Vorlagebeschluss vom 12.10.2017.
[545]   Vgl. zu einer Abschätzung der Auswirkungen einer Reform des § 6a EStG auf Rückstellungsbestand und von haushalts- und fiskalpolitischen Folgen Geilenkothen et al. (2017).

nicht durch regelmäßig angelegte verzinsliche Beträge erfüllt, sondern im Zeitpunkt der Pensionszahlungen jeweils aus dem operativen Ergebnis beglichen würden. Daher sei der Zins angesichts der erwarteten durchschnittlichen Gesamtkapitalrentabilität deutscher Unternehmen angemessen. Diese lag bisher tendenziell über sechs Prozent, sodass der Zinsfuß des § 6a EStG eine zutreffende Typisierung sei. Kritisch beurteilt Weckerle (2018) jedoch die unterschiedlichen Abzinsungssätze des § 6 und § 6a EStG, da sich Pensionsrückstellungen nicht von anderen Rückstellungen für ungewisse Verbindlichkeiten unterschieden. Daher sei eine Angleichung der beiden Zinssätze auf 5,5 Prozent aufgrund der jüngeren gesetzgeberischen Entscheidung in § 6 EStG erforderlich.

Schätzlein (2018) untersucht, wie bei einer Gesetzesreform der Übergang zu einem niedrigeren steuerlichen Rechnungszins ausgestaltet werden könnte und welche fiskalischen Folgen dies hätte. Für am wahrscheinlichsten hält er eine zeitlich gestreckte Wertaufholung des Rückstellungsbestands, da eine sofortige Anpassung zu hohen Steuerausfällen führen würde.

Kiesewetter (2018) beschäftigt sich mit „der systematisch angemessenen Ausgestaltung eines zu reformierenden § 6a EStG"[546]. Er spricht sich für eine durchführungswegneutrale Besteuerung aus, d.h. eine steuerliche Gleichstellung von Direktzusagen und externen Durchführungswegen. Für die Bewertung von Leistungszusagen diskutiert Kiesewetter (2018) einen typisierten Rechnungszins, der sich analog zum Handelsrecht an durchschnittlichen Umlaufrenditen von Unternehmensanleihen orientiert. Bei kleinsten Zinsänderungen müsste dann allerdings der gesamte Rückstellungsbestand neu bewertet werden. Die Folge wären schwankende und kaum planbare Auswirkungen auf den steuerlichen Gewinn. Er entwickelt daher stattdessen ein besonderes steuerliches Barwertverfahren, in das marktnahe Diskontierungszinsen Einzug finden und das dennoch fiskalisch tragbar sowie für die Unternehmen planbar ist.

Aufgrund des beim BVerfG anhängigen Urteils und der in der Literatur aufgezeigten Probleme sowie Anpassungsvorschläge der aktuellen Regelung wird es sehr wahrscheinlich zu einer Änderung des § 6a EStG kommen. Offen ist, in welche Richtung eine potentielle Gesetzesänderung zielt und wie die Umsetzung konkret ausgestaltet wird. Eine bloße Anpassung des Rechnungszinses an das aktuell niedrige Zinsumfeld erscheint jedenfalls zu kurz gegriffen und fiskalisch zu teuer. Für Geringverdiener sind aus einer Anpassung des Rechnungszinses hingegen keine direkten Änderungen gegeben, da derartige Reformen nur Direktzusagen betreffen. Dieser Durchführungsweg hat für Gering- und Niedrigverdiener, wie bereits erläutert wurde, keine nennenswerte Bedeutung.

---

[546] Kiesewetter (2018), S. 287.

# 4.3 Modelltheoretische Betrachtung[547]

In diesem Abschnitt wird die bAV nach Inkrafttreten des BRSG modelltheoretisch unter-sucht. Dabei wird auf die bereits in Abschnitt 2.3.1 erläuterten Modellannahmen und kon-stituierenden Rahmenbedingungen zurückgegriffen. Die Analyse ist erneut dreistufig auf-gebaut. Nach jeweils isolierter Betrachtung von Arbeitnehmer- und Arbeitgeberseite folgen eine zusammenfassende Darstellung sowie eine Vorteilhaftigkeitsanalyse.

## 4.3.1 Betrachtung des Arbeitnehmers

Zunächst wird erneut die steuer- und sozialversicherungsrechtliche Behandlung der einzel-nen Vorsorgealternativen aus Sicht des Arbeitnehmers betrachtet. Grundsätzlich gelten die Ausführungen in Abschnitt 2.3.2 entsprechend. Dies schlägt sich darin nieder, dass auch die dort aufgestellten Formeln analog anzuwenden sind. Bei einzelnen Vorsorgeformen kam es durch das BRSG jedoch zu Änderungen, womit Anpassungen vorzunehmen sind.

### 4.3.1.1 Lohnauszahlung und private Riester-Förderung[548]

Wählt der Arbeitnehmer die gewöhnliche Auszahlung seines Lohns und investiert er den Nettolohn in einen privaten Riester-Vertrag, ergeben sich insoweit keine Änderungen durch das BRSG. Die Formeln aus Abschnitt 2.3.2.1 besitzen damit weiterhin Gültigkeit.

### 4.3.1.2 Riester-Förderung in der bAV[549]

Anstelle der privaten Riester-Förderung kann sich der Arbeitnehmer alternativ für die Ries-ter-Förderung in der bAV entscheiden. Bis einschließlich 31.12.2017 war diese Kombina-tion für den Großteil der Steuerpflichtigen aufgrund der bereits erläuterten Doppelverbei-tragung nicht sinnvoll.[550] Um in den Genuss der Riester-Förderung zu kommen, muss der Steuerpflichtige, wie bei Privat-Riester auch, aus seinem Nettoentgelt ansparen. Als Leis-tungen aus einer bAV wurden die Bruttorenten jedoch bei Auszahlung erneut in den Zwei-gen der gesetzlichen Kranken- und Pflegeversicherung belastet. Das BRSG beseitigt diese doppelte Verbeitragung fortan dadurch, dass die Sozialversicherungsbeiträge nur noch rein vorgelagert auf den Arbeitslohn erhoben werden, während in der Rentenphase keine Ver-beitragung mehr erfolgt.[551] Im Ergebnis schafft der Gesetzgeber damit eine identische Be-handlung von privater und betrieblicher Riester-Förderung. Die in Abschnitt 2.3.2.1 be-schriebenen Zusammenhänge gelten analog. Insbesondere ermittelt sich die Höhe der re-sultierenden Nettozusatzrente im Falle der Riester-Förderung in der bAV, wie dort darge-stellt.

---

[547]   Dieser Abschnitt ist Kiesewetter/Menzel (2019) modifiziert und gekürzt entnommen.
[548]   In den Formeln wird diese Vorsorgealternative mit dem hochgestellten Zusatz „PRnBRSG" für „Privat-Riester nach Inkrafttreten des BRSG" kenntlich gemacht.
[549]   In den Formeln wird diese Vorsorgealternative mit dem hochgestellten Zusatz „BRnBRSG" für „Betriebs-Riester nach Inkrafttreten des BRSG" kenntlich gemacht.
[550]   Siehe hierzu die Ausführungen in Abschnitt 3.2.1.1.
[551]   So auch Dommermuth/Schiller (2017), S. 2745 f.

Somit gibt es seit dem 01.01.2018 keine Unterschiede mehr in der steuer- und sozialversicherungsrechtlichen Behandlung zwischen privater und betrieblicher Riester-Förderung. Für Zwecke dieser Arbeit entsprechen sich damit diese beiden Vorsorgeformen fortan.

## 4.3.1.3 Entgeltumwandlung[552]

Verlässt man das Förderinstrument der Riester-Rente, steht dem Arbeitnehmer die steuer- und sozialversicherungsfreie Entgeltumwandlung im Rahmen des § 3 Nr. 63 EStG n.F. i.V.m. § 1 Abs. 1 Nr. 9 SvEV n.F. offen. Im BRSG wurde der steuerrechtliche Dotierungsrahmen von vier Prozent auf acht Prozent der Beitragsbemessungsgrenze in der gesetzlichen Rentenversicherung angehoben. Eine entsprechende sozialversicherungsrechtliche Angleichung wurde hingegen nicht vorgenommen. Hier bleiben weiterhin bis zu vier Prozent der Beitragsbemessungsgrenze in der gesetzlichen Rentenversicherung von der Verbeitragung ausgenommen. Es wird nachfolgend erneut unterstellt, dass dieser Grenzwert nicht überschritten wird.

An dieser Stelle ist die ebenfalls mit dem BRSG neu eingeführte Pflichtweitergabe der vom Arbeitgeber eingesparten Sozialversicherungsbeiträge zu berücksichtigen. Diese bewirkt, dass sich der jährliche Ansparbetrag vor Zinsen ($\Delta V^{3.63nBRSG}$) um den Pauschalbetrag von 15 Prozent des umgewandelten Entgelts erhöht.

$$\Delta V^{3.63nBRSG} = BL^{3.63nBRSG} \cdot 1{,}15 \, . \tag{86}$$

Dies gilt gem. § 1a Abs. 1a BetrAVG verpflichtend erst für Neuzusagen ab dem 01.01.2019.[553] Diese Neuerung wird hier abgebildet. Vereinfachend wird unterstellt, dass der Arbeitgeber bereits zum 01.01.2018 einen entsprechenden Zuschuss leistet.

Das weitere Vorgehen zur Ermittlung der Nettozusatzrentenhöhe entspricht demjenigen der Formeln (23) bis (26). Bis auf den verpflichtenden Arbeitgeberzuschuss ergeben sich ansonsten keine Änderungen in der steuer- und sozialversicherungsrechtlichen Behandlung.

## 4.3.1.4 Arbeitgeberfinanzierte bAV[554]

Auch nach Inkrafttreten des BRSG nimmt § 3 Nr. 63 EStG n.F. keine Unterscheidung zwischen Arbeitnehmer- und Arbeitgeberfinanzierung vor. Bis zu den jeweiligen Höchstbeträgen erfolgt auch bei reiner Arbeitgeberfinanzierung die Ansparung steuer- und sozialversicherungsfrei. Im Gegensatz zur Entgeltumwandlung nach BRSG ist der Arbeitgeber jedoch nicht verpflichtet, die eingesparten Sozialversicherungsbeiträge an den Arbeitnehmer weiterzureichen.[555] Der Arbeitgeber erbringt in diesem Fall eine zusätzliche, freiwillige Leistung; eine Einsparung von Sozialversicherungsbeiträgen liegt daher nicht vor.

---

[552] In den Formeln wird diese Vorsorgealternative mit dem hochgestellten Zusatz „3.63nBRSG" für „Entgeltumwandlung i.S.d. § 3 Nr. 63 EStG nach Inkrafttreten des BRSG" kenntlich gemacht.

[553] Außerdem gilt der Pflichtzuschuss gem. § 23 Abs. 2 BetrAVG auch bei Entgeltumwandlungen im Rahmen einer reinen Beitragszusage. Eine Differenzierung zwischen den verschiedenen Zusagearten kann daher unterbleiben.

[554] In den Formeln wird diese Vorsorgealternative mit dem hochgestellten Zusatz „AFnBRSG" für „Arbeitgeberfinanzierte bAV nach Inkrafttreten des BRSG" kenntlich gemacht.

[555] Damit repräsentiert die Arbeitgeberfinanzierung in diesem Kapitel die Entgeltumwandlung ohne Pflichtzuschuss des Arbeitgebers, ergo die Entgeltumwandlung in der Fassung vor Inkrafttreten des BRSG.

Das weitere Vorgehen zur Ermittlung der Nettozusatzrenten entspricht im Endeffekt vollständig demjenigen in Abschnitt 2.3.2.3.

### 4.3.1.5 Zwischenfazit

Es ließen sich nun erneut die Nettozusatzrenten bei vorgegebenem Bruttokonsumverzicht ermitteln. Im Vergleich zum Zustand vor Inkrafttreten des BRSG kam es jedoch nur zu zwei Änderungen. Zum einen wurde die Doppelverbeitragung der Riester-geförderten bAV abgeschafft. Hierauf wurde bereits ausführlich in Abschnitt 3.2.1 eingegangen. Zum anderen wurde ein Pflichtzuschuss bei Entgeltumwandlung eingeführt. Dieser wurde in Abschnitt 3.2.2.2 erläutert.[556] An dieser Stelle wird daher darauf verzichtet, erneut sämtliche Vorsorgealternativen nach BRSG aus isolierter Sicht des Arbeitnehmers zu untersuchen.

## 4.3.2 Betrachtung des Arbeitgebers

Insbesondere um den BAV-Förderbetrag abbilden zu können, muss erneut die Sphäre des Arbeitgebers betrachtet werden. Die einzelnen Vorsorgeformen, zwischen denen der Arbeitnehmer wählen kann, sind aus Sicht des Arbeitgebers wiederum mit unterschiedlich hohen Kosten ($K^{(\cdot)}$) verbunden, die im Folgenden ermittelt werden.

### 4.3.2.1 Lohnauszahlung und private Riester-Förderung

Es ergeben sich keine Änderungen im Vergleich zur Zeit vor Inkrafttreten des BRSG, womit die Ausführungen und Formeln in Abschnitt 2.3.3.1 entsprechend gelten.[557]

### 4.3.2.2 BAV-Förderbetrag und arbeitgeberfinanzierte bAV

Mit Wirkung zum 01.01.2018 hat der BAV-Förderbetrag als weiteres Förderinstrument für Geringverdiener Einzug in die bAV gehalten. Es mag zunächst überraschen, dass der BAV-Förderbetrag als Förderung der Arbeitnehmer kommuniziert wird, hier jedoch erst bei Betrachtung der Arbeitgeberseite Berücksichtigung findet. Dies liegt daran, dass der BAV-Förderbetrag eine gänzlich neue Ausrichtung im Vergleich zu anderen Fördermaßnahmen und insbesondere zur Riester-Förderung aufweist. So werden die Riester-Zulagen nur demjenigen gewährt, der selbst einen Eigenbeitrag leistet. Diese Herangehensweise ist anerkannt und beugt Missbräuchen vor. Ferner hat der Steuerpflichtige einen großzügigen Anreiz, eigenverantwortlich eine, zumindest teilweise, eigenfinanzierte kapitalgedeckte Altersvorsorge aufzubauen. Es ist jedoch bekannt, dass selbst der Mindesteigenbeitrag insbesondere für Geringverdiener eine zu hohe Hürde darstellt. Da eine staatliche Zulage, sofern es sich nicht um ein reines „Geschenk" handeln soll, jedoch nicht ohne Eigenbeitrag auskommt, erscheint es konsequent, diesen nun von den Arbeitgebern einzufordern. Gleichzeitig wird

---

[556] Dies gilt mit der Einschränkung, dass in Abschnitt 3.2.2.2 entgegen den Vorgaben des BRSG unterstellt wurde, dass die eingesparten Sozialversicherungsbeiträge in voller Höhe an den Arbeitnehmer weiterzureichen sind. Die geringen Abweichungen (15 Prozent anstatt 19,325 Prozent) rechtfertigen eine erneute eigenständige Betrachtung nicht.

[557] Das Gleiche gilt für die ungeförderte Kapitalbildung, die in den modelltheoretischen Ausführungen des Abschnitts 4.3 nicht weiter betrachtet wird.

ihnen ein Anreiz gegeben, ihren geringverdienenden Arbeitnehmern eine bAV zu finanzieren.

Grundsätzliche Voraussetzung für die Inanspruchnahme des BAV-Förderbetrags ist zum einen, dass es sich beim Arbeitnehmer um einen Geringverdiener handelt. Der Gesetzgeber definiert einen solchen als Bezieher eines Arbeitsentgelts ($BL$) von bis zu 26.400 Euro jährlich.

$$BL \leq 26.400.$$ (87)

Zum anderen muss der Mindesteigenbeitrag i.H.v. 240 Euro gem. § 100 Abs. 3 Satz 1 Nr. 2 EStG n.F. überschritten werden. Dieser muss als zusätzlicher Arbeitgeberzuschuss in eine Direktversicherung, einen Pensionsfonds oder eine Pensionskasse eingezahlt werden. Ausschlaggebend für die Beurteilung ist der tatsächlich in den Vertrag gezahlte Betrag ($BL^{AFnBRSG}$).

$$BL^{AFnBRSG} \geq 240.$$ (88)

Falls die Voraussetzungen erfüllt sind, erhält der Arbeitgeber den BAV-Förderbetrag, der gem. § 100 Abs. 2 Satz 1 EStG n.F. 30 Prozent des zusätzlichen Arbeitgeberbeitrags, höchstens jedoch 144 Euro beträgt.

$$BAV = \begin{cases} \min\left[0,3 \cdot BL^{AFnBRSG}; 144\right] & \text{für } BL \leq 26.400 \wedge BL^{AFnBRSG} \geq 240 \\ 0 & \text{für } BL > 26.400 \vee BL^{AFnBRSG} < 240. \end{cases}$$ (89)

Im Regelfall wird die Vorsorge des Arbeitnehmers damit zu 70 Prozent durch den Arbeitgeber und zu 30 Prozent durch den Fiskus finanziert. An dieser Stelle wird auch ersichtlich, weshalb der BAV-Förderbetrag als Förderinstrument für geringverdienende Arbeitnehmer verstanden wird. Durch den BAV-Förderbetrag wird eine bAV im Vergleich zur Lohnerhöhung relativ gesehen günstiger. Ohne den Förderbetrag bestünde aus Sicht des Arbeitgebers kein (monetärer) Anreiz, den Arbeitnehmern eine arbeitgeberfinanzierte Altersvorsorge zu gewähren, da für ihn die Lohnauszahlung zu identischen Kosten führte. Im Ergebnis bewirkt der BAV-Förderbetrag somit, dass Arbeitnehmer gänzlich ohne eigene Beiträge eine Altersvorsorge aufbauen können.

Der Anwendungsbereich des BAV-Förderbetrags ist ausschließlich auf die arbeitgeberfinanzierte bAV beschränkt. Hier haben aufgrund des Freibetrags i.S.d. § 1 Abs. 1 Satz 1 Nr. 9 SvEV n.F. i.d.R. weder Arbeitnehmer noch Arbeitgeber Sozialversicherungsbeiträge zu tragen.[558] Der Arbeitgeberzuschuss an sich ist als Betriebsausgabe abzugsfähig. Der BAV-Förderbetrag mindert jedoch den Betriebsausgabenabzug.

Die Kosten des Arbeitgebers setzen sich damit aus dem Arbeitgeberzuschuss abzüglich etwaigem BAV-Förderbetrag zusammen:

$$K^{AFnBRSG} = BL^{AFnBRSG} - BAV.$$ (90)

---

[558] Gem. § 100 Abs. 6 EStG n.F. ist der Arbeitgeberbeitrag bis zu dem bereits erläuterten Höchstbetrag von derzeit 3.120 Euro gem. § 3 Nr. 63 Satz 1 EStG n.F. i.V.m. § 1 Abs. 1 Satz 1 Nr. 9 SvEV n.F sozialversicherungsfrei. Dieser Höchstbetrag wird von den in dieser Arbeit betrachteten Arbeitnehmern nicht überschritten.

### 4.3.2.3 Entgeltumwandlung

Auch nach Inkrafttreten des BRSG differenziert der Förderrahmen des § 3 Nr. 63 EStG n.F. auch aus Sicht des Arbeitgebers nicht zwischen Arbeitgeber- und Arbeitnehmerfinanzierung. Vor BRSG sparte der Arbeitgeber auch bei Entgeltumwandlung des Arbeitnehmers im Vergleich zur Lohnauszahlung Sozialversicherungsbeiträge ein. Das BRSG sieht diesbezüglich fortan einen Paradigmenwechsel vor. Sofern sich der Arbeitnehmer zur Entgeltumwandlung entscheidet, wird der Arbeitgeber verpflichtet, 15 Prozent des umgewandelten Entgelts an den externen Versorgungsträger weiterzureichen. Dies gilt so für Zusagen ab dem 01.01.2018 im Rahmen der reinen Beitragszusage sowie ab 01.01.2019 für sämtliche ab dann neu getätigte Zusagen. Ab 01.01.2022 wird diese Regelung ferner auf den gesamten (Alt-)Bestand an Entgeltumwandlungen angewandt. Der umgewandelte Bruttolohn sowie der Pflichtzuschuss sind als Betriebsausgabe abzugsfähig. Die Gesamtkosten des Arbeitgebers ergeben sich zu

$$K^{3.63nBRSG} = BL^{3.63nBRSG} \cdot 1,15 \,. \tag{91}$$

Da bei Entgeltumwandlung keine Form der arbeitgeberfinanzierten bAV vorliegt, hat der Arbeitgeber keinen Anspruch auf den BAV-Förderbetrag. Insbesondere berechtigt auch der Pflichtzuschuss des Arbeitgebers nicht zum BAV-Förderbetrag.[559]

### 4.3.2.4 Riester-Förderung in der bAV

Gem. § 3 Nr. 63 Satz 2 EStG n.F. i.V.m. § 1a Abs. 3 BetrAVG kann der Steuerpflichtige auch nach Inkrafttreten des BRSG zugunsten der Riester-Förderung auf die Steuerfreiheit der Beiträge verzichten. Voraussetzung ist jedoch, dass ein Anspruch auf Entgeltumwandlung besteht. Insofern kann die Riester-Förderung in der betrieblichen Sphäre nur mittels Arbeitnehmerfinanzierung erfolgen. Dies schließt den BAV-Förderbetrag aus. Somit bestehen auch aus dem Blickwinkel des Arbeitgebers keine Unterschiede zwischen privater und betrieblicher Riester-Förderung. Die Kosten des Arbeitgebers ermitteln sich damit analog zu Abschnitt 4.3.2.1. Aufgrund des Gleichlaufs auch auf Seiten des Arbeitgebers wird fortan nicht zwischen privater und betrieblicher Riester-Förderung differenziert. Die Kosten des Arbeitgebers werden nicht von der Höhe des Zulagenanspruchs beeinflusst.

### 4.3.2.5 Zwischenfazit

Die in diesem Abschnitt gewählte Vorgehensweise ermöglicht eine Ermittlung der Kosten des Arbeitgebers bei vorgegebenem Arbeitgeberbeitrag bzw. Bruttokonsumverzicht des Arbeitnehmers. Die Gesamtkosten vor Berücksichtigung von Ertragsteuern sind in Tabelle 15 abgetragen. Es werden ein Geringverdiener sowie ein Durchschnittsverdiener betrachtet. Der Bruttokonsumverzicht bzw. der zusätzliche Arbeitgeberbeitrag seien erneut 900 Euro jährlich. Dieser Arbeitgeberbeitrag übersteigt den Mindestbetrag i.S.d. § 100 Abs. 3 Nr. 2 EStG n.F. i.H.v. 240 Euro jährlich, womit in Bezug auf den Geringverdiener bei Arbeitgeberfinanzierung Anspruch auf den BAV-Förderbetrag besteht.

---

[559]  Vgl. BMF-Schreiben vom 06.12.2017, Rz. 112.

| | | |
|---|---|---|
| Bruttojahreslohn | 26.400,00 € | 37.873,00 € |
| (Private oder betriebliche) Riester-Förderung | 1.074,38 € | 1.074,38 € |
| Entgeltumwandlung | 1.035,00 € | 1.035,00 € |
| Arbeitgeberfinanzierung unter Berücksichtigung des BAV-Förderbetrags | 756,00 € | 900,00 € |

Tabelle 15: Jährliche Gesamtkosten des Arbeitgebers bei 900 Euro jährlichem Bruttokonsumverzicht bzw. Bruttolohnerhöhung nach Inkrafttreten des BRSG[560]

Es wird ersichtlich, dass die Gewährung von Barlohn, den der Arbeitnehmer sodann in einen Riester-Vertrag einzahlt, für den Arbeitgeber weiterhin mit den höchsten Kosten verbunden ist. Die Entgeltumwandlung ist geringfügig günstiger. Dies liegt daran, dass der Arbeitgeber bei Entgeltumwandlung zwar verpflichtet wird, 15 Prozent des umgewandelten Betrags hinzuzugeben, dies jedoch nicht in voller Höhe den eingesparten Sozialversicherungsbeiträgen entspricht. Würde man den Pflichtzuschuss in Höhe des tatsächlichen Sozialversicherungsbeitragssatzes von derzeit 19,375 Prozent festlegen, entsprächen sich die Kosten von Barlohnauszahlung und Entgeltumwandlung. Die Arbeitgeberfinanzierung ist die kostengünstigste Alternative des Arbeitgebers. Dies ist zunächst darin begründet, dass er ohne Verpflichtung zur (anteiligen) Weitergabe Sozialabgaben einspart. Das bedeutet, dass auch ohne die Gewährung des BAV-Förderbetrags die Arbeitgeberfinanzierung am günstigsten ist. Ab einem Arbeitgeberzuschuss i.H.v. 240 Euro besteht für den Arbeitgeber, der dem Geringverdiener eine bAV finanziert, ein Anrecht auf den BAV-Förderbetrag. Dieser führt zu einer deutlichen Entlastung und reduziert die Kosten des Arbeitgebers erheblich. Im obigen Beispiel werden die Kosten des Arbeitgebers um den maximalen BAV-Förderbetrag i.H.v. 144 Euro von 900 Euro auf 756 Euro vermindert.

## 4.3.3 Zusammenfassende Betrachtung

Arbeitnehmer- und Arbeitgebersicht werden nun erneut zusammengefasst. Hierzu wird abermals unterstellt, dass der Arbeitnehmer grundsätzlich die Vorsorgeentscheidung anhand der Höhe der Nettozusatzrenten trifft. Der Arbeitgeber ist zwischen den einzelnen Vorsorgeformen indifferent, sofern er mit den gleichen jährlichen Gesamtkosten ($X$) belastet wird, die er zuvor konkret vorgibt. Dementsprechend bietet der Arbeitgeber je nach Vorsorgealternative eine unterschiedlich hohe Bruttolohnerhöhung bzw. einen Arbeitgeberzuschuss an.[561]

### 4.3.3.1 Lohnauszahlung und Riester-Förderung

Bei Wahl der Lohnauszahlung und anschließender Ausnutzung der privaten oder betrieblichen Riester-Förderung haben sich auf Seiten des Arbeitgebers durch das BRSG keinerlei Änderungen ergeben. Zur Ermittlung der anzubietenden Bruttolohnerhöhung ist damit

---

[560] Quelle: Eigene Darstellung.
[561] Auch an dieser Stelle wird von Informationsasymmetrien abstrahiert. Es wird unterstellt, dass der Arbeitnehmer nicht aufgrund falscher Vorgaben auf Kosten des Arbeitgebers profitieren kann. Vgl. hierzu auch die Ausführungen in Fn. 301.

weiterhin Formel (37) gültig. Die Nettozusatzrente ergibt sich sodann anhand der Formeln aus Abschnitt 4.3.1.1 (bei privater) bzw. 4.3.1.2. (bei betrieblicher Riester-Rente).

## 4.3.3.2 Entgeltumwandlung

Für den Fall der Entgeltumwandlung nach BRSG würde der Arbeitgeber unter Bezugnahme auf Formel (91) zunächst den Bruttolohn um

$$BL^{3.63nBRSG} = \frac{X}{1,15} \tag{92}$$

erhöhen. Dieser Betrag wird vom Arbeitnehmer sodann in eine bAV-Maßnahme investiert. Zur Ermittlung der Nettozusatzrente des Arbeitnehmers bei Wahl der Entgeltumwandlung sind die Formeln aus Abschnitt 4.3.1.3 anzuwenden.

## 4.3.3.3 Arbeitgeberfinanzierte bAV

Analog folgt aus Formel (90) der Arbeitgeberzuschuss, der für den Fall einer arbeitgeberfinanzierten bAV angeboten wird zu

$$BL^{AFnBRSG} = X + BAV. \tag{93}$$

Unter Berücksichtigung von Formel (89) zur Ermittlung des BAV-Förderbetrags lässt sich dieser Ausdruck umschreiben zu:

$$BL^{AFnBRSG} = \begin{cases} \min\left[\dfrac{X}{0,7}; X+144\right] & \text{für } BL \leq 26.400 \wedge X \geq 168 \\ X & \text{für } BL > 26.400 \vee X < 168. \end{cases} \tag{94}$$

Es zeigt sich, dass der Arbeitgeberzuschuss durch den BAV-Förderbetrag deutlich erhöht wird. Dieser wird jedoch nur dann gewährt, wenn es sich um einen Geringverdiener i.S.d. § 100 EStG n.F. handelt und der Arbeitgeber ausreichende Gesamtkosten zur Verfügung stellt. Es ergibt sich somit ein kritischer Gesamtkostenbeitrag, dessen Überschreitung zum BAV-Förderbetrag berechtigt:

$$X^{BAV} = 240 \cdot 0,7 = 168. \tag{95}$$

Für den Arbeitnehmer sind dessen Nettozusatzrenten schließlich anhand der Ausführungen in Abschnitt 4.3.1.4 zu ermitteln.

## 4.3.4 Vorteilhaftigkeitsanalyse

Ziel dieses Abschnittes ist es, aus Sicht des Arbeitnehmers die Frage nach der optimalen Vorsorgealternative zu beantworten. Im Vordergrund stehen erneut Gering- und Niedrigverdiener. Abschließend lässt sich damit schließlich auch die übergeordnete Forschungsfrage dieser Arbeit beantworten, nämlich, ob der Maßnahmenkatalog des BRSG im Stande ist, das gesteckte Ziel einer Ausweitung der Verbreitung der bAV unter den Gering- und Niedrigverdienern aus einer streng modelltheoretischen Perspektive zu erreichen. Hierzu wird erneut untersucht, wie hoch die Nettozusatzrenten der einzelnen Vorsorgealternativen in Abhängigkeit der entscheidenden, anlegerspezifischen Einflussgrößen sind. Besonderes Augenmerk liegt abermals auf der Rangfolge dieser Rentenhöhen. Um eine Vergleichbarkeit mit den Ergebnissen vor Inkrafttreten des BRSG zu ermöglichen, ist dieser Vorteilhaftigkeitsvergleich analog zu demjenigen aus Abschnitt 2.3.5 aufgebaut.

   Zunächst wird ein lediger und kinderloser Geringverdiener i.S.d. BRSG betrachtet. Das über die Jahre hinweg konstante Bruttoarbeitsentgelt beträgt 26.400 Euro, womit grundsätzlich ein Anspruch auf den BAV-Förderbetrag besteht. Die Anwartschaftsphase dauert 37 Jahre, die Rentenphase 20 Jahre.[562] Der Vorsteuerzinssatz wird erneut mit zwei Prozent angenommen. Es gelten die sozialversicherungsrechtlichen Rechengrößen des Jahres 2018.[563] Die Höhe der aus Sicht des Arbeitnehmers resultierenden Nettozusatzrente in Abhängigkeit des vom Arbeitgeber vorgegebenen Gesamtkostenpakets ist in Abbildung 43 dargestellt.

   Um die Auswirkungen des BAV-Förderbetrags besser sichtbar zu machen, wird ein kleinerer Ausschnitt des Gesamtkostenpakets im Vergleich zu den vorherigen Abbildungen betrachtet. Es zeigt sich für diesen beispielhaften Modellfall eine stets eindeutige Rangfolge der Alternativen. Unabhängig von der Höhe des vom Arbeitgeber zur Verfügung gestellten Betrags erweist sich die Arbeitgeberfinanzierung als am lukrativsten. Bei niedrigen Gesamtkostenpaketen wird kein BAV-Förderbetrag gewährt, da der Kostenbeitrag des Arbeitgebers hierfür nicht ausreicht. Daher entsprechen sich hier die beiden nachgelagert versteuerten und verbeitragten Alternativen Entgeltumwandlung und Arbeitgeberfinanzierung. Sobald der Kostenbeitrag des Arbeitgebers hoch genug ist, um dem Arbeitnehmer einen Zuschuss i.H.d. Mindestbeitrags von 240 Euro zuzusagen, wird der BAV-Förderbetrag ausgezahlt. Da der Arbeitgeber hiervon annahmegemäß nicht profitieren möchte, wird dieser Vorteil ebenfalls an den Arbeitnehmer weitergereicht. Im Ergebnis resultiert aus der marginalen Überschreitung des kritischen Gesamtkostenpakets i.H.v. 168 Euro eine sprunghafte Erhöhung der Nettozusatzrenten des Arbeitnehmers. Im weiteren Verlauf wird recht bald der maximale BAV-Förderbetrag i.H.v. 144 Euro erreicht.[564] Sobald sowohl bei der Arbeitgeberfinanzierung als auch der Entgeltumwandlung die sozialversicherungsrechtliche Bagatellfreigrenze überschritten wird, stellt sich bei diesen Vorsorgeformen ein paralleler Verlauf der Nettozusatzrenten ein. Auf den weiteren Rängen folgen die Alternativen der Riester-Förderung.

---

[562]   Das gesamte Erwerbsleben des Arbeitnehmers beträgt erneut 47 Jahre.
[563]   Diese Annahmen gelten erneut für sämtliche folgenden Darstellungen.
[564]   Dies geschieht bei einem Gesamtkostenpaket i.H.v. 336 Euro.

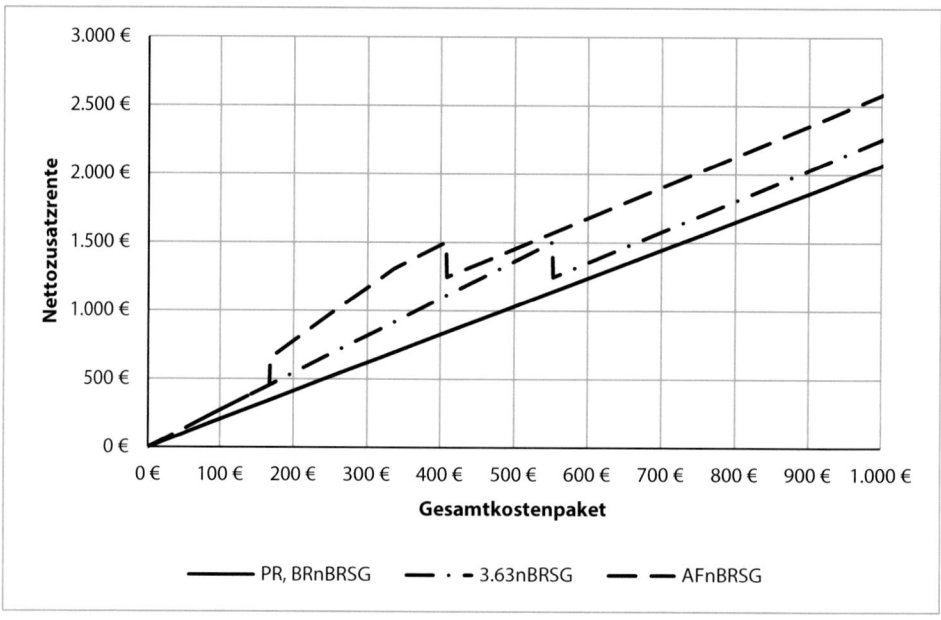

Abbildung 43: Nettozusatzrente eines Steuerpflichtigen mit Bruttojahresgehalt i.H.v. 26.400 Euro bei ausschließlichem Anspruch auf Riester-Grundzulage in Abhängigkeit des Gesamtkostenpakets des Arbeitgebers nach BRSG[565]

Interessant an Abbildung 43 ist außerdem, dass sich die beiden Vorsorgeformen der Arbeitgeberfinanzierung sowie der Entgeltumwandlung in Gesamtbetrachtung lediglich in Bezug auf den BAV-Förderbetrag unterscheiden. In Bereichen, in denen keine Förderberechtigung gegeben ist, entsprechen sich die Nettozusatzrenten. Dies liegt daran, dass sich die Behandlung sowohl aus Sicht des Arbeitnehmers als auch des Arbeitgebers aufgrund der fehlenden Weitergabeverpflichtung der eingesparten Sozialversicherungsbeiträge von der Entgeltumwandlung zwar unterscheidet. In gesamtheitlicher Betrachtung ist, abgesehen vom BAV-Förderbetrag, dagegen nun kein Unterschied mehr gegeben. Der Arbeitnehmer erhält in der Alternative der Entgeltumwandlung zwar einen um 15 Prozent höheren Ansparbetrag. Dies wird vom Arbeitgeber jedoch in dessen Kostenermittlung bereits ex ante einbezogen, weshalb der Arbeitgeber nun auch eine um 15 Prozent geringere Lohnerhöhung anbieten wird. Hieraus resultieren zwei Effekte. Zum einen entsprechen sich damit Entgeltumwandlung (mit Pflichtweitergabe) und Arbeitgeberfinanzierung in den Bereichen, in denen kein BAV-Förderbetrag gewährt wird. Zum anderen verliert die mit dem BRSG eingeführte, verpflichtende Weitergabe der eingesparten Sozialversicherungsbeiträge in dieser Modellbetrachtung ihre Wirkung. Es bestehen keine Unterschiede zu der bis zum 31.12.2017 gültigen Entgeltumwandlung (ohne Weitergabeverpflichtung). Eine generelle Unwirksamkeit dieser Reformmaßnahme lässt sich hieraus jedoch nicht ableiten. Dass die Entgeltumwandlung mit und ohne Pflichtweitergabe in Gesamtbetrachtung die identischen Nettozusatzrenten generiert, ist den Annahmen dieses Modells geschuldet. In der Realität

[565]   Quelle: Eigene Darstellung.

werden Arbeitnehmer auch ohne vorherige Lohnerhöhung des Arbeitgebers oder Bereit-
stellung eines Gesamtkostenpakets bereit sein, bereits zur Verfügung stehendes Bruttoent-
gelt umzuwandeln. Da dies vom Arbeitgeber sodann nicht antizipiert werden kann, werden
durch die Weitergabeverpflichtung in diesen Fällen tatsächlich höhere Nettorenten erzielt.
Kostenindifferenz des Arbeitgebers ist dann jedoch gerade nicht gegeben. Im Endeffekt entspricht diese Sichtweise der isolierten Arbeitnehmerperspektive aus Abschnitt 4.3.1. Im Gegensatz zu den vorherigen Kapiteln ist nun jedoch eine gesamtheitliche, Arbeitgeber- und
Arbeitnehmersicht umfassende Betrachtung zwingend nötig, um den BAV-Förderbetrag
modelltheoretisch überhaupt endogen abbilden zu können.

Abschließend ist festzuhalten, dass aus Abbildung 43 keine global eindeutige Rangfolge
abgeleitet werden kann. Neben der Höhe des Kostenbeitrags des Arbeitgebers haben insbesondere zwei weitere Faktoren maßgeblichen Einfluss auf die Höhe der Nettorenten: Das
Bruttoarbeitsentgelt und die Höhe des Riester-Zulagenanspruchs.

Der Einfluss des Riester-Zulagenanspruchs wird anhand von Abbildung 44 dargestellt.
Hier wird die Höhe der Nettozusatzrente erneut in Abhängigkeit des Riester-Zulagenanspruchs abgebildet und ein Geringverdiener mit 26.400 Euro Bruttojahresentgelt betrachtet. Der Arbeitgeber stellt abermals einen Gesamtkostenbeitrag i.H.v. 900 Euro bereit, womit bei Arbeitgeberfinanzierung der BAV-Förderbetrag gewährt wird.

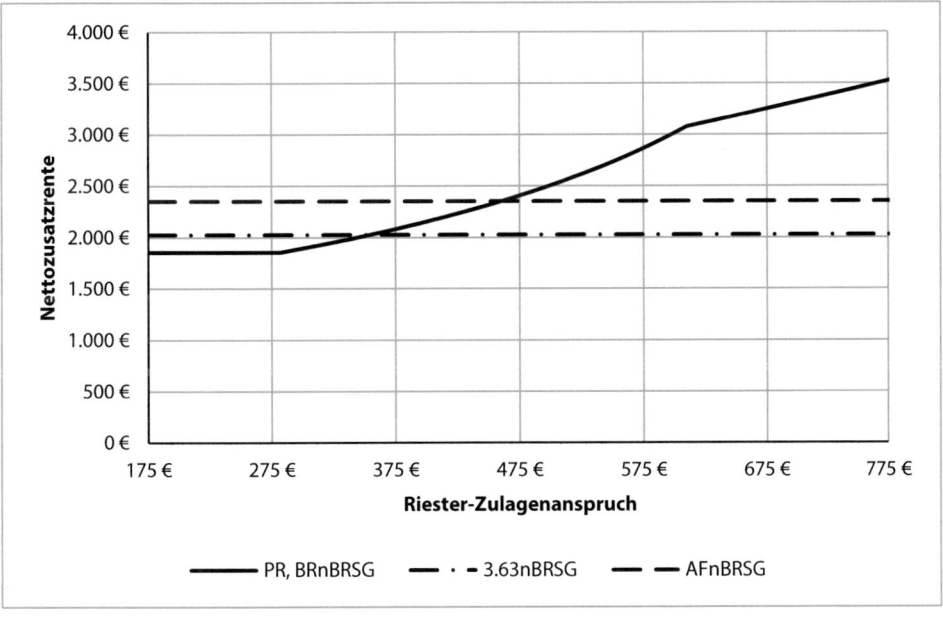

Abbildung 44: Nettozusatzrente eines Steuerpflichtigen mit Bruttojahresgehalt i.H.v. 26.400 Euro bei 900 Euro
jährlichem Gesamtkostenpaket des Arbeitgebers in Abhängigkeit des Riester-Zulagenanspruchs nach BRSG[566]

---

[566] Quelle: Eigene Darstellung.

Wie zu erwarten ist, entsprechen die Verläufe der Nettozusatzrenten von Entgeltumwandlung nach BRSG und den Riester-Alternativen exakt den korrespondierenden aus Abbildung 14.[567] Die Nettozusatzrenten bei Arbeitgeberfinanzierung verlaufen auf höherem
Niveau parallel zu denjenigen bei Entgeltumwandlung. Sofern das vom Arbeitgeber zur
Verfügung gestellte Gesamtkostenpaket kleiner als 168 Euro ist, entsprechen sich die Verläufe von Entgeltumwandlung nach BRSG und Arbeitgeberfinanzierung.

Bei Anspruch auf Grundzulage stellt sich aus bekannten Gründen die bereits oben be-
schriebene Rangfolge der Alternativen ein. Besteht dahingegen Anspruch auf Grund- und
eine Kinderzulage, überholt die Riester-Förderung die Entgeltumwandlung. Erst bei Anspruch auf mehr als zwei Kinderzulagen steigt die Riester-Förderung zur lukrativsten Vorsorgeform auf. Es zeigt sich somit, dass die Rangfolge insbesondere durch Riester-Zulagenanspruch sowie Arbeitgebergesamtkostenpaket determiniert wird.

Bisher wurden der Einfluss des Gesamtkostenpakets des Arbeitgebers sowie des Riester-
Zulagenanspruchs untersucht. Als Nächstes wird in einer weiteren Variation der Einfluss
des Bruttoarbeitsentgelts analysiert. Hierzu wird der Gesamtkostenbeitrag des Arbeitgebers
weiterhin konstant mit 900 Euro jährlich festgesetzt. Der Steuerpflichtige hat Anspruch auf
die Riester-Grundzulage. Die Höhe der Nettozusatzrenten in Abhängigkeit des Bruttoarbeitsentgelts ist Abbildung 45 zu entnehmen.

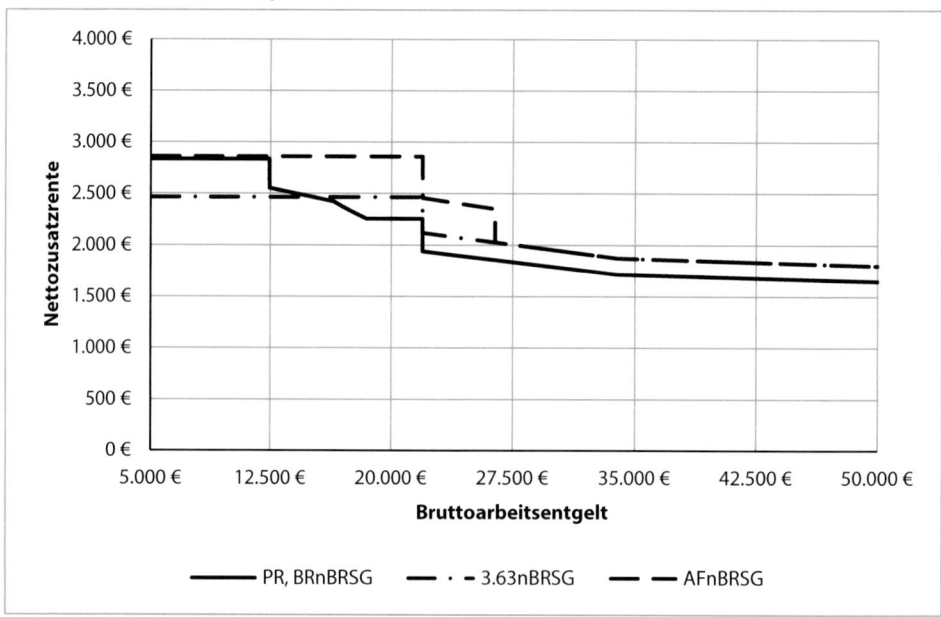

Abbildung 45: Nettozusatzrente eines Steuerpflichtigen mit ausschließlichem Anspruch auf Riester-Grundzulage bei 900 Euro jährlichem Gesamtkostenpaket des Arbeitgebers in Abhängigkeit des Bruttoarbeitsentgelts
nach BRSG[568]

---

[567]  Wie bereits erläutert wurde, entsprechen sich Entgeltumwandlung vor und nach Inkrafttreten des BRSG in
        Gesamtbetrachtung aus Arbeitnehmer- und Arbeitgebersicht.
[568]  Quelle: Eigene Darstellung.

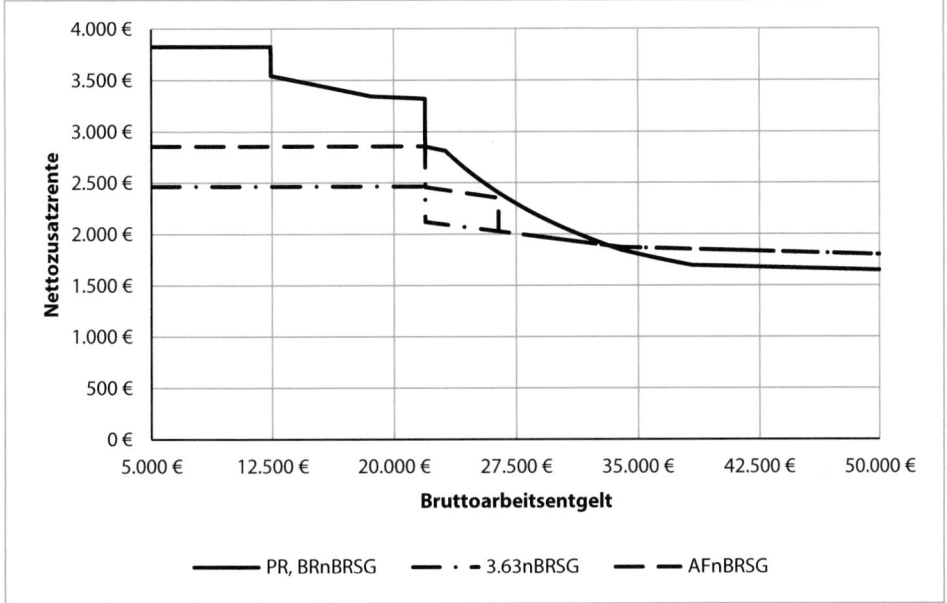

Abbildung 46: Nettozusatzrente eines Steuerpflichtigen mit Anspruch auf Riester-Grund- sowie eine zusätzliche Kinderzulage bei 900 Euro jährlichem Gesamtkostenpaket des Arbeitgebers in Abhängigkeit des Bruttoarbeitsentgelts vor BRSG[569]

Es zeigt sich wiederum, dass die Arbeitgeberfinanzierung nur bei Gewährung des BAV-Förderbetrags von der Entgeltumwandlung abweicht. Sie stellt damit eine nur für Geringverdiener relevante Variation der Entgeltumwandlung dar. Bezüglich der Rangfolge der Alternativen lässt sich erkennen, dass zumeist die Förderung gem. § 3 Nr. 63 EStG n.F., bei Geringverdienern in der Ausprägung der Arbeitgeberfinanzierung und bei Nicht-Geringverdienern in Ausprägung der Entgeltumwandlung, die höchsten Nettorenten generiert. Unterhalb des Grundfreibetrages ist der Unterschiedsbetrag der Nettozusatzrenten zur Riester-Förderung jedoch minimal.

Wird hingegen angenommen, dass neben der Grundzulage außerdem Anspruch auf eine Kinderzulage besteht, wird die Riester-Alternative deutlich attraktiver. Die sich sodann ergebende Rangfolge der Vorsorgeformen ist Abbildung 46 zu entnehmen.

Bezüglich der Nicht-Riester-Alternativen ergibt sich keine Änderung im Vergleich zur Darstellung in Abbildung 45. Der Verlauf der Nettorenten bei Riester-Förderung stimmt grundsätzlich mit demjenigen oben überein, nun jedoch auf höherem Niveau. Damit ist diese Vorsorgeform für Geringverdiener i.S.d. BRSG stets die lukrativste Alternative. Erst kurz nach Eintritt der Besteuerung der Renten ab einem Bruttoarbeitsentgelt i.H.v. ca. 33.200 Euro löst die Förderung gem. § 3 Nr. 63 EStG n.F. bzw. hier die Entgeltumwandlung die Riester-Förderung an der Spitze der Rangfolge ab.

Erwähnenswert ist des Weiteren, wie hoch das Potenzial der staatlich geförderten Vorsorge insgesamt ist. Setzt man die Nettozusatzrenten der jeweils vorteilhaftesten Alternative

---

[569]  Quelle: Eigene Darstellung.

mit denjenigen der – hier nicht abgetragenen – ungeförderten individuellen Vorsorge in Relation, erkennt man, dass diese Nettozusatzrenten stets um mindestens 32 Prozent übertroffen werden. Im Maximum, bei einem Arbeitsentgelt i.H.v. 19.450 Euro, generiert die Riester-Förderung sogar mehr als zweieinhalbmal so hohe Nettozusatzrenten.

Aus den bisherigen Ergebnissen lassen sich bereits zwei grundlegende Erkenntnisse gewinnen. Zum einen werden die höchsten Nettozusatzrenten stets entweder durch Riester-Förderung oder Arbeitgeberfinanzierung erzielt. Die Entgeltumwandlung stellt lediglich eine Transformation der Arbeitgeberfinanzierung dar. Die individuelle, ungeförderte Kapitalbildung erweist sich als nicht konkurrenzfähig, weshalb sie in den vorherigen Abbildungen auch nicht mehr dargestellt wurde. Zur Beantwortung der Frage nach der optimalen Vorsorgeform kann die weitere Analyse somit auf die beiden Alternativen Arbeitgeberfinanzierung und Riester-Förderung beschränkt werden.[570] Zum anderen lässt sich feststellen, dass die Vorteilhaftigkeit dieser beiden Alternativen nicht eindeutig ist, sondern insbesondere vom Verhältnis des Arbeitgeberkostenbeitrags zum Riester-Zulagenanspruch abhängt. Dies liegt daran, dass die Höhe der Nettorente bei Riester-Förderung positiv von

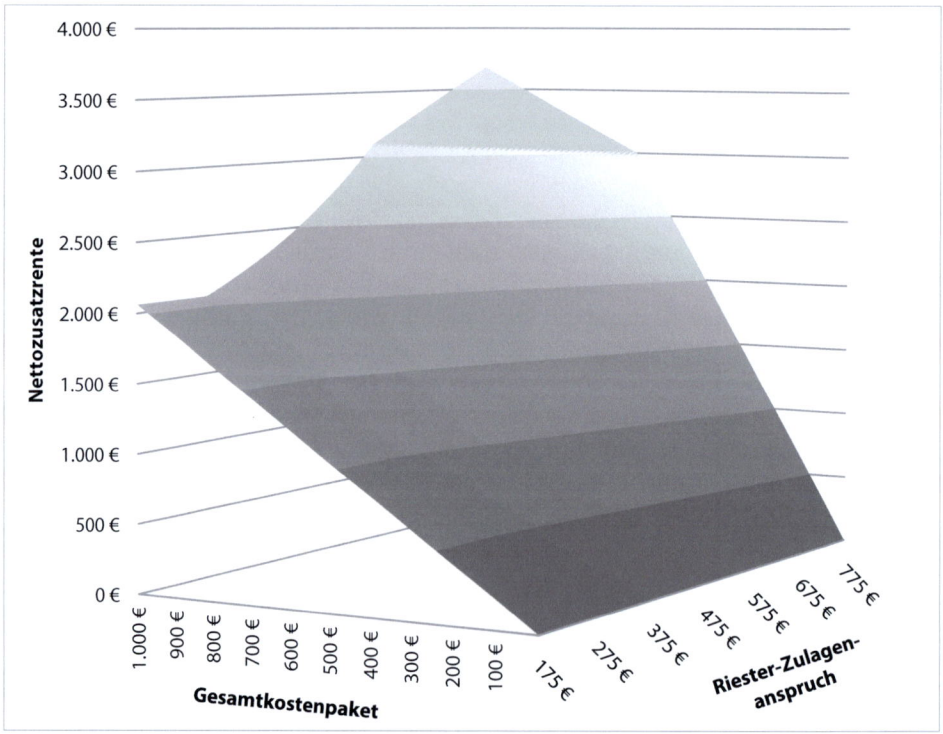

Abbildung 47: Nettozusatzrente eines Steuerpflichtigen mit Bruttojahresgehalt i.H.v. 26.400 Euro in Abhängigkeit des Riester-Zulagenanspruchs sowie Gesamtkostenpakets des Arbeitgebers nach BRSG[571]

---

[570]  In einem ersten Schritt wurde bereits die ungeförderte Kapitalbildung aus der Untersuchung ausgeschieden.
[571]  Quelle: Eigene Darstellung.

diesen beiden exogenen Variablen abhängt. Dieser Zusammenhang wird für die Riester-Förderung durch die nachfolgende Abbildung 47, in der vertikal erneut die Höhe der Nettozusatzrente abgetragen ist, genauer untersucht. Auf zwei weiteren Achsen sind Gesamtkostenbeitrag und Riester-Zulagenanspruch abgetragen. Es ergibt sich eine dreidimensionale Grafik, die jeweils für konkrete Niveaus des Arbeitsentgelts die Nettozusatzrentenhöhe erkennen lässt. Hierzu wird zunächst ein Arbeitsentgelt i.H.v. 26.400 Euro unterstellt.

Die Nettozusatzrentenhöhen steigen sowohl mit steigendem Arbeitgeberbeitrag als auch mit steigendem Riester-Zulagenanspruch an. Je höher der Riester-Zulagenanspruch ist, desto stärker wachsen die Nettorenten bei zunehmendem Arbeitgeberzuschuss. Sobald der Arbeitgeberbeitrag ausreicht, um den Zulagenanspruch in voller Höhe zu erhalten, flacht der Verlauf ab.[572] Bei geringem Zulagenanspruch wird die maximal mögliche Zulage selbst bei einem Gesamtkostenpaket i.H.v. 1.000 Euro gekürzt, da der Mindesteigenbeitrag nicht erreicht wird. Der Verlauf der Nettozusatzrenten in Abhängigkeit des Riester-Zulagenanspruchs entspricht demjenigen aus Abbildung 44. Für die Arbeitgeberfinanzierung wäre eine analoge Darstellung möglich. Dies kann jedoch unterbleiben, da die Nettozusatzrente in diesem Fall nur vom Gesamtkostenpaket, nicht aber von der Riester-Zulage abhängig ist. Gleichwohl soll der Vorteil (bzw. Nachteil) der Arbeitgeberfinanzierung im Vergleich zur Riester-Förderung quantifiziert werden. Dies geschieht in Abbildung 48 anhand der Darstellung des Unterschiedsbetrags der jeweils resultierenden Nettozusatzrente zwischen Arbeitgeberfinanzierung und Riester-Förderung. Die Darstellung bezieht sich erneut auf einen Geringverdiener i.S.d. BRSG mit einem Bruttoarbeitsentgelt i.H.v. 26.400 Euro.

Aus dieser Abbildung wird ersichtlich, dass es sowohl Kombinationen aus Arbeitgeberzuschuss und Riester-Zulagenanspruch gibt, die zu einer Vorteilhaftigkeit der Riester-Förderung als auch der Arbeitgeberfinanzierung führen. Die absolute Differenz der Nettozusatzrenten weist eine enorme Spannweite auf. Am lukrativsten ist die Arbeitgeberfinanzierung bei Anspruch auf Grundzulage und hohem Gesamtkostenpaket des Arbeitgebers.[573] Bereits aus Abbildung 43 ist bekannt, dass die Riester-Förderung in diesen Bereichen deutlich unterlegen ist. Es kommt somit zu einem Eckmaximum. Außerdem erweist sich die Arbeitgeberfinanzierung bei einem Gesamtkostenpaket i.H.v. ca. 400 Euro sowie niedrigem Zulagenanspruch als deutlich vorteilhafter im Vergleich zur Riester-Förderung. Auch diesbezüglich lässt sich bereits aus Abbildung 43 erkennen, dass bei diesem Gesamtkostenpaket die sozialversicherungsrechtliche Bagatellfreigrenze überschritten wird, womit ein Absinken der Nettozusatzrenten bei Arbeitgeberfinanzierung einhergeht.

Dagegen ist der absolute Vorsprung der Riester-Förderung mit 1.395 Euro dann am höchsten, wenn ein möglichst hoher Zulagenanspruch[574] besteht und der Arbeitgeberkostenbeitrag gerade so hoch ist, dass dieser Anspruch auch in voller Höhe gewährt wird. Neben der absoluten lässt sich auch die relative Differenz der Nettogesamtrenten betrachten.

---

[572] In Abbildung 43 wurde ein Riester-Zulagenanspruch i.H.d. Grundzulage unterstellt, weshalb dort diese Wirkungsweise nicht ersichtlich wurde.

[573] In der Abbildung sind nur Gesamtkostenpakete bis 1.000 Euro abgetragen. Wie jedoch zu erahnen ist, steigt die Differenz bei noch höheren Kosten weiter an. In der Abbildung beträgt der maximale Unterschied 658 Euro bei einem Gesamtkostenpaket i.H.v. 405 Euro sowie Anspruch auf Riester-Grundzulage.

[574] In der Abbildung wird lediglich ein Zulagenanspruch bis zur Höhe von 775 Euro dargestellt.

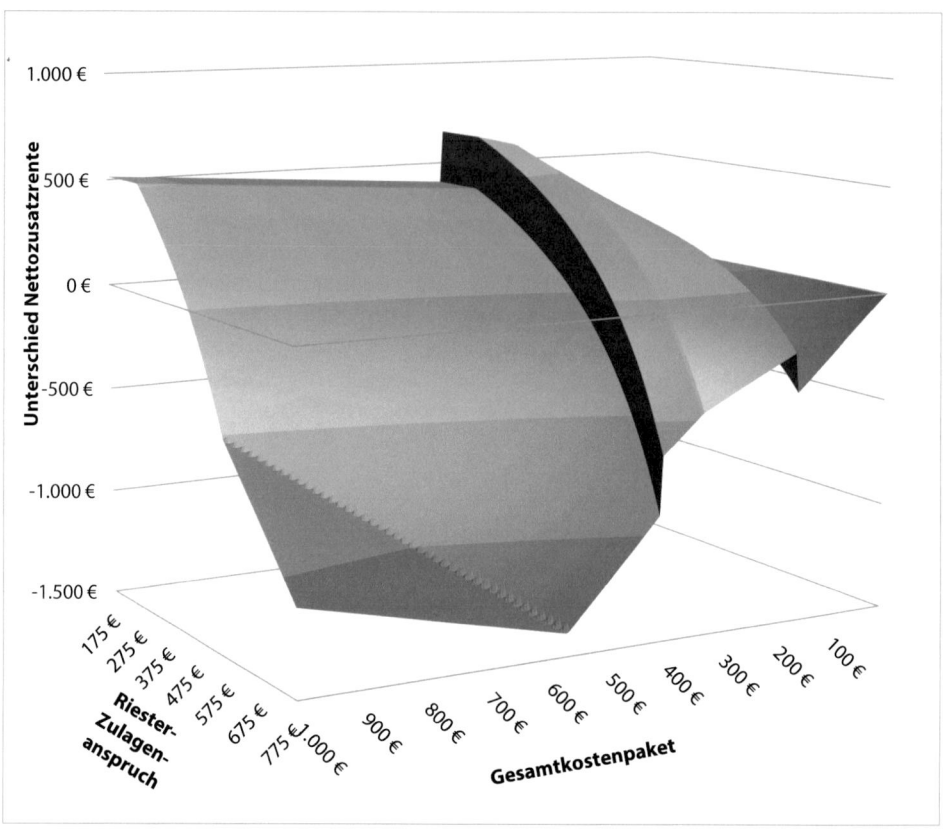

Abbildung 48: Unterschiedsbetrag (absolut) der Nettozusatzrente eines Steuerpflichtigen mit Bruttojahresgehalt i.H.v. 26.400 Euro in Abhängigkeit des Riester-Zulagenanspruchs sowie Gesamtkostenpakets des Arbeitgebers nach BRSG[575]

Die Bereiche der Vorteilhaftigkeit entsprechen selbstverständlich denjenigen oben. Die
Extremwerte sind nun jedoch an anderer Stelle. Der maximale Nettozusatzrentenvorteil der
Arbeitgeberfinanzierung beträgt 88 Prozent. Dieser Wert wird erneut bei Anspruch auf
Grundzulage erreicht, im Vergleich zur absoluten Differenz nun jedoch bei einem Gesamtkostenpaket, das erstmals zum BAV-Förderbetrag berechtigt. Dieser Maximalwert hält so
lange an, bis der BAV-Förderhöchstbetrag i.H.v. 144 Euro erreicht wird. Es bildet sich somit
ein Plateau, das aus der Abbildung ersichtlich wird. Das Minimum von 49 Prozent niedrigeren Nettozusatzrenten wird bei hohen Zulagen und niedrigem bzw. fehlendem Gesamtkostenbeitrag erzielt, weshalb hier ein Eckminimum vorliegt. Aufgrund des Fördermecha-
nismus ist die Riester-Rente in diesen Bereichen am vorteilhaftesten im Vergleich zur Arbeitgeberfinanzierung.

Diese beispielhaft herausgestellten Extremwerte machen deutlich, dass die Entscheidung zwischen den Vorsorgeformen erheblichen Einfluss auf die Höhe der Nettorente haben kann. Es gilt zu berücksichtigen, dass der hier betrachtete Arbeitnehmer mit einem

---

[575]  Quelle: Eigene Darstellung.

Bruttoarbeitsentgelt i.H.v. 26.400 Euro aufgrund seines Arbeitsentgelts eine gesetzliche Nettorente i.H.v. ca. 9.050 Euro erhält.[576] Davon beträgt die oben dargestellte Spanne der Unterschiedsbeträge der zusätzlich zu erzielenden Nettorenten bis zu 15 Prozent. An diesem Wert wird deutlich, welche Bedeutung der optimalen Wahl der Vorsorge zukommt.[577]

Um die optimale Vorsorgeentscheidung gezielter treffen zu können, wird die Darstellung aus den vorherigen beiden Abbildungen vereinfacht. Die Wahl zwischen Riester-Förderung und Arbeitgeberfinanzierung wird dazu grafisch auf das Minimum heruntergebrochen. Den Steuerpflichtigen wird zwar auch interessieren, welche Nettozusatzrentenhöhen

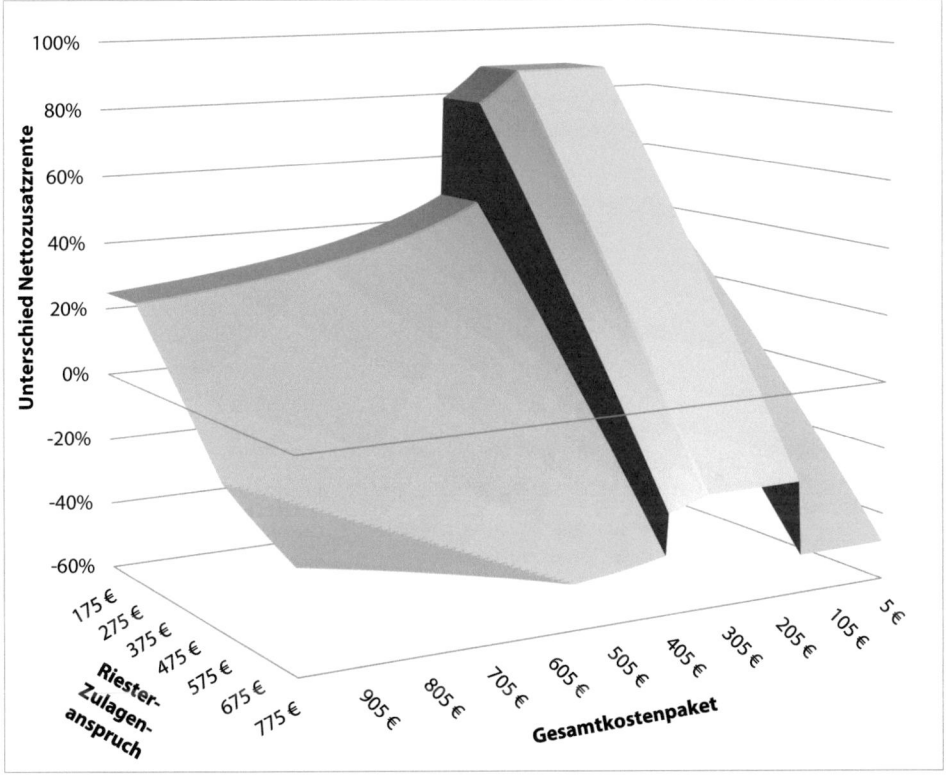

Abbildung 49: Unterschiedsbetrag (relativ) der Nettozusatzrente eines Steuerpflichtigen mit Bruttojahresgehalt i.H.v. 26.400 Euro in Abhängigkeit des Riester-Zulagenanspruchs sowie Gesamtkostenpakets des Arbeitgebers nach BRSG[578]

---

[576]   Es wird hierzu unterstellt, dass der Steuerpflichtige über sein 47 Jahre andauerndes Erwerbsleben stets ein rentenversicherungspflichtiges Arbeitsentgelt i.H.v. 26.400 Euro bezieht. Die auf die gesetzlichen Bruttorenten anfallenden Sozialversicherungsbeiträge seien in voller Höhe als Sonderausgaben abzugsfähig.

[577]   Es gilt zusätzlich zu bedenken, dass sich die Darstellung nur auf die zwei vorteilhaftesten Vorsorgeformen bezieht. Gegenüber den weiteren Vorsorgealternativen fällt der Unterschied noch deutlich größer aus.

[578]   Quelle: Eigene Darstellung.

und -unterschiede resultieren. Die Entscheidung wird jedoch ausschließlich anhand der Rangfolge der beiden Alternativen getroffen. In Abbildung 50 wird daher dargestellt, bei welchen Kombinationen von Gesamtkostenpaket des Arbeitgebers und Riester-Zulagenanspruch welche Vorsorgeform vorteilhaft ist, ohne auf die absolute Höhe der Unterschiedsbeträge einzugehen.[579] Die vorherigen Abbildungen werden somit sozusagen aus der Vogelperspektive betrachtet. Im dunkelgrau hinterlegten Bereich ist die Arbeitgeberfinanzierung zu präferieren[580], in den hellgrau gekennzeichneten Bereichen hingegen die Riester-Förderung. Es zeigen sich die bereits angesprochenen Zusammenhänge.

Bei niedrigem Riester-Zulagenanspruch ist durchweg die Arbeitgeberfinanzierung zu bevorzugen. Jedoch ist diese auch bei vergleichsweise hohen Zulagen vorteilhaft, wenn der Arbeitgeberzuschuss gerade so zum BAV-Förderbetrag berechtigt. In den Bereichen, in denen der Arbeitgeberbeitrag dahingegen so gering ist, dass auch kein Anspruch auf BAV-Förderbetrag besteht, ist wiederum die Riester-Förderung zu wählen.

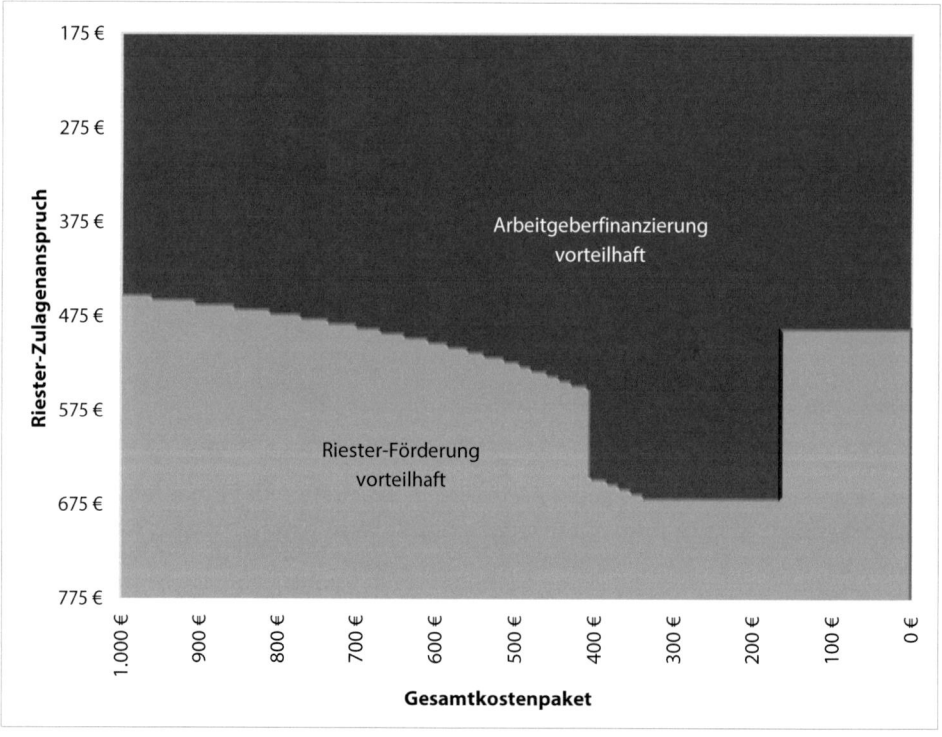

Abbildung 50: Übersicht über die Vorteilhaftigkeit zwischen Arbeitgeberfinanzierung und Riester-Förderung eines Steuerpflichtigen mit Bruttojahresgehalt i.H.v. 26.400 Euro in Abhängigkeit des Riester-Zulagenanspruchs sowie Gesamtkostenpakets des Arbeitgebers nach BRSG[581]

---

[579] Gleichwohl bestimmt sich die Rangfolge der Alternativen weiterhin anhand der Nettozusatzrentenhöhe.
[580] Dieser Bereich illustriert die negativen Werte in Abbildung 48 bzw. Abbildung 49.
[581] Quelle: Eigene Darstellung.

Die gewählte Darstellung ermöglicht es verhältnismäßig einfach, eine Entscheidung zwischen den beiden Vorsorgeformen zu treffen. Gleichwohl gilt diese Abbildung in dieser Form nur für einen Arbeitnehmer mit einem Arbeitsentgelt i.H.v. 26.400 Euro. In der nachfolgend abgetragenen Abbildung 51 wird dahingegen ein Steuerpflichtiger mit einem Bruttoarbeitslohn i.H.v. lediglich 18.000 Euro unterstellt. Für den Arbeitnehmer hat der Arbeitgeber damit ebenfalls grundsätzlich Anspruch auf den BAV-Förderbetrag. Die einzelnen Wirkungsweisen der Fördermechanismen gelten auch hier analog. Im Vergleich zu oben ist nun aus bekannten Gründen jedoch die Arbeitgeberfinanzierung in deutlich weniger Fällen zu bevorzugen.

Abschließend wird in Abbildung 52 ein Steuerpflichtiger mit einem Bruttoarbeitsentgelt in Höhe des sozialversicherungsrechtlichen Durchschnittsentgelts von derzeit 37.873 Euro betrachtet.

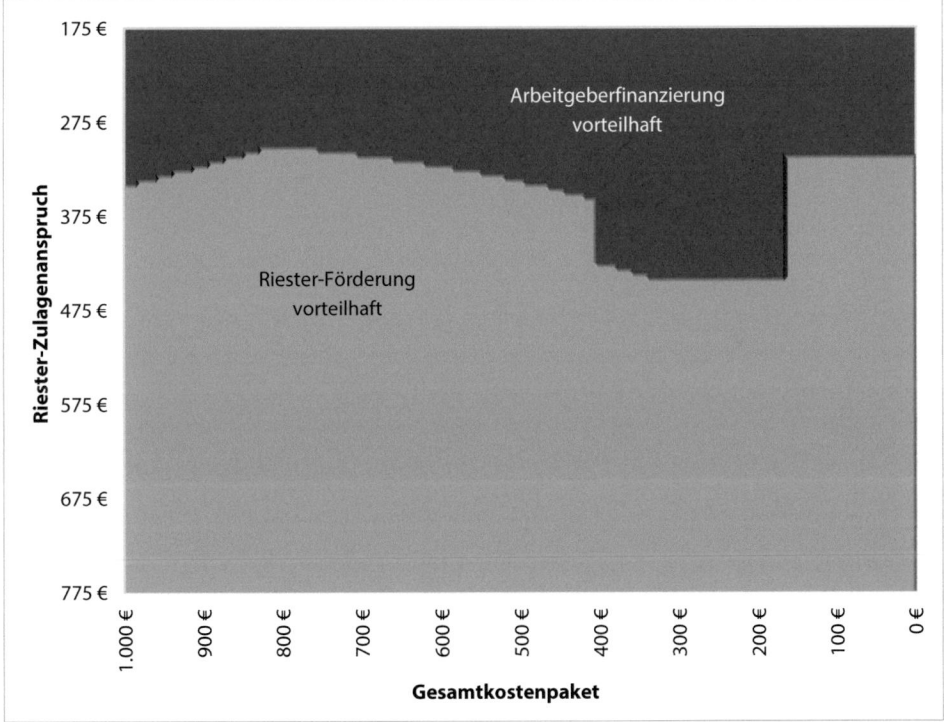

Abbildung 51: Übersicht über die Vorteilhaftigkeit zwischen Arbeitgeberfinanzierung und Riester-Förderung eines Steuerpflichtigen mit Bruttojahresgehalt i.H.v. 18.000 Euro in Abhängigkeit des Riester-Zulagenanspruchs sowie Gesamtkostenpakets des Arbeitgebers nach BRSG[582]

---

[582]   Quelle: Eigene Darstellung.

Es fällt auf, dass nun keine „Ausbuchung" der Vorteilhaftigkeit der Arbeitgeberfinanzierung mehr gegeben ist. Diese ergab sich ausschließlich aufgrund der grundsätzlichen Berechtigung des Steuerpflichtigen zum BAV-Förderbetrag. Gleichwohl ist beim Grenzverlauf der Vorteilhaftigkeit zwischen beiden Vorsorgeformen eine Kante ersichtlich. Diese resultiert aus der sozialversicherungsrechtlichen Bagatellfreigrenze des § 226 Abs. 2 SGB V. Stellt der Arbeitgeber mehr als rund 550 Euro Gesamtkosten zur Verfügung, wird diese Freigrenze überschritten. Da die Freigrenze nur bei einer (nachgelagert verbeitragten) bAV Relevanz besitzt, fallen im weiteren Verlauf nur die Nettozusatzrenten bei Wahl der Arbeitgeberfinanzierung, nicht jedoch die bei Wahl der Riester-Förderung kurzzeitig ab.[583] Dennoch dominiert die Arbeitgeberfinanzierung die Rangfolge der Vorsorgealternativen zumeist.

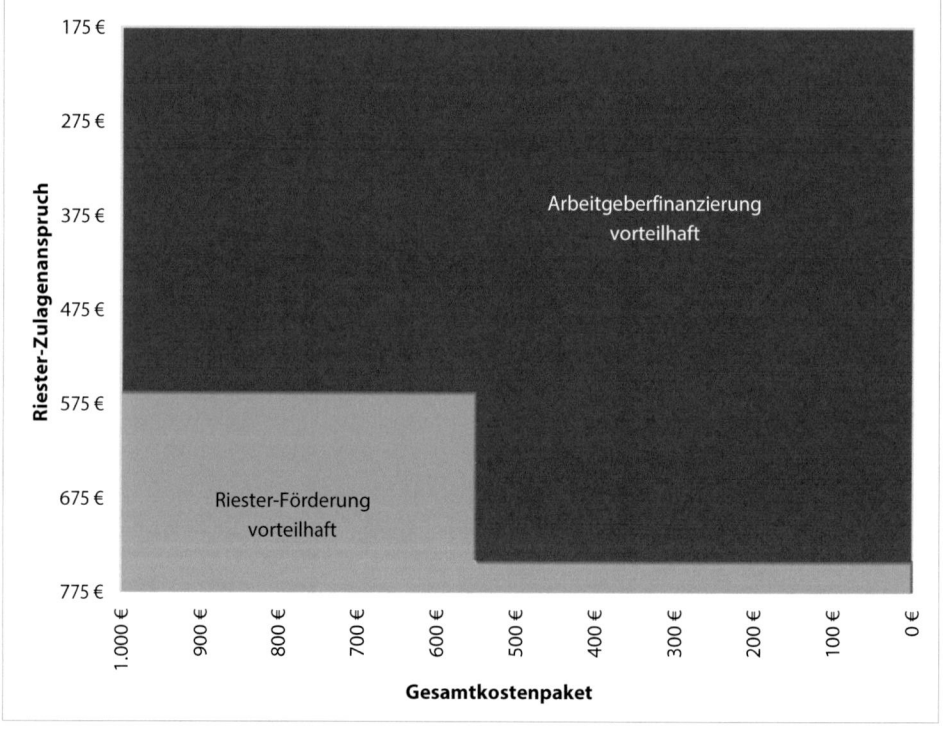

Abbildung 52: Übersicht über die Vorteilhaftigkeit zwischen Arbeitgeberfinanzierung und Riester-Förderung eines Steuerpflichtigen mit Bruttojahresgehalt i.H.v. 37.873 Euro in Abhängigkeit des Riester-Zulagenanspruchs sowie Gesamtkostenpakets des Arbeitgebers nach BRSG[584]

---

[583]   Vgl. hierzu auch den Verlauf der Nettozusatzrenten bei Entgeltumwandlung in Abbildung 43. Dort wird zwar ein Geringverdiener mit 26.400 Euro jährlichem Bruttoarbeitsentgelt betrachtet, die Erkenntnisse zur Entgeltumwandlung gelten jedoch entsprechend.

[584]   Quelle: Eigene Darstellung.

Nur bei hohem Zulagenanspruch und gleichzeitig hohem Gesamtkostenpaket ist die Riester-Förderung vorteilhaft. Ab einem Anspruch auf Grund- sowie mindestens zwei Kinderzulagen ist der Riester-Förderung dagegen stets der Vorzug zu geben. Diese Bereiche können jedoch als Extremfälle bezeichnet werden.

Die beispielhaft für drei repräsentative Arbeitnehmer gewählte Darstellungsform ließe sich analog für weitere Steuerpflichtige ergänzen. Im Endeffekt wäre auch eine erneut dreidimensionale Abbildung denkbar, in der an einer weiteren, dritten Achse die Höhe des Arbeitsentgelts abgetragen werden könnte. Auf eine derartige Grafik wird an dieser Stelle jedoch aus Gründen der Übersichtlichkeit verzichtet.

## 4.4 Zwischenfazit

Im Zuge des BRSG wurde mit dem BAV-Förderbetrag eine neue Form der Förderung der bAV vorgestellt. Mit der ebenfalls neu eingeführten Weitergabeverpflichtung der eingesparten Sozialversicherungsbeiträge durch den Arbeitgeber wird auch die Entgeltumwandlung aus isolierter Arbeitnehmersicht attraktiver. Außerdem wurde die Doppelverbeitragung der Riester-Förderung in der bAV abgeschafft. Mit diesen Maßnahmen zielt der Gesetzgeber darauf ab, insbesondere Geringverdiener zu fördern. Um den neu eingeführten BAV-Förderbetrag modellendogen einbeziehen zu können, erweist sich in diesem Kapitel ausschließlich die gesamtheitliche Betrachtung als zutreffend. Die Ergebnisse der Berechnungen zeigen auf, dass die Riester-Förderung und die Förderung gem. § 3 Nr. 63 EStG n.F. bei im Übrigen identischer Rendite vor Steuern und Förderung stets die lukrativsten Vorsorgealternativen darstellen. Die individuelle Kapitalbildung bildet in sämtlichen Konstellationen das Schlusslicht in der Rangfolge der Vorsorgealternativen, weshalb diese auch nicht weiter betrachtet wurde. Ob die Riester-Förderung oder die Arbeitgeberfinanzierung zu präferieren ist, kann hingegen nicht pauschal beantwortet werden. Vielmehr wird dies durch das Verhältnis von Riester-Zulagenanspruch und zur Verfügung gestelltem Gesamtkostenpaket des Arbeitgebers determiniert. Bei hohem Zulagenanspruch ist tendenziell die Riester-Förderung zu bevorzugen. Bei Geringverdienern i.S.d. BRSG ist jedoch zusätzlich zu unterscheiden, ob der Arbeitgeberbeitrag ausreicht, damit der BAV-Förderbetrag gewährt wird. Umgekehrt kann jedoch festgehalten werden, dass die Riester-Förderung für kinderlose Arbeitnehmer nur bei sehr niedrigen Arbeitsentgelten vorteilhaft sein kann. Die Berechnungen zeigen auch auf, dass bereits zwischen den zwei vorteilhaftesten Alternativen mitunter Unterschiede in den Nettozusatzrentenhöhen von mehreren Hundert Euro pro Jahr bestehen. Der optimalen Wahl der Vorsorge kommt damit eine entscheidende Bedeutung zu. Für den Geringverdiener stehen Unterschiedsbeträge bis zu einem Siebtel seines Nettoanspruchs aus der gesetzlichen Rentenversicherung zur Disposition. Mit der gewählten Darstellungsform gelingt es jedoch, diese Entscheidung in Abhängigkeit von Bruttoarbeitsentgelt, Riester-Zulagenanspruch und Arbeitgeberzuschuss verhältnismäßig einfach zu treffen.

Die in diesem Abschnitt gegenübergestellten Vorsorgeformen der Arbeitgeberfinanzierung bzw. Entgeltumwandlung sowie der privaten bzw. betrieblichen Riester-Förderung jeweils nach Inkrafttreten des BRSG lassen jedoch nicht nur Schlüsse für die Zeit nach dem

01.01.2018 zu. Mit dieser Gegenüberstellung kann auch die Frage beantwortet werden, wie das BRSG an sich Einfluss auf die Geringverdienerförderung in der bAV im Vergleich zur Zeit vor dem Inkrafttreten genommen hat. Aus Abschnitt 2.3.5 ist bekannt, dass vor BRSG stets entweder die Förderung im Rahmen des § 3 Nr. 63 EStG a.F., unabhängig, ob arbeitgeber- oder arbeitnehmerfinanziert, oder die private Riester-Rente die vorteilhafteste Vorsorgeform darstellte. Privat-Riester und Entgeltumwandlung haben sich durch die Neuerungen des BRSG in Gesamtbetrachtung nicht geändert.[585] Das BRSG hat lediglich die betriebliche Riester-Förderung an ihr privates Pendant angeglichen und mit dem BAV-Förderbetrag die Arbeitgeberfinanzierung, als Transformation zur Entgeltumwandlung für Geringverdiener, reformiert. Damit wird mit obiger Gegenüberstellung implizit auch die Geringverdienerförderung vor und nach BRSG verglichen. Hierzu sind vier Fälle zu unterscheiden. (Fall 1) Sofern die Abbildungen dieses Kapitels anzeigen, dass die private (oder nach BRSG betriebliche) Riester-Rente die Rangfolge anführt, kann gefolgert werden, dass durch das BRSG keine monetäre Verbesserung für den Arbeitnehmer erreicht wird. Die entsprechende Nettozusatzrente war bereits vor BRSG erzielbar. Gleichwohl kann ebendiese Nettozusatzrente nun jedoch mit einer bAV-Riester-Lösung erreicht werden. (Fall 2) Sofern es sich um einen Geringverdiener i.S.d. § 100 EStG n.F. handelt, die Arbeitgeberfinanzierung nach BRSG die Rangfolge anführt und der Arbeitgeber mehr als den kritischen Arbeitgeberkostenbeitrag i.H.v. 168 Euro jährlich zur Verfügung stellt, kann wiederum festgehalten werden, dass die Änderungen des BRSG zu einer Verbesserung führen. In diesem Fall entfaltet der neu eingeführte BAV-Förderbetrag seine Wirkung. Dominiert die Arbeitgeberfinanzierung und (Fall 3) handelt es sich nicht um einen Geringverdiener i.S.d. BRSG oder (Fall 4) wird das kritische Gesamtkostenpaket nicht erreicht, hat das BRSG wiederum nicht zu einer monetären Verbesserung beigetragen. In diesen Fällen entsprechen sich Arbeitgeberfinanzierung nach BRSG und Entgeltumwandlung (unabhängig vom Rechtsstand), womit diese Nettozusatzrentenhöhen bereits vor BRSG erzielbar waren. Im Endergebnis lässt sich Abbildung 50 derart modifizieren, dass nun ersichtlich wird, in welchen Fällen das BRSG zu einer tatsächlichen Verbesserung für einen Geringverdiener mit einem Arbeitsentgelt i.H.v. 26.400 Euro beigetragen hat. Dies geschieht in der nachfolgenden Abbildung 53.

Da es sich um einen Geringverdiener i.S.d. BRSG handelt, ist Fall 3 nicht einschlägig. Die verbleibenden drei Fälle sind jedoch aus der Abbildung ersichtlich. Es wird deutlich, dass das BRSG für den betrachteten Steuerpflichtigen häufig zu einer monetären Verbesserung beigetragen hat. Außerdem gilt es zu bedenken, dass im Modell dieser Arbeit stets unterstellt wird, dass sämtliche Vorsorgeformen eine identische Rendite vor Steuern aufweisen. In der Realität werden dahingegen kollektive bAV-Lösungen über – wenn auch geringe – Renditevorteile gegenüber individuellen und damit privaten Vorsorgealternativen verfügen. Da deshalb davon ausgegangen werden kann, dass betriebliche gegenüber privaten Riester-Verträgen bessere Konditionen bereithalten, ist selbst im Fall 1 i.d.R. eine Verbesserung durch das BRSG gegeben.

---

[585]  Dies gilt nicht bei isolierter Arbeitgeber- oder Arbeitnehmersicht.

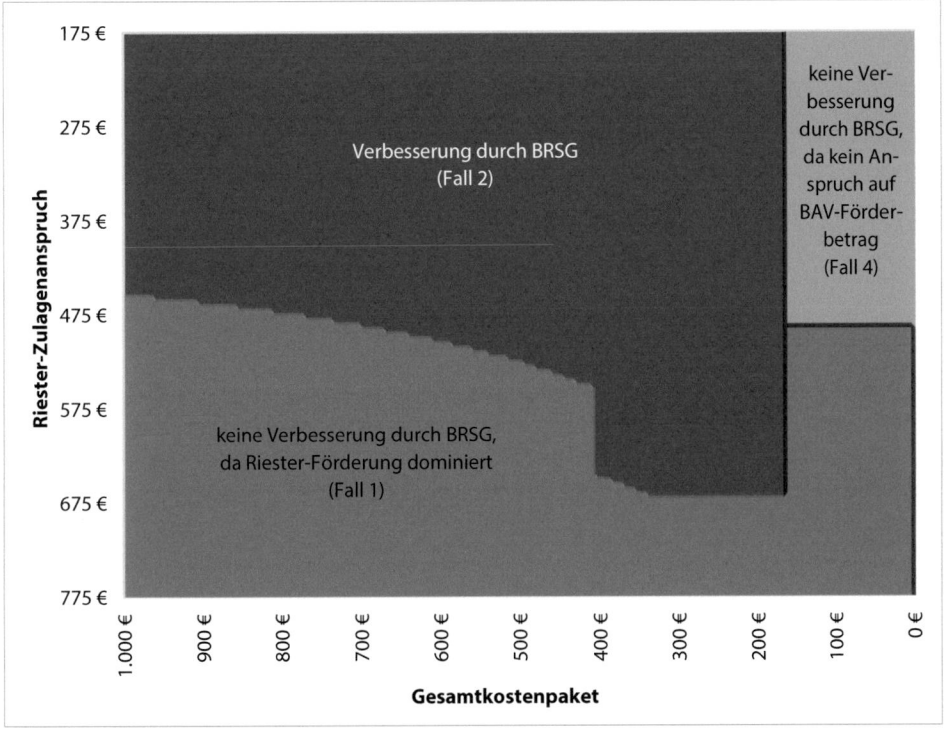

Abbildung 53: Übersicht über das Vorliegen einer Verbesserung durch das BRSG bei Betrachtung eines Steuerpflichtigen mit Bruttojahresgehalt i.H.v. 26.400 Euro in Abhängigkeit des Riester-Zulagenanspruchs sowie Gesamtkostenpakets des Arbeitgebers[586]

---

[586]  Quelle: Eigene Darstellung.

# 5 Fazit

Diese Arbeit hat einen Überblick über die steuer- und sozialversicherungsrechtliche Geringverdienerförderung vor und nach Inkrafttreten des BRSG gegeben. Die Änderungen wurden dabei streng modelltheoretisch untersucht, jedoch auch in den Kontext der Motivation und Entstehung des BRSG eingebettet. Außerdem wurden die arbeits-, steuer- und sozialversicherungsrechtlichen Grundlagen vor und nach BRSG ausführlich vorgestellt.

In die Modellrechnungen wurden sowohl die Arbeitnehmer- als auch die Arbeitgebersicht einbezogen und dabei die für Geringverdiener gängigsten Vorsorgeformen untersucht. Bezüglich der einzelnen Vorsorgealternativen wurde eine grundsätzliche Indifferenz des Arbeitgebers unterstellt. Dieser gab lediglich ein konkretes Gesamtkostenpaket vor, welches für eine zusätzliche Altersvorsorge des Arbeitnehmers zur Verfügung stand. Die Wahl der Vorsorge oblag dem Arbeitnehmer, der sich jeweils anhand der Nettozusatzrentenhöhen entschied. Um eine Vergleichbarkeit zu schaffen und die reinen steuer- und sozialversicherungsrechtlichen Lenkungswirkungen zu isolieren, wurde für alle betrachteten Vorsorgeformen eine identische jährliche Rendite vor Steuern und Förderung unterstellt. In den Modellrechnungen dieser Arbeit wurde die Perspektive des Staates bzw. der staatlichen Fisken nicht eingenommen. Deren Integration in das bisher aufgestellte Modell bietet daher Anknüpfungspunkte für weitere Forschungsvorhaben. Insbesondere stellt sich in diesem Zusammenhang die Frage, welche Vorsorgeform aus staatlicher Sicht zu präferieren und für den Fiskus mit den geringsten Kosten verbunden wäre.[587]

Vor Inkrafttreten des BRSG wurde die Rangfolge der Vorsorgealternativen entweder von der privaten Riester-Förderung oder der Förderung i.R.d. § 3 Nr. 63 EStG a.F. angeführt. Bezüglich Arbeitgeberfinanzierung und Bruttoentgeltumwandlung, jeweils i.R.d. § 3 Nr. 63 EStG a.F., ergaben sich aus modelltheoretischer Sicht keine Unterschiede. Die ungeförderte Kapitalbildung aus versteuertem und verbeitragtem Entgelt erwies sich als nicht konkurrenzfähig und wurde daher aus den weiteren Betrachtungen ausgeschlossen. Die betriebliche Riester-Rente war ihrem privaten Pendant deutlich unterlegen, sofern die sozialversicherungsrechtliche Bagatellfreigrenze überschritten wurde. Dies war auch einer der Hauptgründe für eine Reform der bAV im Zuge des BRSG, das zum 01.01.2018 in Kraft getreten ist. Davon unabhängig wurde auch eine generelle und Riester-unabhängige Geringverdienerförderung in der bAV gefordert.

Mit dem BAV-Förderbetrag sowie der Abschaffung der Doppelverbeitragung der Riester-geförderten bAV kam der Gesetzgeber diesen Wünschen nach. Erfreulich ist in diesem Zusammenhang, dass zur Inanspruchnahme des BAV-Förderbetrags gezillmerte und für den Steuerpflichtigen damit unvorteilhafte Verträge fortan verboten sind. Eine Ausweitung dieses Verbots auf weitere Vorsorgeformen wäre wünschenswert. Außerdem wurde eine Weitergabeverpflichtung eingesparter Sozialversicherungsbeiträge durch den Arbeitgeber

---

[587] Es ließe sich beispielsweise eine Art „Wirkungsgrad" staatlicher Förderungen definieren.

bei Entgeltumwandlung eingeführt.[588] Darüber hinaus ist zu begrüßen, dass eine Beschränkung der Anrechnung von bAV-Leistungen auf die Grundsicherung eingeführt wurde. Arbeitsrechtlich wurde ferner erstmals die Möglichkeit geschaffen, reine Beitragszusagen zu vereinbaren.[589]

Zusammenfassend kann geschlussfolgert werden, dass es dem Gesetzgeber mit den vorgestellten Änderungen gelungen ist, die bAV attraktiver zu gestalten. Insbesondere Geringverdiener werden mit den Förderinstrumenten Riester-Förderung und BAV-Förderbetrag zielgenau bezuschusst. Das angestrebte Ziel der Förderung dieser Personengruppe kann mit den gewählten Instrumenten demnach – zumindest aus modelltheoretischer Sicht – erreicht werden. Dass der Geringverdiener seine Vorsorgeentscheidung ausschließlich anhand mathematischer Modelle, wie beispielsweise jenem der vorliegenden Arbeit, trifft und sich wie ein Homo oeconomicus verhält, ist für die Realität mehr als fraglich. Die modelltheoretischen Überlegungen bieten jedoch die Möglichkeit, die Entscheidungswirkungen der im Rahmen des BRSG vorgenommenen steuer- und sozialversicherungsrechtlichen Änderungen isoliert und objektvierbar zu untersuchen. Gleichwohl ist das Thema „Altersvorsorge" ein überaus emotionales, geht es für den Steuerpflichtigen schließlich um nicht weniger als seine zukünftige Absicherung und damit um ein elementares Grundbedürfnis. Rationale, rein mathematisch belegte Argumente treten dabei häufig in den Hintergrund. Im Endeffekt kann die Modelltheorie schließlich nur Argumente liefern. Die endgültige Entscheidung des Steuerpflichtigen wird jedoch von weiteren Aspekten jenseits von Modellrechnungen beeinflusst. Für eine abschließende Beurteilung der Auswirkungen des BRSG auf die Geringverdienerförderung in der bAV bedarf es daher weiterer Untersuchungen. Hierfür bieten sich insbesondere empirische und verhaltensökonomische Forschungsansätze an.[590]

---

[588]  Diese Maßnahmen erfolgten insbesondere in Anlehnung an die Erkenntnisse und Reformempfehlungen aus dem BMF-Gutachten von Kiesewetter et al. (2016c).

[589]  Diese Änderung geht auf das BMAS-Gutachten von Hanau/Arteaga (2016) zurück.

[590]  Modelltheorie und Verhaltensökonomik stehen dabei nicht in einem Konkurrenzverhältnis. Die Verhaltensökonomik wird vielmehr als Komplementärmethodik zur Modelltheorie angesehen; vgl. hierzu auch Schneider/Weimann (2016), S. 206 ff. Die experimentalökonomische Untersuchung von Tschinkl (2018) zeigt beispielsweise, dass eine nachgelagerte Besteuerung die Spar- bzw. Vorsorgeentscheidung von Individuen negativ verzerren kann.

# Literaturverzeichnis

AHREND, PETER; FÖRSTER, WOLFGANG; RÖßLER, NORBERT (2017a): Steuerrecht der betrieblichen Altersversorgung – Teil I, Köln.

AHREND, PETER; FÖRSTER, WOLFGANG; RÖßLER, NORBERT (2017b): Steuerrecht der betrieblichen Altersversorgung – Teil II, Köln.

ANGER, CHRISTINA; GEIS, WIDO (2017): Bildungsstand, Bildungsmobilität und Einkommen, Neue Herausforderungen durch die Zuwanderung. In: Vierteljahresschrift zur empirischen Wirtschaftsforschung 44 (1/2017), S. 43-58.

ARBEITSGEMEINSCHAFT FÜR BETRIEBLICHE ALTERSVERSORGUNG E.V. (2015): Nicht zu kurz springen! Für eine echte Reform zur Stärkung der betrieblichen Altersversorgung.

ARBEITSGEMEINSCHAFT FÜR BETRIEBLICHE ALTERSVERSORGUNG E.V. (2016): Pressegespräch vom 10.11.2016, Statement Heribert Karch.

BIRK, DIETER; WERNSMANN, RAINER (1999): Die Besteuerung der betrieblichen Altersversorgung – Reformbedarf und Gestaltungsmöglichkeiten des Gesetzgebers. In: Der Betrieb 52 (4/1999), S. 166-172.

BIRK, DIETER; WERNSMANN, RAINER (2008): Die Besteuerung der Aufwendungen für die Altersvorsorge und der Alterseinkommen. In: Ruland/Rürup (Hrsg.): Alterssicherung und Besteuerung, Wiesbaden, S. 228-268.

BLOMEYER, WOLFGANG; ROLFS, CHRISTIAN; OTTO, KLAUS (2015): Betriebsrentengesetz, Kommentar, 6. Aufl., München.

BODIE, ZVI (1990): Pensions as Retirement Income Insurance. In: Journal of Economic Literature 28 (1/1990), S. 28-49.

BOGNER, ALEXANDER; LITTIG, BEATE; MENZ, WOLFGANG (2014): Interviews mit Experten, Eine praxisorientierte Einführung, Wiesbaden.

BÖRSCH-SUPAN, AXEL; LÜHRMANN, MELANIE (2000): Prinzipien der Renten- und Pensionsbesteuerung. In: Beiträge zur angewandten Wirtschaftsforschung (584).

BRANDSTETTER, BARBARA (2016): Vorsicht mit der Betriebsrente. Online verfügbar unter http://www.faz.net/aktuell/finanzen/meine-finanzen/vermoegensfragen/die-vermoegensfrage-vorsicht-mit-der-betriebsrente-14256040.html, zuletzt geprüft am 20.10.2018.

BRASSAT, MARCEL (2011): Besteuerung und Finanzierung der betrieblichen Altersversorgung, Eine finanzwirtschaftliche Analyse unmittelbarer und mittelbarer Pensionszusagen, Wiesbaden.

BRASSAT, MARCEL; KIESEWETTER, DIRK (2003): Steuervorteile durch arbeitgeberfinanzierte Versorgungszusagen. In: Zeitschrift für Betriebswirtschaft 73 (10/2003), S. 1051-1076.

BRUSSIG, MARTIN (2009): Erwerbsverläufe vor dem Rentenbeginn – Eine Analyse mit der VVL 2004. In: DRV-Schriften (55/2009), S. 231-249.

BUNDESAGENTUR FÜR ARBEIT (Hrsg.) (2018): Beschäftigungsstatistik – Sozialversicherungs-pflichtige Bruttoarbeitsentgelte (Jahreszahlen), Stichtag 31. Dezember 2016, Nürn-berg.

BUNDESMINISTERIUM DER FINANZEN (BMF) (2014): fe 14/13 Optimierungsmöglichkeiten bei der betriebl. Altersv (I A 3 - Vw 3170/13/10053), Optimierungsmöglichkeiten bei den bestehenden steuer- und sozialversicherungsrechtlichen Förderregelungen der betrieblichen Altersversorgung. Auftragsbekanntmachung. Online verfügbar unter https://ausschreibungen-deutschland.de/183139_fe_1413_ Optimierungsmoeglichkeiten_bei_der_betriebl_Altersv_I_A_3_-_Vw_31701310053_2014_Berlin, zuletzt geprüft am 20.09.2018.

BUNDESMINISTERIUM FÜR ARBEIT UND SOZIALES (Hrsg.) (2007): Situation und Entwicklung der betrieblichen Altersversorgung in Privatwirtschaft und öffentlichem Dienst 2001-2006, Endbericht, München.

BUNDESMINISTERIUM FÜR ARBEIT UND SOZIALES (Hrsg.) (2008): Situation und Entwicklung der betrieblichen Altersversorgung in Privatwirtschaft und öffentlichem Dienst 2001-2007, Endbericht, München.

BUNDESMINISTERIUM FÜR ARBEIT UND SOZIALES (Hrsg.) (2012a): Verbreitung der Altersvor-sorge 2011, Endbericht, Berlin.

BUNDESMINISTERIUM FÜR ARBEIT UND SOZIALES (Hrsg.) (2012b): Situation und Entwicklung der betrieblichen Altersversorgung in Privatwirtschaft und öffentlichem Dienst 2001-2011 (BAV 2011), Endbericht, München.

BUNDESMINISTERIUM FÜR ARBEIT UND SOZIALES (Hrsg.) (2014): Machbarkeitsstudie für eine empirische Analyse von Hemmnissen für die Verbreitung der betrieblichen Alters-versorgung in kleinen und mittleren Unternehmen (Machbarkeitsstudie BAV in KMU), Endbericht, Berlin.

BUNDESMINISTERIUM FÜR ARBEIT UND SOZIALES (Hrsg.) (2016): Arbeitgeber- und Trägerbe-fragung zur Verbreitung der betrieblichen Altersversorgung (BAV 2015), Endbe-richt, München.

BUNDESMINISTERIUM FÜR ARBEIT UND SOZIALES (Hrsg.) (2017a): Rentenversicherungsbe-richt 2017.

BUNDESMINISTERIUM FÜR ARBEIT UND SOZIALES (Hrsg.) (2017b): Verbreitung der Altersvor-sorge 2015 (AV 2015). Endbericht, München.

BUNDESMINISTERIUM FÜR GESUNDHEIT UND SOZIALE SICHERUNG (Hrsg.) (2005): Situation und Entwicklung der betrieblichen Altersversorgung in Privatwirtschaft und öffentlichem Dienst 2001-2004, Endbericht, München.

CISCH, THEODOR (2014): § 1 BetrAVG. In: Förster/Cisch/Karst (Hrsg.): Betriebsrentengesetz. Kommentar. 14. Aufl., München.

CISCH, THEODOR; KARST, MICHAEL (2014): Einführung. In: Förster/Cisch/Karst (Hrsg.): Betriebsrentengesetz. Kommentar. 14. Aufl., München.

DEUTSCHE BUNDESREGIERUNG (2013): Deutschlands Zukunft gestalten, Koalitionsvertrag zwischen CDU, CSU und SPD. 18. Legislaturperiode.

DEUTSCHE BUNDESREGIERUNG (2018): Ein neuer Aufbruch für Europa; Eine neue Dynamik für Deutschland; Ein neuer Zusammenhalt für unser Land, Koalitionsvertrag zwischen CDU, CSU und SPD. 19. Legislaturperiode.

DEUTSCHE RENTENVERSICHERUNG BUND (Hrsg.) (2014): Betriebliche Altersversorgung, 8. Aufl., Berlin.

DEUTSCHE RENTENVERSICHERUNG BUND (Hrsg.) (2018): Betriebliche Altersversorgung, 12. Aufl., Berlin.

DEUTSCHER BUNDESTAG (2014): Die Beitragspflicht von Leistungen der betrieblichen Altersversorgung in der Krankenversicherung der Rentner und der sozialen Pflegeversicherung. Online verfügbar unter https://www.bundestag.de/blob/410436/ fc49cfa58378 bd115d0c10bb53cf9a63/wd-9-050-14-pdf-data.pdf, zuletzt geprüft am 12.04.2016.

DEUTSCHER BUNDESTAG (2016): Rentner von Beiträgen möglichst entlasten. Online verfügbar unter https://www.bundestag.de/dokumente/textarchiv/2016/kw04-pa-gesundheit/401302, zuletzt geprüft am 18.02.2016.

DIETRICH, MAIK; KIESEWETTER, DIRK; SCHÖNEMANN, KRISTIN (2008a): Steueroptimierte Vermögensbildung mit Riester-Rente und eigengenutzter Immobilie unter besonderer Berücksichtigung der Abgeltungsteuer auf Zinserträge, Teil 2. In: Finanz-Betrieb 10 (7-8/2008), S. 535-547.

DIETRICH, MAIK; KIESEWETTER, DIRK; SCHÖNEMANN, KRISTIN (2008b): Steueroptimierte Vermögensbildung mit Riester-Rente und eigengenutzter Immobilie unter besonderer Berücksichtigung der Abgeltungsteuer auf Zinserträge, Teil 1. In: Finanz-Betrieb 10 (6/2008), S. 433-447.

DIRRIGL, HANS (1997): Die Kosten von Direktzusagen auf betriebliche Altersversorgung unter Berücksichtigung der Lohn- und Steuerfinanzierung. In: Wagner (Hrsg.): Steuerberatung im Spannungsfeld von Betriebswirtschaft und Recht. Festschrift zum 75. Geburtstag von Professor Dr. Heinz Stehle, Stuttgart, S. 53-79.

DOMMERMUTH, THOMAS (2017): Kritische Analyse der Reform der betrieblichen Altersversorgung durch das Betriebsrentenstärkungsgesetz. In: Finanz-Rundschau 99
(16/2017), S. 745-757.

DOMMERMUTH, THOMAS; SCHILLER, THOMAS (2017): Kritische Analyse des Betriebsrentenstärkungsgesetzes, Auswirkungen der Reform auf die betriebliche Altersversorgung.
In: NWB – Steuer- und Wirtschaftsrecht (36/2017), S. 2738-2750.

DOMMERMUTH, THOMAS; VON LÖBBECKE, FABIAN; WESTERMANN, MARCO (2018): bAV: Kö-
nigsweg der Altersversorgung? In: Betriebliche Altersversorgung (2/2018), S. 109-
114.

DROßEL, SEBASTIAN (2018): Das neue Betriebsrentenrecht, Betriebsrentenstärkungsgesetz
und Umsetzung der Mobilitätsrichtlinie, Baden-Baden.

DRUKARCZYK, JOCHEN (1990): Was kosten betriebliche Altersversorgungszusagen? In: Die
Betriebswirtschaft 50 (3/1990), S. 333-353.

DRUKARCZYK, JOCHEN; EBINGER, GERHARD; SCHÜLER, ANDREAS (2005): Zur Vorteilhaftigkeit entgeltsubstituierender Direktzusagen aus Arbeitnehmer- und Anteilseigner-
sicht. In: Zeitschrift für Bankrecht und Bankwirtschaft 17 (4/2005), S. 237-308.

EBINGER, GERHARD; KNOLL, LEONHARD (1999): Deferred Compensation: Zur Struktur
(para-)fiskalischer Vorteile. In: Kossbiel (Hrsg.): Modellgestützte Personalentschei-
dungen. Bd. 3, München, S. 77-101.

ESSER, KLAUS; SIEBEN, GÜNTER (1997): Betriebliche Altersversorgung, Eine betriebswirtschaftliche Analyse, Stuttgart.

FÖRSTER, WOLFGANG (2005): Konsequenzen der steuerlichen Änderungen des Altersein-
künftegesetzes für die betriebliche Altersversorgung. In: Der Betrieb 58 (23/2005), S.
6-12.

FÖRSTER, WOLFGANG; RECHTENWALD, STEFAN (2008): Die betriebliche und private Altersvorsorge. In: Ruland/Rürup (Hrsg.): Alterssicherung und Besteuerung, Wiesbaden,
S. 136-172.

FRAEDRICH, INGRID (2012): Sozialversicherungsrechtliche Grundlagen der betrieblichen Altersversorgung. In: Neue Zeitschrift für Arbeitsrecht 29 (3/2012), S. 129-134.

FRANKE, GÜNTER; HAX, HERBERT (1988): Finanzwirtschaft des Unternehmens und Kapitalmarkt, Berlin.

FRANKE, GÜNTER; HAX, HERBERT (1989): Pensionsrückstellungen und Steuerersparnisse.
In: Der Betrieb 42 (38/1989), S. 1881-1882.

FRANKE, GÜNTER; HAX, HERBERT (1990): Steuerbegünstigung direkter Pensionszusagen?
In: Die Betriebswirtschaft 50 (3/1990), S. 414-417.

FRANZ, STEPHAN (2004): Grundlagen des ökonomischen Ansatzes: Das Erklärungskonzept des Homo Oeconomicus, Universität Potsdam (Working Paper, 2004-02).

FRIEDMAN, BENJAMIN; WARSHAWSKY, MARK (1990): The Cost of Annuities, Implications for Saving Behavior and Bequests. In: The Quarterly Journal of Economics 105 (1/1990), S. 135-154.

FRIEDMAN, MILTON (1957): A Theory of the Consumption Function, Princeton.

GEILENKOTHEN, ANDRÉ; HAGEMANN, THOMAS; LUCIUS, FRIEDEMANN; OECKING, STEFAN (2017): Notwendige Reform des § 6a EStG – Abschätzung möglicher Auswirkungen. In: Betriebliche Altersversorgung (5/2017), S. 400-402.

GESAMTVERBAND DER DEUTSCHEN VERSICHERUNGSWIRTSCHAFT E.V. (Hrsg.) (2014): 37 Jahre: Mittleres Eintrittsalter bei Lebensversicherungen weiter auf hohem Niveau.

GESAMTVERBAND DER DEUTSCHEN VERSICHERUNGSWIRTSCHAFT E.V. (Hrsg.) (2015a): Vorschläge des Gesamtverbandes der Deutschen Versicherungswirtschaft e. V. zur Verbesserung der Verbreitung der betrieblichen Altersversorgung.

GESAMTVERBAND DER DEUTSCHEN VERSICHERUNGSWIRTSCHAFT E.V. (Hrsg.) (2015b): Raus aus der Stagnation, Vorschläge der Versicherungswirtschaft zur Zukunft der Altersvorsorge.

GESERICH, STEPHAN (2018): § 19 EStG. In: Blümich/Heuermann/Brandis (Hrsg.): EStG, KStG, GewStG. Kommentar. Stand: März 2018 (141. Erg.-Lfg.), München.

GIESEN, RICHARD (2005): Doppelte Erhebung von Sozialversicherungsbeiträgen in der betrieblichen Altersversorgung. In: Vierteljahresschrift für Sozialrecht (1/2005), S. 21-44, 77-101.

GLÄSER, JOCHEN; LAUDEL, GRIT (2010): Experteninterviews und qualitative Inhaltsanalyse als Instrumente rekonstruierender Untersuchungen, 4. Aufl., Wiesbaden.

GRÄBER, BERRIT (2015): Aus diesen Gründen sollten Sie auf eine betriebliche Altersvorsorge verzichten. Online verfügbar unter http://www.focus.de/finanzen/altersvorsorge/mit-dem-chef-in-die-sparfalle-vorsicht-bei-der-betrieblichen-altersvorsorge-die-meisten-angebote-lohnen-sich-nicht_id_4728523.html, zuletzt geprüft am 01.04.2016.

GRÄBER, BERRIT (2016): Die böse Überraschung bei der betrieblichen Vorsorge. Online verfügbar unter http://www.welt.de/finanzen/verbraucher/article153721036/Die-boese-Ueberraschung-bei-der-betrieblichen-Vorsorge.html, zuletzt geprüft am 01.04.2016.

HAAN, PETER; STICHNOTH, HOLGER; BLÖMER, MAXIMILIAN; BUSLEI, HERMANN; GEYER, JOHANNES; KROLAGE, CARLA; MÜLLER, KAI-UWE (2017): Entwicklung der Altersarmut bis 2036, Trends, Risikogruppen und Politikszenarien, Gütersloh.

HAEGERT, LUTZ (1987): Besteuerung, Unternehmensfinanzierung und betriebliche Altersversorgung. In: Schneider (Hrsg.): Kapitalmarkt und Finanzierung, Berlin, S. 155-
168.

HAEGERT, LUTZ; SCHWAB, HARTMUT (1990): Die Subventionierung direkter Pensionszusagen nach geltendem Recht im Vergleich zu einer neutralen Besteuerung. In: Die Betriebswirtschaft 50 (1/1990), S. 85-102.

HAGEMANN, THOMAS; OECKING, STEFAN; REICHENBACH, RITA (2015): Betriebliche Altersversorgung, 5. Aufl., Freiburg.

HAGER, JOHANNES (2011): Der Krankenversicherungsbeitrag bei Auszahlung einer vom Arbeitnehmer finanzierten Direktversicherung. In: Neue Zeitschrift für Sozialrecht 20
(21/2011), S. 801-808.

HAGER, JOHANNES (2012): Die „institutionelle" Betrachtung der betrieblichen Altersversorgung. In: Neue Zeitschrift für Sozialrecht 21 (8/2012), S. 281-283.

HANAU, PETER; ARTEAGA, MARCO (2016): Rechtsgutachten zu dem „Sozialpartnermodell
Betriebsrente" des Bundesministeriums für Arbeit und Soziales.

HARDER-BUSCHNER, CHRISTINE (2017): Steuerliche Förderung der betrieblichen Altersversorgung. In: NWB – Steuer- und Wirtschaftsrecht (32/2017), S. 2417-2428.

HERZIG, NORBERT; BRIESEMEISTER, SIMONE (2010): Reichweite und Folgen des Wahlrechts-
vorbehalts des § 5 Abs. 1 EStG – Stellungnahme zum BMF-Schreiben vom 12.3.2010
– IV C 6 – S 2133/09/10001. In: Der Betrieb 63 (17/2010), S. 917-924.

HEUBECK, KLAUS; SEYBOLD, MICHAELA (2007): Zur Besteuerung der betrieblichen Altersversorgung nach dem Alterseinkünftegesetz. In: Der Betrieb 60 (11/2007), S. 592-
597.

HEY, JOHANNA (2015): System des Steuerrechts und Steuerverfassungsrecht. In: Tipke/
Lang (Hrsg.): Steuerrecht. 22. Aufl., Saarbrücken, Köln.

HEY, JOHANNA; STEFFEN, SASCHA (2016): Steuergesetzliche Zinstypisierungen und Niedrig-
zinsumfeld, Insbesondere zur Gleichheitssatzwidrigkeit der Abzinsung von Pensionsrückstellungen gemäß § 6a Abs. 3 Satz 3 EStG. In: ifst-Schrift (511).

HÖFER, REINHOLD (2018a): § 1. In: Höfer/Groot/Küpper/Reich (Hrsg.): Betriebsrentenrecht
(BetrAVG). Band I. Arbeitsrecht.

HÖFER, REINHOLD (2018b): § 22. In: Höfer/Groot/Küpper/Reich (Hrsg.): Betriebsrentenrecht (BetrAVG). Band I. Arbeitsrecht.

HÖFER, REINHOLD (2018c): § 19. In: Höfer/Groot/Küpper/Reich (Hrsg.): Betriebsrentenrecht (BetrAVG). Band I. Arbeitsrecht.

HÖFER, REINHOLD (2018d): § 1a. In: Höfer/Groot/Küpper/Reich (Hrsg.): Betriebsrentenrecht (BetrAVG). Band I. Arbeitsrecht.

HÖFER, REINHOLD (2018e): § 20. In: Höfer/Groot/Küpper/Reich (Hrsg.): Betriebsrentenrecht (BetrAVG). Band I. Arbeitsrecht.

HÖFER, REINHOLD (2018f): § 24. In: Höfer/Groot/Küpper/Reich (Hrsg.): Betriebsrentenrecht (BetrAVG). Band I. Arbeitsrecht.

HÖR, MICHAEL (2000): Betriebliche Altersversorgung in Deutschland, Marktwertorientierte Bewertung von Versorgungszusagen unter besonderer Berücksichtigung steuerlicher Gestaltungsmöglichkeiten, Berlin.

INSTITUT DGB-INDEX GUTE ARBEIT (Hrsg.) (2018): Gedämpfte Erwartung, Wie die Beschäftigten ihre spätere gesetzliche Rente einschätzen.

JUNG, ANNA; THÖNE, MICHAEL (2009): Förderung der privaten kapitalgedeckten Altersvorsorge (Riester-Rente) durch Zulagen. In: Finanzwissenschaftliches Forschungsinstitut an der Universität zu Köln (Hrsg.): Evaluierung von Steuervergünstigungen, Bd. 3, Köln, Kopenhagen, Mannheim, S. 403-473.

KAEMPFE, JUTTA (2005): Die Systemfunktionen privater Altersvorsorge im Gesamtsystem sozialer Alterssicherung, Großbritannien, Deutschland und die Schweiz im Rechtsvergleich.

KALTENBACH, HELMUT (1990): Die Rentenversicherung im Konzept der „Drei-Säulen". In: Ruland (Hrsg.): Handbuch der gesetzlichen Rentenversicherung. Festschrift aus Anlass des 100jährigen Bestehens der gesetzlichen Rentenversicherung, Neuwied, S. 425-450.

KIESEWETTER, DIRK (2002): Für wen lohnt sich die Riester-Rente? In: Finanz-Betrieb 4 (2/2002), S. 101-110.

KIESEWETTER, DIRK (2004): Die Steuerbelastung der Durchführungswege und Zusageformen der betrieblichen Altersversorgung. In: Finanz-Betrieb 6 (2/2004), S. 10-16.

KIESEWETTER, DIRK (2018): Ökonomische Überlegungen zur Reform des § 6a EStG. In: Betriebliche Altersversorgung (4/2018), S. 287-292.

KIESEWETTER, DIRK; GROM, MICHAEL; MENZEL, MORITZ; TSCHINKL, DOMINIK (2016a): Optimierungsmöglichkeiten bei den Förderregelungen der betrieblichen Altersversorgung, Kurzfassung zum Gutachten im Auftrag des Bundesministeriums der Finanzen. In: Betriebliche Altersversorgung (4/2016), S. 290-293.

KIESEWETTER, DIRK; GROM, MICHAEL; MENZEL, MORITZ; TSCHINKL, DOMINIK (2016b): Entwurf eines Betriebsrentenstärkungsgesetzes – Was lange währt, wird endlich gut? In: Betriebliche Altersversorgung (8/2016), S. 650-653.

KIESEWETTER, DIRK; GROM, MICHAEL; MENZEL, MORITZ; TSCHINKL, DOMINIK (2016c): Optimierungsmöglichkeiten bei den bestehenden steuer- und sozialversicherungsrechtlichen Förderregelungen der betrieblichen Altersversorgung, Würzburg.

KIESEWETTER, DIRK; MENZEL, MORITZ (2019): Die Neuerungen des Betriebsrentenstärkungsgesetzes – eine zielgenaue Förderung von Geringverdienern in der betrieblichen Altersversorgung? In: Steuer und Wirtschaft 96 (1/2019), S. 52-70.

KIESEWETTER, DIRK; MENZEL, MORITZ; TSCHINKL, DOMINIK; WEIKERT, NATHALIE (2020): Die Förderung der individuellen Altersvorsorge und kollektiven Altersversorgung durch Steuervorteile. In: Perspektiven der Wirtschaftspolitik 20 (4/2019), S. 304-327.

KIESEWETTER, DIRK; THAUT, MICHAEL (2004): Private Rentenversicherung, Besteuerung und adverse Selektion. In: Zeitschrift für die gesamte Versicherungswissenschaft 93 (2/2004), S. 221-250.

KIRCHGÄSSNER, GEBHARD (1991): Homo oeconomicus, Das ökonomische Modell individuellen Verhaltens und seine Anwendung in den Wirtschafts- und Sozialwissenschaften, Tübingen.

KOSS, CLAUS (2017): Entwurf des Betriebsrentenstärkungsgesetzes, Geplante Änderungen und ökonomische Überlegungen. In: Der Betrieb 70 (8/2017), S. 391-396.

KREIKEBOHM, RALF (2014): Einleitung. In: Kreikebohm (Hrsg.): Sozialgesetzbuch. Gemeinsame Vorschriften für die Sozialversicherung. SGB IV. 2. Aufl.

KRÜGER, ROLAND (2018): § 19 EStG. In: Schmidt (Hrsg.): EStG. Kommentar. 37. Aufl., München.

KUNZ, ANNE (2015): So sehen Sie, ob Riester das Richtige für Sie ist. Online verfügbar unter https://www.welt.de/finanzen/verbraucher/article140601711/So-sehen-Sie-ob-Riester-das-Richtige-fuer-Sie-ist.html, zuletzt geprüft am 25.09.2018.

MARSCHNER, ANDREAS (2014): § 14. In: Kreikebohm (Hrsg.): Sozialgesetzbuch. Gemeinsame Vorschriften für die Sozialversicherung. SGB IV. 2. Aufl.

MARX, GÜNTER (2012): Handbuch der Entgeltumwandlung, Reutlingen.

MEISSNER; KISTERS-KÖLKES; LINDEN (2017): Leitfaden bAV: Betriebsrentenstärkungsgesetz (BRSG), Ein Kurzkommentar, 2. Aufl., Köln.

MENZEL, MORITZ (2016): Zum Begriff der „Doppelverbeitragung" bei der Riester-Förderung in der betrieblichen Altersversorgung. In: Betriebliche Altersversorgung (7/2016), S. 578-583.

MENZEL, MORITZ (2017): Vor- oder nachgelagerte Verbeitragung der Riester-Förderung in der bAV? In: Betriebliche Altersversorgung (1/2017), S. 4-9.

MENZEL, MORITZ; TSCHINKL, DOMINIK (2017): Ein Verbot der Zillmerung – Eine Win-Win-Situation für Versicherung und Versicherten? In: Betriebliche Altersversorgung (4/2017), S. 325-334.

MENZEL, MORITZ; TSCHINKL, DOMINIK (2018): Betriebliche Altersversorgung – Steuer-, sozialversicherungs- und arbeitsrechtliche Grundlagen. In: Steuer und Studium (11/2018), S. 774-785.

MITCHELL, OLIVIA; POTERBA, JAMES; WARSHAWSKY, MARK; BROWN, JEFFREY (1999): New Evidence on the Money's Worth of Individual Annuities. In: American Economic Review 89 (5/1999), S. 1299-1318.

MODIGLIANI, FRANCO; BRUMBERG, RICHARD (1954): Utility Analysis and the Consumption Function: An Interpretation of Cross-Section Data. In: Kurihara (Hrsg.): Post-Keynesian Economics, New Brunswick, S. 388-436.

MYßEN, MICHAEL; KILLAT, ANNE (2014): Renten, Raten, dauernde Lasten, Besteuerung wiederkehrender Bezüge bei der Einkommensteuer, 15. Aufl., Herne.

ÖCHSNER, THOMAS (2014): Schlechter als der Sparstrumpf. Online verfügbar unter http://www.sueddeutsche.de/geld/betriebliche-altersvorsorge-schlechter-als-der-sparstrumpf-1.1921177, zuletzt geprüft am 01.04.2016.

ORTMANN, MARK (2010): Kostenvergleich von Altersvorsorgeprodukten, Baden-Baden.

OTTO, KLAUS (2018): Teil 4. Steuerrechtliche Vorschriften. In: Blomeyer/Rolfs/Otto (Hrsg.): Betriebsrentengesetz. Arbeits-, Zivil- und Steuerrecht; Kommentar. 7. Aufl., München.

PLENKER, JÜRGEN (2017): Steuerliche Neuregelungen bei der betrieblichen Altersversorgung durch das sog. Betriebsrentenstärkungsgesetz ab 01.01.2018. In: Der Betrieb 70 (27-28/2017), S. 1545-1554.

POTERBA, JAMES; VENTI, STEVEN (1994): 401(k) Plans and Tax-Deferred Saving. In: Wise (Hrsg.): Studies in the Economics of Aging, Chicago, S. 105-142.

RATHJE, MICHAEL (2007): Die betriebliche Altersversorgung in KMU nach Altersvermögensgesetz und Alterseinkünftegesetz, Köln-Lohmar.

REICHERT, MICHAEL (2013a): Die Riester-geförderte Altersvorsorge – steuerliche Vorteile durch atypische Gestaltungsmöglichkeiten in der Rentenphase. In: Zeitschrift für die gesamte Versicherungswissenschaft 102 (3/2013), S. 219-236.

REICHERT, MICHAEL (2013b): Der Einfluss von Kosten, Steuern und Sterblichkeit auf die private kapitalgedeckte Altersvorsorge, Eine modelltheoretische Untersuchung, Ansbach.

RIEBLE, VOLKER (2007): Doppelverbeitragung der Entgeltumwandlung. In: Betriebliche Altersversorgung (1/2007), S. 5-8.

ROCHLITZ, SUSANNE (2007): Doppelte Sozialversicherungspflicht in der betrieblichen Altersversorgung. In: Betriebliche Altersversorgung (3/2007), S. 209-215.

ROLFS, CHRISTIAN (2015): Teil 3. Kommentierung der arbeitsrechtlichen Vorschriften, Anhang zu § 1 BetrAVG. In: Blomeyer/Rolfs/Otto (Hrsg.): Betriebsrentengesetz. Kommentar. 6. Aufl., München.

ROLFS, CHRISTIAN (2018a): Teil 3. Kommentierung der arbeitsrechtlichen Vorschriften, § 23 BetrAVG. In: Blomeyer/Rolfs/Otto (Hrsg.): Betriebsrentengesetz. Arbeits-, Zivil- und Steuerrecht; Kommentar. 7. Aufl., München.

ROLFS, CHRISTIAN (2018b): Teil 5. Sozialversicherungsrecht. In: Blomeyer/Rolfs/Otto (Hrsg.): Betriebsrentengesetz. Arbeits-, Zivil- und Steuerrecht; Kommentar. 7. Aufl., München.

ROLFS, CHRISTIAN (2018c): Teil 3. Kommentierung der arbeitsrechtlichen Vorschriften, § 24 BetrAVG. In: Blomeyer/Rolfs/Otto (Hrsg.): Betriebsrentengesetz. Arbeits-, Zivil- und Steuerrecht; Kommentar. 7. Aufl., München.

ROLFS, CHRISTIAN (2018d): Teil 3. Kommentierung der arbeitsrechtlichen Vorschriften, § 21 BetrAVG. In: Blomeyer/Rolfs/Otto (Hrsg.): Betriebsrentengesetz. Arbeits-, Zivil- und Steuerrecht; Kommentar. 7. Aufl., München.

ROLFS, CHRISTIAN (2018e): Teil 3. Kommentierung der arbeitsrechtlichen Vorschriften, § 1 BetrAVG. In: Blomeyer/Rolfs/Otto (Hrsg.): Betriebsrentengesetz. Arbeits-, Zivil- und Steuerrecht; Kommentar. 7. Aufl., München.

ROLFS, CHRISTIAN (2018f): Teil 3. Kommentierung der arbeitsrechtlichen Vorschriften, § 1b BetrAVG. In: Blomeyer/Rolfs/Otto (Hrsg.): Betriebsrentengesetz. Arbeits-, Zivil- und Steuerrecht; Kommentar. 7. Aufl., München.

RULAND, FRANZ (2008a): Überblick über die Alterssicherung in Deutschland. In: Ruland/Rürup (Hrsg.): Alterssicherung und Besteuerung, Wiesbaden, S. 15-28.

RULAND, FRANZ (2008b): Rentenversicherung. In: Ruland/Rürup (Hrsg.): Alterssicherung und Besteuerung, Wiesbaden, S. 29-74.

RÜRUP, BERT; MYßEN, MICHAEL (2008): Die steuerlich geförderte private Altersvorsorge. In: Ruland/Rürup (Hrsg.): Alterssicherung und Besteuerung, Wiesbaden, S. 187-227.

RÜRUP-KOMMISSION (2003): Abschlussbericht der Sachverständigenkommission zur Neuordnung der steuerrechtlichen Behandlung von Altersvorsorgeaufwendungen und Altersbezügen, Berlin.

SACHVERSTÄNDIGENRAT ZUR BEGUTACHTUNG DER GESAMTWIRTSCHAFTLICHEN ENTWICKLUNG (2016): Zeit für Reformen, Jahresgutachten 2016/17.

SCHÄTZLEIN, UWE (2018): Herabsetzung des Rechnungszinsfußes für Pensionsrückstellungen in § 6a Abs. 3 S. 3 EStG, Ein ökonomischer Vergleich legislativer Umsetzungswege. In: Betriebliche Altersversorgung (3/2018), S. 175-181.

SCHIERENBECK, HENNER (1994): Bank- und Versicherungslexikon, 2. Aufl., München.

SCHMITTER, MIRIAM (2001): Besteuerungsoptionen der betrieblichen Altersversorgung, Freiwillige betriebliche Zusatzversorgung durch steuerliche Anreize?, Frankfurt am Main, Berlin, Bern, Bruxelles, New York, Oxford, Wien.

SCHNEIDER, DIETER (1989a): Steuerersparnisse bei Pensionsrückstellungen allein durch die Aufwandsvorwegnahme?, Replik zu der Erwiderung von Franke/Hax, DB 1989 S. 1881. In: Der Betrieb 42 (38/1989), S. 1883-1887.

SCHNEIDER, DIETER (1989b): Steuerfreie Kapitalbildung in dreistelliger Milliardenhöhe durch Pensionsrückstellungen? In: Der Betrieb 42 (18/1989), S. 889-895.

SCHNEIDER, DIETER (1990): Subventionierung bei Pensionsrückstellungen? In: Die Betriebswirtschaft 50 (3/1990), S. 406-410.

SCHNEIDER, DIETER (1992): Investition, Finanzierung und Besteuerung, 7. Aufl., Wiesbaden.

SCHNEIDER, DIETER (2002): Steuerlast und Steuerwirkung, Einführung in die steuerliche Betriebswirtschaftslehre, München.

SCHNEIDER, KERSTIN; WEIMANN, JOACHIM (2016): Den Diebstahl des Wohlstands verhindern, Ökonomische Politikberatung in Deutschland – ein Portrait, Wiesbaden.

SCHÜLER, ANDREAS; SIKLÓSSY, PATRICK (2007): Betriebliche Altersversorgung durch Direktversicherungen: Eine finanzwirtschaftliche Analyse aus Arbeitnehmer- und Eigentümersicht. In: Zeitschrift für die gesamte Versicherungswissenschaft 96 (3/2007), S. 375-412.

SCHWAB, HARTMUT (1988): Die betriebliche Altersversorgung – ein praktisches Modell für die Planung und Gestaltung, Hamburg.

SCHWARZ, SANDRA (2004): Altersvorsorgebesteuerung in Deutschland, USA und Europa, Eine ökonomische und steuerrechtliche Analyse, Wiesbaden.

SCHWERDTFEGER, HEIKE (2015): Vom gemachten Nest ins Ungewisse. In: Wirtschaftswoche (15/2015), S. 72-76.

SIKLÓSSY, PATRICK (2008): Vergleich der Durchführungswege der betrieblichen Altersversorgung aus Eigentümer- und Arbeitnehmersicht, Frankfurt am Main.

STATISTISCHES BUNDESAMT (Hrsg.) (2011): Generationensterbetafeln für Deutschland, Modellrechnungen für die Geburtsjahrgänge 1896-2009, Wiesbaden.

STEGMANN, MICHAEL (2009): Übergang in Rente im Biografiekontext und Versicherungs- und Erwerbsbiografien im Ehepaarkontext (soeb-Arbeitspapier, 2009-4).

STURM, NORBERT (1980): Die Entscheidung über die Einführung betrieblicher Altersrenten, ein investitionstheoretisch fundierter Beitrag zur Planung betrieblicher Versorgungsmaßnahmen, Göttingen.

TENHAGEN, HERMANN-JOSEF (2016): Geld verbrennen leicht gemacht. Online verfügbar unter http://www.spiegel.de/wirtschaft/service/lebensversicherungen-und-garantiezins-das-sollten-sie-beachten-a-1091094.html, zuletzt geprüft am 25.09.2018.

THAUT, MICHAEL (2007): Direktzusage und Pensionsfonds, Ein Vorteilhaftigkeitsvergleich für leistungsabhängige und beitragsorientierte Systeme und die Umstellung der Direktzusage auf den Pensionsfonds, Wiesbaden.

THELEN, PETER (2016): Mehr Betriebsrenten per Tarifvertrag. Online verfügbar unter http://www.handelsblatt.com/my/politik/deutschland/altersvorsorge-mehr-betriebsrenten-per-tarifvertrag/13675604.html, zuletzt geprüft am 03.06.2016.

TIETZEL, MANFRED (1981): Die Rationalitätsannahme in den Wirtschaftswissenschaften oder Der homo oeconomicus und seine Verwandten. In: Jahrbuch für Sozialwissenschaft 32 (2/1981), S. 115-138.

TSCHINKL, DOMINIK (2018): Der Einfluss von Steuern auf individuelle Sparentscheidungen – Eine experimentalökonomische Untersuchung (SSRN Working Paper).

UCKERMANN, SEBASTIAN (2012): Betriebliche Altersversorgung versus Altersarmut. In: Neue Zeitschrift für Arbeitsrecht 29 (22/2012), S. 1249-1320.

UCKERMANN, SEBASTIAN; HEILCK, BJÖRN; EVERSLOH, UDO (2014): Sozialversicherungsrechtliche Behandlung der betrieblichen Altersversorgung. In: Deutsches Steuerrecht 52 (20/2014), S. 1009-1015.

VENTI, STEVEN; WISE, DAVID (1990): Have IRAs Increased U.S. Saving?, Evidence from Consumer Expenditure Surveys. In: The Quarterly Journal of Economics 105 (3/1990), S. 661-698.

VERBAND ÖFFENTLICHER VERSICHERER (Hrsg.) (2015a): Neues Fördermodell „Zuschussrente" in der betrieblichen Altersversorgung (bAV).

VERBAND ÖFFENTLICHER VERSICHERER (Hrsg.) (2015b): Vorschläge der öffentlichen Versicherer zur Stärkung der betrieblichen Altersversorgung insbesondere in kleinen und mittleren Unternehmen (KMU).

VERBRAUCHERZENTRALE BUNDESVERBAND E.V. (2015): Verbraucherschutz im Finanzmarkt stärken, Stellungnahme des Verbraucherzentrale Bundesverbands zum Referentenentwurf für ein Finanzmarktnovellierungsgesetz (FimanoG).

WAGNER, FRANZ (1989): Die zeitliche Erfassung steuerlicher Leistungsfähigkeit. In: Hax/Kern/ Schröder (Hrsg.): Zeitaspekte in betriebswirtschaftlicher Theorie und Praxis, Stuttgart, S. 261-277.

WAGNER, FRANZ (2005): Besteuerung. In: Bitz/Domsch/Ewert/Wagner (Hrsg.): Vahlens Kompendium der Betriebswirtschaftslehre, Bd. 2, 5. Aufl., München, S. 407-477.

WAGNER, FRANZ W.; DIRRIGL, HANS (1980): Die Steuerplanung der Unternehmung, Stuttgart.

WEBER, THOMAS; BECK, MARTIN (2015): Entgeltumwandlung in Deutschland. In: Wirtschaft und Statistik (1/2015), S. 56-74.

WECKERLE, THOMAS (2018): Zum Abzinsungszinssatz des § 6a Abs. 3 Satz 3 EStG. In: Der Betrieb 71 (23/2018), S. 1284-1289.

WELLISCH, DIETMAR (2003): Steuerplanung der betrieblichen Altersvorsorge in Deutschland. In: Steuer und Wirtschaft 80 (1/2003), S. 3-20.

WELLISCH, DIETMAR (2004): Unternehmensbesteuerung und die Finanzierung der betrieblichen Altersvorsorge, Ein Vorteilhaftigkeitsvergleich zwischen Direktzusagen und Pensionsfonds. In: Schmalenbachs Zeitschrift für betriebswirtschaftliche Forschung 56 (7/2004), S. 599-617.

WENGER, EKKEHARD (1989): Besteuerung und Kapitalbildung als intertemporales Optimierungsproblem. In: Hax/Kern/Schröder (Hrsg.): Zeitaspekte in betriebswirtschaftlicher Theorie und Praxis, Stuttgart, S. 279-295.

WESTERHEIDE, PETER (2001): Kosten der privaten Altersvorsorge, Private Rentenversicherungen und Fondssparpläne im Vergleich (ZEW Discussion Papers, 01-02).

WISE, DAVID A. (Hrsg.) (1985): Pensions, Labor, and Individual Choice, Chicago, Ann Arbor, Michigan (National Bureau of Economic Research Project Report).

WORATSCHKA, RAINER (2016): Für die Altersrücklage doppelt zur Kasse gebeten. Online verfügbar unter http://www.tagesspiegel.de/politik/debatte-ueber-betriebsrenten-im-bundestag-fuer-die-altersruecklage-doppelt-zur-kasse-gebeten/13512316.html, zuletzt geprüft am 28.04.2016.

WORATSCHKA, RAINER; JAHBERG, HEIKE (2016): Nahles und Schäuble arbeiten an einer Reform der Betriebsrenten. Online verfügbar unter http://www.tagesspiegel.de/wirtschaft/altersvorsorge-nahles-und-schaeuble-arbeiten-an-einer-reform-der-betriebsrenten/13422360.html, zuletzt geprüft am 12.04.2016.

ZEIT ONLINE (2012): Altersarmut wird auch Normalverdiener treffen. Online verfügbar unter https://www.zeit.de/wirtschaft/2012-09/rente-altersarmut-leyen, zuletzt geprüft am 23.05.2018.

# Verzeichnis der Rechtsprechung, der Verwaltungsanweisungen sowie der Rechtsverordnungen und der Parlamentaria

BMF-Schreiben vom 04.11.2016, Bewertung einer lebenslänglichen Nutzung oder Leistung; Vervielfältiger für Bewertungsstichtage ab 1. Januar 2017, IV C 7 - S 3104/09/ 10001; BStBl. I 2016, S. 1166.

BMF-Schreiben vom 06.12.2017, Steuerliche Förderung der betrieblichen Altersversorgung, IV C 5 - S 2333/17/10002.

BMF-Schreiben vom 10.04.2015, Einkommensteuerrechtliche Behandlung von Vorsorgeaufwendungen und Altersbezügen; Zeitpunkt des Versorgungsbeginns für die Berechnung der Freibeträge für Versorgungsbezüge (§ 19 Absatz 2 Satz 3 EStG), IV C 5 – S 2345/08/10001 :006, BStBl. I 2015, S. 256.

BMF-Schreiben vom 10.07.2015, Betriebliche Altersversorgung; Übertragung von Versorgungsverpflichtungen und Versorgungsanwartschaften auf Pensionsfonds, Anwendung der Regelungen in § 4d Absatz 3 EStG und § 4e Absatz 3 EStG i. V. m. § 3 Nummer 66 EStG, IV C 6 – S 2144/07/10003, BStBl. I 2015, S. 544.

BMF-Schreiben vom 11.11.2004, Steuerliche Förderung der privaten Altersvorsorge und betrieblichen Altersversorgung; Aufteilung von Leistungen bei der nachgelagerten Besteuerung nach § 22 Nr. 5 EStG, IV C 3 – S 2257b – 47/04, BStBl. I 2004, S. 1061.

BMF-Schreiben vom 12.03.2010, Maßgeblichkeit der handelsrechtlichen Grundsätze ordnungsmäßiger Buchführung für die steuerliche Gewinnermittlung; Änderung des § 5 Absatz 1 EStG durch das Gesetz zur Modernisierung des Bilanzrechts (Bilanzrechtsmodernisierungsgesetz - BilMoG) vom 15. Mai 2009, IV C 6 – S 2133/09/10001, BStBl. I 2012, S. 239.

BMF-Schreiben vom 14.03.2012, Steuerliche Förderung der betrieblichen Altersversorgung; Aufteilung von Leistungen bei der nachgelagerten Besteuerung nach § 22 Nummer 5 EStG, IV C 3 – S 2257b/11/10003, BStBl. I 2012, S. 311.

BMF-Schreiben vom 24.07.2013, Steuerliche Förderung der privaten Altersvorsorge und betrieblichen Altersversorgung, IV C 3 – S 2015/11/10002, IV C 5 – S 2333/09/10005, BStBl. I 2013, S. 1022.

BMF-Schreiben vom 26.10.2006, Übertragung von Versorgungsverpflichtungen und Versorgungsanwartschaften auf Pensionsfonds; Anwendung der Regelungen in § 4d Abs. 3 EStG und § 4e Abs. 3 EStG i. V. m. § 3 Nr. 66 EStG, IV B 2 – S 2144 – 57/06, BStBl. I 2006, S. 709.

BMF-Schreiben vom 31.03.2010, Steuerliche Förderung der privaten Altersvorsorge und betrieblichen Altersversorgung, V C 3 – S 2222/09/10041, IV C 5 – S 2333/07/0003, BStBl. I 2010, S. 270.

BR-Drucksache 2/04 vom 02.01.2004, Entwurf eines Gesetzes zur Neuordnung der einkommensteuerrechtlichen Behandlung von Altersvorsorgeaufwendungen und Altersbezügen (Alterseinkünftegesetz - AltEinkG).

BR-Drucksache 540/07 vom 10.08.2007, Entwurf eines Gesetzes zur Förderung der betrieblichen Altersversorgung.

BR-Drucksache 605/97 vom 15.08.1997, Entwurf eines Gesetzes zur weiteren Fortentwicklung des Finanzplatzes Deutschland (Drittes Finanzmarktförderungsgesetz).

BR-Drucksache 764/00 vom 23.11.2000, Entwurf eines Gesetzes zur Reform der gesetzlichen Rentenversicherung und zur Förderung eines kapitalgedeckten Altersvorsorgevermögens (Altersvermögensgesetz - AVmG).

BT-Drucksache 14/4595 vom 14.11.2000, Gesetzentwurf der Fraktionen SPD und BÜNDNIS 90/DIE GRÜNEN, Entwurf eines Gesetzes zur Reform der gesetzlichen Rentenversicherung und zur Förderung eines kapitalgedeckten Altersvorsorgevermögens (Altersvermögensgesetz - AVmG).

BT-Drucksache 14/5068 vom 12.01.2001, Entwurf eines Gesetzes zur Reform der gesetzlichen Rentenversicherung und zur Förderung eines kapitalgedeckten Altersvorsorgevermögens (Altersvermögensgesetz - AVmG).

BT-Drucksache 16/11061 vom 21.11.2008, Ergänzender Bericht der Bundesregierung zum Rentenversicherungsbericht 2008 (Alterssicherungsbericht 2008) und Gutachten des Sozialbeirats zum Rentenversicherungsbericht 2008 und zum Alterssicherungsbericht 2008.

BT-Drucksache 16/906 vom 09.03.2006, Ergänzender Bericht der Bundesregierung zum Rentenversicherungsbericht 2005.

BT-Drucksache 18/11286 vom 22.02.2017, Gesetzentwurf der Bundesregierung, Entwurf eines Gesetzes zur Stärkung der betrieblichen Altersversorgung und zur Änderung anderer Gesetze (Betriebsrentenstärkungsgesetz).

BT-Drucksache 18/6364 vom 14.10.2015, Gerechte Krankenversicherungsbeiträge für Direktversicherungen und Versorgungsbezüge - Doppelverbeitragung vermeiden.

BAG-Urteil vom 10.03.1972, 3 AZR 278/71.

BAG-Urteil vom 21.01.2014, 3 AZR 807/11, BAGE 147, S. 155-161.

BFH-Urteil vom 09.12.2010, VI R 57/08, BStBl. II 2011, S. 978.

BFH-Urteil vom 12.04.2007, VI R 6/02, BStBl. II 2007, S. 581.

BSG-Urteil vom 12.11.2008, B 12 KR 6/08 R, SozR 4-2500 § 229 Nr. 7.

BSG-Urteil vom 14.07.2004, B 12 KR 10/02 R, BSGE 93, S. 109-119.

BSG-Urteil vom 21.08.1997, 12 RK 44/96, BSGE 81, S. 21-29.

BSG-Urteil vom 25.05.2011, B 12 P 1/09 R, SozR 4-2500 § 229 Nr. 14.

BSG-Urteil vom 30.03.2011, B 12 KR 16/10 R, SozR 4-2500 § 229 Nr. 12.

BVerfG-Entscheidung vom 06.03.2002, 2 BvL 17/99.

BVerfG-Entscheidung vom 06.09.2010, 1 BvR 739/08.

BVerfG-Entscheidung vom 28.09.2010.

FG Köln, Vorlagebeschluss vom 12.10.2017, 10 K 977/17.